भविष्य का निर्माण

एनडीए सरकार का दृष्टिकोण और उपलब्धियाँ

भविष्य का निर्माण

एनडीए सरकार का दृष्टिकोण और उपलब्धियाँ

डॉ. टी.सी. राव

प्रभात प्रकाशन

ग्रामीण उत्थान
भारत निर्माण की
एक सुंदर पहल

प्रकाशक

प्रभात प्रकाशन प्रा. लि.

4/19 आसफ अली रोड, नई दिल्ली–110002

फोन : 011–23289777 • हेल्पलाइन नं. : 7827007777

इ–मेल : prabhatbooks@gmail.com ❖ वेब ठिकाना : www.prabhatbooks.com

संस्करण

प्रथम, 2024

पेपरबैक मूल्य

पाँच सौ रुपए

★

BHAVISHYA KA NIRMAN
by Dr. T.C. Rao

Published by **PRABHAT PRAKASHAN PVT. LTD.**
4/19 Asaf Ali Road, New Delhi-110002

ISBN 978-93-5521-533-8

₹ 500.00 (PB)

140 करोड़ भारतीयों को
उनकी समझ के लिए समर्पित
कि कौन भारत को 2047 तक
एक विकसित देश बना सकता है।

प्रस्तावना

यह बहुत खुशी और गर्व की बात है कि हमारे देश के भविष्य को आकार देने में राष्ट्रीय जनतांत्रिक गठबंधन (एनडीए) सरकार की दृष्टि और उपलब्धियों का यह व्यापक विवरण मैं आपके सामने प्रस्तुत कर रहा हूँ। वर्तमान में हम एक नए युग के शिखर पर खड़े हैं, ऐसे में आवश्यक हो जाता है कि उन परिवर्तनकारी नीतियों और पहलों पर विचार करें, जिनके गर्भ में आने वाला सुनहरा भविष्य आकार ले रहा है। यह पुस्तक एनडीए के दूरदर्शी नेतृत्व के तहत शासन, विकास और प्रगति के असंख्य पहलुओं पर प्रकाश डालती है और देश के भविष्य के निर्माण के बारे में एक समग्र दृष्टिकोण पेश करती है। पुस्तक को 12 खंडों और 48 अध्यायों में बाँटा गया है, ये खंड हैं : परिचय, आर्थिक सुधार और बुनियादी ढाँचा विकास, समाज कल्याण और समावेशी विकास, कृषि सुधार और ग्रामीण विकास, शैक्षिक और कौशल विकास पहल, सुरक्षा, रक्षा और विदेश नीति, पर्यावरण, स्वच्छ ऊर्जा और जलवायु पहल, सार्वजनिक प्रशासन और प्रशासनिक सुधार, अदम्य बल, एनडीए का परिप्रेक्ष्य, प्रदर्शन का मूल्यांकन और अंतिम विचार।

दूरदर्शी नेताओं के नेतृत्व में एनडीए सरकार ने शासन का नया प्रतिमान स्थापित करने का प्रयास किया है, जो समावेशिता, प्रगति और स्थिरता में निहित है। बीते लगभग दस बरसों में एनडीए ने जाति, पंथ या सामाजिकत आर्थिक पृष्ठभूमि से इतर प्रत्येक नागरिक के सपनों और आकांक्षाओं को साकार करने की दृढ़ प्रतिबद्धता दिखाई है। इस पुस्तक के माध्यम से हमारा लक्ष्य सरकार की रणनीतियों, नीतियों और उपलब्धियों का एक व्यावहारिक विवरण प्रदान करना है, जिन्होंने हमारे देश के सामाजिक-आर्थिक परिदृश्य को नया आकार दिया है।

इस यात्रा के केंद्र में एनडीए सरकार का वह वृहद् दृष्टिकोण है, जिसने

लगातार सुशासन, आर्थिक सशक्तिकरण, सामाजिक न्याय और राष्ट्रीय सुरक्षा के सिद्धांतों पर जोर दिया है। पुस्तक का उद्देश्य इस बात का गहन विश्लेषण प्रस्तुत करना है कि कैसे इन सिद्धांतों ने मूर्त रूप लेकर लाखों लोगों को सशक्त बनाया है और राष्ट्र को एक प्रगतिशील भविष्य की ओर अग्रसर किया है। सरकार के प्रयासों को क्रमबद्ध करके हम सतत विकास और समावेशी विकास के लिए एक रोडमैप तैयार करने में एनडीए द्वारा अपनाए गए बहुमुखी दृष्टिकोण की व्यापक समझ प्रदान करना चाहते हैं।

जैसा कि हम शासन के इतिहास के माध्यम से इस यात्रा पर आगे बढ़ रहे हैं, उन विविध क्षेत्रों और डोमेन को स्वीकार करना अनिवार्य है, जिन्होंने एनडीए सरकार के कार्यकाल के तहत उल्लेखनीय परिवर्तन देखे हैं। बुनियादी ढाँचे के विकास से लेकर डिजिटल सशक्तिकरण तक, स्वास्थ्य देखभाल सुधारों से लेकर आर्थिक पुनरोद्धार तक सरकार का दृष्टिकोण हमारे समाज के हर पहलू में व्याप्त हो गया है और देश की प्रगति पर एक अमिट छाप छोड़ रहा है। सूक्ष्म अनुसंधान और विश्लेषण के माध्यम से यह पुस्तक एनडीए की स्थायी विरासत का सूक्ष्म चित्रण प्रस्तुत करते हुए इन परिवर्तनों की जटिलताओं पर प्रकाश डालने का प्रयास करती है।

इसके अलावा पुस्तक का उद्देश्य नीति निर्माण और कार्यान्वयन की जटिलताओं को उजागर करना है, सरकार की रणनीतिक पहलों पर प्रकाश डालना है, जिन्होंने शासन की रूपरेखा को फिर से परिभाषित किया है। सामने आई चुनौतियों और तैयार किए गए नवीन समाधानों की समीक्षा करके हम राष्ट्र-निर्माण के लिए सरकार के दृष्टिकोण की व्यापक समझ प्रदान करना चाहते हैं। इस प्रयास के माध्यम से हम पाठकों को एनडीए सरकार के सक्रिय और दूरदर्शी शासन का एक रोशन विवरण पेश करना चाहते हैं, जिसने पुनरुत्थान और गतिशील भारत के लिए मंच तैयार किया है।

एनडीए सरकार की उपलब्धियों का दस्तावेजीकरण करते समय देश की प्रगति को आकार देने में घरेलू और अंतरराष्ट्रीय दोनों सहयोगी साझेदारियों द्वारा निभाई गई महत्वपूर्ण भूमिका को रेखांकित करना आवश्यक है। गठबंधन बनाने, राजनयिक संबंधों को बढ़ावा देने और वैश्विक हितधारकों के साथ जुड़ने के सरकार के प्रयासों ने न केवल विश्व मंच पर भारत की प्रतिष्ठा को बढ़ाया है, बल्कि देश के लिए अवसरों के नए द्वार भी खोले हैं। यह पुस्तक इन साझेदारियों के महत्व और भारत

को समृद्धि, नवाचार और वैश्विक नेतृत्व द्वारा परिभाषित भविष्य की ओर ले जाने पर उनके प्रभाव का आकलन करने का प्रयास करती है।

अंत में जैसे ही हम इस पुस्तक के पन्नों को पढ़ते हैं, मेरी प्रबल आशा है कि पाठकों को भविष्य के निर्माण के लिए एनडीए सरकार की अटूट प्रतिबद्धता की व्यापक समझ प्राप्त होगी, जो प्रगति, समानता और गतिशीलता पर आधारित है। यहाँ प्रस्तुत कथा जीत का जश्न मनाने, चुनौतियों का सामना करने और आगे बढ़ने के मार्ग को उजागर करने का प्रयास करती है, क्योंकि हम सामूहिक रूप से अपने राष्ट्र के लिए एक मजबूत, अधिक जीवंत भविष्य का निर्माण करने का प्रयास करते हैं। सरकार के दृष्टिकोण और उपलब्धियों को समाहित करके, हमारा उद्देश्य सामने आए परिवर्तनकारी परिवर्तनों के लिए गहरी सराहना को बढ़ावा देना है, और एक समृद्ध और समावेशी भविष्य की दिशा में उठाए गए कदमों में गर्व की साझा भावना को प्रेरित करना है।

यह ध्यान रखना महत्वपूर्ण है कि यह पुस्तक केवल घटनाओं, नीतियों और उपलब्धियों की याद दिलाने का प्रयास नहीं करती है, बल्कि अंतर्निहित लोकाचार की एक विचारशील खोज है, जिसने एनडीए सरकार के एजेंडे को आगे बढ़ाया है। इस विमर्श के माध्यम से हम नवाचार, लचीलेपन और अनुकूलनशीलता की भावना को पकड़ने का प्रयास करते हैं, जो सरकार के दृष्टिकोण के केंद्र में रही है। ऐसा करके हम पाठकों को एनडीए के शासन दर्शन का एक सम्मोहक विवरण प्रदान करने की आशा करते हैं, जो उन लोगों की आकांक्षाओं और कल्याण में गहराई से निहित है, जिनकी वह सेवा करता है।

इस आख्यान को संकलित करने में हमने एनडीए सरकार की यात्रा का व्यापक और संतुलित चित्रण प्रस्तुत करने के लिए आधिकारिक दस्तावेजों, विशेषज्ञ विश्लेषणों सहित विभिन्न स्रोतों का उपयोग किया है। हमारा दृढ़ विश्वास है कि इन पृष्ठों के भीतर साझा की गई अंतर्दृष्टि नीति-निमार्ताओं, विद्वानों और नागरिकों के लिए एक मूल्यवान संसाधन के रूप में काम करेगी, सूचित चर्चाओं और सूचित निर्णय लेने को बढ़ावा देगी, क्योंकि हम सामूहिक रूप से अपने देश के भविष्य के लिए पाठ्यक्रम तैयार करते हैं।

जैसा कि हम अपने देश के इतिहास में एक नए अध्याय की दहलीज पर खड़े हैं, यह मेरी हार्दिक इच्छा है कि यह पुस्तक दूरदर्शी शासन की परिवर्तनकारी शक्ति

का प्रमाण और परिभाषित भविष्य के निर्माण के लिए प्रतिबद्ध सभी लोगों के लिए प्रगति, समानता और अवसर के माध्यम से प्रेरणा का स्रोत बने। एनडीए सरकार की दूरदर्शिता और उपलब्धियों ने एक मजबूत नींव रखी है, जिस पर हमारे देश के भविष्य की इमारत का निर्माण किया जा सकता है और मुझे आशा है कि यह पुस्तक हमें एक ऐसे कल की ओर मार्गदर्शन करते हुए आगे बढ़ने का मार्ग प्रशस्त करेगी, जो संकल्प और संभावनाओं से भरपूर है।

मैं इस प्रयास को साकार करने में योगदान देने वाले सभी लोगों के प्रति हार्दिक आभार व्यक्त करता हूँ, जिनमें विद्वान, विशेषज्ञ, प्रशासक और ऐसे व्यक्ति शामिल हैं, जिनके अटूट समर्पण ने एनडीए सरकार के दृष्टिकोण को आगे बढ़ाया है। उनके सामूहिक प्रयासों ने न केवल इन पृष्ठों में प्रस्तुत विमर्श को आकार दिया है बल्कि हमारे महान राष्ट्र की नियति को आकार देने में भी योगदान दिया है। मुझे आशा है कि यह पुस्तक उनके प्रयासों के लिए एक उपयुक्त आदरांजलि और भविष्य के निर्माण में एनडीए सरकार की स्थायी विरासत के लिए एक वसीयतनामे के रूप में कार्य करेगी, जो प्रगति, समृद्धि और एक अरब लोगों के मजबूत राष्ट्र की सामूहिक आकांक्षाओं द्वारा परिभाषित है।

इन भावनाओं के साथ मैं आपको इस पुस्तक के पन्नों के माध्यम से एक यात्रा शुरू करने के लिए आमंत्रित करता हूँ, क्योंकि हम अपने महान राष्ट्र के भविष्य को आकार देने में एनडीए सरकार की दृष्टि और उपलब्धियों का पता लगाते हैं।

—डॉ. टी.सी. राव

आभार

मैं उन व्यक्तियों और संगठनों के प्रति हार्दिक आभार व्यक्त करना चाहता हूँ, जिन्होंने मेरी पुस्तक ***'भविष्य का निर्माण : एनडीए सरकार का दृष्टिकोण और उपलब्धियाँ'*** पूरा करने में महत्वपूर्ण भूमिका निभाई है। इस पूरी यात्रा में उनका समर्थन, प्रोत्साहन और सहायता अमूल्य रही है।

सबसे पहले और सबसे महत्वपूर्ण, मैं इस पुस्तक को विकास के पथप्रदर्शकों को समर्पित करना चाहूँगा। उनका नैतिक समर्थन और प्रोत्साहन मेरे काम के पीछे प्रेरक शक्ति रहा है। मेरी क्षमताओं में उनका विश्वास प्रेरणा का निरंतर स्रोत रहा है।

मैं रक्षा बलों के अपने दोस्तों की गहरी सराहना करता हूँ, जिन्होंने मुझे इस विषय पर गहराई से विचार करने के लिए प्रेरित किया है। उनकी अंतर्दृष्टि, अनुभवों और चर्चाओं ने मूल्यवान दृष्टिकोण प्रदान किए हैं और विषय के बारे में मेरी समझ को समृद्ध किया है। मैं उनके योगदान के लिए आभारी हूँ।

मैं अपनी पत्नी श्रीमती कमलेश राव, बेटों नवनीत प्रताप सिंह और नवदीप प्रताप सिंह का ऋणी हूँ, जिन्होंने शोध और लेखन के दौरान बिताए लंबे समय के दौरान अपनी समझ और धैर्य का परिचय दिया। उनका प्रोत्साहन और समझ मेरे प्रयासों में सहायक रही है।

मैं पूरी प्रक्रिया में उनके समर्थन और समझ के लिए अपनी बहुओं, सयाली भगत और किन्नी प्रताप सिंह का भी आभार व्यक्त करना चाहूँगा। उनका प्रोत्साहन और सकारात्मकता निरंतर प्रेरणा का स्रोत रही है।

मैं अपनी पोतियों इवांका और नवीरा को उनके प्यार और खुशी के लिए दिल से धन्यवाद देता हूँ, जिन्होंने सबसे चुनौतीपूर्ण समय के दौरान भी मेरे चेहरे पर मुस्कान ला दी है। उनकी मासूम उपस्थिति लगातार याद दिलाती रही है कि मैं इस यात्रा पर क्यों निकला हूँ।

मैं ग्रामीण उत्थान-भारत निर्माण, शहीद परिवार कल्याण फाउंडेशन, दिल्ली छावनी विकास समिति और स्काईलार्क ग्रुप ऑफ कंपनीज के प्रबंधन और सदस्यों को उनकी उदार मदद और सहयोग के लिए धन्यवाद देना चाहता हूँ। इस पुस्तक को आकार देने में उनका योगदान और सहायता अमूल्य रही है।

मैं अपने माता-पिता का उल्लेख करना नहीं भूल सकता, जो अब शारीरिक रूप से मेरे साथ नहीं हैं, लेकिन उन्होंने मुझे स्वर्ग से आशीर्वाद दिया है। उनका प्यार और मार्गदर्शन मुझे हर दिन प्रेरित करता रहता है। मैं अपने भाइयों और बहनों का भी उनके नि:स्वार्थ प्यार, समर्थन और स्नेह के लिए आभारी हूँ।

अंत में, मैं उन सभी के प्रति अपना आभार व्यक्त करता हूँ, जिन्होंने इस पुस्तक के निर्माण के दौरान प्रत्यक्ष या अप्रत्यक्ष रूप से विभिन्न तरीकों से मेरा समर्थन किया है। आपके योगदान, चाहे बड़े हों या छोटे, ने महत्वपूर्ण प्रभाव डाला है और मैं आपकी भागीदारी के लिए वास्तव में आभारी हूँ।

इस प्रयास का अभिन्न अंग बनने और आपके अटूट समर्थन के लिए एक बार फिर आप सभी को धन्यवाद।

—डॉ. टी.सी. राव

अनुक्रम

परिचय

एनडीए के 'मेक इन इंडिया' पर फोकस ने भारत को वैश्विक विनिर्माण केंद्र के रूप में उभरने की नींव रखी है।

—नरेन्द्र मोदी

पुस्तक का उद्देश्य

राष्ट्रीय जनतांत्रिक गठबंधन (एनडीए) भारतीय राजनीति में सबसे आगे रहा है, और अपनी दृष्टि और उपलब्धियों के माध्यम से देश के भविष्य को आकार दे रहा है। इस पुस्तक का उद्देश्य एनडीए सरकार के दृष्टिकोण और उसकी ठोस उपलब्धियों के विभिन्न पहलुओं पर प्रकाश डालना है, उन नीतियों, पहलों और सुधारों का व्यापक विश्लेषण प्रस्तुत करना है जिन्होंने भारत के लिए बेहतर भविष्य के निर्माण में योगदान दिया है। एनडीए के शासन की कई दृष्टिकोणों से जाँच करके इस पुस्तक का उद्देश्य सरकार के प्रक्षेप पथ और राष्ट्र के विकास पर इसके प्रभाव की समग्र समझ प्रदान करना है। अर्थव्यवस्था, बुनियादी ढाँचे, सामाजिक कल्याण और विदेशी संबंधों जैसे प्रमुख क्षेत्रों की गहन खोज के माध्यम से, पुस्तक एनडीए के परिवर्तनकारी प्रयासों और भारत के भविष्य के लिए उनके निहितार्थों को उजागर करना चाहती है।

विजन का अनावरण

पुस्तक का यह अध्याय एनडीए सरकार के व्यापक दृष्टिकोण को स्पष्ट करके मंच तैयार करेगा। यह उन मूल सिद्धांतों, विचारधाराओं और दीर्घकालिक लक्ष्यों पर प्रकाश डालेगा जिन्होंने सरकार की नीतियों और निर्णय लेने की प्रक्रियाओं को निर्देशित किया है। समृद्ध, समावेशी और लचीले भारत के लिए एनडीए के दृष्टिकोण का विश्लेषण करके यह अध्याय सरकार की आकांक्षाओं और इसकी रणनीतिक पहलों के पीछे के तर्क की मूलभूत समझ प्रदान करेगा। इसके अलावा यह अध्याय उस ऐतिहासिक संदर्भ का पता लगाएगा जिसने एनडीए के दृष्टिकोण को आकार दिया है, इसके नीतिगत ढाँचे के विकास और उन कारकों पर प्रकाश डालता है जिन्होंने शासन के प्रति इसके दृष्टिकोण को प्रभावित किया है।

आर्थिक परिवर्तन

यह अध्याय एनडीए सरकार की आर्थिक नीतियों और भारत के विकास पथ पर उनके प्रभाव पर केंद्रित होगा। यह 'मेक इन इंडिया', आर्थिक उदारीकरण, बुनियादी ढाँचे के विकास और वित्तीय सुधारों जैसी प्रमुख पहलों की समीक्षा करेगा, यह बताएगा कि इन उपायों ने देश की अर्थव्यवस्था को मजबूत करने में कैसे योगदान दिया है। इसके अलावा यह अध्याय उद्यमिता, नवाचार और रोजगार सृजन को बढ़ावा देने के लिए सरकार के प्रयासों का विश्लेषण करेगा, जिसमें उन तरीकों पर प्रकाश डाला जाएगा जिनसे इन प्रयासों ने एक मजबूत और गतिशील आर्थिक परिदृश्य की नींव रखी है। एनडीए की आर्थिक दृष्टि और उपलब्धियों की व्यापक समीक्षा के माध्यम से यह अध्याय एक 'वैश्विक आर्थिक महाशक्ति के रूप में भारत के भविष्य को आकार देने में सरकार की भूमिका को रेखांकित करेगा।

बुनियादी ढाँचा और शहरी विकास

यह अध्याय बुनियादी ढाँचे और शहरी विकास के क्षेत्र में एनडीए सरकार की पहलों पर प्रकाश डालेगा। यह 'स्मार्ट सिटीज मिशन,' 'प्रधानमंत्री आवास योजना' और 'परिवहन नेटवर्क ' के विस्तार जैसे प्रमुख कार्यक्रमों की जाँच करेगा, यह बताएगा कि कैसे इन प्रयासों ने भारत के शहरी ढाँचे को बदल दिया है और इसके नागरिकों के लिए जीवन की गुणवत्ता में वृद्धि की है। इसके अतिरिक्त अध्याय टिकाऊ बुनियादी ढाँचे और तकनीकी नवाचार पर सरकार के फोकस पर प्रकाश डालेगा, जो भविष्य के लिए तैयार शहरों और परिवहन प्रणालियों के निर्माण में की गई प्रगति को प्रदर्शित करेगा। आधुनिक, लचीले और जुड़े शहरी स्थानों के लिए एनडीए के दृष्टिकोण पर प्रकाश डालते हुए यह अध्याय भारत के शहरी भविष्य को आकार देने में इसकी महत्वपूर्ण भूमिका को रेखांकित करेगा।

समाज कल्याण और समावेशी विकास

यह अध्याय सामाजिक कल्याण और समावेशी विकास के प्रति एनडीए सरकार की प्रतिबद्धता का पता लगाएगा। यह 'आयुष्मान भारत', 'प्रधानमंत्री जन धन योजना' और 'बेटी बचाओ, बेटी पढ़ाओ' जैसी प्रमुख पहलों का विश्लेषण करेगा, जिसमें बताया जाएगा कि कैसे इन कार्यक्रमों ने सामाजिक न्याय, स्वास्थ्य देखभाल पहुँच

और वित्तीय समावेशन को आगे बढ़ाया है। इसके अलावा, अध्याय गरीबी, लैंगिक असमानता और शिक्षा असमानताओं जैसी सामाजिक चुनौतियों का समाधान करने के लिए सरकार के प्रयासों की जाँच करेगा, और अधिक न्यायसंगत और समावेशी समाज को बढ़ावा देने में की गई प्रगति पर प्रकाश डालेगा। सामाजिक सशक्तिकरण के लिए एनडीए के दृष्टिकोण और हाशिए पर रहने वाले समुदायों पर इसके ठोस प्रभाव पर प्रकाश डालते हुए, यह अध्याय एक ऐसे भविष्य के निर्माण के लिए सरकार की प्रतिबद्धता को रेखांकित करेगा जहाँ हर नागरिक आगे बढ़ सके और देश की प्रगति में योगदान दे सके।

कूटनीति और वैश्विक जुड़ाव

यह अध्याय एनडीए सरकार की विदेश नीति और वैश्विक जुड़ाव पर केंद्रित होगा। यह विश्व मंच पर भारत की उभरती भूमिका की जाँच करेगा, सरकार की राजनयिक पहलों, रणनीतिक साझेदारी और बहुपक्षीय जुड़ाव की खोज करेगा। यह अध्याय पड़ोस के संबंधों, अंतरराष्ट्रीय व्यापार, रक्षा सहयोग और जलवायु कूटनीति जैसी प्रमुख विदेश नीति प्राथमिकताओं पर प्रकाश डालेगा, जिसमें बताया जाएगा कि कैसे एनडीए की वैश्विक पहुँच ने भारत के हितों को आगे बढ़ाया है और अंतरराष्ट्रीय समुदाय में इसकी स्थिति को मजबूत किया है। वैश्विक मंच पर सुरक्षित, परस्पर जुड़े और प्रभावशाली भारत के लिए सरकार के दृष्टिकोण का विश्लेषण करके, यह अध्याय एक ऐसे भविष्य को आकार देने के एनडीए के प्रयासों को प्रदर्शित करेगा जहाँ भारत की आवाज सभी महाद्वीपों में गूँजी।

विज्ञान और प्रौद्योगिकी में नवाचार

यह अध्याय नवाचार, अनुसंधान और तकनीकी उन्नति को बढ़ावा देने पर एनडीए सरकार के फोकस पर प्रकाश डालेगा। यह 'डिजिटल इंडिया,' 'आत्मनिर्भर भारत' जैसी पहलों और वैज्ञानिक अनुसंधान में निवेश की समीक्षा करेगा। यह बताएगा कि इन प्रयासों ने भारत को ज्ञान-आधारित अर्थव्यवस्था बनाने की दिशा में कैसे प्रेरित किया है। इसके अतिरिक्त यह अध्याय सामाजिक प्रगति और आर्थिक विकास को बढ़ावा देने के लिए उभरती प्रौद्योगिकियों, अंतरिक्ष अन्वेषण और डिजिटल कनेक्टिविटी का लाभ उठाने पर सरकार के जोर पर चर्चा करेगा। तकनीकी रूप से

उन्नत और आत्मनिर्भर भारत के लिए एनडीए के दृष्टिकोण को प्रदर्शित करके यह अध्याय एक ऐसे भविष्य को आकार देने में इसकी भूमिका को रेखांकित करेगा जहाँ नवाचार परिवर्तनकारी परिवर्तन के लिए उत्प्रेरक के रूप में कार्य करेगा।

पर्यावरणीय स्थिरता और जलवायु कार्रवाई

यह अध्याय पर्यावरणीय चुनौतियों से निपटने और सतत् विकास को बढ़ावा देने के लिए एनडीए सरकार की पहल पर केंद्रित होगा। यह नवीकरणीय ऊर्जा, प्राकृतिक संसाधनों के संरक्षण और जलवायु परिवर्तन शमन से संबंधित नीतियों का मूल्यांकन करेगा, यह स्पष्ट करेगा कि सरकार ने भविष्य के लिए अपने दृष्टिकोण के प्रमुख स्तंभ के रूप में पर्यावरणीय स्थिरता को कैसे प्राथमिकता दी है। इसके अतिरिक्त अध्याय अंतरराष्ट्रीय सौर गठबंधन जैसी पहलों में भारत के वैश्विक नेतृत्व और कार्बन तटस्थता प्राप्त करने की प्रतिबद्धता पर प्रकाश डालेगा, एक ऐसे भविष्य के निर्माण के लिए एनडीए के प्रयासों को प्रदर्शित करेगा जहाँ पर्यावरणीय प्रबंधन देश की प्रगति का अभिन्न अंग है।

चुनौतियाँ, आलोचनाएं और सीखे गए सबक

यह अध्याय एनडीए सरकार के सामने आने वाली चुनौतियों, उसकी नीतियों के खिलाफ की गई आलोचनाओं और उसके शासन अनुभव से सीखे गए सबक का संतुलित मूल्याँकन प्रदान करेगा। यह उन क्षेत्रों की आलोचनात्मक समीक्षा की पेशकश करेगा जहाँ सरकार के प्रदर्शन की जाँच की गई है, जो शासन की जटिलताओं और नीति कार्यान्वयन में शामिल अंतर्निहित व्यापार दुविधाओं के बारे में अंतर्दृष्टि प्रदान करेगा। इसके अलावा अध्याय शासन की जटिलताओं को समझने में आत्मनिरीक्षण और अनुकूली नेतृत्व के महत्व को रेखांकित करेगा, जो भविष्य के नीति निमार्ताओं और नेताओं के लिए मूल्यवान सबक प्रदान करेगा।

भारत के भविष्य को आकार देना

यह पुस्तक पिछले अध्यायों में प्रस्तुत प्रमुख अंतर्दृष्टि और निष्कर्षों को संश्लेषित करेगा, जो भारत के भविष्य को आकार देने में एनडीए सरकार की दृष्टि और उपलब्धियों का व्यापक अवलोकन प्रस्तुत करेगी। यह विभिन्न क्षेत्रों में सरकार

की नीतियों के परिवर्तनकारी प्रभाव को रेखांकित करेगा, एक गतिशील, समावेशी और विश्व स्तर पर प्रभावशाली भारत के लिए इसके दृष्टिकोण को साकार करने में की गई प्रगति को उजागर करेगा। इसके अलावा एनडीए के शासन की स्थायी विरासत और आने वाले वर्षों में भारत के प्रक्षेप पथ के लिए इसके निहितार्थों को प्रतिबिंबित करेगा, जिसमें देश और उसके लोगों की आकांक्षाओं के अनुरूप भविष्य के निर्माण में निरंतरता, अनुकूलनशीलता और दूरदर्शी नेतृत्व की अनिवार्यता पर जोर दिया जाएगा।

उपसंहार : भविष्य का निमार्ण : एनडीए की स्थायी विरासत

उपसंहार एनडीए सरकार की स्थायी विरासत और भारत के प्रक्षेप पथ पर इसके प्रभाव पर एक प्रतिबिंब के रूप में काम करेगा। यह देश की प्रगति में सरकार के योगदान और भारत के सामाजिक-आर्थिक परिदृश्य पर छोड़ी गई स्थायी छाप पर एक दूरदर्शी परिप्रेक्ष्य प्रदान करेगा। इसके अलावा उपसंहार एक ऐसे भविष्य को आकार देने में निरंतरता, नवाचार और समावेशी शासन के महत्व को रेखांकित करेगा जहाँ भारत एक वैश्विक नेता और प्रगति के प्रतीक के रूप में अपनी पूरी क्षमता का एहसास कराएगा।

"भविष्य का निमार्ण: एनडीए सरकार का दृष्टिकोण और उपलब्धियाँ" का उद्‌देश्य एनडीए सरकार की परिवर्तनकारी यात्रा का व्यापक और व्यावहारिक अन्वेषण प्रदान करना है। आर्थिक विकास से लेकर सामाजिक कल्याण, कूटनीति से लेकर तकनीकी नवाचार तक, विभिन्न क्षेत्रों में सरकार के दृष्टिकोण पर प्रकाश डालते हुए यह पुस्तक एनडीए के शासन की बहुमुखी प्रकृति और भारत के भविष्य पर इसके गहरे प्रभाव पर प्रकाश डालने का प्रयास करती है। एक संतुलित और सूक्ष्म विश्लेषण के माध्यम से पुस्तक सरकार की नीतियों, पहलों, चुनौतियों और उपलब्धियों की समग्र समझ प्रदान करने का प्रयास करती है, जो नीति निमार्ताओं, विद्‌वानों और भारत के विकास पथ में निवेश किए गए नागरिकों के लिए एक मूल्यवान संसाधन के रूप में कार्य करती है। अंतत: यह पुस्तक एनडीए सरकार की विरासत के सार और भविष्य को आकार देने में इसकी महत्वपूर्ण भूमिका को पकड़ने की इच्छा रखती है, जहाँ भारत एक जीवंत, समावेशी और प्रगतिशील राष्ट्र के रूप में पनपता है।

□

भारत की विकासात्मक चुनौतियों की पृष्ठभूमि

विश्व की सबसे पुरानी सभ्यताओं में से एक भारत ने 1947 में ब्रिटिश औपनिवेशिक शासन से स्वतंत्रता प्राप्त करने के बाद से विकास के विभिन्न क्षेत्रों में महत्वपूर्ण प्रगति की है। हालाँकि विकास के मोर्चे पर देश अभी भी कई चुनौतियों से जूझ रहा है, जिनका इसकी अर्थव्यवस्था समाज, और परिवेश पर गहरा प्रभाव पड़ता है। ये चुनौतियाँ ऐतिहासिक, सामाजिक, आर्थिक और राजनीतिक कारकों की जटिल परस्पर क्रिया में निहित हैं और इन्हें संबोधित करने के लिए देश के अद्वितीय संदर्भ की गहरी समझ की आवश्यकता है। इस निबंध में हम आर्थिक विकास, गरीबी, स्वास्थ्य देखभाल, शिक्षा, बुनियादी ढाँचे, शासन, पर्यावरणीय स्थिरता और सामाजिक असमानता सहित कई प्रमुख आयामों में भारत की विकास संबंधी चुनौतियों का पता लगाएंगे।

आर्थिक विकास और संरचनात्मक परिवर्तन

भारत के आर्थिक विकास पथ में तेजी से विस्तार के दौर देखे गए हैं, खासकर 1990 के दशक की शुरूआत से जब देश ने आर्थिक उदारीकरण और वैश्वीकरण को अपनाया। हालाँकि कई संरचनात्मक बाधाओं के कारण आर्थिक विकास के उच्च स्तर को बनाए रखना एक कठिन चुनौती बनी हुई है। इनमें एक बड़ी अनौपचारिक अर्थव्यवस्था, नौकरशाही लालफीताशाही, पुराने श्रम कानून, अपर्याप्त बुनियादी ढाँचा और एक जटिल कर प्रणाली शामिल हैं। इसके अतिरिक्त देश को विकास में महत्वपूर्ण क्षेत्रीय असमानताओं का सामना करना पड़ता है, कुछ राज्य आर्थिक विकास और मानव विकास संकेतकों के मामले में दूसरों से पीछे हैं। भारत के लिए निरंतर और समावेशी आर्थिक विकास हासिल करने के लिए इन संरचनात्मक चुनौतियों का समाधान करना महत्वपूर्ण है।

गरीबी और असमानता

अपनी आर्थिक प्रगति के बावजूद भारत गरीबी में रहने वाली एक बड़ी आबादी का घर है। गरीबी का बने रहना बेरोजगारी, अल्परोजगार, कम कृषि उत्पादकता और बुनियादी सेवाओं तक पहुँच की कमी जैसे मुद्दों से निकटता से जुड़ा हुआ है। इसके अलावा आय और धन असमानता महत्वपूर्ण चिंताएं बनी हुई हैं, जनसंख्या के एक छोटे से हिस्से के पास देश की संपत्ति का अनुपातहीन रूप से बड़ा हिस्सा है। गरीबी और असमानता से निपटने के लिए एक बहुआयामी दृष्टिकोण की आवश्यकता है जिसमें लक्षित सामाजिक कल्याण कार्यक्रम, रोजगार सृजन, कृषि सुधार और हाशिए पर रहने वाले समुदायों के लिए शिक्षा और स्वास्थ्य सेवा तक पहुँच बढ़ाने के प्रयास शामिल हों।

स्वास्थ्य देखभाल

भारत की स्वास्थ्य सेवा प्रणाली को कई चुनौतियों का सामना करना पड़ता है, जिनमें अपर्याप्त बुनियादी ढाँचा, स्वास्थ्य देखभाल पेशेवरों की कमी, स्वास्थ्य देखभाल तक पहुँच में क्षेत्रीय असमानताएं और संचारी और गैर-संचारी रोगों का उच्च बोझ शामिल है। हालाँकि देश ने स्वास्थ्य देखभाल परिणामों में सुधार लाने में प्रगति की है लेकिन मातृ एवं शिशु स्वास्थ्य जैसे क्षेत्रों में, महत्वपूर्ण खामियाँ बनी हुई हैं। स्वास्थ्य देखभाल प्रणाली को मजबूत करना, गुणवत्तापूर्ण स्वास्थ्य सेवाओं तक पहुँच का विस्तार करना और कुपोषण, स्वच्छता और संक्रामक रोगों जैसी सार्वजनिक स्वास्थ्य चुनौतियों का समाधान करना भारत के विकास एजेंडे के लिए महत्वपूर्ण प्राथमिकताएं हैं।

शिक्षा

शिक्षा को व्यापक रूप से सामाजिक और आर्थिक विकास के प्रमुख चालक के रूप में मान्यता प्राप्त है। शिक्षा तक पहुँच बढ़ाने में विशेष रूप से प्राथमिक स्तर पर भारत ने पर्याप्त प्रगति की है लेकिन शिक्षा की गुणवत्ता, साथ ही समानता और समावेशिता के मुद्दे महत्वपूर्ण चुनौतियाँ पैदा करते हैं। शैक्षिक परिणामों में असमानताएं विभिन्न सामाजिक-आर्थिक समूहों, लिंगों और क्षेत्रों में बनी रहती हैं। इसके अलावा, शिक्षा प्रणाली को अपर्याप्त बुनियादी ढाँचे, योग्य शिक्षकों की कमी और तेजी से बदलती अर्थव्यवस्था की माँगों के अनुरूप पाठ्यक्रम सुधार की

आवश्यकता जैसे मुद्दों का सामना करना पड़ता है। इक्कीसवीं सदी में आगे बढ़ने के लिए भारत की आबादी को आवश्यक कौशल से लैस करने के लिए शिक्षा की गुणवत्ता में सुधार, व्यावसायिक प्रशिक्षण को बढ़ाना और आजीवन सीखने को बढ़ावा देना आवश्यक है।

आधारभूत संरचना

आर्थिक विकास और नागरिकों के जीवन की गुणवत्ता में सुधार के लिए मजबूत बुनियादी ढाँचा एक बुनियादी शर्त है। भारत परिवहन, ऊर्जा, जल आपूर्ति और शहरी विकास सहित विभिन्न क्षेत्रों में महत्वपूर्ण बुनियादी ढाँचे की कमी का सामना कर रहा है। अपर्याप्त बुनियादी ढाँचा न केवल आर्थिक उत्पादकता में बाधा डालता है, बल्कि पर्यावरणीय क्षरण में भी योगदान देता है और आबादी के बड़े हिस्से के लिए बुनियादी सेवाओं तक पहुँच को सीमित करता है। बुनियादी ढाँचे की कमियों को दूर करने के लिए भौतिक और सामाजिक बुनियादी ढाँचे में पर्याप्त निवेश के साथ-साथ नियामक ढाँचे और परियोजना कार्यान्वयन प्रक्रियाओं में सुधार की आवश्यकता है। स्मार्ट सिटीज मिशन और भारतमाला परियोजना जैसी पहलों का उद्देश्य इन बुनियादी ढाँचे की कुछ चुनौतियों का समाधान करना है लेकिन मौजूदा फासले को पाटने और लचीले, टिकाऊ और समावेशी बुनियादी ढाँचे के निर्माण के लिए निरंतर प्रयासों की आवश्यकता है।

शासन और प्रशासनिक सुधार

भारत की विकासात्मक चुनौतियों से निपटने के लिए प्रभावी शासन और कुशल लोक प्रशासन महत्वपूर्ण है। देश भ्रष्टाचार, नौकरशाही अक्षमताओं और एक जटिल नियामक वातावरण जैसे मुद्दों से जूझ रहा है जो सार्वजनिक सेवाओं की सुचारू डिलीवरी और व्यापार संचालन में बाधा डाल सकता है। शासन और प्रशासनिक प्रभावशीलता में सुधार के लिए संस्थानों को मजबूत करना, पारदर्शिता और जवाबदेही को बढ़ावा देना, नियामक प्रक्रियाओं को सुव्यवस्थित करना और सिविल सेवाओं की क्षमता को बढ़ाना आवश्यक है। इसके अलावा स्थानीय सरकारों को शक्ति हस्तांतरित करना और निर्णय लेने की प्रक्रियाओं में भाग लेने के लिए समुदायों को सशक्त बनाना अधिक प्रतिक्रियाशील और समावेशी शासन में योगदान कर सकता है।

पर्यावरणीय स्थिरता

भारत को वायु और जल प्रदूषण, वनों की कटाई, जैव विविधता की हानि और जलवायु परिवर्तन के प्रभावों सहित कई पर्यावरणीय चुनौतियों का सामना करना पड़ता है। तेजी से औद्योगीकरण, शहरीकरण और गहन कृषि पद्धतियों ने देश के प्राकृतिक संसाधनों और पारिस्थितिक तंत्र पर अत्यधिक दबाव डाला है। पर्यावरणीय स्थिरता को संबोधित करने के लिए एक व्यापक दृष्टिकोण की आवश्यकता होती है जो पर्यावरणीय विचारों को विकास योजना में एकीकृत करता है, नवीकरणीय ऊर्जा और टिकाऊ प्रथाओं को बढ़ावा देता है और पर्यावरणीय नियमों और प्रवर्तन को मजबूत करता है। इसके अतिरिक्त सार्वजनिक जागरूकता बढ़ाना और पर्यावरण संरक्षण प्रयासों में सामुदायिक भागीदारी को बढ़ावा देना दीर्घकालिक स्थिरता लक्ष्यों को प्राप्त करने के लिए महत्वपूर्ण है।

सामाजिक असमानता और सामंजस्य

भारत के विविध सामाजिक ताने-बाने में अनेक जातीयताएं, भाषाएं, धर्म और जाति समूह शामिल हैं। जहाँ यह देश की विविधता ताकत का स्रोत है, वहीं यह सामाजिक असमानता, भेदभाव और सांप्रदायिक तनाव से संबंधित चुनौतियाँ भी प्रस्तुत करती है। जाति-आधारित भेदभाव, अवसरों तक असमान पहुँच और सामाजिक बहिष्कार समावेशी विकास में महत्वपूर्ण बाधाएं बने हुए हैं। अधिक समावेशी और सामंजस्यपूर्ण समाज के निर्माण के लिए सामाजिक एकजुटता को बढ़ावा देना, अंतर-समूह संवाद को बढ़ावा देना और ऐतिहासिक अन्याय को संबोधित करना आवश्यक है। सामाजिक एकीकरण, अंतरसांस्कृतिक समझ और हाशिए पर रहने वाले समुदायों के लिए सकारात्मक कार्रवाई को बढ़ावा देने वाली पहल सामाजिक असमानताओं को कम करने और अधिक न्यायसंगत समाज के निर्माण में योगदान कर सकती हैं।

भारत की विकासात्मक चुनौतियाँ बहुआयामी और परस्पर जुड़ी हुई हैं, जिनके प्रभावी समाधान के लिए समग्र और एकीकृत दृष्टिकोण की आवश्यकता है। देश ने कई क्षेत्रों में उल्लेखनीय प्रगति की है लेकिन गरीबी, स्वास्थ्य देखभाल, शिक्षा, बुनियादी ढाँचे, शासन, पर्यावरणीय स्थिरता और सामाजिक असमानता जैसी लगातार चुनौतियों का समाधान करने के लिए निरंतर प्रतिबद्धता, नवीन नीतियों तथा सरकार,

नागरिक समाज और निजी क्षेत्र के सहयोगात्मक प्रयासों की आवश्यकता है। इन चुनौतियों का समाधान करके भारत अपनी पूरी क्षमता का उपयोग कर सकता है और अपने नागरिकों के लिए अधिक समृद्ध, न्यायसंगत और टिकाऊ भविष्य बना सकता है।

एनडीए शासन में भारत ने स्वास्थ्य सेवा क्षेत्र में उल्लेखनीय प्रगति की है, जिससे सभी के लिए किफायती स्वास्थ्य देखभाल तक पहुँच बढ़ गई है।

—मनसुख मंडाविया

□

प्रधानमंत्री के रूप में नरेन्द्र मोदी के कार्यकाल का अवलोकन

नरेन्द्र मोदी मई 2014 से भारत के प्रधानमंत्री हैं और उनका कार्यकाल आर्थिक सुधारों, सामाजिक पहलों और विदेश नीति में बदलाव का मिश्रण रहा है। भारत की सबसे महत्वपूर्ण राजनीतिक हस्तियों में से एक के रूप में नरेन्द्र मोदी के नेतृत्व की प्रशंसा हुई है और उनकी नीतियों का भारत और दुनिया में इसके स्थान पर दूरगामी प्रभाव पड़ा है। इस अवलोकन में हम प्रधानमंत्री के रूप में नरेन्द्र मोदी के कार्यकाल के प्रमुख पहलुओं का पता लगाएंगे, जिसमें उनकी आर्थिक नीतियाँ, सामाजिक कार्यक्रम, विदेश नीति पहल और भारत पर उनके नेतृत्व का समग्र प्रभाव शामिल है।

वित्तीय नीतियाँ

प्रधानमंत्री के रूप में नरेन्द्र मोदी के कार्यकाल का एक केंद्रीय विषय आर्थिक सुधार और विकास पर ध्यान केंद्रित करना रहा है। सत्ता संभालने के बाद मोदी सरकार ने घरेलू विनिर्माण को बढ़ावा देने और विदेशी निवेश को आकर्षित करने के लिए 'मेक इन इंडिया' अभियान शुरू किया। इस पहल का उद्‌देश्य भारत को वैश्विक विनिर्माण केंद्र के रूप में स्थापित करना और लाखों भारतीयों के लिए रोजगार के अवसर पैदा करना है। इसके अतिरिक्त, सरकार ने वस्तु एवं सेवा कर (जीएसटी) पेश किया, जो एक व्यापक अप्रत्यक्ष कर सुधार है जिसका उद्‌देश्य कर संरचना को सरल बनाना और भारतीय बाजार को एकीकृत करना है।

मोदी सरकार ने 'डिजिटल इंडिया' कार्यक्रम जैसी अन्य आर्थिक पहल भी की, जिसका उद्‌देश्य भारत को डिजिटल रूप से सशक्त समाज और ज्ञान अर्थव्यवस्था में बदलना था। इस पहल का उद्‌देश्य देश भर में डिजिटल बुनियादी ढाँचे में सुधार,

इंटरनेट कनेक्टिविटी बढ़ाना और डिजिटल साक्षरता को बढ़ावा देना है। इसके अलावा सरकार ने उद्यमिता और कौशल विकास को बढ़ावा देने, नवाचार और स्वरोजगार की संस्कृति को बढ़ावा देने के लिए 'स्टार्टअप इंडिया' और 'स्किल इंडिया' जैसी पहल शुरू की।

हालाँकि इन पहलों का उद्देश्य आर्थिक विकास को बढ़ावा देना और भारत की अर्थव्यवस्था को आधुनिक बनाना है, लेकिन इन्हें चुनौतियों का भी सामना करना पड़ा है। जीएसटी के कार्यान्वयन में शुरूआती समस्याएं आईं और छोटे व्यवसायों और अनौपचारिक क्षेत्र पर इसके प्रभाव को लेकर चिंताएं थीं। इसके अतिरिक्त, 'मेक इन इंडिया' अभियान को अपने महत्वाकांक्षी लक्ष्यों को प्राप्त करने में बाधाओं का सामना करना पड़ा, भारत का विनिर्माण क्षेत्र बुनियादी ढाँचे की बाधाओं और नियामक बाधाओं जैसे मुद्दों से जूझ रहा है।

सामाजिक कार्यक्रम

प्रधानमंत्री के रूप में नरेन्द्र मोदी के कार्यकाल में हाशिए पर रहने वाले समुदायों के उत्थान के उद्देश्य से सामाजिक कल्याण कार्यक्रमों और पहलों पर जोर दिया गया है। उनकी सरकार के प्रमुख कार्यक्रमों में से एक प्रधानमंत्री जन धन योजना रही है, जिसका उद्देश्य बैंक रहित आबादी को बैंकिंग सेवाएं प्रदान करना और वित्तीय समावेशन को बढ़ावा देना है। इस योजना के परिणामस्वरूप लाखों नए बैंक खाते खोले गए, जिससे वंचित समुदायों तक वित्तीय सेवाएँ पहुँचीं।

मोदी सरकार द्वारा शुरू की गई एक और महत्वपूर्ण सामाजिक पहल 'स्वच्छ भारत अभियान' है, जिसने देश में स्वच्छता के प्रति जागरूकता बढ़ाई है। इस अभियान का लक्ष्य देश भर में लाखों शौचालयों का निर्माण करना, स्वच्छता को बढ़ावा देना और खुले में शौच को खत्म करना है। सार्वजनिक स्वास्थ्य और कल्याण के लिए साफ-सफाई और स्वच्छता के महत्व पर जोर देते हुए इस पहल ने घरेलू और अंतरराष्ट्रीय स्तर पर ध्यान आकर्षित किया।

इसके अलावा सरकार ने आयुष्मान भारत योजना शुरू की जिसका उद्देश्य पूरे भारत में लाखों कमजोर परिवारों को स्वास्थ्य बीमा कवरेज प्रदान करना है। कार्यक्रम ने स्वास्थ्य देखभाल खर्चों के वित्तीय बोझ को कम करने और गुणवत्तापूर्ण चिकित्सा उपचार तक पहुँच में सुधार किया है। इसके अतिरिक्त 'बेटी बचाओ,

बेटी पढ़ाओ' पहल बालिकाओं के अधिकारों को बढ़ावा देने, शिक्षा और समाज में लैंगिक असमानताओं को दूर करने पर केंद्रित है।

विदेश नीति पहल

प्रधानमंत्री के रूप में नरेन्द्र मोदी के कार्यकाल में भारत की विदेश नीति में पुनर्मूल्यांकन देखा गया है, जो विभिन्न देशों के साथ राजनयिक संबंधों को मजबूत करने और भारत की वैश्विक स्थिति को बढ़ाने के प्रयासों द्वारा चिह्नित है। विदेश नीति के प्रति मोदी के दृष्टिकोण की विशेषता प्रमुख शक्तियों, पड़ोसी देशों और अंतरराष्ट्रीय संगठनों के साथ सक्रिय जुड़ाव है।

मोदी की विदेश नीति के उल्लेखनीय पहलुओं में से एक 'पड़ोसी पहले' (Neighbourhood First) दृष्टिकोण पर जोर दिया गया है। इसका उद्देश्य अपने निकटतम पड़ोसियों के साथ भारत के संबंधों को मजबूत करना है। सरकार ने दक्षिण एशियाई क्षेत्र के देशों के साथ कनेक्टिविटी, व्यापार और नागरिकों के बीच संबंध बढ़ाने पर बल दिया। इसके अतिरिक्त इन संबंधों के रणनीतिक और आर्थिक महत्व को पहचानते हुए दक्षिण पूर्व एशिया और व्यापक एशिया-प्रशांत क्षेत्र के साथ भारत के जुड़ाव को गहरा करने के लिए 'एक्ट ईस्ट' नीति तैयार की गई।

इसके अलावा मोदी सरकार ने संयुक्त राज्य अमेरिका, रूस, चीन और यूरोपीय देशों जैसी प्रमुख शक्तियों तक भारत की पहुँच बढ़ाने के लिए काम किया है। प्रशासन ने भारत के विकास के लिए निवेश, प्रौद्योगिकी और रणनीतिक साझेदारी को आकर्षित करने के लिए इन संबंधों का लाभ उठाने की दिशा में काम किया है। विशेष रूप से भारत की उभरती भू-राजनीतिक प्राथमिकताओं को दर्शाते हुए विभिन्न देशों के साथ रक्षा और सुरक्षा सहयोग बढ़ाने के लिए एक ठोस प्रयास किया गया है।

द्विपक्षीय व्यस्तताओं के अलावा मोदी सरकार ने बहुपक्षीय मंचों और पहलों में सक्रिय रूप से भाग लिया है, अंतरराष्ट्रीय संस्थानों में सुधारों की वकालत की है और वैश्विक शासन में भारत की भूमिका को बढ़ावा दिया है। जी20, ब्रिक्स और शंघाई सहयोग संगठन (एससीओ) जैसे संगठनों में भारत की बढ़ती भागीदारी वैश्विक आर्थिक और सुरक्षा एजेंडा को आकार देने में अधिक प्रभावशाली भूमिका के लिए देश की आकांक्षाओं को दर्शाती है।

प्रभाव और चुनौतियाँ

प्रधानमंत्री के रूप में नरेन्द्र मोदी के कार्यकाल ने भारत के घरेलू और अंतरराष्ट्रीय परिदृश्य पर महत्वपूर्ण प्रभाव छोड़ा है। उनकी सरकार द्वारा किए गए आर्थिक सुधारों और पहलों का उद्देश्य भारत की अर्थव्यवस्था को आधुनिक बनाना, उद्यमिता को बढ़ावा देना और वित्तीय समावेशन, स्वच्छता और स्वास्थ्य देखभाल जैसी सामाजिक चुनौतियों का समाधान करना है। इन प्रयासों ने पिछली सरकारों के नीतिगत दृष्टिकोण से विचलन का संकेत दिया है और भारत को एक वैश्विक आर्थिक महाशक्ति के रूप में स्थापित करने की कोशिश की है।

इसके अलावा मोदी की विदेश नीति पहल ने वैश्विक मंच पर भारत की उपस्थिति पर जोर देने और रणनीतिक साझेदारी विकसित करने की कोशिश की है जो भारत के दीर्घकालिक हितों के अनुरूप हो। प्रमुख शक्तियों और पड़ोसी देशों के साथ मजबूत संबंध बनाने पर जोर भारत के विकास और सुरक्षा के लिए अंतरराष्ट्रीय सहयोग का लाभ उठाने पर नजर रखते हुए भारत के विदेशी संबंधों के प्रति एक सक्रिय दृष्टिकोण को दर्शाता है।

हालाँकि मोदी के कार्यकाल को चुनौतियों का भी सामना करना पड़ा है। घरेलू चिंताओं में रोजगार सृजन, कृषि संकट और सामाजिक तनाव से संबंधित मुद्दे शामिल हैं। सरकार की आर्थिक नीतियों का लक्ष्य वृद्धि और विकास को बढ़ावा देना है, लेकिन अर्थव्यवस्था के विभिन्न क्षेत्रों और लाभों के वितरण पर उनके प्रभाव को लेकर समीक्षा का सामना करना पड़ा है। इसके अतिरिक्त सामाजिक कार्यक्रमों को कार्यान्वयन, चुनौतियों और उनके इच्छित परिणामों को प्राप्त करने के लिए निरंतर प्रतिबद्धता की आवश्यकता का सामना करना पड़ा है।

विदेश नीति के मोर्चे पर पड़ोसी देशों के साथ भारत के संबंधों में प्रगति और लगातार चुनौतियाँ दोनों देखी गई हैं। बांग्लादेश और श्रीलंका जैसे देशों के साथ संबंध बेहतर बनाने के प्रयास किए गए हैं।

प्रधानमंत्री के रूप में नरेन्द्र मोदी के कार्यकाल की विशेषता महत्वाकांक्षी आर्थिक सुधारों, सामाजिक पहलों और पुनर्निर्धारित विदेश नीति प्रतिबद्धताओं का मिश्रण रही है। घरेलू और अंतरराष्ट्रीय कारकों की जटिलताओं और परस्पर क्रिया को देखते हुए भारत के प्रक्षेप पथ पर उनके नेतृत्व के प्रभाव का दीर्घकालिक मूल्याँकन

किए जाने की संभावना है। जैसे-जैसे भारत अपनी विकासात्मक और रणनीतिक प्राथमिकताओं को आगे बढ़ा रहा है, नरेन्द्र मोदी के कार्यकाल की विरासत विश्लेषण और बहस का एक स्थायी विषय होने की संभावना है।

एनडीए की 'हाउसिंग फॉर ऑल पहल ने लाखों भारतीयों को किफायती आवास उपलब्ध कराने में महत्वपूर्ण प्रगति की है।

—हरदीप सिंह पुरी

□

प्रधानमंत्री नरेन्द्र मोदी के नेतृत्व में वैश्विक उपलब्धियाँ

श्री नरेन्द्र मोदी मई 2014 से भारत के प्रधानमंत्री के रूप में देश की सेवा कर रहे हैं। उनके नेतृत्व की विशेषता आर्थिक विकास, सामाजिक सुधार और विदेश नीति पहल पर ध्यान केंद्रित करना है। इन वर्षों में उन्होंने भारत की घरेलू और अंतरराष्ट्रीय नीतियों को आकार देने में महत्वपूर्ण भूमिका निभाई है। उनका नेतृत्व, उपलब्धियाँ और योगदान व्यापक चर्चा और विश्लेषण का विषय रहे हैं। यह अध्याय प्रधानमंत्री मोदी के वैश्विक नेतृत्व की उपलब्धियों, योगदान और उनके कार्यकाल के दौरान निभाई गई भूमिकाओं का एक सिंहावलोकन प्रदान करेगा।

वैश्विक नेतृत्व में प्रधानमंत्री मोदी के प्रमुख योगदानों में से एक आर्थिक सुधार और विकास पर उनका जोर है। उनके नेतृत्व में भारत ने विकास को बढ़ावा देने, प्रत्यक्ष विदेशी निवेश बढ़ाने और देश के कारोबारी माहौल में सुधार लाने के उद्देश्य से कई आर्थिक नीतियाँ अपनाई हैं। मोदी सरकार ने विनिर्माण और प्रौद्योगिकी-संचालित विकास को बढ़ावा देने के लिए 'मेक इन इंडिया' और 'डिजिटल इंडिया' जैसी पहल शुरू की है, और नियामक प्रक्रियाओं को सुव्यवस्थित करने और व्यवसायों के लिए नौकरशाही बाधाओं को कम करने के उपायों को भी लागू किया है। इन प्रयासों ने भारत को निवेश के लिए एक आकर्षक गंतव्य के रूप में स्थापित करने में मदद की है और देश के आर्थिक विकास में योगदान दिया है।

आर्थिक सुधार के अलावा प्रधानमंत्री मोदी ने भारत के नागरिकों के कल्याण में सुधार लाने के उद्देश्य से सामाजिक पहल पर भी ध्यान केंद्रित किया है। इस संबंध में उनकी सबसे उल्लेखनीय पहल स्वच्छ भारत अभियान या स्वच्छ भारत मिशन रही है, जिसने देश में स्वच्छता और साफ-सफाई के मुद्दे को संबोधित किया। इस अभियान का उद्देश्य सभी भारतीयों के लिए एक स्वच्छ और स्वस्थ वातावरण बनाने

के लक्ष्य के साथ खुले में शौच को खत्म करना और स्वच्छता सुविधाओं तक पहुँच में सुधार करना है। स्वच्छ भारत अभियान को सार्वजनिक स्वास्थ्य और स्वच्छता पर इसके प्रभाव के लिए व्यापक रूप से मान्यता मिली है, और इसने भारत में महत्वपूर्ण सामाजिक मुद्दों को संबोधित करने के लिए मोदी की प्रतिबद्धता को प्रदर्शित किया है।

अंतरराष्ट्रीय मंच पर प्रधानमंत्री मोदी ने भारत की वैश्विक स्थिति को ऊपर उठाने और अन्य देशों के साथ अपने संबंधों को मजबूत करने की कोशिश की है। वह सक्रिय कूटनीति में लगे हुए हैं और उन्होंने पारंपरिक सहयोगियों और उभरती शक्तियों दोनों के साथ मजबूत संबंध बनाने के प्रयास किए हैं। मोदी की विदेश नीति पहल ने व्यापार, सुरक्षा और पर्यावरण सहयोग सहित कई मुद्दों पर ध्यान केंद्रित किया है। विशेष रूप से उन्होंने एशिया-प्रशांत क्षेत्र के देशों के साथ भारत के जुड़ाव को गहरा करने की कोशिश की है और संयुक्त राज्य अमेरिका, रूस और यूरोपीय देशों जैसी प्रमुख शक्तियों के साथ देश की साझेदारी को बढ़ाने के लिए भी काम किया है।

प्रधानमंत्री मोदी जलवायु परिवर्तन और पर्यावरणीय स्थिरता जैसे वैश्विक मुद्दों के भी मुखर समर्थक रहे हैं। उनके नेतृत्व में भारत ने पर्यावरणीय चुनौतियों से निपटने के लिए कदम उठाए हैं और कार्बन उत्सर्जन को कम करने और नवीकरणीय ऊर्जा को बढ़ावा देने के उद्देश्य से पहल की है। मोदी सौर ऊर्जा के समर्थक रहे हैं और उन्होंने भारत को नवीकरणीय ऊर्जा प्रौद्योगिकी के क्षेत्र में अग्रणी के रूप में स्थापित करने की कोशिश की है। इस क्षेत्र में उनके प्रयासों ने जलवायु परिवर्तन पर वैश्विक चर्चा में योगदान दिया है और पर्यावरणीय मुद्दों के समाधान के लिए भारत की प्रतिबद्धता को रेखांकित किया है।

आर्थिक विकास, सामाजिक सुधार और विदेश नीति पर अपने फोकस के अलावा प्रधानमंत्री मोदी ने डिजिटल नवाचार और प्रौद्योगिकी-संचालित विकास को बढ़ावा देने में भी महत्वपूर्ण भूमिका निभाई है। उनकी सरकार ने नवाचार और उद्यमिता को बढ़ावा देने के लक्ष्य के साथ डिजिटल बुनियादी ढाँचे का विस्तार करने और प्रौद्योगिकी तक पहुँच में सुधार करने की पहल शुरू की है। मोदी ने आर्थिक विकास को गति देने के लिए प्रौद्योगिकी की क्षमता पर जोर दिया है और भारत को वैश्विक अर्थव्यवस्था में प्रौद्योगिकी और नवाचार के केंद्र के रूप में स्थापित करने की दिशा में काम किया है।

विपक्ष की आलोचनाओं के बावजूद यह निर्विवाद है कि प्रधानमंत्री मोदी ने

वैश्विक मंच पर महत्वपूर्ण भूमिका निभाई है और भारत की घरेलू और अंतरराष्ट्रीय नीतियों पर स्थायी प्रभाव छोड़ा है। उनके नेतृत्व में आर्थिक विकास, सामाजिक सुधार और विदेश नीति की पहल पर जोर दिया गया है और उन्होंने भारत को वैश्विक अर्थव्यवस्था और राजनयिक क्षेत्र में एक प्रमुख खिलाड़ी के रूप में स्थापित करने की कोशिश की है।

मोदी की प्रमुख वैश्विक नेतृत्व उपलब्धियों में से एक अन्य देशों विशेष रूप से प्रमुख शक्तियों और पड़ोसी देशों के साथ भारत के संबंधों को मजबूत करने का उनका प्रयास है। उनकी कूटनीतिक पहलों ने आर्थिक सहयोग, सुरक्षा साझेदारी और सांस्कृतिक आदान-प्रदान को बढ़ाने का प्रयास किया है और इसका उद्देश्य भारत को अंतरराष्ट्रीय मामलों में एक प्रमुख खिलाड़ी के रूप में स्थापित करना है। मोदी ने उच्चस्तरीय राजनयिक यात्राओं में भाग लिया है, अंतरराष्ट्रीय शिखर सम्मेलनों की मेजबानी की है और वैश्विक मंच पर भारत के हितों को आगे बढ़ाने के लिए बहुपक्षीय मंचों में सक्रिय रूप से भाग लिया है।

मोदी के नेतृत्व में भारत ने संयुक्त राज्य अमेरिका, रूस, जापान और यूरोपीय देशों के साथ अपनी रणनीतिक साझेदारी को गहरा करने का प्रयास किया है। इन प्रयासों में रक्षा सहयोग बढ़ाने, व्यापार और निवेश संबंधों का विस्तार करने और आतंकवाद विरोधी और साइबर सुरक्षा जैसे मुद्दों पर सहयोग करने की पहल शामिल है। प्रमुख शक्तियों के साथ मोदी के जुड़ाव ने वैश्विक मामलों में अधिक प्रमुख भूमिका निभाने की भारत की आकांक्षाओं को प्रतिबिंबित किया है और देश की विदेश नीति की प्राथमिकताओं को आकार देने में योगदान दिया है।

प्रमुख शक्तियों के साथ जुड़ने के अलावा प्रधानमंत्री मोदी ने पड़ोसी देशों और क्षेत्रीय भागीदारों के साथ भारत के संबंधों को मजबूत करने पर भी ध्यान केंद्रित किया है। उन्होंने दक्षिण एशिया और हिंद महासागर क्षेत्र के देशों के साथ मजबूत संबंध बनाने की कोशिश करते हुए 'पड़ोसी पहले' की नीति अपनाई है। मोदी ने पड़ोसी देशों के साथ कनेक्टिविटी, व्यापार और लोगों के बीच आदान-प्रदान बढ़ाने के उद्देश्य से पहल को प्राथमिकता दी है, और बातचीत और सहयोग के माध्यम से क्षेत्रीय चुनौतियों का समाधान करने की कोशिश की है।

क्षेत्रीय जुड़ाव पर मोदी के जोर का उदाहरण 'एक्ट ईस्ट पॉलिसी' जैसी पहल है, जो दक्षिण पूर्व एशियाई देशों के साथ भारत के संबंधों को गहरा करने और

एशिया-प्रशांत क्षेत्र में अपनी उपस्थिति को मजबूत करने का प्रयास करती है। इन प्रयासों के माध्यम से मोदी ने भारत को क्षेत्रीय पहलों में एक प्रमुख भागीदार के रूप में स्थापित करने और व्यापक भारत-प्रशांत क्षेत्र की स्थिरता और समृद्धि में योगदान देने का लक्ष्य रखा है।

प्रधानमंत्री मोदी के वैश्विक नेतृत्व का एक अन्य प्रमुख पहलू जलवायु परिवर्तन और सतत् विकास जैसे मुद्दों की उनकी वकालत है। वह पर्यावरण संरक्षण के मुखर समर्थक रहे हैं और उन्होंने जलवायु संबंधी चुनौतियों से निपटने में वैश्विक सहयोग के महत्व पर जोर दिया है। मोदी ने नवीकरणीय ऊर्जा को बढ़ावा देने, कार्बन उत्सर्जन को कम करने और पर्यावरणीय स्थिरता को बढ़ाने के भारत के प्रयासों पर प्रकाश डाला है और जलवायु परिवर्तन को संबोधित करने के लिए ठोस अंतरराष्ट्रीय कार्रवाई का आह्वान किया है।

मोदी के नेतृत्व में भारत वैश्विक जलवायु वार्ता में सक्रिय रूप से शामिल रहा है और जलवायु कार्रवाई पर अंतरराष्ट्रीय समझौतों को आकार देने में रचनात्मक भूमिका निभा रहा है। नवीकरणीय ऊर्जा विकास, वनीकरण और जलवायु लचीलेपन के प्रति देश की प्रतिबद्धताओं ने पर्यावरणीय प्रबंधन और सतत् विकास पर मोदी के जोर को रेखांकित किया है। इस क्षेत्र में भारत के प्रयासों ने जलवायु परिवर्तन पर वैश्विक चर्चा में योगदान दिया है और पर्यावरणीय चुनौतियों से निपटने के लिए देश की प्रतिबद्धता को प्रदर्शित किया है।

राजनयिक जुड़ाव और पर्यावरण वकालत पर अपने ध्यान के अलावा प्रधानमंत्री मोदी ने वैश्विक नवाचार और आर्थिक विकास को बढ़ावा देने के लिए भारत के जनसांख्यिकीय लाभांश और तकनीकी क्षमताओं का लाभ उठाने पर बल दिया है। उन्होंने वैश्विक अर्थव्यवस्था में योगदान देने के लिए भारत की युवा और उद्यमशील आबादी की क्षमता पर जोर दिया है और नवाचार और उद्यमशीलता को बढ़ावा देने के उद्देश्य से पहल को बढ़ावा दिया है। मोदी सरकार ने महत्वाकांक्षी उद्यमियों को समर्थन देने के लिए 'स्टार्टअप इंडिया' जैसे कार्यक्रम शुरू किए हैं और नवाचार और तकनीकी उन्नति के लिए अनुकूल माहौल बनाने की कोशिश की है। इन प्रयासों का उद्देश्य भारत को प्रौद्योगिकी-संचालित विकास के केंद्र के रूप में स्थापित करना और एक ऐसे पारिस्थितिकी तंत्र को बढ़ावा देना है जो रचनात्मकता और उद्यम को प्रोत्साहित करता है।

इसके अलावा मोदी डिजिटल परिवर्तन के भी समर्थक रहे हैं और उन्होंने आर्थिक विकास को बढ़ावा देने और शासन में सुधार के लिए प्रौद्योगिकी की क्षमता पर जोर दिया है। उनकी सरकार ने डिजिटल बुनियादी ढाँचे का विस्तार करने, डिजिटल साक्षरता को बढ़ावा देने और डिजिटल सेवाओं तक पहुँच बढ़ाने के लिए पहल शुरू की है। उदाहरण के लिए 'डिजिटल इंडिया' कार्यक्रम ने सेवा वितरण में सुधार, ई-गवर्नेंस को बढ़ावा देने और डिजिटल कनेक्टिविटी के माध्यम से नागरिकों को सशक्त बनाने के लिए प्रौद्योगिकी का लाभ उठाने की दिशा में काम किया है।

वैश्विक स्वास्थ्य के क्षेत्र में प्रधानमंत्री मोदी ने महत्वपूर्ण भूमिका निभाई है, विशेष रूप से कोविड-19 महामारी के दौर में। उनके नेतृत्व में भारत अन्य देशों को फार्मास्यूटिकल्स, टीके और चिकित्सा आपूर्ति प्रदान करने सहित महामारी से निपटने के वैश्विक प्रयासों में सक्रिय रूप से लगा हुआ है। भारत की 'वैक्सीन मैत्री' पहल, जिसका उद्देश्य पड़ोसी और साझेदार देशों को कोविड-19 टीके की आपूर्ति करना है, ने वैश्विक स्वास्थ्य सहयोग और एकजुटता के प्रति मोदी की प्रतिबद्धता को उजागर किया।

महामारी के दौरान मोदी के नेतृत्व में टीकों तक समान पहुँच की वकालत करना और सार्वजनिक स्वास्थ्य संकट से निपटने के लिए अंतरराष्ट्रीय सहयोग का आह्वान करना भी शामिल था। वैक्सीन उत्पादन और वितरण में भारत के अनुभव ने देश को महामारी की वैश्विक प्रतिक्रिया में एक महत्वपूर्ण खिलाड़ी के रूप में स्थापित किया है, और मोदी ने कोविड-19 द्वारा उत्पन्न चुनौतियों पर काबू पाने में सामूहिक कार्रवाई के महत्व को रेखांकित किया है।

एक अन्य क्षेत्र जहाँ प्रधानमंत्री मोदी ने महत्वपूर्ण योगदान दिया है वह सांस्कृतिक कूटनीति को बढ़ावा देना और अन्य देशों के साथ लोगों के बीच संबंधों को बढ़ावा देना है। उन्होंने मजबूत अंतरराष्ट्रीय संबंधों के निर्माण में सॉफ्ट पावर और सांस्कृतिक आदान-प्रदान के महत्व पर जोर दिया है। मोदी सरकार ने भारत की समृद्ध सांस्कृतिक विरासत को प्रदर्शित करने, भारतीय कला और साहित्य को बढ़ावा देने और अन्य देशों के साथ अधिक सांस्कृतिक संपर्क की सुविधा प्रदान करने की पहल का समर्थन किया है।

सांस्कृतिक कूटनीति को बढ़ावा देने के मोदी के प्रयासों में अंतरराष्ट्रीय सांस्कृतिक उत्सवों की मेजबानी करना, सांस्कृतिक आदान-प्रदान कार्यक्रम आयोजित

करना और भारत की विविध सांस्कृतिक परंपराओं को संरक्षित और बढ़ावा देने की पहल का समर्थन करना शामिल है। इन प्रयासों का उद्देश्य भारत और अन्य देशों के बीच आपसी समझ और प्रशंसा को बढ़ाना और भारतीय संस्कृति और विरासत की वैश्विक अपील को मजबूत करना है।

वैश्विक सुरक्षा के संदर्भ में प्रधानमंत्री मोदी ने भारत को अंतरराष्ट्रीय शांति और स्थिरता के लिए एक जिम्मेदार और सक्रिय योगदानकर्ता के रूप में स्थापित करने का प्रयास किया है। उन्होंने वैश्विक सुरक्षा मानदंडों को बनाए रखने, आतंकवाद से लड़ने और शांति प्रयासों का समर्थन करने के लिए भारत की प्रतिबद्धता पर जोर दिया है। मोदी सुरक्षा सहयोग, आतंकवाद विरोधी पहल और समुद्री सुरक्षा मुद्दों पर अन्य देशों के साथ बातचीत में लगे हुए हैं और क्षेत्रीय और वैश्विक सुरक्षा चुनौतियों से निपटने में रचनात्मक भूमिका निभाने की कोशिश कर रहे हैं।

इसके अलावा मोदी सरकार ने रक्षा आधुनिकीकरण को प्राथमिकता दी है और उभरते सुरक्षा खतरों से निपटने के लिए भारत की रक्षा क्षमताओं को बढ़ाने के लिए काम किया है। रक्षा सहयोग और रणनीतिक साझेदारी पर जोर ने अधिक सुरक्षित और स्थिर अंतरराष्ट्रीय वातावरण में योगदान करने की भारत की आकांक्षाओं को प्रतिबिंबित किया है।

प्रधानमंत्री नरेन्द्र मोदी की वैश्विक नेतृत्व उपलब्धियों और योगदान में आर्थिक विकास, सामाजिक सुधार, कूटनीति, पर्यावरणीय स्थिरता, तकनीकी नवाचार, वैश्विक स्वास्थ्य, सांस्कृतिक कूटनीति और सुरक्षा सहयोग सहित कई क्षेत्र शामिल हैं। उनके कार्यकाल को दुनिया के साथ भारत के जुड़ाव के लिए एक सक्रिय और बहुआयामी दृष्टिकोण द्वारा चिह्नित किया गया है, और उन्होंने भारत को वैश्विक मामलों में एक प्रमुख खिलाड़ी के रूप में स्थापित करने की दिशा में बेहतरीन प्रयास किया है।

यह स्पष्ट है कि प्रधानमंत्री मोदी ने अंतरराष्ट्रीय क्षेत्र में भारत की भूमिका पर एक महत्वपूर्ण छाप छोड़ी है। भारत की वैश्विक भागीदारी के लिए उनके दृष्टिकोण की विशेषता व्यावहारिकता, दृढ़ता और वैश्विक पहलों में योगदान करने और अंतरराष्ट्रीय विमर्श को आकार देने के लिए भारत की शक्तियों का लाभ उठाने पर ध्यान केंद्रित करना है।

भविष्य को देखते हुए यह संभावना है कि प्रधानमंत्री मोदी वैश्विक नेतृत्व में एक प्रमुख भूमिका निभाते रहेंगे और विश्व मंच पर भारत के हितों और प्रभाव को

और आगे बढ़ाने का प्रयास करेंगे। जैसे-जैसे भारत की अर्थव्यवस्था बढ़ती जा रही है और इसका रणनीतिक महत्व बढ़ता जा रहा है, मोदी का नेतृत्व जटिल भू-राजनीतिक परिदृश्य से निपटने और देश के सामने उभरती चुनौतियों और अवसरों को संबोधित करने में महत्वपूर्ण भूमिका निभाएगा।

किसी भी नेता की तरह प्रधानमंत्री मोदी की विरासत और वैश्विक नेतृत्व पर प्रभाव निरंतर मूल्याँकन और विश्लेषण का विषय होगा। उनकी नीतियों और पहलों ने भारत के भीतर और अंतरराष्ट्रीय मंच पर बहस और चर्चा को जन्म दिया है, और वैश्विक मामलों में भारत की भूमिका के व्यापक आख्यान के हिस्से के रूप में इसकी समीक्षा जारी रहेगी।

प्रधानमंत्री नरेन्द्र मोदी के नेतृत्व का भारत की वैश्विक भागीदारी पर उल्लेखनीय प्रभाव पड़ा है और इसमें देश के हितों को आगे बढ़ाने और अंतरराष्ट्रीय सहयोग में योगदान देने के उद्‌देश्य से विविध पहल शामिल हैं। आर्थिक सुधार और कूटनीति से लेकर पर्यावरण वकालत और तकनीकी नवाचार तक, मोदी के नेतृत्व ने दुनिया में भारत की भूमिका के लिए एक व्यापक और सक्रिय दृष्टिकोण को प्रतिबिंबित किया है। हालाँकि उनके कार्यकाल को उपलब्धियों और चुनौतियों के मिश्रण से चिह्नित किया गया है, लेकिन यह स्पष्ट है कि प्रधानमंत्री मोदी ने भारत के वैश्विक नेतृत्व पर एक स्थायी छाप छोड़ी है और अंतरराष्ट्रीय समुदाय में देश की स्थिति को आकार देने में योगदान दिया है।

एनडीए की नीतियों ने अंतरिक्ष अन्वेषण और प्रौद्‌योगिकी में वैश्विक नेता के रूप में भारत की स्थिति को मजबूत किया है।

—जितेंद्र सिंह

□

एनडीए सरकार की उल्लेखनीय योजनाएँ, परियोजनाएँ और कार्यक्रम

भारतीय जनता पार्टी (भाजपा) के नेतृत्व वाले राष्ट्रीय जनतांत्रिक गठबंधन (एनडीए) ने वर्ष 2014 में सत्ता में आने के बाद से कई योजनाएं, परियोजनाएं और कार्यक्रम शुरू किए हैं। हालाँकि उन सभी को कम शब्दों में सूचीबद्ध करना संभव नहीं है इसलिए मैं आपको सरकार द्वारा शुरू की गई कुछ प्रमुख पहलों के बारे में बताना चाहूँगा। यहाँ वर्ष 2014 से एनडीए सरकार द्वारा शुरू की गई मुख्य योजनाओं, परियोजनाओं और कार्यक्रमों की सूची दी गई है—

- मेक इन इंडिया
- स्वच्छ भारत अभियान
- जन धन योजना
- डिजिटल इंडिया
- प्रधानमंत्री मुद्रा योजना
- प्रधानमंत्री फसल बीमा योजना
- प्रधानमंत्री आवास योजना
- अटल पेंशन योजना
- स्मार्ट सिटी मिशन
- वस्तु एवं सेवा कर (जीएसटी)
- स्टार्ट-अप इंडिया
- कौशल भारत (स्किल इंडिया)
- बेटी बचाओ बेटी पढ़ाओ
- प्रधानमंत्री उज्ज्वला योजना
- प्रधानमंत्री सुरक्षा बीमा योजना
- प्रधानमंत्री जीवन ज्योति बीमा योजना

- नमामि गंगे परियोजना
- आयुष्मान भारत
- डिजिटल भुगतान
- उडान स्कीम
- राष्ट्रीय स्वास्थ्य सुरक्षा योजना
- मिशन इंद्रधनुष
- राष्ट्रीय शिक्षुता संवर्धन योजना
- सेतु भारतम परियोजना
- सागरमाला परियोजना
- प्रधानमंत्री जन औषधि योजना
- राष्ट्रीय ग्राम स्वराज अभियान
- प्रधानमंत्री आवास योजना - ग्रामीण
- राष्ट्रीय पोषण मिशन (पोषण अभियान)
- प्रधानमंत्री मातृ वंदना योजना
- स्वदेश दर्शन योजना
- प्रधानमंत्री भारतीय जन औषधि परियोजना (PJBMP)
- दीन दयाल उपाध्याय ग्राम ज्योति योजना
- दीन दयाल अंत्योदय योजना - राष्ट्रीय ग्रामीण आजीविका मिशन
- प्रधानमंत्री ग्राम सड़क योजना
- प्रधानमंत्री कृषि सिंचाई योजना
- राष्ट्रीय ग्रामीण पेयजल कार्यक्रम (एनआरडीडब्ल्यूपी)
- प्रधानमंत्री खनिज क्षेत्र कल्याण योजना (पीएमकेकेकेवाई)
- प्रधानमंत्री किसान सम्मान निधि योजना
- प्रधानमंत्री किसान मान-धन योजना
- अटल भूजल योजना
- राष्ट्रीय मधुमक्खी पालन एवं शहद मिशन (एनबीएचएम)
- वन धन योजना
- स्टैंड अप इंडिया
- प्रधानमंत्री ग्राम परिवहन योजना
- प्रधानमंत्री वन धन योजना

- प्रधानमंत्री किसान संपदा योजना
- राष्ट्रीय बांस मिशन
- नीली क्रांति
- सतत् कृषि के लिए राष्ट्रीय मिशन
- प्रधानमंत्री अन्नदाता आय संरक्षण अभियान (पीएम-आशा)
- स्वस्थ भारत यात्रा
- राष्ट्रीय औद्योगिक गलियारा विकास कार्यक्रम
- राष्ट्रीय विरासत शहर विकास और संवर्धन योजना (HRIDAY)
- प्रधानमंत्री ग्रामीण डिजिटल साक्षरता अभियान (PMGDisha)
- प्रधानमंत्री वाया वंदना योजना
- मिशन इनोवेशन
- राष्ट्रीय खेल प्रतिभा खोज पोर्टल
- अटल इनोवेशन मिशन
- राष्ट्रीय सुपरकंप्यूटिंग मिशन
- एक भारत श्रेष्ठ भारत
- राष्ट्रीय एससी/एसटी हब
- अटल टिंकरिंग लैब्स
- प्रधानमंत्री रोजगार प्रोत्साहन योजना
- प्रधानमंत्री किसान ऊर्जा सुरक्षा एवं उत्थाान महाभियान (PM KUSUM)
- राष्ट्रीय वयोश्री योजना
- प्रधानमंत्री सुरक्षित मातृत्व अभियान
- प्रधानमंत्री अन्नदाता आय संरक्षण अभियान (पीएम-आशा)

यह एक विस्तृत सूची नहीं है, और 2014 के बाद से एनडीए सरकार द्वारा कई और योजनाएं, परियोजनाएं और पहल की गई हैं।

'डिजिटल इंडिया' जैसी पहल के माध्यम से एनडीए ने डिजिटल विभाजन को पाट दिया है और डिजिटल समावेशन के माध्यम से नागरिकों को सशक्त बनाया है।

—रविशंकर प्रसाद

□

भविष्य का निमार्ण : एनडीए सरकार का दृष्टिकोण और उपलब्धियाँ

भारतीय राजनीति और शासन के लगातार बदलते परिदृश्य के बीच राष्ट्रीय जनतांत्रिक गठबंधन (एनडीए) सरकार राष्ट्र के लिए एक आशाजनक भविष्य को आकार देने की अपनी प्रतिबद्धता पर दृढ़ रही है। सत्ता संभालने के बाद से भारतीय जनता पार्टी (भाजपा) के नेतृत्व वाली एनडीए सरकार ने एक सम्मोहक दृष्टिकोण सामने रखा है और भारत को प्रगति और समृद्धि के एक नए युग में ले जाने के उद्देश्य से एक बहुआयामी एजेंडा अपनाया है। आर्थिक विकास, बुनियादी ढाँचे, सामाजिक कल्याण और तकनीकी नवाचार पर ध्यान केंद्रित करते हुए एनडीए सरकार ने एक मजबूत और टिकाऊ भविष्य की नींव रखने का प्रयास किया है। इस व्यापक लेख में हम एनडीए सरकार के दृष्टिकोण, इसकी प्रमुख नीतिगत पहलों और इसके कार्यकाल को चिह्नित करने वाली उल्लेखनीय उपलब्धियों पर प्रकाश डालेंगे, जो भारत के भविष्य को आकार देने वाली परिवर्तनकारी यात्रा में अंतर्दृष्टि प्रदान करेगी।

आर्थिक सुधार और विकास पहल

भविष्य के निर्माण के लिए एनडीए सरकार के दृष्टिकोण में समावेशी विकास को बढ़ावा देने और वैश्विक अर्थव्यवस्था में भारत की स्थिति को मजबूत करने के उद्देश्य से आर्थिक सुधारों और विकास पहलों पर जोर दिया गया है। इस दृष्टिकोण की आधारशिला 'मेक इन इंडिया' अभियान रही है, जिसका उद्देश्य भारत को एक वैश्विक विनिर्माण केंद्र में बदलना और बड़े पैमाने पर रोजगार के अवसर पैदा करना है। नीतिगत सुधारों, विदेशी निवेश के लिए प्रोत्साहन और नियामक प्रक्रियाओं को सुव्यवस्थित करने के संयोजन के माध्यम से सरकार ने विनिर्माण, बुनियादी ढाँचे और

प्रौद्योगिकी जैसे प्रमुख क्षेत्रों पर विशेष ध्यान देने के साथ व्यापार और उद्योग के लिए अनुकूल माहौल बनाने का प्रयास किया है।

एनडीए सरकार द्वारा की गई सबसे महत्वपूर्ण आर्थिक नीतिगत पहलों में से एक वस्तु एवं सेवा कर (जीएसटी) की शुरूआत है, जो एक ऐतिहासिक अप्रत्यक्ष कर सुधार है जिसका उद्देश्य एकीकृत राष्ट्रीय बाजार बनाना और कर संरचना को सरल बनाना है। अपने कार्यान्वयन में प्रारंभिक चुनौतियों के बावजूद जीएसटी एक परिवर्तनकारी शक्ति के रूप में उभरा है। जीएसटी ने कर अनुपालन को सुव्यवस्थित किया है, अंतरराज्यीय व्यापार में बाधाओं को दूर किया है और कराधान प्रणाली में अधिक पारदर्शिता को बढ़ावा दिया है। इसके अलावा राजकोषीय अनुशासन और विवेकपूर्ण व्यापक आर्थिक प्रबंधन पर सरकार के जोर ने एक स्थिर आर्थिक माहौल में योगदान दिया है, निवेश को आकर्षित किया है और भारत के आर्थिक लचीलेपन को मजबूत किया है।

बुनियादी ढाँचे का विकास और कनेक्टिविटी

आर्थिक विकास को गति देने और नागरिकों के जीवन की गुणवत्ता बढ़ाने में मजबूत बुनियादी ढाँचे की महत्वपूर्ण भूमिका को पहचानते हुए एनडीए सरकार ने बुनियादी ढाँचे के विकास और कनेक्टिविटी पर जोर दिया है। महत्वाकांक्षी 'स्मार्ट सिटीज मिशन' सरकार के दृष्टिकोण का एक प्रमुख घटक रहा है, जिसका लक्ष्य अत्याधुनिक बुनियादी ढाँचे और सुविधाओं से सुसज्जित आधुनिक, टिकाऊ शहरी केंद्र बनाना है। इस मिशन के माध्यम से सरकार ने शहरी स्थानों को बदलने, रहने की क्षमता में सुधार और तेजी से शहरीकरण की चुनौतियों का समाधान करने के लिए प्रौद्योगिकी और नवाचार का लाभ उठाने की कोशिश की है।

शहरी विकास के अलावा एनडीए सरकार ने रोडवेज, रेलवे और हवाई कनेक्टिविटी पर ध्यान देने के साथ परिवहन बुनियादी ढाँचे के विस्तार और आधुनिकीकरण को प्राथमिकता दी है। 'भारतमाला परियोजना'(एक प्रमुख सड़क और राजमार्ग विकास कार्यक्रम) पूरे देश में कनेक्टिविटी बढ़ाने, यात्रा के समय को कम करने और व्यापार और वाणिज्य को बढ़ावा देने में सहायक रहा है। इसी तरह 'सागरमाला परियोजना' ने भारत की विशाल तटरेखा और अंतर्देशीय जलमार्गों का उपयोग निर्बाध माल ढुलाई की सुविधा प्रदान करने और बंदरगाह के नेतृत्व वाले

विकास को बढ़ावा देने, समुद्री व्यापार और रसद की क्षमता को अनलॉक करने की दिशा में महत्वपूर्ण काम किया है।

समाज कल्याण और समावेशी विकास

भविष्य के निर्माण के लिए एनडीए सरकार के दृष्टिकोण के केंद्र में सामाजिक कल्याण और समावेशी विकास की प्रतिबद्धता रही है, जिसका उद्देश्य हाशिए पर रहने वाले समुदायों का उत्थान करना, वंचितों को सशक्त बनाना और यह सुनिश्चित करना है कि प्रगति का लाभ समाज के हर तबके तक पहुँचे। सरकार के प्रमुख सामाजिक कल्याण कार्यक्रम जैसे कि प्रधानमंत्री जन धन योजना, प्रधानमंत्री उज्ज्वला योजना और स्वच्छ भारत अभियान, क्रमश: वित्तीय समावेशन, खाना पकाने के लिए स्वच्छ ईंधन की पहुँच और स्वच्छता चुनौतियों को संबोधित करने में सहायक रहे हैं। इन पहलों ने न केवल लाखों नागरिकों के जीवन में सुधार किया है बल्कि गरीबी उन्मूलन और सार्वजनिक स्वास्थ्य सुधार के व्यापक लक्ष्यों में भी योगदान दिया है।

इसके अलावा एनडीए सरकार आयुष्मान भारत जैसी पहल के माध्यम से स्वास्थ्य देखभाल की पहुँच और सामर्थ्य बढ़ाने के लिए प्रतिबद्ध है, जिसमें दुनिया का सबसे बड़ा सरकारी वित्त पोषित स्वास्थ्य सेवा कार्यक्रम शामिल है। स्वास्थ्य देखभाल की उच्च लागत के खिलाफ वित्तीय सुरक्षा प्रदान करके और गुणवत्तापूर्ण चिकित्सा सेवाओं तक पहुँच सुनिश्चित करके आयुष्मान भारत सार्वभौमिक स्वास्थ्य कवरेज के सरकार के दृष्टिकोण को आगे बढ़ाने और देश भर में नागरिकों की भलाई को बढ़ावा देने में महत्वपूर्ण रहा है।

डिजिटल इंडिया और तकनीकी प्रगति

तीव्र तकनीकी विकास द्वारा परिभाषित युग में एनडीए सरकार ने डिजिटल प्रौद्योगिकियों की परिवर्तनकारी क्षमता को पहचाना है और भविष्य के लिए अपने दृष्टिकोण की आधारशिला के रूप में डिजिटल इंडिया पहल को बढ़ावा दिया है। डिजिटल बुनियादी ढाँचे का लाभ उठाकर, इंटरनेट कनेक्टिविटी का विस्तार करके और डिजिटल साक्षरता को बढ़ावा देकर, सरकार ने डिजिटल विभाजन को पाटने, नागरिकों को सशक्त बनाने और नवाचार और उद्यमिता को बढ़ावा देने की कोशिश की है। आधार बायोमेट्रिक पहचान प्रणाली और यूनिफाइड पेमेंट्स इंटरफेस

(यूपीआई) जैसी पहलों ने डिजिटल पहचान सत्यापन और इलेक्ट्रॉनिक भुगतान में क्रांति ला दी है, जिससे अधिक समावेशी और कुशल डिजिटल अर्थव्यवस्था की नींव तैयार हुई है।

इसके अलावा अटल इनोवेशन मिशन और स्टार्ट-अप इंडिया जैसी पहलों के माध्यम से नवाचार और अनुसंधान को बढ़ावा देने पर सरकार का ध्यान एक जीवंत उद्यमशीलता पारिस्थितिकी तंत्र का पोषण करने और भारत को तकनीकी नवाचार के लिए एक वैश्विक केंद्र के रूप में स्थापित करने में सहायक रहा है। कृत्रिम बुद्धिमत्ता, ब्लॉकचेन और नवीकरणीय ऊर्जा जैसी उभरती प्रौद्योगिकियों पर जोर ने भारत को चौथी औद्योगिक क्रांति में सबसे आगे रखने, वैश्विक क्षेत्र में सतत् विकास और प्रतिस्पर्धात्मकता लाने की सरकार की प्रतिबद्धता को रेखांकित किया है।

विदेश नीति और भू-राजनीतिक व्यस्तताएँ

भविष्य के निर्माण के अपने दृष्टिकोण के अनुरूप एनडीए सरकार ने एक सक्रिय और गतिशील विदेश नीति अपनाई है, जिसका उद्देश्य भारत के वैश्विक प्रभाव का विस्तार करना, अंतरराष्ट्रीय साझेदारी को मजबूत करना और तेजी से परस्पर जुड़ी दुनिया में राष्ट्रीय हितों की रक्षा करना है। 'नेबरहुड फर्स्ट' नीति ने पड़ोसी देशों के साथ मजबूत संबंधों को बढ़ावा देने, क्षेत्रीय स्थिरता को बढ़ावा देने और आर्थिक सहयोग बढ़ाने के महत्व को रेखांकित किया है। इसके अलावा 'एक्ट ईस्ट पॉलिसी' जैसी पहल ने दक्षिण पूर्व एशियाई देशों के साथ जुड़ाव को गहरा करने और एशिया-प्रशांत क्षेत्र में भारत की रणनीतिक उपस्थिति को मजबूत करने की दिशा में महत्वपूर्ण काम किया है।

सरकार की सक्रिय कूटनीति और प्रमुख वैश्विक शक्तियों के साथ जुड़ाव ने न केवल विश्व मंच पर भारत की स्थिति को बढ़ाया है, बल्कि रक्षा और सुरक्षा से लेकर व्यापार और निवेश तक के क्षेत्रों में रणनीतिक सहयोग को भी सुविधाजनक बनाया है। संयुक्तराष्ट्र, जी20 और ब्रिक्स सहित अंतरराष्ट्रीय मंचों पर भारत की बढ़ती भूमिका ने वैश्विक शासन को आकार देने और जलवायु परिवर्तन, आतंकवाद और महामारी जैसी गंभीर वैश्विक चुनौतियों का समाधान करने में एक प्रमुख खिलाड़ी के रूप में देश की स्थिति को मजबूत किया है।

चुनौतियाँ और भविष्य की अनिवार्यताएँ

हालाँकि एनडीए सरकार की दूरदर्शिता और उपलब्धियाँ पर्याप्त रही हैं, लेकिन आगे का रास्ता चुनौतियों से रहित नहीं है। कृषि संकट को दूर करने, ग्रामीण बुनियादी ढाँचे को बढ़ाने और स्थायी पर्यावरणीय प्रबंधन सुनिश्चित करने की मौजूदा आवश्यकता महत्वपूर्ण बनी हुई है। इसके अतिरिक्त रोजगार सृजन, कौशल विकास और ज्ञान-आधारित अर्थव्यवस्था को बढ़ावा देने की अनिवार्यताओं पर निरंतर ध्यान देने और नवीन नीतिगत हस्तक्षेप की आवश्यकता होगी।

वैश्विक भू-राजनीतिक बदलाव, तकनीकी प्रगति और जलवायु परिवर्तन सहित पर्यावरणीय चुनौतियाँ अवसर और जटिलताएँ दोनों प्रस्तुत करती हैं जो नीतियों और कार्यक्रमों के निर्माण में रणनीतिक दूरदर्शिता और अनुकूलन क्षमता की माँग करती हैं।

आज भारत भविष्य की ओर देख रहा है, ऐसे में कई अनिवार्यताएं हैं जो एक समृद्ध और समावेशी राष्ट्र के निर्माण के लिए एनडीए सरकार के दृष्टिकोण को साकार करने में महत्वपूर्ण होंगी। इन अनिवार्यताओं में शामिल हैं :

- ***सतत् विकास :*** पर्यावरण संरक्षण, संसाधन दक्षता और जलवायु परिवर्तन के प्रति लचीलापन सुनिश्चित करने के लिए ऊर्जा, कृषि और शहरी नियोजन सहित सभी क्षेत्रों में सतत् विकास प्रथाओं को अपनाना।
- ***गुणवत्तापूर्ण शिक्षा और कौशल विकास :*** तेजी से विकसित हो रही वैश्विक अर्थव्यवस्था, नवाचार और उद्यमशीलता को बढ़ावा देने के लिए कार्यबल को आवश्यक क्षमताओं से लैस करने के लिए शिक्षा और कौशल विकास में निवेश करना।
- ***स्वास्थ्य सेवा अवसंरचना :*** स्वास्थ्य देखभाल के बुनियादी ढाँचे को मजबूत करना, गुणवत्तापूर्ण स्वास्थ्य सेवाओं तक पहुँच बढ़ाना और सभी नागरिकों की भलाई सुनिश्चित करने के लिए निवारक स्वास्थ्य देखभाल उपायों को बढ़ावा देना।
- ***डिजिटल समावेशन :*** डिजिटल बुनियादी ढाँचे का विस्तार करना, डिजिटल साक्षरता को बढ़ावा देना और डिजिटल विभाजन को पाटने और समावेशी विकास को सक्षम करने के लिए उभरती प्रौद्योगिकियों का लाभ उठाना।
- ***राष्ट्रीय सुरक्षा को सुदृढ़ बनाना :*** राष्ट्रीय सुरक्षा और रक्षा तैयारियों को सुनिश्चित करना, स्वदेशी रक्षा विनिर्माण को बढ़ावा देना और भारत की संप्रभुता और

क्षेत्रीय अखंडता की रक्षा के लिए रणनीतिक क्षमताओं को बढ़ाना।

• ***राजनयिक व्यस्तताएं :*** रणनीतिक साझेदारियों को बढ़ावा देना, अंतरराष्ट्रीय सहयोग को बढ़ावा देना और वैश्विक चुनौतियों से निपटने और देश के हितों को आगे बढ़ाने के लिए भारत की सॉफ्ट पावर का लाभ उठाना।

भविष्य के निर्माण के लिए एनडीए सरकार के दृष्टिकोण की विशेषता एक व्यापक और महत्वाकांक्षी एजेंडा है, जिसका उद्देश्य भारत को सतत् विकास, आर्थिक समृद्धि और वैश्विक प्रमुखता की ओर ले जाना है। आर्थिक सुधारों, बुनियादी ढाँचे के विकास, सामाजिक कल्याण कार्यक्रमों और तकनीकी नवाचार के विवेकपूर्ण मिश्रण के माध्यम से, सरकार ने विकास और प्रगति की अपनी विशाल क्षमता का उपयोग करते हुए राष्ट्र के सामने आने वाली बहुमुखी चुनौतियों का समाधान करने का प्रयास किया है।

जैसे-जैसे एनडीए सरकार का कार्यकाल आगे बढ़ रहा है, इसकी उपलब्धियों और पहलों ने एक परिवर्तनकारी यात्रा के लिए मंच तैयार किया है जो भारत और इसके नागरिकों के लिए एक उज्जवल भविष्य का वादा करता है। सतत् विकास, समावेशी विकास और वैश्विक जुड़ाव की अनिवार्यताओं को अपनाकर भारत एक ऐसा रास्ता अपनाने के लिए तैयार है जो न केवल अपना कद ऊँचा करेगा बल्कि वैश्विक समुदाय की भलाई और समृद्धि में भी योगदान देगा।

आने वाले वर्षों में सरकार, नीति निमार्ताओं और नागरिकों के लिए इस दृष्टिकोण को साकार करने, चुनौतियों पर काबू पाने, प्रगति, समृद्धि और सामूहिक कल्याण द्वारा परिभाषित भविष्य के निर्माण के अवसरों का लाभ उठाने में सहयोग करना अनिवार्य है। एनडीए सरकार की विरासत और उसके चल रहे प्रयास भारत की नियति को आकार देना जारी रखेंगे, जो वैश्विक मंच पर अपनी पूरी क्षमता का एहसास करने की दिशा में देश की यात्रा पर एक अमिट छाप छोड़ेंगे।

एनडीए शासन में भारत नवीकरणीय ऊर्जा के क्षेत्र में एक वैश्विक नेता के रूप में उभरा है, जो एक स्थायी और स्वच्छ ऊर्जा भविष्य की ओर बदलाव ला रहा है और जीवाश्म ईंधन पर निर्भरता कम कर रहा है।

—धर्मेंद्र प्रधान

□

बीते 10 वर्षों में एम्स, आईआईटी, आईआईएम और केन्द्रीय विश्वविद्यालयों की स्थापना

प्रधानमंत्री श्री नरेन्द्र मोदी के नेतृत्व में एनडीए सरकार ने भारत में शिक्षा और अनुसंधान के क्षेत्र में महत्वपूर्ण प्रगति की है, विशेष रूप से कई नए एम्स (अखिल भारतीय आयुर्विज्ञान संस्थान), आईआईटी (भारतीय प्रौद्योगिकी संस्थान) आईआईएम (भारतीय प्रबंधन संस्थान) और केन्द्रीय विश्वविद्यालय जैसे प्रमुख संस्थानों की स्थापना करके। पिछले दशक में सरकार ने शिक्षा और अनुसंधान की गुणवत्ता और पहुँच बढ़ाने पर ध्यान केन्द्रित किया है।

भारत के प्रमुख चिकित्सा संस्थान एम्स ने एनडीए सरकार के तहत पर्याप्त विकास और विस्तार देखा है। सरकार ने 22 नए एम्स स्थापित करने और विभिन्न राज्यों में मौजूदा मेडिकल कॉलेजों को एम्स जैसे संस्थानों में अपग्रेड करने के लिए कई पहल की हैं। इसका लक्ष्य भारत के लोगों को उच्च गुणवत्ता वाली चिकित्सा शिक्षा, अनुसंधान और स्वास्थ्य सेवाएँ प्रदान करना है। नए एम्स की स्थापना देश में स्वास्थ्य देखभाल के बुनियादी ढाँचे में सुधार और चिकित्सा पेशेवरों की कमी को दूर करने की सरकार की प्रतिबद्धता का एक हिस्सा रही है।

इसी तरह सरकार ने इंजीनियरिंग और प्रौद्योगिकी शिक्षा में अपनी उत्कृष्टता के लिए प्रसिद्ध आईआईटी के नेटवर्क का विस्तार करने पर ध्यान केन्द्रित किया है। विभिन्न राज्यों में 7 नए आईआईटी स्थापित किए गए हैं। ये संस्थान विज्ञान, इंजीनियरिंग और प्रौद्योगिकी के क्षेत्र में प्रतिभाओं को पोषित करने और नवाचार और उद्यमिता के माध्यम से देश की वृद्धि और विकास में योगदान देने में सहायक रहे हैं।

आईआईटी के अलावा सरकार ने प्रबंधन शिक्षा और अनुसंधान के लिए अग्रणी

संस्थान आईआईएम के विस्तार पर भी जोर दिया है। सात नए आईआईएम की स्थापना का उद्‌देश्य गुणवत्ता प्रबंधन शिक्षा की बढ़ती माँग को पूरा करना और भविष्य के नेताओं और उद्‌यमियों को विकसित करना है जो देश की आर्थिक वृद्‌धि और वैश्विक प्रतिस्पर्धात्मकता में योगदान दे सकते हैं।

इसके अलावा एनडीए सरकार ने केन्द्ररीय विश्वविद्‌यालयों के विकास को प्राथमिकता दी है, जो उच्च शिक्षा प्रदान करने और विभिन्न विषयों में अनुसंधान करने में महत्वपूर्ण भूमिका निभाते हैं। केन्द्रीय विश्वविद्‌यालय अंत:विषय अनुसंधान, ज्ञान प्रसार और अकादमिक उत्कृष्टता की संस्कृति को बढ़ावा देने में महत्वपूर्ण हैं। केन्द्रीय विश्वविद्‌यालयों की स्थापना और उन्हें मजबूत करने के सरकार के प्रयासों का उद्‌देश्य उच्च शिक्षा की समग्र गुणवत्ता को बढ़ाना और शैक्षणिक संस्थानों में समावेशिता और विविधता को बढ़ावा देना है।

इन प्रमुख संस्थानों की स्थापना ने न केवल देशभर में छात्रों के लिए शैक्षिक अवसरों का विस्तार किया है बल्कि शिक्षा, अनुसंधान और नवाचार के केन्द्र के रूप में भारत की स्थिति को मजबूत करने में भी योगदान दिया है। ये पहल युवाओं को विभिन्न क्षेत्रों में उत्कृष्टता प्राप्त करने और देश की प्रगति में योगदान देने के लिए आवश्यक ज्ञान और कौशल के साथ सशक्तबनाने में सहायक रही हैं।

नए एम्स, आईआईटी, आईआईएम और केन्द्रीय विश्वविद्‌यालयों की स्थापना भारत को ज्ञान-आधारित अर्थव्यवस्था और समाज में बदलने की सरकार की व्यापक दृष्टि का एक हिस्सा रही है। शिक्षा, अनुसंधान और नवाचार में निवेश करके, सरकार ने भारत के जनसांख्यिकीय लाभांश की क्षमता का दोहन करने और अपने नागरिकों को वैश्विक क्षेत्र में प्रतिस्पर्धा करने और उत्कृष्टता प्राप्त करने के लिए सशक्तबनाने का प्रयास किया है।

प्रमुख संस्थानों के नेटवर्क के विस्तार पर एनडीए सरकार का ध्यान शिक्षा और अनुसंधान में उत्कृष्टता, समावेशिता और नवाचार को बढ़ावा देने की अपनी प्रतिबद्‌धता के साथ जुड़ा हुआ है। इन संस्थानों ने न केवल छात्रों को विश्वस्तरीय शिक्षा और अनुसंधान सुविधाओं तक पहुँच प्रदान की है, बल्कि अकादमिक कठोरता, रचनात्मकता और आलोचनात्मक सोच की संस्कृति को बढ़ावा देने में भी योगदान दिया है।

प्रधानमंत्री श्री नरेंद्र मोदी के नेतृत्व में एनडीए सरकार ने पिछले दशक में एम्स,

आईआईटी, आईआईएम और केन्द्रीय विश्वविद्यालयों जैसे प्रमुख संस्थानों के नेटवर्क का विस्तार करने में महत्वपूर्ण प्रगति की है। ये पहल शैक्षिक अवसरों को बढ़ाने, अनुसंधान और नवाचार को बढ़ावा देने और विभिन्न क्षेत्रों में कुशल पेशेवरों की बढ़ती माँगों को संबोधित करने में सहायक रही हैं। नए एम्स, आईआईटी, आईआईएम और केन्द्रीय विश्वविद्यालयों की स्थापना ने भारत में शिक्षा और अनुसंधान के भविष्य को आकार देने में महत्वपूर्ण भूमिका निभाई है।

एम्स, आईआईटी, आईआईएम और केन्द्रीय विश्वविद्यालयों का विस्तार एक बहुआयामी प्रयास रहा है जिसमें बुनियादी ढाँचे, संकाय भर्ती, अनुसंधान सुविधाओं और शैक्षणिक कार्यक्रमों के विकास में महत्वपूर्ण निवेश शामिल है। अत्याधुनिक सुविधाएं और संसाधन उपलब्ध कराने की सरकार की प्रतिबद्धता यह सुनिश्चित करने में महत्वपूर्ण रही है कि ये संस्थान सीखने, अनुसंधान और नवाचार के लिए अनुकूल वातावरण प्रदान करते हैं।

नए एम्स की स्थापना ने न केवल स्वास्थ्य पेशेवरों की कमी को दूर किया है, बल्कि देश के विभिन्न क्षेत्रों में स्वास्थ्य देखभाल के बुनियादी ढाँचे को भी मजबूत किया है। ये संस्थान चिकित्सा अनुसंधान, रोगी देखभाल और चिकित्सा शिक्षा में सबसे आगे रहे हैं, स्वास्थ्य देखभाल और चिकित्सा विज्ञान में प्रगति में योगदान दे रहे हैं।

इसी तरह नए आईआईटी ने देश के विभिन्न हिस्सों में तकनीकी शिक्षा और अनुसंधान को बढ़ावा देने में परिवर्तनकारी भूमिका निभाई है। ये संस्थान नवाचार, उद्यमिता और तकनीकी उन्नति की संस्कृति को बढ़ावा देने में सहायक रहे हैं। आईआईटी के विस्तार पर सरकार का ध्यान इंजीनियरों, वैज्ञानिकों और प्रौद्योगिकीविदों की एक नई पीढ़ी के पोषण में महत्वपूर्ण रहा है जो जटिल चुनौतियों का समाधान करने और तकनीकी नवाचार को चलाने के लिए सुसज्जित हैं।

भारत में प्रबंधन शिक्षा की बढ़ती माँग को पूरा करने और नेतृत्व प्रतिभा विकसित करने में नए आईआईएम की स्थापना महत्वपूर्ण रही है। ये संस्थान कुशल पेशेवरों और उद्यमियों को तैयार करके व्यावसायिक परिदृश्य को आकार देने में महत्वपूर्ण रहे हैं जो आर्थिक विकास को गति दे सकते हैं और एक मजबूत व्यावसायिक पारिस्थितिकी तंत्र के विकास में योगदान कर सकते हैं।

इसके अलावा अंत:विषय अनुसंधान, ज्ञान आदान-प्रदान और अकादमिक

सहयोग को बढ़ावा देने में केन्द्रीय विश्वविद्यालयों पर सरकार का जोर महत्वपूर्ण रहा है। केन्द्रीय विश्वविद्यालयों ने मानविकी, सामाजिक विज्ञान, प्राकृतिक विज्ञान और व्यावहारिक विज्ञान सहित विविध प्रकार के विषयों को बढ़ावा देने में महत्वपूर्ण भूमिका निभाई है, जिससे छात्रों के समग्र विकास और विभिन्न क्षेत्रों में ज्ञान की उन्नति में योगदान मिला है।

प्रमुख संस्थानों की स्थापना और विस्तार के लिए एनडीए सरकार की पहल ने न केवल मात्रा पर ध्यान केन्द्रित किया है, बल्कि शिक्षा और अनुसंधान में गुणवत्ता और उत्कृष्टता के महत्व को भी रेखांकित किया है। सरकार ने यह सुनिश्चित करने पर जोर दिया है कि ये संस्थान अकादमिक कठोरता, अनुसंधान अखंडता और संस्थागत प्रशासन के वैश्विक मानकों का पालन करें।

इसके अलावा नए एम्स, आईआईटी, आईआईएम और केन्द्रीय विश्वविद्यालयों की स्थापना क्षेत्रीय विकास को बढ़ावा देने और शैक्षिक अवसरों में क्षेत्रीय असमानताओं को दूर करने में सहायक रही है। विभिन्न राज्यों और क्षेत्रों में इन संस्थानों की स्थापना करके सरकार ने प्रमुख शिक्षा और अनुसंधान के लाभों को आबादी के व्यापक स्पेक्ट्रम तक बढ़ाया है, जिससे शैक्षिक अवसरों तक समावेशिता और न्यायसंगत पहुँच को बढ़ावा मिला है।

प्रमुख संस्थानों के नेटवर्क का विस्तार करने की सरकार की प्रतिबद्धता को ज्ञान-आधारित समाज और अर्थव्यवस्था के निर्माण के उसके दृष्टिकोण के साथ भी जोड़ा गया है। शिक्षा, अनुसंधान और नवाचार में निवेश करके, सरकार ने बौद्धिक विकास, रचनात्मकता और ज्ञान सृजन के लिए एक अनुकूल पारिस्थितिकी तंत्र बनाने की माँग की है।

प्रधानमंत्री श्री नरेन्द्र मोदी के नेतृत्व में एनडीए सरकार ने पिछले दशक में एम्स, आईआईटी, आईआईएम और केन्द्रीय विश्वविद्यालयों जैसे प्रमुख संस्थानों की स्थापना और विस्तार में महत्वपूर्ण प्रगति की है। ये पहल शैक्षिक अवसरों को बढ़ाने, अनुसंधान और नवाचार को बढ़ावा देने और पेशेवरों और विद्वानों की एक नई पीढ़ी का पोषण करने में सहायक रही हैं जो 21वीं सदी की चुनौतियों का समाधान करने के लिए सुसज्जित हैं।

□

आर्थिक सुधार और बुनियादी ढाँचा विकास

एनडीए सरकार के शासन में भारत ने बुनियादी ढाँचे के विकास में महत्वपूर्ण प्रगति देखी है, जो आर्थिक विकास के लिए महत्वपूर्ण है।

—अरुण जेटली

भारत में जीएसटी कार्यान्वयन का प्रभाव

1 जुलाई, 2017 को भारत में वस्तु एवं सेवा कर (जीएसटी) का कार्यान्वयन देश के कर सुधारों में एक महत्वपूर्ण मील का पत्थर साबित हुआ। जीएसटी (जिसे आमतौर पर आजादी के बाद से भारत का सबसे महत्वपूर्ण कर सुधार कहा जाता है) का उद्देश्य जटिल और खंडित अप्रत्यक्ष कर संरचना को सुव्यवस्थित करना और पूरे देश में एक समान कर व्यवस्था बनाना है। इस निबंध का उद्देश्य भारत में अर्थव्यवस्था के विभिन्न क्षेत्रों पर जीएसटी कार्यान्वयन के प्रभाव का विश्लेषण करना है।

जीएसटी का अवलोकन

जीएसटी एक व्यापक गंतव्य-आधारित अप्रत्यक्ष कर है जो पूरे भारत में वस्तुओं और सेवाओं की आपूर्ति पर लगाया जाता है। इसने केंद्रीय उत्पाद शुल्क, सेवा कर, मूल्य वर्धित कर (वैट) जैसे अन्य अप्रत्यक्ष करों को प्रतिस्थापित कर उन्हें एक कर संरचना में समेकित कर दिया। जीएसटी ढाँचे में चार कर स्लैब शामिल हैं - 5%, 12%, 18% और 28%, जिसमें कुछ आवश्यक वस्तुओं पर शून्य कर दर लगती है। इसके अतिरिक्त विलासिता वस्तुओं पर विशिष्ट उपकर हैं।

व्यवसायों पर प्रभाव

जीएसटी लागू होने से देशभर के कारोबार पर गहरा असर पड़ा। व्यवसायों के लिए सबसे महत्वपूर्ण लाभों में से एक कर संरचना का सरलीकरण था, जिससे अनुपालन लागत कम हो गई और करों का व्यापक प्रभाव समाप्त हो गया। प्री-जीएसटी व्यवस्था के तहत व्यवसायों को विभिन्न राज्यों में इनपुट टैक्स क्रेडिट का दावा करने में चुनौतियों का सामना करना पड़ा, जिससे लागत में वृद्धि हुई।

जीएसटी की शुरूआत के साथ इनपुट टैक्स क्रेडिट के निर्बाध प्रवाह ने व्यवसायों के लिए बेहतर नकदी प्रवाह प्रबंधन की सुविधा प्रदान की है।

छोटे और मध्यम आकार के उद्‌यमों (एसएमई) को अनुपालन आवश्यकताओं और ऑनलाइन टैक्स फाइलिंग में बदलाव के कारण नई कर व्यवस्था को अपनाने में शुरूआती चुनौतियों का सामना करना पड़ा। हालाँकि, लंबे समय में, जीएसटी ने कई असंगठित क्षेत्रों को कर दायरे में लाकर अर्थव्यवस्था को औपचारिक बनाने में योगदान दिया है। जीएसटी के कार्यान्वयन से कर संरचना को सरल बनाने और अनुपालन बोझ को कम करके व्यापार करने में आसानी हुई है।

उपभोक्ताओं पर प्रभाव

उपभोक्ता दृष्टिकोण से जीएसटी का प्रभाव मिश्रित रहा है। जीएसटी के कार्यान्वयन का उद्‌देश्य एक समान कर संरचना लाना और उपभोक्ताओं पर कर का बोझ कम करना था। शुरूआती चरण में कर स्लैब पर भ्रम और कुछ वस्तुओं और सेवाओं के लिए बढ़ी हुई कीमतों जैसे शुरूआती मुद्‌दे देखे गए। हालाँकि, समय के साथ, जीएसटी के कारण कीमतें तर्कसंगत हो गई हैं और उपभोक्ताओं पर कुल कर का बोझ कम हो गया है।

जीएसटी ने कर चोरी और समानांतर अर्थव्यवस्था पर अंकुश लगाने में भी भूमिका निभाई है, जो अंतत: व्यवसायों के लिए समान अवसर बनाकर और वस्तुओं और सेवाओं के उचित मूल्य निर्धारण को सुनिश्चित करके उपभोक्ताओं को लाभान्वित करती है। इसके अतिरिक्त जीएसटी द्‌वारा लाई गई पारदर्शिता ने उपभोक्ताओं को अधिक जानकारीपूर्ण खरीदारी निर्णय लेने के लिए सशक्त बनाया है।

सरकारी राजस्व पर प्रभाव

जीएसटी के लागू होने से सरकारी राजस्व पर काफी असर पड़ने की उम्मीद थी। हालाँकि कार्यान्वयन के बाद शुरूआती महीने में राजस्व संग्रह में उतार-चढ़ाव देखा गया लेकिन धीरे-धीरे जीएसटी स्थिर हो गया है और सरकार के लिए अधिक अनुमानित राजस्व प्रवाह में योगदान दिया है। कर दरों के युक्तिकरण और कर आधार के विस्तार ने कर अनुपालन और राजस्व संग्रह वृद्‌धि में योगदान दिया है।

जीएसटी ने प्रौद्योगिकी और डेटा विश्लेषण के उपयोग के माध्यम से बेहतर कर प्रशासन की सुविधा भी प्रदान की है। वस्तु एवं सेवा कर नेटवर्क (जीएसटीएन) की शुरूआत ने लेनदेन की वास्तविक समय पर निगरानी को सक्षम कर दिया है जिससे कर चोरी और धोखाधड़ी की गुंजाइश कम हो गई है। लेन-देन पर नजर रखने और कर देनदारियों का आकलन करने की सरकार की क्षमता में सुधार हुआ है, जिससे राजस्व संग्रह में वृद्धि हुई है।

आपूर्ति श्रृंखला और रसद पर प्रभाव

जीएसटी की शुरूआत से आपूर्ति श्रृंखला और लॉजिस्टिक्स क्षेत्र में महत्वपूर्ण परिवर्तन आया। कर उद्देश्यों के लिए राज्य की सीमाओं को समाप्त करने के साथ, कई गोदामों और चौकियों की आवश्यकता कम हो गई, जिससे देश भर में माल की अधिक कुशल और लागत प्रभावी आवाजाही हो गई। इसके परिणामस्वरूप परिवहन समय और लागत में कमी आई है, जिससे व्यवसायों और अंतिम उपभोक्ताओं को समान रूप से लाभ हुआ है।

जीएसटी के कार्यान्वयन से भंडारण सुविधाओं का एकीकरण भी हुआ क्योंकि कंपनियों ने अपने आपूर्ति श्रृंखला नेटवर्क को अनुकूलित करने की दिशा में कदम बढ़ाए। इस समेकन से आधुनिक तकनीक और इन्वेंट्री प्रबंधन प्रणालियों से सुसज्जित बड़े और अधिक परिष्कृत गोदामों का विकास हुआ है। नतीजतन लॉजिस्टिक्स उद्योग एकीकृत और मल्टीमॉडल परिवहन समाधानों की ओर मुड़ा जिससे परिचालन दक्षता में और वृद्धि हुई है।

निर्यातकों और आयातकों पर प्रभाव

जीएसटी काकार्यान्वयन निर्यात के कर उपचार में महत्वपूर्ण बदलाव लाया। इससे निर्यातकों को सहुलियत हुई और इससे भारतीय वस्तुओं को वैश्विक बाजार में अधिक प्रतिस्पर्धी बनाना संभव हुआ। जीएसटी ढाँचे के तहत, निर्यात शून्य-रेटेड है, जिसका अर्थ है कि निर्यात की गई वस्तुओं या सेवाओं पर कोई कर देय नहीं है, जबकि इनपुट कर वापसी योग्य हैं। इससे अंतरराष्ट्रीय बाजार में भारतीय वस्तुओं की प्रतिस्पर्धात्मकता बढ़ी है, जिससे निर्यात-उन्मुख उद्योगों का विस्तार हुआ है।

दूसरी ओर आयातकों को आयात के समय एकीकृत वस्तु एवं सेवा कर

(आईजीएसटी) के भुगतान की आवश्यकता के कारण जीएसटी कार्यान्वयन के शुरूआती चरण में चुनौतियों का सामना करना पड़ा। हालाँकि देश के भीतर आगे की आपूर्ति के लिए आईजीएसटी पर इनपुट टैक्स क्रेडिट की उपलब्धता ने आयातकों पर प्रभाव को कम कर दिया है, जिससे ऋण के निर्बाध प्रवाह को बढ़ावा मिला है।

चुनौतियाँ और आगे का रास्ता

जीएसटी के सकारात्मक प्रभाव के बावजूद कई चुनौतियाँ बनी हुई हैं। जीएसटी ढाँचे की जटिलता, कर दरों में बार-बार बदलाव और अनुपालन आवश्यकताओं ने व्यवसायों, विशेष रूप से छोटे उद्यमों के लिए चुनौतियाँ खड़ी कर दी हैं। जीएसटीएन को अपने शुरूआती चरण में तकनीकी गड़बड़ियों का सामना करना पड़ा, जिससे अनुपालन और फाइलिंग प्रक्रियाएं प्रभावित हुई। इसके अलावा राज्यों में कर दरों और अनुपालन प्रक्रियाओं की बहुलता ने प्रशासनिक जटिलताओं को जन्म दिया है।

इन चुनौतियों से निपटने के लिए कर संरचना को सरल बनाने, अनुपालन बोझ को कम करने और व्यापार करने में आसानी बढ़ाने के लिए निरंतर प्रयासों की आवश्यकता है। सरकार और जीएसटी परिषद को कर दरों को और अधिक तर्कसंगत बनाने, कर स्लैब की संख्या को कम करने और अनुपालन प्रक्रियाओं को सरल बनाने पर ध्यान देने की आवश्यकता है। इसके अलावा, निर्बाध कर प्रशासन के लिए प्रौद्योगिकी का लाभ उठाना और करदाता शिक्षा और आउटरीच कार्यक्रमों को बढ़ाना जीएसटी के सफल कार्यान्वयन के लिए महत्वपूर्ण होगा।

भारत में जीएसटी के कार्यान्वयन से देश की अप्रत्यक्ष कर व्यवस्था में आमूल-चूल बदलाव आया है, जिसका असर व्यवसायों, उपभोक्ताओं, सरकारी राजस्व और अर्थव्यवस्था के विभिन्न क्षेत्रों पर पड़ा है। हालाँकि प्रारंभिक चरण में चुनौतियाँ देखी गई, जीएसटी ने कर अनुपालन को बढ़ाने, अर्थव्यवस्था को औपचारिक बनाने और अधिक पारदर्शी और कुशल कर प्रणाली बनाने में उत्तरोत्तर योगदान दिया है। आपूर्ति श्रृंखला, निर्यात-आयात गतिशीलता और लॉजिस्टिक्स पर जीएसटी का प्रभाव विशेष रूप से महत्वपूर्ण रहा है, जिससे परिचालन क्षमता और लागत में बचत हुई है।

जैसे-जैसे भारत जीएसटी के साथ अपनी यात्रा जारी रख रहा है, इस ऐतिहासिक

सुधार के लाभों को अधिकतम करने के लिए चुनौतियों का समाधान करना और कर संरचना को ठीक करना अनिवार्य होगा। सभी हितधारकों के ठोस प्रयासों से जीएसटी में भारत को उच्च आर्थिक विकास, बेहतर प्रतिस्पर्धात्मकता और अधिक मजबूत कर पारिस्थितिकी तंत्र की ओर ले जाने की क्षमता है।

सुशासन और पारदर्शिता के प्रति एनडीए की प्रतिबद्धता ने प्रशासन में जवाबदेही और दक्षता को बढ़ाया है।

—जितेंद्र सिंह

□

विमुद्रीकरण और उसका प्रभाव

विमुद्रीकरण जिसे अकसर भारत में 'नोटबंदी' कहा जाता है, 8 नवंबर, 2016 को भारत सरकार द्वारा लागू की गई एक महत्वपूर्ण आर्थिक नीति थी। इस निर्णय में 500 और 1000 के बैंक नोटों को अचानक वापस लेना शामिल था, उस समय प्रचलन में मुद्रा का यह लगभग 86% था। इस कदम का उद्देश्य भारतीय अर्थव्यवस्था में भ्रष्टाचार, काले धन और नकली मुद्रा पर अंकुश लगाना था। हालाँकि विमुद्रीकरण का प्रभाव बहुआयामी था और विभिन्न क्षेत्रों में इसके दूरगामी परिणाम हुए। इस अध्याय में हम भारतीय अर्थव्यवस्था पर विमुद्रीकरण की पृष्ठभूमि, कार्यान्वयन और व्यापक प्रभाव का पता लगाएंगे।

उच्च मूल्य वाले मुद्रा नोटों को विमुद्रीकृत करने का निर्णय भारत सरकार का एक साहसिक और अभूतपूर्व कदम था। प्रधानमंत्री नरेन्द्र मोदी ने देर शाम टेलीविजन संबोधन में इस फैसले की घोषणा की, जिससे देश आश्चर्यचकित रह गया। विमुद्रीकरण के पीछे का तर्क काले धन, भ्रष्टाचार और आतंक के वित्तपोषण जैसे मुद्दों से निपटना था, जिनके बारे में माना जाता था कि ये अर्थव्यवस्था में बेहिसाब नकदी से प्रेरित हैं। इसके अतिरिक्त इस कदम का उद्देश्य डिजिटल लेनदेन की ओर बदलाव को बढ़ावा देना और अर्थव्यवस्था के अनौपचारिक क्षेत्र को औपचारिक बनाना था।

विमुद्रीकरण के अल्पकालिक प्रभाव में व्यवधान और कठिनाइयाँ थीं, ऐसे कई दीर्घकालिक उद्देश्य थे जिन्हें सरकार ने इस नीति के माध्यम से हासिल करने का लक्ष्य रखा था। प्रमुख लक्ष्यों में से एक औपचारिक बैंकिंग प्रणाली में अधिक लेनदेन लाकर अर्थव्यवस्था को औपचारिक बनाना था। डिजिटल भुगतान को प्रोत्साहित करके और वित्तीय समावेशन को बढ़ाकर सरकार ने अधिक पारदर्शी और जवाबदेह अर्थव्यवस्था बनाने की कोशिश की।

इसके अलावा विमुद्रीकरण से कर अनुपालन पर भी सकारात्मक प्रभाव पड़ने की उम्मीद थी। उच्च मूल्य वाले लेन-देन पर बढ़ती जाँच और डिजिटल भुगतान पर जोर देने का उद्देश्य कर चोरी को कम करना और सरकार के लिए कर राजस्व में वृद्धि करना था। इस कदम को औपचारिक बैंकिंग चैनलों को अपनाने को बढ़ावा देने के एक तरीके के रूप में भी देखा गया, जिससे नकदी और बेहिसाब संपत्ति पर निर्भरता कम हो जाएगी।

काले धन और भ्रष्टाचार को निशाना बनाने के अलावा, विमुद्रीकरण को डिजिटल अर्थव्यवस्था को बढ़ावा देने के सरकार के व्यापक एजेंडे से जोड़ा गया था। उच्च मूल्य वाले मुद्रा नोटों की अचानक वापसी से डिजिटल लेनदेन में वृद्धि हुई क्योंकि लोगों ने मोबाइल वॉलेट, ऑनलाइन बैंकिंग और अन्य इलेक्ट्रॉनिक भुगतान विधियों की ओर रुख किया। डिजिटल भुगतान की ओर इस बदलाव को नकदी पर निर्भरता कम करने और अधिक पारदर्शी और कुशल वित्तीय प्रणाली को बढ़ावा देने की दिशा में एक कदम के रूप में देखा गया।

रियल एस्टेट क्षेत्र जो अकसर बेहिसाबी धन के प्रचलन से जुड़ा होता है, में नोटबंदी के बाद लेनदेन में उल्लेखनीय मंदी देखी गई। इस कदम से संपत्ति की कीमतों में सुधार हुआ, खासकर द्वितीयक बाजार में, क्योंकि रियल एस्टेट लेनदेन के लिए बेहिसाब धन की उपलब्धता कम हो गई। रियल एस्टेट क्षेत्र, जो काले धन के साथ संबंधों के लिए जाना जाता है, में विमुद्रीकरण के परिणामस्वरूप अधिक पारदर्शिता और औपचारिकता की ओर बदलाव देखा गया।

वित्तीय क्षेत्र में विमुद्रीकरण के कारण बैंकों में जमा राशि में वृद्धि हुई क्योंकि लोग अपने पुराने नोटों को नए नोटों में बदलने के लिए दौड़ पड़े। जमाराशियों के इस प्रवाह ने बैंकों को पर्याप्त मात्रा में तरलता प्रदान की, जिसे बदले में उत्पादक ऋण देने की दिशा में उपयोग किया जा सकता है। डिजिटल भुगतान की ओर प्रोत्साहन और अर्थव्यवस्था को औपचारिक बनाना विमुद्रीकरण के उल्लेखनीय परिणाम थे। उच्च मूल्यवर्ग के मुद्रा नोटों की अचानक वापसी ने डिजिटल लेनदेन और इलेक्ट्रॉनिक भुगतान विधियों की ओर एक महत्वपूर्ण बदलाव को प्रेरित किया। लोगों द्वारा कैशलेस वातावरण अपनाने के कारण मोबाइल वॉलेट, ऑनलाइन बैंकिंग और पॉइंट-ऑफ-सेल (पीओएस) टर्मिनलों के उपयोग में वृद्धि देखी गई। डिजिटल भुगतान की ओर इस बदलाव को नकदी पर निर्भरता कम करने और औपचारिक वित्तीय प्रणाली में

अधिक लेनदेन लाने की दिशा में एक सकारात्मक कदम के रूप में देखा गया।

इसके अलावा विमुद्रीकरण से कर अनुपालन और राजस्व संग्रह पर सकारात्मक प्रभाव पड़ने की उम्मीद थी। उच्च-मूल्य वाले लेनदेन पर बढ़ी हुई जाँच और डिजिटल भुगतान पर जोर देने का उद्देश्य कर चोरी को कम करना और कर अनुपालन को बढ़ाना है। सरकार ने विमुद्रीकरण के माध्यम से एक अधिक पारदर्शी और औपचारिक अर्थव्यवस्था बनाने की कोशिश की, जहाँ वित्तीय लेनदेन पर नजर रखी जा सके और उसका हिसाब-किताब रखा जा सके, जिससे कर संग्रह और अनुपालन में सुधार हो सके।

हालाँकि विमुद्रीकरण के अल्पकालिक प्रभाव को व्यवधानों और चुनौतियों से चिह्नित किया गया था लेकिन सरकार ने इस कदम के दीर्घकालिक लाभों पर जोर दिया। अर्थव्यवस्था के औपचारिकीकरण, कर अनुपालन में वृद्धि और डिजिटल भुगतान की ओर बदलाव को महत्वपूर्ण उपलब्धियों के रूप में देखा गया, जिसका भारतीय अर्थव्यवस्था पर स्थायी सकारात्मक प्रभाव पड़ेगा। इसके अतिरिक्त विमुद्रीकरण को बदलाव के उत्प्रेरक के रूप में देखा गया, जिससे वित्तीय लेन-देने के तरीके में बदलाव आया

बुनियादी ढाँचे के विकास पर एनडीए के जोर ने कनेक्टिविटी बढ़ाई है और पूरे देश में आर्थिक विकास को सुविधाजनक बनाया है।

—नितिन गडकरी

□

विनिर्माण और औद्योगिक विकास को बढ़ावा देने की पहल

विनिर्माण और औद्योगिक विकास को बढ़ावा देना कई अर्थव्यवस्थाओं के लिए एक महत्वपूर्ण उद्देश्य है, क्योंकि ये क्षेत्र आर्थिक विकास को आगे बढ़ाने, रोजगार के अवसर पैदा करने और नवाचार को बढ़ावा देने में महत्वपूर्ण भूमिका निभाते हैं। दुनिया भर की सरकारें उत्पादकता, प्रतिस्पर्धात्मकता और स्थिरता को बढ़ाने के लक्ष्य के साथ विनिर्माण और औद्योगिक क्षेत्रों के विकास को बढ़ावा देने के लिए विभिन्न पहल और नीतियाँ लागू करती हैं। इस अध्याय में हम कई पहलों और रणनीतियों का पता लगाएंगे जो सरकारें विनिर्माण और औद्योगिक विकास को बढ़ावा देने के लिए कर सकती हैं, विभिन्न देशों से उदाहरण लेंगे और सफल हस्तक्षेपों को रेखांकित करने वाले प्रमुख सिद्धांतों पर प्रकाश डालेंगे।

- ***बुनियादी ढाँचे में निवेश :*** विनिर्माण और औद्योगिक विकास को बढ़ावा देने के लिए बुनियादी पहलों में से एक बुनियादी ढाँचे में निवेश है। परिवहन नेटवर्क, ऊर्जा प्रणाली और डिजिटल कनेक्टिविटी सहित पर्याप्त बुनियादी ढाँचा, वस्तुओं और सेवाओं की कुशल आवाजाही के साथ-साथ औद्योगिक सुविधाओं के कामकाज के लिए आवश्यक है। सरकारें सड़कों, बंदरगाहों, हवाई अड्डों और अन्य परिवहन केंद्रों के निर्माण या उन्नयन के लिए संसाधन आवंटित करके बुनियादी ढाँचे के विकास को प्राथमिकता दे सकती हैं। इसके अतिरिक्त औद्योगिक संचालन के लिए विश्वसनीय और कम लागत वाली प्रभावी ऊर्जा आपूर्ति सुनिश्चित करने के लिए ऊर्जा बुनियादी ढाँचे, जैसे बिजली उत्पादन और वितरण नेटवर्क में निवेश महत्वपूर्ण है। इसके अलावा, हाई-स्पीड इंटरनेट कनेक्टिविटी और डिजिटल प्लेटफॉर्म सहित डिजिटल बुनियादी ढाँचे में सुधार, विनिर्माण प्रक्रियाओं की दक्षता को बढ़ा सकता है और उन्नत प्रौद्योगिकियों को अपनाने की सुविधा प्रदान कर सकता है।

• ***अनुसंधान एवं विकास (आर एंड डी) के लिए सहायता :*** विनिर्माण और औद्योगिक क्षेत्रों की दीर्घकालिक प्रतिस्पर्धात्मकता के लिए नवाचार और तकनीकी प्रगति को प्रोत्साहित करना महत्वपूर्ण है। सरकारें अनुसंधान एवं विकास गतिविधियों का समर्थन करने के लिए पहल शुरू कर सकती हैं, जिसमें अनुसंधान एवं विकास व्यय के लिए कर प्रोत्साहन, उद्योग और शैक्षणिक संस्थानों के बीच सहयोगात्मक अनुसंधान परियोजनाओं के लिए अनुदान और नवाचार समूहों या प्रौद्योगिकी पार्कों की स्थापना शामिल है। नवाचार की संस्कृति को बढ़ावा देकर और अनुसंधान एवं विकास के लिए संसाधन उपलब्ध कराकर, सरकारें विनिर्माण कंपनियों को नए उत्पाद, प्रक्रियाएं और प्रौद्योगिकियाँ विकसित करने में मदद कर सकती हैं, जिससे उनकी वैश्विक प्रतिस्पर्धात्मकता बढ़ेगी और औद्योगिक विकास में योगदान मिलेगा।

• ***निर्यातोन्मुखी विनिर्माण को बढ़ावा :*** सरकारें निर्यात-उन्मुख विनिर्माण को बढ़ावा देने के लिए नीतियाँ लागू कर सकती हैं, जिसमें अंतरराष्ट्रीय बाजारों के लिए सामान का उत्पादन शामिल है। यह दृष्टिकोण घरेलू निमार्ताओं को बड़े ग्राहक आधार तक पहुँचने और बड़ी अर्थव्यवस्थाओं से लाभ उठाने में मदद कर सकता है। निर्यात-उन्मुख विनिर्माण को समर्थन देने की पहल में निर्यात प्रोत्साहन योजनाएं, निर्यातकों के लिए वित्तीय प्रोत्साहन, व्यापार सुविधा उपाय और नए निर्यात बाजार खोलने के लिए व्यापार समझौतों पर बातचीत शामिल हो सकती है। निर्यात-उन्मुख रणनीतियों पर ध्यान केंद्रित करके, देश समग्र आर्थिक विकास में योगदान करते हुए औद्योगिक विकास को प्रोत्साहित कर सकते हैं और रोजगार के अवसर पैदा कर सकते हैं।

• ***कौशल विकास और कार्यबल प्रशिक्षण :*** विनिर्माण और औद्योगिक क्षेत्रों की सफलता के लिए कुशल कार्यबल आवश्यक है। सरकारें व्यावसायिक प्रशिक्षण, प्रशिक्षुता योजनाओं और शैक्षणिक संस्थानों और उद्योग हितधारकों के साथ साझेदारी के माध्यम से श्रम बल के कौशल को बढ़ाने के लिए कार्यक्रम शुरू कर सकती हैं। कौशल विकास में निवेश करके सरकारें यह सुनिश्चित कर सकती हैं कि कार्यबल के पास आधुनिक विनिर्माण प्रक्रियाओं के लिए आवश्यक तकनीकी और प्रबंधकीय दक्षताएं हों। इसके अलावा पुनर्प्रशिक्षण कार्यक्रम श्रमिकों को तकनीकी प्रगति और उद्योग परिवर्तन के अनुकूल होने में मदद कर सकते हैं, इस प्रकार विनिर्माण क्षेत्र की वृद्धि और प्रतिस्पर्धात्मकता का समर्थन कर सकते हैं।

- ***छोटे और मध्यम आकार के उद्यमों (एसएमई) के लिए सहायता :*** छोटे और मध्यम आकार के उद्यम (एसएमई) कई देशों में विनिर्माण और औद्योगिक परिदृश्य का एक महत्वपूर्ण हिस्सा हैं। सरकारें एसएमई को समर्थन देने के लिए लक्षित पहल शुरू कर सकती हैं, जैसे वित्त तक पहुँच, तकनीकी सहायता और क्षमता निर्माण कार्यक्रम। इसके अतिरिक्त नियामक प्रक्रियाओं को सुव्यवस्थित करना, प्रौद्योगिकी अपनाने के लिए प्रोत्साहन प्रदान करना और घरेलू और अंतरराष्ट्रीय बाजारों तक पहुँच को सुविधाजनक बनाना एसएमई को पनपने और औद्योगिक विकास में योगदान करने में मदद कर सकता है। विनिर्माण क्षेत्र में उद्यमिता, नवाचार और रोजगार सृजन को बढ़ावा देने के लिए एसएमई को समर्थन देना महत्वपूर्ण है।

उद्योग

- ***पहल और डिजिटल परिवर्तन:*** उद्योग 4.0 के युग में (जो डिजिटल प्रौद्योगिकियों के एकीकरण और विनिर्माण प्रक्रियाओं में उन्नत स्वचालन की विशेषता है) सरकारें औद्योगिक क्षेत्र के भीतर डिजिटल परिवर्तन की सुविधा के लिए पहल को बढ़ावा दे सकती हैं। इसमें स्मार्ट विनिर्माण केंद्रों की स्थापना, डिजिटल बुनियादी ढाँचे में निवेश और इंटरनेट ऑफ थिंग्स (आईओटी), कृत्रिम बुद्धिमत्ता और उन्नत रोबोटिक्स जैसी प्रौद्योगिकियों को अपनाने के लिए प्रोत्साहन का प्रावधान शामिल हो सकता है। डिजिटल परिवर्तन को अपनाकर, निमार्ता उत्पादकता, गुणवत्ता और लचीलेपन को बढ़ा सकते हैं, जिससे औद्योगिक विकास और प्रतिस्पर्धात्मकता बढ़ सकती है।

- ***क्लस्टर विकास और विशेष आर्थिक क्षेत्र (एसईजेड):*** सरकारें निवेश आकर्षित करने, औद्योगिक सहयोग को बढ़ावा देने और नवाचार को बढ़ावा देने के लिए विशेष औद्योगिक क्लस्टर और विशेष आर्थिक क्षेत्र (एसईजेड) बना सकती हैं। ये क्षेत्र व्यवसायों को संचालित करने के लिए बुनियादी ढाँचा, नियामक प्रोत्साहन और अनुकूल वातावरण प्रदान करते हैं। संबंधित उद्योगों को विशिष्ट भौगोलिक क्षेत्रों में केंद्रित करके, सरकारें तालमेल, पैमाने की अर्थव्यवस्था और ज्ञान का प्रसार कर सकती हैं, जो विनिर्माण और औद्योगिक गतिविधियों के विकास में योगदान कर सकती हैं।

- ***व्यापार एवं निवेश संवर्धन:*** विनिर्माण और औद्योगिक विकास को बढ़ावा

देने के लिए व्यापार को सुविधाजनक बनाना और प्रत्यक्ष विदेशी निवेश (एफडीआई) को आकर्षित करना आवश्यक है। सरकारें व्यापार संवर्धन गतिविधियों में संलग्न हो सकती हैं, अंतरराष्ट्रीय व्यापार मेलों में भाग ले सकती हैं और अपने उत्पादों का निर्यात करने की इच्छुक स्थानीय फर्मों को जानकारी और सहायता प्रदान कर सकती हैं। इसके अलावा अनुकूल नीतियों, पारदर्शी नियमों और निवेश प्रोत्साहनों के माध्यम से एक आकर्षक निवेश माहौल बनाने से घरेलू और विदेशी दोनों निवेशकों को विनिर्माण कार्यों की स्थापना या विस्तार करने के लिए प्रोत्साहित किया जा सकता है, जिससे औद्योगिक विकास और रोजगार सृजन में योगदान हो सकता है।

- ***पर्यावरणीय स्थिरता और हरित विनिमार्ण:*** जैसे-जैसे पर्यावरणीय स्थिरता के लिए चिंता बढ़ती है, सरकारें हरित विनिर्माण प्रथाओं को प्रोत्साहित करने की पहल को बढ़ावा दे सकती हैं। इसमें पर्यावरणीय नियमों का कार्यान्वयन, स्वच्छ प्रौद्योगिकियों को अपनाने के लिए प्रोत्साहन और टिकाऊ उत्पादन प्रक्रियाओं के लिए समर्थन शामिल हो सकता है। पर्यावरणीय स्थिरता को प्राथमिकता देकर, सरकारें निमार्ताओं को उनके पर्यावरणीय पदचिह्न को कम करने, संसाधन दक्षता बढ़ाने और पर्यावरण-अनुकूल उत्पाद विकसित करने में मदद कर सकती हैं जिससे स्थायी औद्योगिक विकास में योगदान मिल सकता है।

- ***सार्वजनिक-निजी भागीदारी (पीपीपी):*** सार्वजनिक और निजी क्षेत्रों के बीच सहयोगात्मक प्रयास विनिर्माण और औद्योगिक विकास को आगे बढ़ाने में सहायक हो सकते हैं। सरकारें औद्योगिक बुनियादी ढाँचे को विकसित करने, अनुसंधान एवं विकास परियोजनाओं को वित्तपोषित करने और उद्योग-विशिष्ट प्रशिक्षण कार्यक्रम प्रदान करने के लिए सार्वजनिक-निजी भागीदारी में संलग्न हो सकती हैं। दोनों क्षेत्रों की ताकत का लाभ उठाकर, सरकारें विनिर्माण उद्योग की प्रतिस्पर्धात्मकता और उत्पादकता को बढ़ा सकती हैं, जिससे स्थायी औद्योगिक विकास हो सकता है।

- ***विनियामक सुधार और व्यवसाय करने में आसानी:*** नियामक प्रक्रियाओं को सुव्यवस्थित करना, नौकरशाही बाधाओं को कम करना और व्यापार करने में आसानी में सुधार करना विनिर्माण और औद्योगिक विकास पर महत्वपूर्ण प्रभाव डाल सकता है। सरकारें लाइसेंसिंग प्रक्रियाओं को सरल बनाने, औद्योगिक उद्देश्यों के लिए भूमि अधिग्रहण की सुविधा प्रदान करने और व्यापार-अनुकूल वातावरण

बनाने के लिए नियामक सुधार कर सकती हैं। प्रशासनिक बोझ को कम करके और पारदर्शिता बढ़ाकर, सरकारें निवेश आकर्षित कर सकती हैं, उद्‌यमिता को प्रोत्साहित कर सकती हैं और विनिर्माण क्षेत्र के विकास को बढ़ावा दे सकती हैं।

- ***महत्वपूर्ण उद्‌योगों और उभरती प्रौद्‌योगिकियों के लिए समर्थन:*** महत्वपूर्ण उद्‌योगों और उभरती प्रौद्‌योगिकियों की पहचान करना और उनका समर्थन करना विनिर्माण और औद्‌योगिक विकास को बढ़ावा देने के लिए एक रणनीतिक पहल हो सकती है। सरकारें राष्ट्रीय प्रतिस्पर्धात्मकता और आर्थिक विविधीकरण के लिए महत्वपूर्ण समझे जाने वाले उद्‌योगों को अनुसंधान एवं विकास वित्तपोषण, बुनियादी ढाँचे के विकास और बाजार पहुँच सहायता सहित लक्षित सहायता प्रदान कर सकती हैं। इसके अतिरिक्त नैनोटेक्नोलॉजी, जैव प्रौद्‌योगिकी और उन्नत सामग्रियों जैसी उभरती प्रौद्‌योगिकियों को अपनाने को बढ़ावा देने से नवाचार को बढ़ावा मिल सकता है और औद्‌योगिक विकास के लिए नए अवसर पैदा हो सकते हैं।

राजकोषीय अनुशासन के प्रति एनडीए की प्रतिबद्‌धता ने भारत की आर्थिक स्थिरता और विकास में योगदान दिया है।

—निर्मला सीतारमण

□

बुनियादी ढाँचा विकास : सड़कों, राजमार्गों और रेलवे की महत्वपूर्ण भूमिका

बुनियादी ढाँचे का विकास राष्ट्रों की आर्थिक वृद्धि और समृद्धि में महत्वपूर्ण भूमिका निभाता है। बुनियादी ढाँचे के विभिन्न घटकों में से सड़कों, राजमार्गों और रेलवे का विकास परिवहन नेटवर्क की कनेक्टिविटी, पहुँच और दक्षता सुनिश्चित करने में महत्वपूर्ण भूमिका रखता है। यह निबंध बुनियादी ढाँचे के विकास के बहुमुखी महत्व की पड़ताल करता है, जिसमें आर्थिक विकास को बढ़ावा देने, कनेक्टिविटी बढ़ाने और सतत् विकास को बढ़ावा देने में सड़कों, राजमार्गों और रेलवे द्वारा निभाई गई महत्वपूर्ण भूमिका पर विशेष ध्यान दिया गया है।

सड़कों का महत्व

सड़कें किसी भी राष्ट्र की जीवन रेखा हैं, जो लोगों और माल दोनों के लिए परिवहन का प्राथमिक साधन हैं। वे ग्रामीण और शहरी क्षेत्रों को जोड़ने, वस्तुओं और सेवाओं की आवाजाही को सुविधाजनक बनाने और स्वास्थ्य देखभाल और शिक्षा जैसे आवश्यक संसाधनों तक पहुँच को सक्षम बनाने में महत्वपूर्ण भूमिका निभाते हैं। इसके अतिरिक्त अच्छी तरह से विकसित सड़क नेटवर्क पर्यटन और व्यापार के विकास में योगदान करते हैं, जिससे आर्थिक विकास और रोजगार सृजन को बढ़ावा मिलता है। इसके अलावा सड़कों का निर्माण और रख-रखाव रोजगार के अवसर पैदा करता है और स्थानीय अर्थव्यवस्था को उत्तेजित करता है जिससे वे समग्र सामाजिक प्रगति के लिए आवश्यक हो जाते हैं।

राजमार्गों का महत्व

राजमार्ग देश की परिवहन प्रणाली की रीढ़ हैं, जो लंबी दूरी तक वाहनों की

निर्बाध आवाजाही को सक्षम बनाते हैं। वे यात्रा के समय को कम करने, परिवहन लागत को कम करने और रसद और आपूर्ति श्रृंखलाओं की समग्र दक्षता में सुधार करने में महत्वपूर्ण भूमिका निभाते हैं। इसके अलावा एक्सप्रेसवे और मोटरवे के विकास से सुरक्षा बढ़ती है और भीड़भाड़ कम होती है, जिससे परिवहन सेवाओं की समग्र गुणवत्ता में वृद्धि होती है। उच्च गुणवत्ता वाले राजमार्ग भी निवेश को आकर्षित करते हैं और बाजारों तक पहुँच में सुधार करके और अपने गलियारों में उद्योगों और व्यवसायों के विकास को बढ़ावा देकर क्षेत्रीय विकास को बढ़ावा देते हैं।

रेलवे की भूमिका

रेलवे ऐतिहासिक रूप से औद्योगीकरण और आर्थिक विकास को आगे बढ़ाने में सहायक रहा है। वे यात्रियों और माल ढुलाई दोनों के लिए लागत प्रभावी, ऊर्जा-कुशल और पर्यावरण के अनुकूल परिवहन का साधन प्रदान करते हैं। रेल नेटवर्क शहरों, कस्बों और बंदरगाहों को जोड़ते हैं, जिससे बड़ी दूरी तक माल और लोगों की कुशल आवाजाही की सुविधा मिलती है। इसके अतिरिक्त रेलवे सड़क पर भीड़भाड़ कम करने, कार्बन उत्सर्जन कम करने और टिकाऊ परिवहन समाधानों को बढ़ावा देने में महत्वपूर्ण भूमिका निभाता है। हाई-स्पीड रेल प्रणालियों का विकास कनेक्टिविटी और प्रतिस्पर्धात्मकता को और बढ़ाता है, जिससे देश आधुनिक परिवहन बुनियादी ढाँचे में सबसे आगे हो जाते हैं।

चुनौतियाँ और अवसर

जहाँ सड़कों, राजमार्गों और रेलवे के विकास से अनेक लाभ होते हैं, वहीं यह कई चुनौतियाँ भी प्रस्तुत करता है। इनमें पर्याप्त निवेश की आवश्यकता, जटिल परियोजना प्रबंधन, भूमि अधिग्रहण के मुद्दे, पर्यावरण संबंधी चिंताएं और रखरखाव और उन्नयन की माँग शामिल है। हालाँकि ये चुनौतियाँ नवाचार, सहयोग और सतत् विकास के अवसर भी प्रस्तुत करती हैं। बुद्धिमान परिवहन प्रणाली, नवीकरणीय ऊर्जा एकीकरण और स्मार्ट बुनियादी ढाँचा प्रबंधन जैसी प्रौद्योगिकियों में प्रगति परिवहन नेटवर्क की दक्षता और स्थिरता को बढ़ाने के लिए आशाजनक समाधान प्रदान करती है।

आर्थिक विकास पर प्रभाव

सड़कों, राजमार्गों और रेलवे के विकास का आर्थिक विकास पर सीधा और गहरा प्रभाव पड़ता है। कुशल परिवहन नेटवर्क वस्तुओं और लोगों की आवाजाही को सुविधाजनक बनाते हैं, व्यापार बाधाओं को कम करते हैं और विभिन्न क्षेत्रों में आर्थिक गतिविधियों को प्रोत्साहित करते हैं। बेहतर कनेक्टिविटी लेनदेन लागत को कम करती है, बाजार एकीकरण को बढ़ावा देती है और निवेश को आकर्षित करती है, जिससे उत्पादकता और प्रतिस्पर्धात्मकता में वृद्धि होती है। इसके अलावा, बुनियादी ढाँचे का विकास रोजगार के अवसर पैदा करता है, कार्यबल की गतिशीलता को बढ़ाता है और सहायक उद्योगों के विकास का समर्थन करता है, जो सभी समग्र आर्थिक समृद्धि में योगदान करते हैं।

कनेक्टिविटी और पहुँच बढ़ाना

बुनियादी ढाँचे का विकास, विशेष रूप से परिवहन के क्षेत्र में कनेक्टिविटी और पहुँच बढ़ाने में महत्वपूर्ण भूमिका निभाता है। अच्छी तरह से जुड़ी सड़क, राजमार्ग और रेलवे नेटवर्क व्यक्तियों को आवश्यक सेवाओं, रोजगार के अवसरों, शिक्षा और स्वास्थ्य देखभाल सुविधाओं तक पहुँचने में सक्षम बनाते हैं। इसके अलावा, बेहतर कनेक्टिविटी भौगोलिक अलगाव को कम करती है, सामाजिक समावेशन को बढ़ावा देती है और सामुदायिक एकजुटता की भावना को बढ़ावा देती है। व्यवसायों के लिए बढ़ी हुई कनेक्टिविटी आपूर्तिकतार्ओं, बाजारों और कुशल श्रमिकों तक बेहतर पहुँच में तब्दील हो जाती है, जिससे उनकी प्रतिस्पर्धात्मकता और विकास की क्षमता बढ़ जाती है। इसके अतिरिक्त परिवहन बुनियादी ढाँचा आपदा प्रतिक्रिया और आपातकालीन प्रबंधन में महत्वपूर्ण भूमिका निभाता है, जिससे प्रभावित क्षेत्रों में राहत आपूर्ति और कर्मियों की त्वरित आवाजाही सुनिश्चित होती है।

सतत् विकास

पर्यावरणीय चिंताओं को दूर करने और सतत् विकास को बढ़ावा देने के लिए टिकाऊ परिवहन बुनियादी ढाँचे का विकास सर्वोपरि है। आधुनिक बुनियादी ढाँचा परियोजनाएं पर्यावरण-अनुकूल सामग्री, ऊर्जा-कुशल डिजाइन और नवीकरणीय ऊर्जा स्रोतों के एकीकरण पर जोर देती हैं। इसके अलावा, सार्वजनिक परिवहन को

बढ़ावा देना, साइकिल चलाना और पैदल यात्री-अनुकूल बुनियादी ढाँचे का विकास, और स्वच्छ प्रौद्योगिकियों को अपनाना कार्बन उत्सर्जन को कम करने और परिवहन प्रणालियों के पर्यावरणीय प्रभाव को कम करने में योगदान देता है। बुनियादी ढाँचा परियोजनाओं में सतत् विकास को प्राथमिकता देकर, देश आर्थिक विकास, पर्यावरण संरक्षण और सामाजिक समानता के बीच संतुलन हासिल कर सकते हैं।

प्रौद्योगिकी प्रगति

तकनीकी प्रगति ने परिवहन बुनियादी ढाँचे की योजना, निर्माण और प्रबंधन में क्रांति ला दी है। भौगोलिक सूचना प्रणाली (जीआईएस), भवन सूचना मॉडलिंग (बीआईएम) और उन्नत सामग्री जैसे नवाचारों ने बुनियादी ढाँचे के विकास की दक्षता और सटीकता में काफी सुधार किया है। इसके अलावा, स्मार्ट प्रौद्योगिकियों का एकीकरण, जैसे बुद्धिमान यातायात प्रबंधन प्रणाली, स्वचालित टोलिंग और वास्तविक समय निगरानी समाधान, परिवहन नेटवर्क की सुरक्षा, विश्वसनीयता और प्रदर्शन को बढ़ाता है। इसके अतिरिक्त, हाई-स्पीड रेल सिस्टम, चुंबकीय उत्तोलन प्रौद्योगिकी और स्वायत्त वाहनों का आगमन परिवहन बुनियादी ढाँचे के भविष्य का प्रतिनिधित्व करता है, जो दक्षता, सुरक्षा और स्थिरता के अद्वितीय स्तर का वादा करता है।

सार्वजनिक निजी साझेदारी

बुनियादी ढाँचे के विकास के लिए पर्याप्त निवेश आवश्यकताओं को देखते हुए, सार्वजनिक-निजी भागीदारी (पीपीपी) परिवहन परियोजनाओं के वित्तपोषण, कार्यान्वयन और प्रबंधन के लिए एक महत्वपूर्ण तंत्र के रूप में उभरी है। पीपीपी बुनियादी ढाँचा परियोजनाओं को कुशलतापूर्वक और लागत प्रभावी ढंग से वितरित करने के लिए सार्वजनिक और निजी दोनों संस्थाओं की ताकत का लाभ उठाते हुए एक सहयोगात्मक दृष्टिकोण प्रदान करते हैं। जोखिमों, जिम्मेदारियों और संसाधनों को साझा करके, पीपीपी निजी पूंजी, विशेषज्ञता और नवाचार को जुटाने में सक्षम बनाता है, जिससे उच्च गुणवत्ता वाली बुनियादी ढाँचा संपत्तियों की समय पर डिलीवरी होती है। इसके अतिरिक्त, पीपीपी सामान्य विकास लक्ष्यों को प्राप्त करने की दिशा में सभी हितधारकों के हितों को संरेखित करके जवाबदेही, पारदर्शिता और दीर्घकालिक स्थिरता को बढ़ावा देते हैं।

वैश्विक कनेक्टिविटी और व्यापार

तेजी से परस्पर जुड़ी दुनिया में, वैश्विक कनेक्टिविटी और व्यापार को सुविधाजनक बनाने के लिए मजबूत परिवहन बुनियादी ढाँचे का विकास आवश्यक है। कुशल सड़क, राजमार्ग और रेलवे नेटवर्क अंतरराष्ट्रीय आपूर्ति शृंखलाओं में महत्वपूर्ण लिंक के रूप में काम करते हैं, जो सीमाओं के पार माल की निर्बाध आवाजाही को सक्षम बनाते हैं। इसके अलावा, बंदरगाहों, हवाई अड्डों और लॉजिस्टिक्स केंद्रों के साथ परिवहन बुनियादी ढाँचे का एकीकरण मल्टीमॉडल कनेक्टिविटी को बढ़ाता है, जो परिवहन के विभिन्न तरीकों के बीच कार्गो के कुशल हस्तांतरण का समर्थन करता है। परिणामस्वरूप अच्छी तरह से विकसित परिवहन बुनियादी ढाँचा वैश्विक बाजार में किसी देश की प्रतिस्पर्धात्मकता को बढ़ाने, विदेशी निवेश को आकर्षित करने और क्षेत्रीय और वैश्विक व्यापार भागीदारों के साथ आर्थिक एकीकरण को बढ़ावा देने में योगदान देता है।

बुनियादी ढाँचे का विकास, विशेष रूप से सड़कों, राजमार्गों और रेलवे के क्षेत्र में, आर्थिक विकास को आगे बढ़ाने, कनेक्टिविटी बढ़ाने और सतत् विकास को बढ़ावा देने में महत्वपूर्ण भूमिका निभाता है। प्रभावी परिवहन नेटवर्क न केवल वस्तुओं और लोगों की आवाजाही को सुविधाजनक बनाते हैं बल्कि सामाजिक समावेशन, पर्यावरणीय स्थिरता और वैश्विक प्रतिस्पर्धात्मकता में भी योगदान करते हैं। जैसे-जैसे देश शहरीकरण, जनसंख्या वृद्धि और पर्यावरणीय प्रबंधन की चुनौतियों का समाधान करने का प्रयास कर रहे हैं, आधुनिक, लचीला और टिकाऊ परिवहन बुनियादी ढाँचे का विकास एक महत्वपूर्ण प्राथमिकता बनी रहेगी। नवाचार, सहयोग और रणनीतिक निवेश को अपनाकर, राष्ट्र अधिक जुड़े हुए, समृद्ध देश की नींव बना सकते हैं।

वित्तीय समावेशन पर एनडीए के जोर ने बैंकिंग और वित्तीय सेवाओं तक पहुँच का विस्तार किया है, व्यक्तियों को सशक्त बनाया है और बढ़ी हुई वित्तीय भागीदारी के माध्यम से आर्थिक विकास को बढ़ावा दिया है।

—अनुराग ठाकुर

□

शहरी और ग्रामीण बुनियादी ढाँचा पहल

बुनियादी ढाँचा शहरी और ग्रामीण दोनों क्षेत्रों के विकास और वृद्धि में महत्वपूर्ण भूमिका निभाता है। इसमें भौतिक संपत्तियों और प्रणालियों की एक विस्तृत श्रृंखला शामिल है जो किसी समाज के कामकाज के लिए आवश्यक हैं। इसमें परिवहन नेटवर्क, जल और स्वच्छता सुविधाएं, ऊर्जा प्रणाली और संचार नेटवर्क शामिल हैं। हालाँकि शहरी और ग्रामीण क्षेत्रों की बुनियादी ढाँचे की जरूरतें उनकी विशिष्ट विशेषताओं और आवश्यकताओं के कारण काफी भिन्न होती हैं। इस निबंध में हम शहरी और ग्रामीण बुनियादी ढाँचे के विकास से संबंधित अनूठी चुनौतियों और पहलों का पता लगाएंगे, स्थायी और समावेशी विकास को बढ़ावा देने के लिए इन जरूरतों को संबोधित करने के महत्व पर प्रकाश डालेंगे।

शहरी बुनियादी ढाँचा पहल

शहरी क्षेत्रों की विशेषता उच्च जनसंख्या घनत्व, जटिल भूमि उपयोग पैटर्न और विविध आर्थिक गतिविधियाँ हैं। नतीजतन शहरी बुनियादी ढाँचे की पहल अकसर परिवहन की भीड़, स्वच्छ पानी और स्वच्छता के प्रावधान, किफायती आवास और टिकाऊ ऊर्जा प्रणालियों जैसे मुद्दों को संबोधित करने पर केंद्रित होती है। शहरी बुनियादी ढाँचे के विकास में प्रमुख पहलों में से एक स्मार्ट शहरों की अवधारणा है जो शहरी प्रणालियों की दक्षता और स्थिरता में सुधार के लिए प्रौद्योगिकी और डेटा का लाभ उठाती है। उदाहरण के लिए बुद्धिमान परिवहन प्रणालियों (आईटीएस) की तैनाती से शहरी क्षेत्रों में यातायात की भीड़ को कम करने और कार्बन उत्सर्जन को कम करने में मदद मिल सकती है।

शहरी बुनियादी ढाँचे की पहल का एक अन्य महत्वपूर्ण पहलू टिकाऊ और लचीले बुनियादी ढाँचे को बढ़ावा देना है। इसमें जलवायु परिवर्तन के प्रभाव को कम

करने और शहरी निवासियों के लिए जीवन की गुणवत्ता बढ़ाने के लिए नवीकरणीय ऊर्जा स्रोतों, हरित भवन प्रौद्योगिकियों और जलवायु-लचीला शहरी डिजाइन में निवेश शामिल है। इसके अलावा, कॉम्पैक्ट और मिश्रित उपयोग वाले शहरी विकास की अवधारणा ने शहरी फैलाव को कम करने और चलने योग्य, जीवंत शहरी स्थानों को बढ़ावा देने की रणनीति के रूप में लोकप्रियता हासिल की है जो सामाजिक संपर्क और आर्थिक जीवन शक्ति को प्रोत्साहित करती है।

ग्रामीण बुनियादी ढाँचा पहल

दूसरी ओर ग्रामीण क्षेत्रों को अपनी बिखरी हुई आबादी, सीमित संसाधनों और अकसर अविकसित बुनियादी ढाँचे नेटवर्क के कारण विशिष्ट बुनियादी ढाँचे की चुनौतियों का सामना करना पड़ता है। अनेक ग्रामीण समुदायों में स्वच्छ पानी, बिजली, स्वास्थ्य देखभाल और शिक्षा जैसी बुनियादी सेवाओं तक पहुँच एक गंभीर मुद्दा बनी हुई है। इसलिए ग्रामीण बुनियादी ढाँचे की पहल अकसर जीवन की गुणवत्ता में सुधार और इन क्षेत्रों में आर्थिक अवसर पैदा करने के लिए बुनियादी ढाँचा सेवाओं के विस्तार को प्राथमिकता देती है।

ग्रामीण बुनियादी ढाँचे के विकास में मुख्य फोकस कनेक्टिविटी और पहुँच बढ़ाने पर है। इसमें सड़क नेटवर्क का विस्तार, विश्वसनीय और किफायती सार्वजनिक परिवहन का प्रावधान और ग्रामीण और शहरी क्षेत्रों के बीच डिजिटल विभाजन को पाटने के लिए डिजिटल बुनियादी ढाँचे की तैनाती शामिल है। इसके अलावा ग्रामीण विद्युतीकरण और नवीकरणीय ऊर्जा परियोजनाओं में निवेश से ग्रामीण समुदायों में जीवन स्तर में सुधार और आर्थिक गतिविधियों का समर्थन करने में मदद मिल सकती है।

चुनौतियों पर काबू पाना और समावेशिता को बढ़ावा देना

शहरी और ग्रामीण बुनियादी ढाँचे की जरूरतों के बीच स्पष्ट अंतर के बावजूद बुनियादी ढाँचे की पहल की समावेशिता और स्थिरता सुनिश्चित करने के लिए कई व्यापक चुनौतियों का समाधान करने की आवश्यकता है। प्राथमिक चुनौतियों में से एक बुनियादी ढाँचा परियोजनाओं का वित्तपोषण है, क्योंकि शहरी और ग्रामीण दोनों क्षेत्रों को अकसर आवश्यक निवेश के लिए पर्याप्त धन हासिल करने में बाधाओं का

सामना करना पड़ता है। सार्वजनिक-निजी भागीदारी (पीपीपी) और नवीन वित्तपोषण तंत्र, जैसे कि हरित बांड और बुनियादी ढाँचा निधि, बुनियादी ढाँचे के विकास के लिए संसाधन जुटाने के लिए व्यवहार्य दृष्टिकोण के रूप में उभरे हैं।

एक और महत्वपूर्ण चुनौती यह सुनिश्चित करने की आवश्यकता है कि बुनियादी ढाँचे की पहल समावेशी और न्यायसंगत हो, जिससे समाज के सभी वर्गों को लाभ हो। इसके लिए शहरी और ग्रामीण आबादी की विविध आवश्यकताओं और प्राथमिकताओं की समझ और बुनियादी ढाँचा परियोजनाओं की योजना और कार्यान्वयन में स्थानीय समुदायों की सक्रिय भागीदारी की आवश्यकता है। सामुदायिक जुड़ाव और भागीदारी दृष्टिकोण यह सुनिश्चित करने में मदद कर सकते हैं कि बुनियादी ढाँचे का विकास उन लोगों की आकांक्षाओं और मूल्यों के अनुरूप हो जिनकी वह सेवा करता है।

केस स्टडीज और सर्वोत्तम प्रथाएँ

सफल शहरी और ग्रामीण बुनियादी ढाँचे की पहल को दर्शाने के लिए दुनिया भर से विशिष्ट मामलों के अध्ययन और सर्वोत्तम प्रथाओं का अवलोकन करना मूल्यवान है।

केस स्टडी : कूर्टिबा, ब्राजील-सतत् शहरी विकास

ब्राजील के पराना राज्य की राजधानी कूर्टिबा, शहरी नियोजन और टिकाऊ परिवहन के लिए अपने अभिनव दृष्टिकोण के लिए प्रसिद्ध है। शहर की बस रैपिड ट्रांजिट (बीआरटी) प्रणाली, (जिसे रेडे इंटीग्राडा डी ट्रांसपोर्ट के नाम से जाना जाता है) ने शहरी क्षेत्रों में कुशल और किफायती सार्वजनिक परिवहन के लिए एक वैश्विक बेंचमार्क स्थापित किया है। बड़े पैमाने पर पारगमन और पैदल यात्री-अनुकूल शहरी डिजाइन को प्राथमिकता देकर कूर्टिबा ने पर्यावरणीय प्रभावों को कम करते हुए और अपने निवासियों के लिए जीवन की गुणवत्ता को बढ़ाते हुए शहरी विकास को सफलतापूर्वक प्रबंधित किया है।

केस स्टडी : भारत में ग्रामीण विद्युतीकरण

भारत की ग्रामीण विद्युतीकरण पहल, जैसे कि दीनदयाल उपाध्याय ग्राम ज्योति

योजना ने दूरदराज और कम सेवा वाले ग्रामीण क्षेत्रों में बिजली की पहुँच बढ़ाने में महत्वपूर्ण प्रगति की है। ग्रिड विस्तार, ऑफ-ग्रिड नवीकरणीय ऊर्जा समाधान और सामुदायिक सहभागिता के संयोजन के माध्यम से भारत ने ग्रामीण समुदायों को विद्युतीकृत करने, आजीविका में सुधार लाने और इन क्षेत्रों में आर्थिक विकास को बढ़ावा देने में पर्याप्त प्रगति की है।

सर्वोत्तम अभ्यास : समुदाय-संचालित बुनियादी ढाँचा विकास

समुदाय-संचालित बुनियादी ढाँचा विकास मॉडल, जैसे कि भागीदारी बजट और समुदाय-प्रबंधित जल और स्वच्छता परियोजनाओं ने स्थानीय समुदायों को सशक्त बनाने और यह सुनिश्चित करने की क्षमता का प्रदर्शन किया है कि बुनियादी ढाँचे की पहल उनकी विशिष्ट आवश्यकताओं के अनुरूप है। निर्णय लेने की प्रक्रियाओं और परियोजना कार्यान्वयन में निवासियों को शामिल करके ये दृष्टिकोण स्वामित्व और जवाबदेही की भावना को बढ़ावा देते हैं, जिससे अधिक टिकाऊ और प्रभावशाली परिणाम प्राप्त होते हैं।

शहरी और ग्रामीण बुनियादी ढाँचे में प्रौद्योगिकी और नवाचार

प्रौद्योगिकी और नवाचार में प्रगति शहरी और ग्रामीण बुनियादी ढाँचे के भविष्य को आकार देने में महत्वपूर्ण भूमिका निभाती है। शहरी क्षेत्रों में स्मार्ट प्रौद्योगिकियों, डेटा एनालिटिक्स और इंटरनेट ऑफ थिंग्स (आईओटी) समाधानों के एकीकरण से संसाधन उपयोग को अनुकूलित करने, शहरी गतिशीलता को बढ़ाने और सेवा वितरण में सुधार करने की क्षमता है। उदाहरण के लिए सेंसर नेटवर्क की तैनाती और वास्तविक समय डेटा विश्लेषण शहरों को वायु प्रदूषण और अपशिष्ट प्रबंधन जैसी पर्यावरणीय चुनौतियों का अधिक प्रभावी ढंग से जवाब देने में सक्षम बना सकता है।

ग्रामीण बुनियादी ढाँचे में ऑफ-ग्रिड नवीकरणीय ऊर्जा प्रणालियों, मोबाइल बैंकिंग सेवाओं और टेलीमेडिसिन अनुप्रयोगों जैसे अभिनव समाधानों में पारंपरिक बुनियादी ढाँचे की बाधाओं को दूर करने और दूरदराज के क्षेत्रों में आवश्यक सेवाओं तक पहुँच में सुधार करने की क्षमता है। इसके अलावा डिजिटल प्लेटफॉर्म और ई-गवर्नेंस पहल ग्रामीण आबादी तक सरकारी सेवाओं, शिक्षा और स्वास्थ्य देखभाल

की डिलीवरी की सुविधा प्रदान कर सकते हैं, शहरी-ग्रामीण विभाजन को कम कर सकते हैं और समावेशी विकास को बढ़ावा दे सकते हैं।

नीति और शासन संबंधी विचार

शहरी और ग्रामीण बुनियादी ढाँचे के विकास को निर्देशित करने और यह सुनिश्चित करने के लिए कि पहल व्यापक विकास उद्देश्यों के साथ संरेखित हैं, प्रभावी नीति और शासन ढाँचे आवश्यक हैं। शहरी विकास के प्रबंधन और सतत् शहरी विकास को बढ़ावा देने के लिए एकीकृत शहरी और क्षेत्रीय योजना, पारदर्शी नियामक ढाँचे और प्रभावी भूमि उपयोग नीतियाँ महत्वपूर्ण हैं। ग्रामीण क्षेत्रों में विकेंद्रीकृत शासन, भूमि स्वामित्व सुरक्षा और कृषि बुनियादी ढाँचे में निवेश का समर्थन करने वाली नीतियाँ गरीबी में कमी और ग्रामीण आजीविका में सुधार में योगदान दे सकती हैं।

इसके अलावा पर्यावरणीय जोखिमों को कम करने और कम कार्बन, लचीले बुनियादी ढाँचे के परिदृश्य को बढ़ावा देने के लिए सतत् विकास लक्ष्यों (SDGs) और जलवायु कार्रवाई लक्ष्यों के साथ बुनियादी ढाँचे की योजना का संरेखण सर्वोपरि है। नीति निमार्ता और सरकारी संस्थान निजी क्षेत्र के निवेश, नवाचार और हरित और समावेशी बुनियादी ढाँचे प्रथाओं को अपनाने के लिए एक सक्षम वातावरण बनाने में केंद्रीय भूमिका निभाते हैं।

शहरी और ग्रामीण बुनियादी ढाँचे की पहल समावेशी, टिकाऊ और लचीले विकास को बढ़ावा दे रही है जबकि शहरी क्षेत्रों को बुनियादी ढाँचे के समाधान की आवश्यकता होती है जो उच्च जनसंख्या घनत्व और जटिल शहरी प्रणालियों को संबोधित करते हैं, ग्रामीण क्षेत्रों को ऐसे हस्तक्षेप की आवश्यकता होती है जो कनेक्टिविटी, बुनियादी सेवाओं तक पहुँच और आर्थिक अवसरों को बढ़ाते हैं।

> ***एनडीए की नीतियों ने भारत की वैश्विक प्रतिस्पर्धात्मकता को बढ़ावा दिया है, जिससे देश वैश्विक अर्थव्यवस्था में एक प्रमुख खिलाड़ी के रूप में स्थापित हुआ है।***
>
> ***—पीयूष गोयल***

□

डिजिटल इंडिया और प्रौद्योगिकी इन्फ्रास्ट्रक्चर का विकास

डिजिटल इंडिया भारत सरकार का एक प्रमुख कार्यक्रम है जिसका उद्देश्य देश को डिजिटल रूप से सशक्त समाज और ज्ञान अर्थव्यवस्था में बदलना है। इसके मूल में डिजिटल इंडिया का लक्ष्य डिजिटल विभाजन को पाटने, समावेशी विकास को बढ़ावा देने और डिजिटल बुनियादी ढाँचे और सेवाओं के उपयोग के माध्यम से नागरिकों को सशक्त बनाने के लिए प्रौद्योगिकी का इस्तेमाल करना है। इस महत्वाकांक्षी पहल में डिजिटल परिवर्तन के विभिन्न पहलू शामिल हैं, जिसमें मजबूत प्रौद्योगिकी बुनियादी ढाँचे का विकास, ब्रॉडबैंड कनेक्टिविटी का विस्तार, डिजिटल साक्षरता को बढ़ावा देना और ई-गवर्नेंस सेवाओं की डिलीवरी शामिल है। इस निबंध में, हम डिजिटल इंडिया के व्यापक संदर्भ में प्रौद्योगिकी बुनियादी ढाँचे के महत्व पर प्रकाश डालेंगे, आर्थिक विकास, सामाजिक समावेशन और शासन पर इसके प्रभाव की समीक्षा करेंगे।

भारत में प्रौद्योगिकी बुनियादी ढाँचे का विकास

भारत में प्रौद्योगिकी बुनियादी ढाँचे का विकास दूरसंचार, सूचना प्रौद्योगिकी और डिजिटल सेवा क्षेत्रों में महत्वपूर्ण प्रगति द्वारा चिह्नित एक उल्लेखनीय यात्रा रही है। 1990 के दशक की शुरूआत में भारत आर्थिक उदारीकरण और वैश्वीकरण के मार्ग पर चल पड़ा, जिसने इसके प्रौद्योगिकी बुनियादी ढाँचे के विकास की नींव रखी। सॉफ्टवेयर और सेवा उद्योग में बाद में आए उछाल के साथ-साथ मोबाइल टेलीफोनी को व्यापक रूप से अपनाने ने देश भर में डिजिटल कनेक्टिविटी के तेजी से विस्तार के लिए मंच तैयार किया।

मोबाइल फोन के प्रसार और किफायती स्मार्टफोन के आगमन ने लाखों

भारतीयों को ऑनलाइन लाने में महत्वपूर्ण भूमिका निभाई है जिससे डिजिटल सेवाओं और सामग्री की माँग में वृद्धि हुई है। समवर्ती रूप से सरकार ने एक मजबूत डिजिटल बुनियादी ढाँचे के निर्माण के उद्देश्य से कई कार्यक्रम शुरू किए हैं जैसे कि नेशनल ऑप्टिकल फाइबर नेटवर्क (एनओएफएन) जो बाद में भारत नेट परियोजना में विकसित हुआ। इसका लक्ष्य 2,50,000 से अधिक ग्राम पंचायतों (ग्राम परिषदों) को हाई-स्पीड ब्रॉडबैंड कनेक्टिविटी से जोड़ना है।

प्रौद्योगिकी इन्फ्रास्ट्रक्चर के प्रमुख घटक

डिजिटल इंडिया को रेखांकित करने वाले प्रौद्योगिकी बुनियादी ढाँचे में घटकों की एक विस्तृत श्रृंखला शामिल है, जिनमें से प्रत्येक डिजिटल परिवर्तन और समावेशी विकास को सक्षम करने में महत्वपूर्ण भूमिका निभाता है। इन घटकों में शामिल हैं:

- ***ब्रॉडबैंड कनेक्टिविटी :*** हाई-स्पीड इंटरनेट तक पहुँच डिजिटल समावेशन और आर्थिक विकास की आधारशिला है। निजी क्षेत्र के साथ मिलकर भारत नेट परियोजना का उद्देश्य ग्रामीण और दूरदराज के क्षेत्रों में अंतिम छोर तक कनेक्टिविटी प्रदान करके शहरी-ग्रामीण डिजिटल विभाजन को पाटना है।
- ***2डेटा केंद्र और क्लाउड इंफ्रास्ट्रक्चर :*** डिजिटल सेवाओं की मेजबानी और वितरण, स्केलेबिलिटी, सुरक्षा और लागत प्रभावी भंडारण समाधान सक्षम करने के लिए डेटा सेंटर और क्लाउड इंफ्रास्ट्रक्चर की स्थापना आवश्यक है।
- ***मोबाइल कनेक्टिविटी और 5 जी :*** मोबाइल कनेक्टिविटी का प्रसार, 5जी तकनीक के आसन्न रोलआउट के साथ मिलकर, भारतीयों के डिजिटल सेवाओं तक पहुँचने और उपयोग करने के तरीके में क्रांतिकारी बदलाव लाने के लिए तैयार है, खासकर स्वास्थ्य देखभाल, शिक्षा और ई-कॉमर्स जैसे क्षेत्रों में।
- ***साइबर सुरक्षा उपाय :*** जैसे-जैसे डिजिटल लेनदेन और इंटरैक्शन तेजी से प्रचलित हो रहे हैं, साइबर खतरों से बचाव और डिजिटल डेटा की अखंडता और गोपनीयता सुनिश्चित करने के लिए मजबूत साइबर सुरक्षा उपाय जरूरी हैं।
- ***ई-गवर्नेंस प्लेटफार्म :*** ई-गवर्नेंस प्लेटफॉर्म और डिजिटल सेवा वितरण तंत्र का विकास नागरिकों और व्यवसायों के लिए सरकारी सेवाओं की दक्षता, पारदर्शिता और पहुँच बढ़ाने में महत्वपूर्ण है।

आर्थिक विकास पर प्रौद्योगिकी इन्फ्रास्ट्रक्चर का प्रभाव

मजबूत प्रौद्योगिकी बुनियादी ढाँचे के विकास का भारत में आर्थिक विकास पर दूरगामी प्रभाव पड़ता है। डिजिटल सेवाओं तक व्यापक पहुँच को सक्षम करके व्यवसाय नए बाजारों तक पहुँच सकते हैं, संचालन को सुव्यवस्थित कर सकते हैं और नवाचार और उत्पादकता को बढ़ाने के लिए डेटा-संचालित अंतर्दृष्टि का लाभ उठा सकते हैं। ई-कॉमर्स प्लेटफार्मों ने छोटे और मध्यम उद्यमों (एसएमई) को पारंपरिक सीमाओं से परे अपने ग्राहक आधार का विस्तार करने के लिए सशक्त बनाया है, जिससे रोजगार सृजन और आर्थिक विकास में योगदान मिला है।

इसके अलावा, वित्तीय सेवाओं के डिजिटलीकरण ने वित्तीय समावेशन को और बढ़ाया है, जिससे व्यक्तियों और व्यवसायों को विशेष रूप से ग्रामीण और कम सेवा वाले क्षेत्रों में, बैंकिंग, क्रेडिट और बीमा सेवाओं तक पहुँचने की अनुमति मिली है। इसमें उद्यमशीलता की क्षमता को उजागर करने और औपचारिक अर्थव्यवस्था में अधिक भागीदारी को सुविधाजनक बनाने की क्षमता है, जो अंतत: गरीबी उन्मूलन और सतत् आर्थिक विकास में योगदान देगा।

इसके अलावा, हाई-स्पीड इंटरनेट और डिजिटल बुनियादी ढाँचे की उपलब्धता ने भारत के बढ़ते स्टार्टअप पारिस्थितिकी तंत्र के विकास को सुविधाजनक बनाया है। देश भर में उद्यमी और नवप्रवर्तक नए समाधान विकसित और निवेश आकर्षित करने के लिए डिजिटल प्लेटफॉर्म का लाभ उठा रहे हैं, जिससे रोजगार सृजन और तकनीकी उन्नति में योगदान मिल रहा है।

इसके अलावा, सरकारी सेवाओं और प्रक्रियाओं के डिजिटलीकरण से अधिक पारदर्शिता, दक्षता और जवाबदेही आई है, जिससे नौकरशाही बाधाएं कम हुईं और व्यापार करने में आसानी को बढ़ावा मिला। बदले में इसमें घरेलू और विदेशी निवेश को आकर्षित करने, बुनियादी ढाँचे के विकास को बढ़ावा देने और आर्थिक विकास और नवाचार के लिए अनुकूल वातावरण को बढ़ावा देने की क्षमता है।

डिजिटल बुनियादी ढाँचे के माध्यम से सामाजिक समावेशन और सशक्तिकरण

डिजिटल बुनियादी ढाँचे तक पहुँच के लोकतंत्रीकरण में सामाजिक समावेशन को बढ़ावा देने और भारत में हाशिए पर रहने वाले समुदायों को सशक्त बनाने की

क्षमता है। इंटरनेट की बढ़ती पहुँच और डिजिटल सेवाओं की उपलब्धता के साथ, विविध सामाजिक-आर्थिक पृष्ठभूमि के व्यक्ति शैक्षिक संसाधनों, स्वास्थ्य देखभाल संबंधी जानकारी और सरकारी योजनाओं तक पहुँच सकते हैं जिससे उनके जीवन की गुणवत्ता में वृद्धि होगी और व्यक्तिगत और व्यावसायिक विकास के अवसरों का विस्तार होगा।

डिजिटल साक्षरता और कौशल विकास कार्यक्रम, मजबूत प्रौद्योगिकी बुनियादी ढाँचे द्वारा समर्थित, व्यक्तियों को डिजिटल अर्थव्यवस्था में सार्थक रूप से भाग लेने के लिए आवश्यक ज्ञान और उपकरणों से लैस कर सकते हैं। इससे रोजगार क्षमता, उद्यमशीलता और सामाजिक और आर्थिक सशक्तिकरण के लिए ऑनलाइन प्लेटफॉर्म का लाभ उठाने की क्षमता बढ़ सकती है।

इसके अलावा डिजिटल बुनियादी ढाँचा स्वास्थ्य सेवा वितरण और टेलीमेडिसिन सेवाओं तक पहुँच को बेहतर बनाने में महत्वपूर्ण भूमिका निभाता है, खासकर दूरदराज और कम सेवा वाले क्षेत्रों में। टेलीहेल्थ पहल के माध्यम से, व्यक्ति शारीरिक यात्रा की आवश्यकता के बिना चिकित्सा परामर्श, निदान और उपचार प्राप्त कर सकते हैं, जिससे स्वास्थ्य देखभाल संबंधी असमानताओं को दूर किया जा सकता है और स्वास्थ्य परिणामों में सुधार किया जा सकता है।

इसके अतिरिक्त डिजिटल बुनियादी ढाँचे की उपलब्धता में शिक्षा वितरण को बदलने, गुणवत्तापूर्ण शैक्षिक सामग्री, ऑनलाइन पाठ्यक्रम और इंटरैक्टिव शिक्षण प्लेटफार्मों तक पहुँच प्रदान करने की क्षमता है। यह शैक्षिक विभाजन को पाट सकता है और भौगोलिक और सामाजिक-आर्थिक बाधाओं के पार व्यक्तियों को आजीवन सीखने में सक्षम बना सकता है, जिससे अधिक जानकार और कुशल कार्यबल को बढ़ावा मिलेगा।

चुनौतियाँ और अवसर

हालाँकि भारत में प्रौद्योगिकी बुनियादी ढाँचे के विकास में पर्याप्त प्रगति हुई है, फिर भी कई चुनौतियाँ अभी भी बनी हुई हैं। प्राथमिक चुनौतियों में से एक डिजिटल विभाजन है, जिसमें प्रौद्योगिकी, इंटरनेट कनेक्टिविटी और डिजिटल साक्षरता तक पहुँच में असमानताएं शामिल हैं। ग्रामीण और दूरदराज के क्षेत्रों को बुनियादी ढाँचे की कमी का सामना करना पड़ रहा है, जिससे डिजिटल पारिस्थितिकी तंत्र में पूरी तरह

से भाग लेने की उनकी क्षमता में बाधा आ रही है।

इसके अलावा साइबर सुरक्षा खतरे डिजिटल बुनियादी ढाँचे और सेवाओं की अखंडता और सुरक्षा के लिए एक महत्वपूर्ण खतरा पैदा करते हैं। जैसे-जैसे डिजिटल प्लेटफॉर्म पर निर्भरता बढ़ती है, नीतियों, प्रौद्योगिकियों और जागरूकता कार्यक्रमों सहित मजबूत साइबर सुरक्षा उपायों की आवश्यकता तेजी से महत्वपूर्ण हो जाती है।

इसके अलावा तकनीकी प्रगति की तीव्र गति के लिए उभरते मानकों और उपभोक्ता माँगों के साथ तालमेल बनाए रखने के लिए मौजूदा बुनियादी ढाँचे में निरंतर उन्नयन की आवश्यकता होती है। इसके लिए अनुसंधान, विकास और नई प्रौद्योगिकियों की तैनाती में निरंतर निवेश की आवश्यकता है ताकि यह सुनिश्चित किया जा सके कि भारत डिजिटल नवाचार में सबसे आगे बना रहे।

इन चुनौतियों के बावजूद प्रौद्योगिकी बुनियादी ढाँचे में आगे बढ़ने के कई अवसर हैं। 5जी तकनीक की आसन्न तैनाती कनेक्टिविटी में क्रांति लाने, तेज डेटा ट्रांसमिशन, कम विलंबता और इंटरनेट ऑफ थिंग्स (आईओटी) उपकरणों के प्रसार को सक्षम करने की क्षमता रखती है। यह स्मार्ट सिटी पहल, औद्योगिक स्वचालन और विभिन्न क्षेत्रों में उन्नत डिजिटल अनुभवों का मार्ग प्रशस्त कर सकता है।

इसके अलावा, कृत्रिम बुद्धिमत्ता (एआई), मशीन लर्निंग और ब्लॉकचेन जैसी प्रौद्योगिकियों का अभिसरण नवीन समाधान बनाने के अवसर प्रस्तुत करता है जो सामाजिक चुनौतियों का समाधान कर सकते हैं, प्रक्रियाओं को अनुकूलित कर सकते हैं और डिजिटल बुनियादी ढाँचे की समग्र दक्षता को बढ़ा सकते हैं। इन प्रौद्योगिकियों का लाभ उठाने से यातायात प्रबंधन, ऊर्जा संरक्षण और पर्यावरण निगरानी के लिए बुद्धिमान प्रणालियों का विकास हो सकता है, जिससे स्थायी शहरी विकास और पर्यावरण संरक्षण में योगदान मिलेगा।

इसके अलावा ओपन डेटा पहल और इंटरऑपरेबल डिजिटल प्लेटफॉर्म को अपनाने से सहयोग, नवाचार और नई सेवाओं और अनुप्रयोगों के विकास को बढ़ावा मिल सकता है। डेटा को अधिक सुलभ और उपयोगी बनाकर, सरकारें, व्यवसाय और नवप्रवर्तक जटिल सामाजिक चुनौतियों का समाधान करने, साक्ष्य-आधारित नीति निर्माण को आगे बढ़ाने और आर्थिक विकास के लिए नए रास्ते बनाने के लिए अंतर्दृष्टि का लाभ उठा सकते हैं।

नीति अनिवार्यताएं और आगे का रास्ता

भारत में डिजिटल बुनियादी ढाँचे की क्षमता को पूरी तरह से महसूस करने के लिए नीति-निमार्ताओं, उद्योग हितधारकों और नागरिक समाज के भविष्य के लिए प्रमुख अनिवार्यताओं को संबोधित करने के लिए सहयोग करना अनिवार्य है। कुछ महत्वपूर्ण नीतिगत अनिवार्यताएं और फोकस के क्षेत्र शामिल हैं :

- ***डिजिटल विभाजन को पाटना :*** शहरी और ग्रामीण क्षेत्रों में डिजिटल बुनियादी ढाँचे और सेवाओं तक समान पहुँच सुनिश्चित करने की दिशा में प्रयास किए जाने चाहिए। इसमें ब्रॉडबैंड कनेक्टिविटी का विस्तार करने, डिजिटल साक्षरता को बढ़ावा देने और वंचित क्षेत्रों में निजी क्षेत्र की भागीदारी को प्रोत्साहित करने के लिए लक्षित निवेश शामिल हो सकते हैं।
- ***साइबर सुरक्षा और डेटा गोपनीयता :*** डिजिटल बुनियादी ढाँचे की सुरक्षा, साइबर खतरों को कम करने और उपयोगकतार्ओं के बीच विश्वास बनाने के लिए मजबूत साइबर सुरक्षा ढाँचे और डेटा सुरक्षा नियमों की स्थापना आवश्यक है। इसके लिए व्यापक साइबर सुरक्षा नीतियों, घटना प्रतिक्रिया तंत्र और जागरूकता अभियानों के निर्माण और कार्यान्वयन की आवश्यकता है।
- ***नवाचार और अनुसंधान एवं विकास को बढ़ावा देना :*** अनुसंधान और विकास में निवेश को प्रोत्साहित करना, विशेष रूप से उभरती प्रौद्योगिकियों में, नवाचार को बढ़ावा दे सकता है, रोजगार के नए अवसर पैदा कर सकता है और भारत को डिजिटल बुनियादी ढाँचे और प्रौद्योगिकी समाधानों में वैश्विक नेता के रूप में स्थापित कर सकता है।
- ***डिजिटल कौशल और शिक्षा :*** कार्यबल को डिजिटल बुनियादी ढाँचे का लाभ उठाने और डिजिटल अर्थव्यवस्था में भाग लेने के लिए आवश्यक दक्षताओं से लैस करने में डिजिटल साक्षरता और कौशल विकास कार्यक्रमों पर जोर देना महत्वपूर्ण होगा। इसमें औपचारिक शिक्षा पाठ्यक्रम में डिजिटल कौशल को एकीकृत करना और आजीवन सीखने की पहल को बढ़ावा देना शामिल हो सकता है।
- ***विनियामक सुधार और सक्षम वातावरण :*** निवेश आकर्षित करने, उद्यमशीलता को प्रोत्साहित करने और डिजिटल बुनियादी ढाँचे और सेवाओं के विकास को सुविधाजनक बनाने के लिए नियामक प्रक्रियाओं को सुव्यवस्थित करना,

अनुकूल कारोबारी माहौल को बढ़ावा देना और व्यापार करने में आसानी को बढ़ावा देना आवश्यक है।

- ***स्थिरता और समावेशिता :*** यह सुनिश्चित करना आवश्यक है कि डिजिटल बुनियादी ढाँचे का विकास स्थिरता लक्ष्यों के अनुरूप हो और समावेशिता पर ध्यान केंद्रित हो। इसमें पर्यावरणीय प्रभाव, ऊर्जा दक्षता और डिजिटल समाधानों के डिजाइन और तैनाती में विविध समुदायों की जरूरतों पर विचार करना शामिल है।

डिजिटल इंडिया पहल के ढाँचे के भीतर भारत में प्रौद्योगिकी बुनियादी ढाँचे का विकास, डिजिटल रूप से सशक्त और समावेशी समाज की ओर एक परिवर्तनकारी यात्रा का प्रतिनिधित्व करता है। मजबूत डिजिटल बुनियादी ढाँचे का प्रभाव आर्थिक विकास, सामाजिक समावेशन, शासन और नवाचार सहित विभिन्न क्षेत्रों तक फैला हुआ है। जैसे-जैसे भारत डिजिटल बुनियादी ढाँचे के विस्तार, चुनौतियों का समाधान करने और अवसरों का लाभ उठाने में प्रगति कर रहा है, यह डिजिटल परिवर्तन की पूरी क्षमता को अनलॉक करने, अपने नागरिकों के लिए प्रगति और समृद्धि लाने और वैश्विक डिजिटल परिदृश्य में योगदान देने के लिए तैयार है। रणनीतिक नीतिगत हस्तक्षेपों, निरंतर निवेश और सहयोगात्मक प्रयासों के माध्यम से भारत एक ऐसे भविष्य का मार्ग प्रशस्त कर सकता है जहाँ डिजिटल बुनियादी ढाँचा सकारात्मक परिवर्तन, विकास और सशक्तिकरण के लिए उत्प्रेरक के रूप में कार्य करेगा।

'स्किल इंडिया' जैसी पहल के माध्यम से एनडीए सरकार ने लाखों भारतीयों को रोजगार और उद्‍यमिता के लिए आवश्यक कौशल से सशक्त बनाया है।

—महेंद्र नाथ पांडे

□

समाज कल्याण एवं समावेशी विकास

एनडीए सरकार की नीतियों ने भारत को विदेशी निवेश के लिए सबसे आकर्षक स्थलों में से एक बना दिया है।

—अमित शाह

स्वास्थ्य सेवा सुधार, आयुष्मान भारत और सार्वजनिक स्वास्थ्य पहल

भारत में स्वास्थ्य सेवा क्षेत्र में हाल के वर्षों में महत्वपूर्ण सुधार हुए हैं। इनका उद्‌देश्य गुणवत्तापूर्ण स्वास्थ्य सेवाओं तक पहुँच में सुधार करना और स्वास्थ्य देखभाल में वित्तीय बाधाओं को कम करना है। इस संबंध में सबसे उल्लेखनीय पहलों में से एक आयुष्मान भारत है, जो भारत सरकार द्‌वारा शुरू की गई एक प्रमुख स्वास्थ्य सेवा योजना है। इस निबंध का उद्‌देश्य भारत में स्वास्थ्य देखभाल चुनौतियों का समाधान करने के उद्‌देश्य से आयुष्मान भारत और अन्य सार्वजनिक स्वास्थ्य पहलों पर विशेष ध्यान देने के साथ स्वास्थ्य देखभाल सुधारों पर चर्चा करना है।

भारत में स्वास्थ्य सेवा सुधार

भारत की स्वास्थ्य सेवा प्रणाली लंबे समय से अपर्याप्त बुनियादी ढाँचे, स्वास्थ्य पेशेवरों की कमी और विशेष रूप से ग्रामीण क्षेत्रों में स्वास्थ्य सेवाओं तक सीमित पहुँच जैसी चुनौतियों से जूझ रही है। इन चुनौतियों के जवाब में सरकार ने स्वास्थ्य सेवा प्रणाली को मजबूत करने के लिए विभिन्न सुधार लागू किए हैं। कुछ प्रमुख सुधारों में नए मेडिकल कॉलेजों की स्थापना, अधिक स्वास्थ्य देखभाल पेशेवरों को प्रशिक्षित करने और तैनात करने की पहल और सार्वभौमिक स्वास्थ्य कवरेज योजनाओं की शुरूआत शामिल है।

आयुष्मान भारत : एक परिवर्तनकारी पहल

आयुष्मान भारत जिसे प्रधानमंत्री जन आरोग्य योजना (पीएमजेएवाई) के रूप में भी जाना जाता है, एक अग्रणी स्वास्थ्य सेवा पहल है। इसका उद्‌देश्य लाखों कमजोर और आर्थिक रूप से वंचित परिवारों को वित्तीय सुरक्षा प्रदान करना है।

सितंबर 2018 में लॉन्च किए गए, आयुष्मान भारत के दो घटक हैं : स्वास्थ्य और कल्याण केंद्रों (एचडब्ल्यूसी) का निर्माण और प्रधानमंत्री जन आरोग्य योजना (पीएमजेएवाई)।

पीएमजेएवाई के तहत पात्र लाभार्थियों को माध्यमिक और तृतीयक देखभाल अस्पताल में भर्ती के लिए प्रति परिवार प्रति वर्ष 5 लाख रुपये तक का स्वास्थ्य बीमा कवर प्रदान किया जाता है। इस पहल ने स्वास्थ्य सेवाओं की पहुँच में उल्लेखनीय रूप से विस्तार किया है और देश भर में लाखों परिवारों के लिए स्वास्थ्य देखभाल लागत के वित्तीय बोझ को कम करने में महत्वपूर्ण भूमिका निभाई है।

सार्वजनिक स्वास्थ्य पहल

आयुष्मान भारत के अलावा, भारत सरकार ने विभिन्न स्वास्थ्य चुनौतियों का समाधान करने के उद्देश्य से कई सार्वजनिक स्वास्थ्य पहल शुरू की हैं। इन पहलों में मातृ एवं शिशु स्वास्थ्य, संक्रामक रोग नियंत्रण, पोषण, स्वच्छता और गैर-संचारी रोग की रोकथाम सहित कई क्षेत्र शामिल हैं।

ऐसी ही एक पहल राष्ट्रीय स्वास्थ्य मिशन (एनएचएम) है, जिसमें राष्ट्रीय ग्रामीण स्वास्थ्य मिशन (एनआरएचएम) और राष्ट्रीय शहरी स्वास्थ्य मिशन (एनयूएचएम) शामिल हैं। एनएचएम का लक्ष्य मातृ एवं शिशु स्वास्थ्य, संचारी रोगों और गैर-संचारी रोगों पर ध्यान केंद्रित करते हुए ग्रामीण और शहरी आबादी को सुलभ, सस्ती और गुणवत्तापूर्ण स्वास्थ्य सेवा प्रदान करना है।

एक अन्य महत्वपूर्ण सार्वजनिक स्वास्थ्य पहल स्वच्छ भारत अभियान (स्वच्छ भारत मिशन) है, जो साफ-सफाई और स्वच्छता की चुनौतियों का समाधान करना चाहता है। शौचालयों के निर्माण, अपशिष्ट प्रबंधन और व्यवहार परिवर्तन को बढ़ावा देकर, इस पहल का उद्देश्य जल-जनित बीमारियों के बोझ को कम करना और समग्र सार्वजनिक स्वास्थ्य में सुधार करना है।

चुनौतियाँ और अवसर

हालाँकि इन स्वास्थ्य देखभाल सुधारों और पहलों ने स्वास्थ्य देखभाल पहुँच और सामथ्र्य में सुधार लाने में महत्वपूर्ण प्रगति की है, लेकिन कई चुनौतियाँ अभी भी बनी हुई हैं। प्राथमिक चुनौतियों में से एक स्वास्थ्य देखभाल के बुनियादी ढाँचे और

सेवा वितरण में स्पष्ट क्षेत्रीय असमानताओं को दूर करने की आवश्यकता है। ग्रामीण और दूरदराज के इलाकों में अकसर स्वास्थ्य सुविधाओं और पेशेवरों की कमी का सामना करना पड़ता है, जिससे स्वास्थ्य सेवाओं तक असमान पहुँच होती है।

इसके अलावा देखभाल के मानकों, रोगी सुरक्षा और आवश्यक दवाओं और चिकित्सा उपकरणों की उपलब्धता से संबंधित मुद्दों के साथ स्वास्थ्य सेवाओं की गुणवत्ता चिंता का विषय बनी हुई है। इन चुनौतियों से निपटने के लिए स्वास्थ्य सेवा वितरण में गुणवत्ता और जवाबदेही सुनिश्चित करने के लिए स्वास्थ्य सेवा बुनियादी ढाँचे, क्षमता निर्माण और नियामक तंत्र में निरंतर निवेश की आवश्यकता है।

इसके अलावा मधुमेह, हृदय रोग और कैंसर जैसे गैर-संचारी रोगों (एनसीडी) का बढ़ता बोझ एक महत्वपूर्ण सार्वजनिक स्वास्थ्य चुनौती प्रस्तुत करता है। अस्वास्थ्यकर आहार, शारीरिक निष्क्रियता और तंबाकू का उपयोग सहित जीवनशैली कारक एनसीडी के बढ़ते प्रसार में योगदान करते हैं। इन बीमारियों से निपटने के लिए एक व्यापक दृष्टिकोण की आवश्यकता होती है जिसमें निवारक उपाय, शीघ्र पता लगाना और पुरानी स्थितियों का प्रभावी प्रबंधन शामिल हो।

इन चुनौतियों से निपटने में, स्वास्थ्य देखभाल सुधारों और सार्वजनिक स्वास्थ्य पहलों के लिए कई अवसर सामने आते हैं। सबसे पहले प्रौद्योगिकी और नवाचार का लाभ उठाकर स्वास्थ्य सेवा वितरण में सुधार लाने में महत्वपूर्ण भूमिका निभाई जा सकती है। टेलीमेडिसिन, इलेक्ट्रॉनिक स्वास्थ्य रिकॉर्ड और स्वास्थ्य सूचना प्रणालियों को व्यापक रूप से अपनाने से स्वास्थ्य सेवाओं तक पहुँच बढ़ सकती है, खासकर दूरदराज और कम सेवा वाले क्षेत्रों में।

इसके अतिरिक्त निवारक स्वास्थ्य देखभाल और स्वास्थ्य संवर्धन में निवेश से बीमारियों के बोझ को कम करने में दीर्घकालिक लाभ मिल सकता है। स्वस्थ व्यवहार को प्रोत्साहित करना, टीकाकरण कार्यक्रमों को बढ़ावा देना और सामान्य बीमारियों के लिए स्क्रीनिंग आयोजित करना बीमारी को रोकने और बीमारियों के उन्नत चरणों के इलाज से जुड़ी स्वास्थ्य देखभाल लागत को कम करने में योगदान दे सकता है।

व्यापक और एकीकृत स्वास्थ्य सेवाएँ सुनिश्चित करने के लिए प्राथमिक स्वास्थ्य देखभाल प्रणाली को सशक्त और मजबूत बनाना महत्वपूर्ण है। स्वास्थ्य और कल्याण केंद्रों के नेटवर्क को मजबूत करके और प्राथमिक देखभाल प्रदाताओं

की क्षमताओं को बढ़ाकर, स्वास्थ्य देखभाल प्रणाली समुदायों की विविध स्वास्थ्य देखभाल आवश्यकताओं को बेहतर ढंग से संबोधित कर सकती है, खासकर ग्रामीण और हाशिए पर स्थित क्षेत्रों में।

सार्वजनिक-निजी भागीदारी की भूमिका

सार्वजनिक-निजी भागीदारी (पीपीपी) भी स्वास्थ्य देखभाल सुधारों को आगे बढ़ाने और स्वास्थ्य सेवाओं की पहुँच का विस्तार करने में महत्वपूर्ण भूमिका निभा सकती है। सरकार, निजी स्वास्थ्य सेवा प्रदाताओं और गैर-सरकारी संगठनों के बीच सहयोग स्वास्थ्य देखभाल के बुनियादी ढाँचे में अंतर को पाटने, सेवा वितरण में सुधार करने और स्वास्थ्य देखभाल प्रबंधन में नवाचारों को सुविधाजनक बनाने में मदद कर सकता है।

उदाहरण के लिए स्वास्थ्य सुविधाओं, नैदानिक सेवाओं और टेलीमेडिसिन के संचालन के लिए पीपीपी मॉडल अपनाने से स्वास्थ्य सेवाओं की पहुँच और गुणवत्ता बढ़ सकती है। इसके अलावा फार्मास्युटिकल कंपनियों और चिकित्सा उपकरण निमार्ताओं के साथ साझेदारी आवश्यक दवाओं और प्रौद्योगिकियों की उपलब्धता को सुविधाजनक बना सकती है, जो बेहतर स्वास्थ्य देखभाल परिणामों में योगदान कर सकती है।

हेल्थकेयर फाइनेंसिंग और सामर्थ्य को संबोधित करना

स्वास्थ्य सेवाओं तक पहुँच बढ़ाने के अलावा सार्वभौमिक स्वास्थ्य कवरेज सुनिश्चित करने के लिए स्वास्थ्य देखभाल में वित्तीय बाधाओं को दूर करना महत्वपूर्ण है। स्वास्थ्य देखभाल के लिए अपनी जेब से किया जाने वाला उच्च खर्च अकसर विनाशकारी स्वास्थ्य व्यय का कारण बनता है, जिससे परिवार गरीबी में चले जाते हैं। इसलिए स्वास्थ्य वित्तपोषण तंत्र को मजबूत करने और व्यक्तियों और परिवारों पर वित्तीय बोझ को कम करने के प्रयास आवश्यक हैं।

इस संदर्भ में कमजोर आबादी को स्वास्थ्य बीमा कवरेज प्रदान करने पर आयुष्मान भारत का ध्यान स्वास्थ्य देखभाल सामर्थ्य को संबोधित करने की दिशा में एक महत्वपूर्ण कदम है। हालाँकि, स्वास्थ्य बीमा योजनाओं की दक्षता और स्थिरता को बढ़ाने, संसाधन आवंटन को अनुकूलित करने और लाभार्थियों के लिए लाभ को

अधिकतम करने के लिए प्रशासनिक लागत को कम करने के लिए निरंतर प्रयासों की आवश्यकता है।

इसके अलावा सामाजिक स्वास्थ्य बीमा, समुदाय-आधारित स्वास्थ्य वित्तपोषण और जोखिम-पूलिंग व्यवस्था जैसे नवीन वित्तपोषण तंत्र की खोज, व्यक्तियों और परिवारों के लिए वित्तीय सुरक्षा सुनिश्चित करते हुए स्वास्थ्य सेवाओं के कवरेज का विस्तार करने में योगदान दे सकती है।

डिजिटल स्वास्थ्य और डेटा प्रबंधन

डिजिटल स्वास्थ्य प्रौद्योगिकियों और मजबूत डेटा प्रबंधन प्रणालियों का एकीकरण स्वास्थ्य देखभाल वितरण को बढ़ाने, स्वास्थ्य परिणामों की निगरानी करने और साक्ष्य-आधारित नीति निर्धारण को सूचित करने के लिए महत्वपूर्ण है। इलेक्ट्रॉनिक स्वास्थ्य रिकॉर्ड, स्वास्थ्य सूचना आदान-प्रदान और स्वास्थ्य विश्लेषण देखभाल के निर्बाध समन्वय की सुविधा प्रदान कर सकते हैं, नैदानिक निर्णय लेने में सुधार कर सकते हैं और जनसंख्या स्वास्थ्य प्रबंधन को सक्षम कर सकते हैं।

इसके अलावा, डेटा एनालिटिक्स और पूवार्नुमानित मॉडलिंग का लाभ उठाकर रोग निगरानी, प्रकोप का शीघ्र पता लगाने और सार्वजनिक स्वास्थ्य जोखिमों को कम करने के लिए सक्रिय हस्तक्षेप का समर्थन किया जा सकता है। डेटा की शक्ति का उपयोग करके, स्वास्थ्य सेवा प्रदाता और नीति-निमार्ता रोग पैटर्न, स्वास्थ्य सेवा उपयोग के रुझान और हस्तक्षेप की प्रभावशीलता में मूल्यवान अंतर्दृष्टि प्राप्त कर सकते हैं, जिससे संसाधन आवंटन और स्वास्थ्य देखभाल योजना को अनुकूलित किया जा सकता है।

गुणवत्ता आश्वासन और नियामक ढाँचा

स्वास्थ्य देखभाल सेवाओं की गुणवत्ता और सुरक्षा सुनिश्चित करना स्वास्थ्य देखभाल प्रणाली में विश्वास पैदा करने और सकारात्मक स्वास्थ्य परिणामों को बढ़ावा देने के लिए आवश्यकहै। एक मजबूत नियामक ढाँचा जिसमें मान्यता मानकों, लाइसेंसिंग आवश्यकताओं और गुणवत्ता आश्वासन तंत्र शामिल हैं, स्वास्थ्य देखभाल सुविधाओं में देखभाल के मानकों को बनाए रखने के लिए आवश्यक है।

इसके अतिरिक्त क्लिनिकल ऑडिट, फीडबैक तंत्र और प्रदर्शन मूल्याँकन के

माध्यम से निरंतर गुणवत्ता सुधार की संस्कृति को बढ़ावा देने से स्वास्थ्य सेवा वितरण में उत्कृष्टता आ सकती है। रोगी-केंद्रित देखभाल, नैदानिक दिशानिर्देशों का पालन और सर्वोत्तम तौर-तरीकों को अपनाने पर जोर देने से रोगियों को प्रदान की जाने वाली देखभाल की गुणवत्ता में और वृद्धि हो सकती है।

हेल्थकेयर कार्यबल चुनौतियों को संबोधित करना

उच्च गुणवत्ता वाली स्वास्थ्य सेवाएं प्रदान करने के लिए कुशल और प्रेरित स्वास्थ्य सेवा कार्यबल की उपलब्धता महत्वपूर्ण है। भारत को स्वास्थ्य देखभाल पेशेवरों की कमी, कार्यबल के वितरण में खामी और निरंतर व्यावसायिक विकास और प्रशिक्षण की आवश्यकता से संबंधित चुनौतियों का सामना करना पड़ता है।

स्वास्थ्य सेवा कार्यबल क्षमता को मजबूत करने के प्रयासों में चिकित्सा शिक्षा और प्रशिक्षण के अवसरों का विस्तार, स्वास्थ्य सेवा पेशेवरों को कम सेवा वाले क्षेत्रों में सेवा करने के लिए प्रोत्साहित करना और स्वास्थ्य देखभाल विषयों में अंतर-पेशेवर सहयोग को बढ़ावा देना जैसी पहल शामिल होनी चाहिए। इसके अलावा, प्रतिभा को बनाए रखने और निरंतर गुणवत्तापूर्ण देखभाल वितरण सुनिश्चित करने के लिए स्वास्थ्य कर्मियों की भलाई और पेशेवर विकास में निवेश करना आवश्यक है।

सामुदायिक सहभागिता और स्वास्थ्य साक्षरता

स्वास्थ्य और कल्याण की संस्कृति को बढ़ावा देने के लिए सामुदायिक सहभागिता और स्वास्थ्य साक्षरता को बढ़ावा देना महत्वपूर्ण है। निवारक स्वास्थ्य देखभाल, स्वस्थ जीवन शैली और सामान्य स्वास्थ्य स्थितियों के प्रबंधन के बारे में ज्ञान के साथ व्यक्तियों और समुदायों को सशक्त बनाने से बेहतर स्वास्थ्य परिणाम प्राप्त हो सकते हैं और स्वास्थ्य देखभाल प्रणाली पर बोझ कम हो सकता है।

स्वास्थ्य संवर्धन गतिविधियों, रोग निवारण अभियानों और स्थानीय स्वास्थ्य मुद्दों के प्रबंधन में सामुदायिक भागीदारी एक स्वस्थ समाज के निर्माण में योगदान दे सकती है। इसके अलावा शैक्षिक पहलों, जन मीडिया अभियानों और सामुदायिक आउटरीच कार्यक्रमों के माध्यम से स्वास्थ्य साक्षरता को बढ़ावा देने से व्यक्तियों को उनके स्वास्थ्य और कल्याण के बारे में सूचित निर्णय लेने में सशक्त बनाया जा सकता है।

भारत में आयुष्मान भारत पहल और सार्वजनिक स्वास्थ्य पहल सहित स्वास्थ्य देखभाल सुधार, स्वास्थ्य देखभाल प्रणाली के भीतर बहुमुखी चुनौतियों का समाधान करने के लिए एक ठोस प्रयास को दर्शाते हैं। स्वास्थ्य सेवाओं तक पहुँच बढ़ाने और स्वास्थ्य परिणामों में सुधार करने में महत्वपूर्ण प्रगति हुई है, क्षेत्रीय असमानताएं, स्वास्थ्य देखभाल वित्तपोषण, गुणवत्ता आश्वासन और कार्यबल क्षमता जैसी लगातार चुनौतियों पर निरंतर ध्यान देने और अभिनव समाधान की आवश्यकता है।

आगे बढ़ते हुए एक व्यापक दृष्टिकोण जो स्वास्थ्य देखभाल सुधारों, सार्वजनिक स्वास्थ्य पहलों, प्रौद्योगिकी और बहुक्षेत्रीय सहयोग को एकीकृत करता है, सार्वभौमिक स्वास्थ्य कवरेज के दृष्टिकोण को प्राप्त करने और सभी नागरिकों की भलाई सुनिश्चित करने के लिए आवश्यक है। निवारक स्वास्थ्य देखभाल को प्राथमिकता देकर, प्राथमिक देखभाल को मजबूत करके, डिजिटल स्वास्थ्य समाधानों का लाभ उठाकर और साझेदारी को बढ़ावा देकर, भारत एक स्वस्थ, अधिक न्यायसंगत स्वास्थ्य देखभाल प्रणाली की दिशा में अपनी यात्रा जारी रख सकता है और अपनी आबादी की बढ़ती जरूरतों को पूरा कर सकता है।

जैसे-जैसे भारत स्वास्थ्य सेवा वितरण और सार्वजनिक स्वास्थ्य चुनौतियों की जटिलताओं से निपट रहा है, निरंतर निवेश, नीति नवाचार और सामुदायिक सहभागिता एक ऐसे भविष्य को आकार देने में महत्वपूर्ण भूमिका निभाएगी जहाँ हर व्यक्ति के पास सस्ती, उच्च गुणवत्ता वाली स्वास्थ्य देखभाल तक पहुँच होगी जो उन्हें स्वस्थ और उत्पादक जीवन जीने में सक्षम बनाएगी। .

व्यापक स्वास्थ्य देखभाल सुधारों और सार्वजनिक स्वास्थ्य पहलों को प्राप्त करने की दिशा में यात्रा एक सतत् प्रयास है, और स्वस्थ और अधिक लचीले भारत के दृष्टिकोण को साकार करने के लिए नीति निमार्ताओं, स्वास्थ्य देखभाल पेशेवरों, समुदायों और हितधारकों के सामूहिक प्रयास महत्वपूर्ण हैं।

कृषि सुधारों पर एनडीए के फोकस में इस क्षेत्र में क्रांति लाने और पूरे भारत में लाखों किसानों को लाभ पहुँचाने की क्षमता है।

—नरेन्द्र सिंह तोमर

□

सभी के लिए घर और शहरी विकास

भारत दुनिया के सबसे अधिक आबादी वाले देशों में से एक है और उसे अपने नागरिकों को पर्याप्त आवास प्रदान करने और तेजी से शहरीकरण के प्रबंधन में चुनौतियों का सामना करना पड़ा है। नरेन्द्र मोदी के नेतृत्व वाली सरकार ने आवास की कमी को दूर करने और शहरी बुनियादी ढाँचे में सुधार करने के उद्‌देश्य से 'सभी के लिए घर' और शहरी विकास को प्रमुख प्राथमिकता बनाया है। यह निबंध मोदी शासन के दौरान सभी के लिए आवास और शहरी विकास के लक्ष्य को प्राप्त करने में सरकार के प्रयासों की पहल, नीतियों और प्रभाव की समीक्षा करेगा।

सभी के लिए घर : प्रधानमंत्री आवास योजना (PMAY)

मोदी सरकार की प्रमुख परियोजनाओं में से एक प्रधानमंत्री आवास योजना (पीएमएवाई) है, जिसका लक्ष्य 2022 तक सभी के लिए किफायती आवास प्रदान करना है। 2015 में शुरू की गई, पीएमएवाई के दो घटक हैं : प्रधानमंत्री आवास योजना (शहरी) और प्रधानमंत्री आवास योजना (ग्रामीण)। पीएमएवाई (शहरी) के तहत सरकार का लक्ष्य शहरी क्षेत्रों में 2 करोड़ किफायती घर बनाने का है, जबकि पीएमएवाई (ग्रामीण) के तहत ग्रामीण क्षेत्रों में 1 करोड़ घर बनाने का लक्ष्य है। यह योजना पात्र लाभार्थियों को वित्तीय सहायता प्रदान करती है और पर्यावरण-अनुकूल और टिकाऊ निर्माण प्रौद्‌योगिकियों के उपयोग को बढ़ावा देती है।

पीएमएवाई की चुनौतियाँ और उपलब्धियाँ

पीएमएवाई को भूमि अधिग्रहण, वित्त पोषण और कुशल कार्यान्वयन की आवश्यकता सहित कई चुनौतियों का सामना करना पड़ा है। हालाँकि इस योजना ने भारत में आवास की कमी को दूर करने में महत्वपूर्ण प्रगति की है। प्रौद्‌योगिकी का

लाभ उठाकर और सार्वजनिक-निजी भागीदारी को बढ़ावा देकर पीएमएवाई ने देश भर में किफायती आवास इकाइयों के निर्माण में तेजी ला दी है। इस योजना ने घरों के संयुक्त स्वामित्व को सुनिश्चित करके और प्रधानमंत्री आवास योजना (ग्रामीण) योजना जैसी पहल के माध्यम से उन्हें वित्तीय समावेशन प्रदान करके महिलाओं को सशक्त बनाने पर भी ध्यान केंद्रित किया है।

स्मार्ट सिटी मिशन

2015 में सरकार ने स्मार्ट सिटीज मिशन लॉन्च किया जिसका लक्ष्य प्रौद्योगिकी और टिकाऊ शहरी विकास प्रणाली को शामिल करके 100 शहरों को 'स्मार्ट शहरों' में बदलना था। मिशन बुनियादी ढाँचे में सुधार, कुशल शहरी गतिशीलता को बढ़ावा देने, सार्वजनिक सेवाओं को बढ़ाने और एक टिकाऊ वातावरण बनाने पर केंद्रित है। स्मार्ट सिटी मिशन के माध्यम से सरकार ने निर्णय लेने की प्रक्रियाओं में नागरिकों की भागीदारी को प्रोत्साहित किया है और शहरी चुनौतियों का समाधान करने के लिए नवीन समाधानों के उपयोग को बढ़ावा दिया है।

शहरी इन्फ्रास्ट्रक्चर विकास

मोदी सरकार ने बढ़ती शहरी आबादी का समर्थन करने के लिए शहरी बुनियादी ढाँचे के विकास पर जोर दिया है। कायाकल्प और शहरी परिवर्तन के लिए अटल मिशन (AMRUT) जैसी पहल ने शहरी क्षेत्रों में जीवन की गुणवत्ता में सुधार के लिए जल आपूर्ति, सीवरेज और शहरी परिवहन जैसी बुनियादी सुविधाएं प्रदान करने पर ध्यान केंद्रित किया है। सरकार ने कनेक्टिविटी बढ़ाने और शहरों में भीड़भाड़ कम करने के लिए मेट्रो रेल परियोजनाओं, शहरी सड़क नेटवर्क के विकास और मौजूदा बुनियादी ढाँचे के आधुनिकीकरण में भी निवेश किया है।

मलिन बस्ती पुनर्वास और पुनर्विकास

मलिन बस्तियों और अनौपचारिक बस्तियों के मुद्दे को संबोधित करना सरकार के शहरी विकास एजेंडे का एक महत्वपूर्ण पहलू रहा है। सरकार ने झुग्गीवासियों को बेहतर आवास और रहने की स्थिति प्रदान करने के लिए झुग्गी पुनर्वास और पुनर्विकास परियोजनाएं शुरू की हैं। प्रौद्योगिकी और नवीन निर्माण विधियों के उपयोग

को बढ़ावा देकर सरकार का लक्ष्य पुनर्विकास प्रक्रिया में स्थानीय समुदाय की भागीदारी सुनिश्चित करते हुए टिकाऊ और समावेशी शहरी स्थान बनाना है।

चुनौतियाँ और अवसर

हालाँकि सभी के लिए आवास और शहरी विकास में सरकार के प्रयासों में प्रगति देखी गई है लेकिन कई चुनौतियाँ अभी भी बनी हुई हैं। तेजी से शहरीकरण के कारण मौजूदा बुनियादी ढाँचे और सेवाओं पर दबाव बढ़ गया है, जिससे स्थायी शहरी नियोजन और प्रबंधन की आवश्यकता उत्पन्न हो गई है। इसके अतिरिक्त झुग्गीवासियों और शहरी गरीबों सहित हाशिए पर रहने वाले समुदायों की जरूरतों को पूरा करने वाली समावेशी और न्यायसंगत विकास नीतियाँ सुनिश्चित करना प्राथमिकता बनी हुई है। सरकार को पर्यावरणीय चिंताओं पर भी ध्यान देना चाहिए और पर्यावरण पर शहरीकरण के प्रभाव को कम करने के लिए टिकाऊ शहरी विकास प्रथाओं को बढ़ावा देना चाहिए।

इसके अलावा शहरी विकास पहलों के सफल कार्यान्वयन को सुनिश्चित करने के लिए विभिन्न सरकारी एजेंसियों, स्थानीय अधिकारियों और हितधारकों के बीच प्रभावी समन्वय आवश्यक है। नियामक प्रक्रियाओं को सुव्यवस्थित करने, प्रशासन में सुधार करने और पारदर्शिता बढ़ाने से बेहतर परियोजना निष्पादन में मदद मिल सकती है और नौकरशाही बाधाएं कम हो सकती हैं।

कोविड-19 महामारी ने लचीले और अनुकूलनीय शहरी बुनियादी ढाँचे के महत्व पर प्रकाश डाला है। सरकार के सामने शहरी क्षेत्रों के भीतर सार्वजनिक स्वास्थ्य, स्वच्छता और आपदा प्रबंधन पर ध्यान केंद्रित करते हुए अपनी शहरी विकास रणनीतियों में महामारी-प्रतिक्रियाशील शहरी नियोजन और डिजाइन सिद्धांतों को एकीकृत करने का अवसर है।

प्रौद्योगिकी और नवाचार की भूमिका

शहरी विकास और सभी के लिए आवास की चुनौतियों का समाधान करने में प्रौद्योगिकी और नवाचार महत्वपूर्ण भूमिका निभाते हैं। सरकार ने शहरी प्रशासन की दक्षता बढ़ाने, सेवा वितरण में सुधार और नागरिक सहभागिता को सुविधाजनक बनाने के लिए डिजिटल प्लेटफॉर्म और डेटा-संचालित समाधानों का लाभ उठाया है। स्मार्ट

सिटीज मिशन जैसी पहल ने टिकाऊ और बुद्धिमान शहरी पारिस्थितिकी तंत्र बनाने के लिए स्मार्ट प्रौद्योगिकियों, इंटरनेट ऑफ थिंग्स (IoT) और डिजिटल बुनियादी ढाँचे को अपनाने को प्रोत्साहित किया है।

आवास निर्माण में तेजी लाने और लागत कम करने के लिए प्रीफैब्रिकेशन और मॉड्यूलर निर्माण सहित नवीन निर्माण प्रौद्योगिकियों को बढ़ावा दिया गया है। पर्यावरण की दृष्टि से टिकाऊ आवास और शहरी बुनियादी ढाँचा बनाने के लिए हरित भवन प्रणाली और नवीकरणीय ऊर्जा समाधानों को अपनाने पर भी जोर दिया गया है।

सार्वजनिक-निजी भागीदारी (पीपीपी) और वित्तपोषण

सार्वजनिक-निजी भागीदारी ने शहरी विकास परियोजनाओं और किफायती आवास पहल को आगे बढ़ाने में महत्वपूर्ण भूमिका निभाई है। सरकार और निजी क्षेत्र की संस्थाओं के बीच सहयोग ने शहरी चुनौतियों से निपटने के लिए संसाधनों, विशेषज्ञता और प्रौद्योगिकी को जुटाने में मदद की है। पीपीपी मॉडल शहरी बुनियादी ढाँचे के विकास, किफायती आवास परियोजनाओं और शहरी स्थानों के पुनरोद्धार में सहायक रहे हैं।

निम्न और मध्यम आय वाले परिवारों के लिए आवास वित्त तक पहुँच को सुविधाजनक बनाने पर सरकार ने ध्यान केंद्रित किया है। पीएमएवाई के तहत क्रेडिट लिंक्ड सब्सिडी स्कीम (सीएलएसएस) जैसी योजनाओं ने पात्र लाभार्थियों को ब्याज सब्सिडी और किफायती आवास ऋण प्रदान किए हैं, जिससे घर का स्वामित्व अधिक सुलभ हो गया है।

प्रभाव को मापना और स्थिरता सुनिश्चित करना

शहरी विकास पहलों और आवास कार्यक्रमों के प्रभाव का आकलन करना उनकी प्रभावशीलता का मूल्यॉंकन करने और सुधार के क्षेत्रों की पहचान करने के लिए महत्वपूर्ण है। सरकार को परियोजनाओं की प्रगति पर नजर रखने, परिणामों को मापने और संसाधनों के उपयोग में जवाबदेही सुनिश्चित करने के लिए मजबूत निगरानी और मूल्यॉंकन तंत्र को नियोजित करना चाहिए।

इसके अलावा शहरी विकास हस्तक्षेपों की स्थिरता सुनिश्चित करने में दीर्घकालिक योजना, संसाधन प्रबंधन और सामुदायिक सहभागिता शामिल है। सरकार रहने योग्य

और पर्यावरण के अनुकूल शहर बनाने के लिए टिकाऊ शहरी परिवहन, ऊर्जा-कुशल इमारतें, हरित स्थान और अपशिष्ट प्रबंधन प्रणाली को बढ़ावा दे सकती है।

हर नागरिक के सिर पर छत (हरेक के लिए आवास) और शहरी विकास पर मोदी सरकार का ध्यान भारत में शहरीकरण की जटिल चुनौतियों से निपटने की प्रतिबद्धता को दर्शाता है। पीएमएवाई, स्मार्ट सिटीज मिशन जैसी पहलों और शहरी बुनियादी ढाँचे को बढ़ाने के प्रयासों के माध्यम से सरकार ने टिकाऊ शहरी विकास के लिए एक व्यापक दृष्टिकोण का प्रदर्शन किया है।

भारत की शहरी आबादी की उभरती जरूरतों को पूरा करने की दिशा में हालाँकि महत्वपूर्ण प्रगति हुई है लेकिन लक्ष्य तक पहुँचने के लिए निरंतर प्रयासों की आवश्यकता है। विशेष रूप से तेजी से शहरीकरण और उभरती चुनौतियों जैसे कि कोविड -19 महामारी के प्रभाव के संदर्भ में। प्रौद्योगिकी को अपनाकर, सार्वजनिक-निजी भागीदारी को बढ़ावा देकर और समावेशी और टिकाऊ शहरी विकास को बढ़ावा देकर, सरकार सभी के लिए आवास के दृष्टिकोण को प्राप्त करने और सभी नागरिकों के लिए जीवंत, लचीला और रहने योग्य शहरी स्थान बनाने की दिशा में सार्थक प्रगति करना जारी रख सकती है।

एनडीए की 'स्टार्ट-अप इंडिया' पहल ने नवाचार और उद्यमिता की संस्कृति को बढ़ावा दिया है, जिससे आर्थिक विकास और रोजगार सृजन हुआ है।

—रमेश पोखरियाल

□

वित्तीय समावेशन, जन धन योजना और प्रत्यक्ष लाभ हस्तांतरण

गरीबी कम करने और आर्थिक विकास में वित्तीय समावेशन की अहम भूमिका है। यह सभी व्यक्तियों और व्यवसायों के लिए उनकी आर्थिक स्थिति की परवाह किए बिना, बैंकिंग, बीमा और निवेश सेवाओं सहित वित्तीय सेवाओं तक पहुँचने के अवसरों की उपलब्धता और समानता को संदर्भित करता है। हाल के वर्षों में दुनिया भर की सरकारों और वित्तीय संस्थानों ने समावेशी आर्थिक विकास को बढ़ावा देने में वित्तीय समावेशन के महत्व को तेजी से पहचाना है। इस निबंध का उद्देश्य भारत में जनधन योजना पहल और प्रत्यक्ष लाभ हस्तांतरण (डीबीटी) योजना पर विशेष ध्यान देने के साथ-साथ वित्तीय समावेशन को बढ़ावा देने और गरीबी को कम करने पर उनके प्रभाव का पता लगाना है।

जनधन योजना पहल : भारत में वित्तीय समावेशन की दिशा में बड़ा कदम

अगस्त 2014 में भारत सरकार ने प्रधानमंत्री जन धन योजना (पीएमजेडीवाई) शुरू की, जिसे आमतौर पर जनधन योजना के रूप में जाना जाता है। इसका प्राथमिक उद्देश्य देश के सभी परिवारों के लिए व्यापक वित्तीय समावेशन सुनिश्चित करना है। इस योजना का उद्देश्य प्रत्येक परिवार को बुनियादी बचत बैंक खाते, ऋण, बीमा और पेंशन सुविधाओं तक पहुँच प्रदान करना है। जनधन योजना ने बैंक रहित आबादी के बीच वित्तीय साक्षरता और वित्तीय सेवाओं के उपयोग को बढ़ावा देने का भी प्रयास किया, जिससे उन्हें वित्तीय रूप से आत्मनिर्भर बनने के लिए सशक्त बनाया जा सके।

जनधन योजना के अन्तर्गत थोड़े से ही समय लाखों नए बैंक खाते खोले गए। योजना शुरू होने के कुछ ही महीनों में (जनवरी 2015 तक) 125 मिलियन

से अधिक बैंक खाते खोले गए जो विश्व रिकार्ड है। मात्र एक सप्ताह में सबसे अधिक बैंक खाते खोलने के विश्व रिकॉर्ड ने गिनीज वर्ल्ड रिकॉर्ड्स में जगह बनाई। बैंकिंग सेवाओं के इस तीव्र विस्तार ने भारत में बैंक रहित व्यक्तियों की संख्या को कम करने में महत्वपूर्ण योगदान दिया और वित्तीय समावेशन का मार्ग प्रशस्त किया।

जनधन योजना का उद्देश्य औपचारिक वित्तीय क्षेत्र और समाज के हाशिए पर रहने वाले वर्गों, जैसे महिलाओं, ग्रामीण आबादी और कम आय वाले परिवारों के बीच अंतर को पाटना था। बैंकिंग और वित्तीय सेवाओं तक पहुँच प्रदान करके इस पहल ने इन वंचित समुदायों को बचत करने, निवेश करने और ऋण सुविधाओं का लाभ उठाने के लिए सशक्त बनाया, जिससे उनके सामाजिक-आर्थिक उत्थान में योगदान हुआ।

प्रत्यक्ष लाभ अंतरण : समावेशी शासन के लिए प्रौद्योगिकी का उपयोग

विभिन्न सब्सिडी और कल्याणकारी भुगतानों को सीधे लाभार्थियों के बैंक खातों में स्थानांतरित करने के साधन के रूप में भारत सरकार ने प्रत्यक्ष लाभ हस्तांतरण (डीबीटी) योजना भी शुरू की। 2013 में शुरू की गई डीबीटी पहल का उद्देश्य लीकेज को खत्म करना, भ्रष्टाचार को कम करना और यह सुनिश्चित करना था कि इच्छित लाभार्थियों को सरकारी योजनाओं और सब्सिडी का पूरा लाभ मिले।

डीबीटी योजना ने पात्र व्यक्तियों के बैंक खातों में रसोई गैस, भोजन, उर्वरक और अन्य कल्याण कार्यक्रमों के लिए सब्सिडी सीधे स्थानांतरित करने के लिए आधार बायोमेट्रिक पहचान प्रणाली और बैंकों के डिजिटल बुनियादी ढाँचे का लाभ उठाया। ऐसा करके सरकार ने सब्सिडी के वितरण को सुव्यवस्थित करने और यह सुनिश्चित करने की कोशिश की कि बिचौलिए हेराफेरी न कर पाएं और सब्सिडी पात्र व्यक्तियों तक पहुँचे। डीबीटी योजना के कार्यान्वयन ने न केवल सब्सिडी के कुशल और पारदर्शी हस्तांतरण की सुविधा प्रदान की, बल्कि वित्तीय समावेशन को बढ़ावा देने में भी महत्वपूर्ण भूमिका निभाई।

डीबीटी योजना ने लाभार्थियों को अपने आधार नंबर से जुड़ा बैंक खाता खोलने के लिए प्रोत्साहित किया, इससे उन्हें औपचारिक वित्तीय प्रणाली में एकीकृत किया गया। इस एकीकरण ने न केवल बैंक रहित आबादी को वित्तीय सेवाओं तक पहुँच

प्रदान की, बल्कि उन्हें सुरक्षित और सुविधाजनक तरीके से अपनी सरकारी योजनाओं का लाभ प्राप्त करने और प्रबंधित करने में भी सक्षम बनाया।

वित्तीय समावेशन पहल का प्रभाव

भारत में वित्तीय समावेशन को आगे बढ़ाने और समावेशी विकास को बढ़ावा देने में जनधन योजना और प्रत्यक्ष लाभ हस्तांतरण योजना ने महत्वपूर्ण योगदान दिया है। इन पहलों ने लाखों व्यक्तियों के जीवन पर परिवर्तनकारी प्रभाव डाला है और देश के वित्तीय परिदृश्य को नया आकार दिया है।

जनधन योजना को व्यापक रूप से अपनाने से पहले से वंचित आबादी तक औपचारिक बैंकिंग सेवाओं की पहुँच का विस्तार हुआ है। लाखों बैंक रहित व्यक्तियों को औपचारिक वित्तीय प्रणाली में लाकर इस पहल ने अधिक वित्तीय पहुँच और समावेशन की सुविधा प्रदान की है। इससे लोग बचत करने, उधार लेने और वित्तीय लेनदेन को अधिक सुरक्षित और सुविधाजनक तरीके से करने में सक्षम हुए हैं। इसके अलावा योजना के तहत बीमा और पेंशन लाभ के प्रावधान ने उन लोगों को वित्तीय सुरक्षा प्रदान की है जिन्हें पहले ऐसे सुरक्षा उपायों से बाहर रखा गया था।

डीबीटी योजना ने यह सुनिश्चित करके सरकारी कल्याण कार्यक्रमों की दक्षता और प्रभावशीलता को बढ़ाया है कि सब्सिडी और लाभ सीधे पात्र लाभार्थियों के बैंक खातों में स्थानांतरित किए जाते हैं। इससे न केवल लीकेज और भ्रष्टाचार कम हुआ है, बल्कि व्यक्तियों को अपने अधिकारों को अधिक आसानी और पारदर्शिता के साथ प्राप्त करने का अधिकार भी मिला है। डीबीटी प्रक्रिया में डिजिटल प्रौद्योगिकी और बायोमेट्रिक प्रमाणीकरण के उपयोग ने शासन के साथ वित्तीय सेवाओं के आगे नवाचार और एकीकरण के लिए भी मंच तैयार किया है।

एक बड़ी आबादी के वित्तीय व्यवहार और मानसिकता में व्यापक बदलाव में इन पहलों ने प्रभावी योगदान दिया है। औपचारिक वित्तीय प्रणालियों में बढ़ती भागीदारी से वित्तीय साक्षरता और जागरूकता बढ़ी है। अब व्यक्ति अपने वित्त का प्रबंधन करने, बचत और निवेश के बारे में जानकारीपूर्ण निर्णय लेने में अधिक कुशल हो गए हैं। इसमें उद्यमशीलता और आर्थिक स्वतंत्रता की संस्कृति को बढ़ावा देने की क्षमता है, जिससे सतत् आर्थिक विकास हो सकेगा।

चुनौतियाँ और अवसर

बेशक जनधन योजना और डीबीटी योजना ने भारत में वित्तीय समावेशन की दिशा में महत्वपूर्ण प्रगति की है, फिर भी ऐसी चुनौतियाँ हैं जिनका इन पहलों की निरंतर सफलता सुनिश्चित करने के लिए समाधान करने की आवश्यकता है। प्राथमिक चुनौतियों में से एक नए बैंकिंग वाले व्यक्तियों के बीच बैंकिंग सेवाओं के उपयोग को गहरा करने की आवश्यकता है। केवल बैंक खाते खोलना पर्याप्त नहीं है; वित्तीय समावेशन के लाभों को पूरी तरह से महसूस करने के लिए नियमित लेनदेन और ऋण और बीमा उत्पादों को अपनाने को प्रोत्साहित करने के प्रयास किए जाने चाहिए।

बढ़ते डिजिटल लेनदेन और डेटा शेयरिंग के संदर्भ में व्यक्तियों की वित्तीय जानकारी की सुरक्षा और गोपनीयता सुनिश्चित करना भी एक बड़ी चुनौती है। खाताधारकों की वित्तीय संपत्तियों और व्यक्तिगत जानकारी की सुरक्षा के लिए मजबूत डेटा सुरक्षा ढाँचा और साइबर सुरक्षा उपाय स्थापित करना अनिवार्य है।

प्रौद्योगिकी ने जनधन योजना और डीबीटी जैसी पहलों के माध्यम से वित्तीय समावेशन को आगे बढ़ाने में महत्वपूर्ण भूमिका निभाई है। ग्रामीण और दूरदराज के क्षेत्रों सहित आबादी के सभी वर्गों की डिजिटल तक पहुँच सुनिश्चित करने के लिए डिजिटल विभाजन को पाटने की आवश्यकता है। इसके लिए डिजिटल बुनियादी ढाँचे, इंटरनेट कनेक्टिविटी और डिजिटल साक्षरता कार्यक्रमों में निवेश की आवश्यकता है ताकि यह सुनिश्चित किया जा सके कि डिजिटल वित्तीय क्रांति में कोई भी पीछे न रह जाए।

भारत और अन्य अर्थव्यवस्थाओं में वित्तीय समावेशन को आगे बढ़ाने के कई अवसर हैं। डिजिटल भुगतान प्रणाली, मोबाइल बैंकिंग और फिनटेक समाधानों का निरंतर विस्तार अंतिम छोर तक पहुँचने और दूर-दराज और हाशिए पर रहने वाले समुदायों तक वित्तीय सेवाएं प्रदान करने में महत्वपूर्ण भूमिका निभा सकता है। इसके अलावा, बैंकों, फिनटेक फर्मों और सरकारी एजेंसियों के बीच साझेदारी को बढ़ावा देने से वंचितों की विशिष्ट आवश्यकताओं के अनुरूप नवीन वित्तीय उत्पादों और सेवाओं का विकास हो सकता है।

एक अन्य अवसर साख योग्यता का आकलन करने और उन व्यक्तियों और छोटे व्यवसायों के लिए ऋण तक पहुँच का विस्तार करने के लिए डेटा एनालिटिक्स

और कृत्रिम बुद्धिमत्ता का लाभ उठाने में निहित है, जिन्हें पहले गैर-बैंकिंग माना जाता था। वैकल्पिक डेटा स्रोतों और उन्नत विश्लेषण का उपयोग करके वित्तीय संस्थान व्यक्तियों और व्यवसायों को उनके डिजिटल पदचिह्न और लेनदेन इतिहास के आधार पर ऋण दे सकते हैं, जिससे वित्तीय समावेशन का दायरा व्यापक हो सकता है।

वित्तीय शिक्षा और साक्षरता कार्यक्रमों को बढ़ावा देने से व्यक्तियों को सूचित वित्तीय निर्णय लेने, जोखिमों का प्रबंधन करने और उपलब्ध वित्तीय सेवाओं का लाभ उठाने के लिए सशक्त बनाया जा सकता है। वित्तीय क्षमताओं को बढ़ाकर, व्यक्ति औपचारिक वित्तीय प्रणाली को बेहतर ढंग से संचालित कर सकते हैं, संपत्ति अर्जित कर सकते हैं और भविष्य के लिए योजना बना सकते हैं, अंततः अधिक आर्थिक स्थिरता और विकास में योगदान कर सकते हैं।

सार्वजनिक-निजी भागीदारी की भूमिका

सार्वजनिक-निजी भागीदारी (पीपीपी) वित्तीय समावेशन को आगे बढ़ाने में सहायक हो सकती है। सरकारी संस्थाओं, वित्तीय संस्थानों, फिनटेक कंपनियों और नागरिक समाज संगठनों के बीच सहयोग समावेशी वित्तीय समाधानों को डिजाइन और कार्यान्वित करने के लिए विशेषज्ञता, संसाधनों और नेटवर्क को जोड़ सकता है। सरकारें नियामक ढाँचा और बुनियादी ढाँचा प्रदान कर सकती हैं, जबकि निजी क्षेत्र की संस्थाएं वित्तीय सेवाओं की पहुँच का विस्तार करने के लिए नवाचार, प्रौद्योगिकी और ग्राहक-केंद्रित दृष्टिकोण ला सकती हैं।

पीपीपी उद्यमशीलता और नवाचार को बढ़ावा देकर समावेशी वित्तीय पारिस्थितिकी तंत्र के विकास को बढ़ावा दे सकता है। वित्तीय समावेशन पर ध्यान केंद्रित करने वाले स्टार्टअप और फिनटेक फर्मों का समर्थन करके, सरकारें और निजी क्षेत्र के भागीदार ऐसे अनुरूप वित्तीय उत्पादों और सेवाओं के निर्माण को प्रोत्साहित कर सकते हैं जो वंचित समुदायों की विशिष्ट आवश्यकताओं को संबोधित करते हैं।

वित्तीय समावेशन की वैश्विक प्रासंगिकता

वित्तीय समावेशन का महत्व राष्ट्रीय सीमाओं से परे वैश्विक विकास और गरीबी उन्मूलन तक फैला हुआ है। संयुक्त राष्ट्र के सतत् विकास लक्ष्यों (रऊऋर)

में 'सभी के लिए बैंकिंग, बीमा और वित्तीय सेवाओं तक पहुँच को प्रोत्साहित करने और विस्तारित करने के लिए घरेलू वित्तीय संस्थानों की क्षमता को मजबूत करना' एक विशिष्ट लक्ष्य (SDG 8.10) शामिल है।

व्यापक वित्तीय समावेशन हासिल करना कई रऊॠर की प्राप्ति के लिए आवश्यक है, जिसमें गरीबी में कमी, लैंगिक समानता, आर्थिक विकास और कम असमानताओं से संबंधित लक्ष्य शामिल हैं। व्यक्तियों और व्यवसायों को वित्तीय सेवाओं तक पहुँच प्रदान करके, देश समावेशी आर्थिक विकास को बढ़ावा दे सकते हैं, उद्‌यमिता का समर्थन कर सकते हैं और सामाजिक और आर्थिक सशक्तिकरण को बढ़ावा दे सकते हैं।

वित्तीय समावेशन प्रवासी श्रमिकों और उनके परिवारों के लिए सीमा पार धन हस्तांतरण की लागत को कम करने में महत्वपूर्ण भूमिका निभाता है। औपचारिक वित्तीय सेवाओं तक पहुँच व्यक्तियों को अधिक सुरक्षित और किफायती तरीके से धन भेजने और प्राप्त करने में सक्षम बनाती है, जिससे गरीबी उन्मूलन और विकास पर इन प्रवाहों का प्रभाव अधिकतम हो जाता है।

आगे का रास्ता

जैसे-जैसे देश वित्तीय समावेशन को आगे बढ़ाने का प्रयास करते हैं, एक बहुआयामी दृष्टिकोण अपनाना आवश्यक है जो समावेशन की जटिल चुनौतियों का समाधान करने के लिए प्रौद्‌योगिकी, नीति और साझेदारी का उपयोग करता है। सरकारों को समावेशी वित्तीय नीतियों और नियामक ढाँचे के विकास को प्राथमिकता देना जारी रखना चाहिए जो वंचित आबादी तक वित्तीय सेवाओं के विस्तार की सुविधा प्रदान करते हैं।

यह सुनिश्चित करने के लिए कि वित्तीय समावेशन का लाभ समाज के सभी वर्गों तक पहुँचे, डिजिटल बुनियादी ढाँचे, मोबाइल कनेक्टिविटी और साइबर सुरक्षा में निवेश महत्वपूर्ण है। इसके अलावा, वित्तीय साक्षरता और उपभोक्ता संरक्षण बढ़ाने के प्रयास व्यक्तियों को सूचित वित्तीय निर्णय लेने और औपचारिक वित्तीय प्रणाली में अपने हितों की रक्षा करने के लिए सशक्त बनाएंगे।

नवाचार को आगे बढ़ाने और समावेशी वित्तीय समाधानों को बढ़ाने के लिए सार्वजनिक और निजी क्षेत्र के हितधारकों के बीच सहयोग को प्रोत्साहित किया

जाना चाहिए। वित्तीय प्रौद्योगिकी में उद्यमशीलता और निवेश के लिए एक सक्षम वातावरण को बढ़ावा देकर, देश वित्तीय पहुँच का विस्तार करने और वित्तीय सेवाओं की गुणवत्ता में सुधार करने के लिए डिजिटल नवाचार की क्षमता को अनलॉक कर सकते हैं।

वित्तीय समावेशन न केवल एक नैतिक अनिवार्यता है, बल्कि सतत् विकास और आर्थिक प्रगति का एक रणनीतिक प्रवर्तक भी है। भारत में जनधन योजना और प्रत्यक्ष लाभ हस्तांतरण जैसी पहलें इस बात के आकर्षक उदाहरण हैं कि कैसे लक्षित हस्तक्षेप वित्तीय पहुँच का विस्तार कर सकते हैं और व्यक्तियों और समुदायों की भलाई में सुधार कर सकते हैं।

एनडीए की नीतियों ने भारत की रक्षा और सुरक्षा क्षमताओं को बढ़ाया है, जिससे देश की संप्रभुता और क्षेत्रीय अखंडता सुनिश्चित हुई है।

—राजनाथ सिंह

□

स्वच्छ भारत अभियान : एक परिवर्तनकारी पहल

स्वच्छ भारत अभियान, जिसे स्वच्छ भारत मिशन के नाम से भी जाना जाता है, दुनिया के सबसे महत्वाकांक्षी स्वच्छता और स्वच्छता अभियानों में से एक है। भारत सरकार द्वारा 2 अक्टूबर 2014 को शुरू किए गए स्वच्छ भारत अभियान का लक्ष्य सार्वभौमिक स्वच्छता कवरेज हासिल करना और भारत को खुले में शौच से मुक्त बनाना है। अभियान ने खराब स्वच्छता और सार्वजनिक स्वास्थ्य, पर्यावरण और सामाजिक-आर्थिक विकास पर इसके प्रतिकूल प्रभाव के महत्वपूर्ण मुद्दे को उठाया है। इस निबंध का उद्देश्य स्वच्छ भारत अभियान के महत्व और प्रभाव को उजागर करना, सार्वजनिक स्वास्थ्य और सतत् विकास के लिए इसकी उपलब्धियों, चुनौतियों और निहितार्थों पर प्रकाश डालना है।

भारत में साफ-सफाई और स्वच्छता की चुनौती

स्वच्छ भारत अभियान के शुभारंभ से पहले, भारत को एक विकट स्वच्छता चुनौती का सामना करना पड़ा, जिसमें लाखों लोगों के पास बुनियादी स्वच्छता सुविधाओं तक पहुँच नहीं थी। खुले में शौच एक व्यापक प्रथा थी, विशेषकर ग्रामीण क्षेत्रों में, जिससे महत्वपूर्ण स्वास्थ्य जोखिम पैदा होते थे और गरीबी और बीमारी का चक्र कायम रहता था। प्रत्यक्ष स्वास्थ्य प्रभावों के अलावा खराब स्वच्छता का पर्यावरण, पानी की गुणवत्ता और लाखों भारतीयों के जीवन की समग्र गुणवत्ता पर भी प्रतिकूल प्रभाव पड़ा।

इन चुनौतियों से निपटने की तात्कालिकता को पहचानते हुए भारत सरकार ने देश भर में साफ-सफाई, स्वच्छता और स्वास्थ्य को बढ़ावा देने के लिए एक आक्रामक अभियान शुरू किया। स्वच्छ भारत अभियान सिर्फ एक सरकारी पहल

नहीं थी; इसका उद्देश्य साफ-सफाई के तौर-तरीकों और व्यवहारों में परिवर्तन लाने के लिए सामूहिक प्रयास में सरकारी एजेंसियों, नागरिक समाज संगठनों, व्यवसायों और नागरिकों को शामिल करते हुए पूरे देश को एकजुट करना था।

स्वच्छ भारत अभियान के प्रमुख घटक और उद्देश्य

स्वच्छ भारत अभियान में भारत में स्वच्छता चुनौती को व्यापक रूप से संबोधित करने के लिए कई प्रमुख घटकों और उद्देश्यों को शामिल किया गया।

अभियान का उद्देश्य

- खुले में शौच को खत्म करने और स्वच्छता सुविधाओं तक सार्वभौमिक पहुँच सुनिश्चित करने के लिए लाखों घरेलू और सामुदायिक शौचालयों का निर्माण करें।
- सुरक्षित स्वच्छता प्रणाली अपनाने को प्रोत्साहित करने के लिए जागरूकता अभियानों, सामुदायिक गतिशीलता और सार्वजनिक भागीदारी के माध्यम से व्यवहार परिवर्तन को बढ़ावा देना।
- अपशिष्ट प्रबंधन सुविधाओं के निर्माण और पर्यावरण-अनुकूल स्वच्छता प्रौद्योगिकियों को बढ़ावा देने के माध्यम से ठोस और तरल कचरे का उचित प्रबंधन और निपटान सुनिश्चित करें।
- स्वच्छता और जिम्मेदार अपशिष्ट प्रबंधन की संस्कृति को बढ़ावा देते हुए, स्कूलों, सार्वजनिक स्थानों और ग्रामीण और शहरी क्षेत्रों में स्वच्छ और स्वच्छ वातावरण बनाएं।

स्वच्छ भारत अभियान की उपलब्धियाँ एवं प्रभाव

स्वच्छ भारत अभियान ने भारत के स्वच्छता परिदृश्य को बदलने और सार्वजनिक स्वास्थ्य और पर्यावरणीय स्थिरता में ठोस सुधार लाने में महत्वपूर्ण प्रगति की है। पहल की कुछ प्रमुख उपलब्धियाँ और प्रभाव क्षेत्र शामिल हैं :

- ***साफ-सफाई ढाँचे का निर्माण :*** स्वच्छ भारत अभियान के सबसे स्पष्ट परिणामों में से एक देश भर में लाखों घरेलू और सामुदायिक शौचालयों का निर्माण था। यह पहल विशेष रूप से ग्रामीण और वंचित क्षेत्रों में सुरक्षित स्वच्छता सुविधाओं

तक पहुँच प्रदान करके बुनियादी ढाँचे की कमी को दूर करने पर केंद्रित है। शौचालयों के प्रावधान से न केवल स्वच्छता और साफ-सफाई में सुधार हुआ, बल्कि गोपनीयता और गरिमा भी बढ़ी, खासकर महिलाओं और लड़कियों के लिए।

- ***खुले में शौच मुक्त (ओडीएफ) स्थिति :*** स्वच्छ भारत अभियान ने भारत को खुले में शौच से मुक्त बनाने का महत्वाकांक्षी लक्ष्य निर्धारित किया। निरंतर प्रयासों और सामुदायिक भागीदारी के माध्यम से हजारों गांवों और शहरी क्षेत्रों को ओडीएफ (खुले में शौच मुक्त) घोषित किया गया जो दर्शाता है कि खुले में शौच की प्रथा को सफलतापूर्वक समाप्त कर दिया गया है। यह मील का पत्थर सार्वजनिक स्वास्थ्य और पर्यावरणीय स्थिरता में एक महत्वपूर्ण छलांग का प्रतिनिधित्व करता है, जलजनित बीमारियों के प्रसार को कम करता है और समुदायों में समग्र स्वच्छता और सफाई में सुधार करता है।

- ***व्यवहार परिवर्तन और जागरूकता :*** व्यवहार परिवर्तन और जागरूकता पर अभियान के फोकस ने सामाजिक मानदंडों को बदलने और बेहतर स्वच्छता प्रणाली को अपनाने को बढ़ावा देने में महत्वपूर्ण भूमिका निभाई। व्यापक जन जागरूकता अभियानों, सामुदायिक जुड़ाव और स्थानीय नेताओं की भागीदारी के माध्यम से, स्वच्छ भारत अभियान स्वच्छता और साफ-सफाई की संस्कृति को बढ़ावा देने, व्यक्तियों को शौचालयों का उपयोग करने और उचित अपशिष्ट निपटान प्रणाली को अपनाने के लिए प्रोत्साहित करने में सफल रहा।

- ***सार्वजनिक स्वास्थ्य पर प्रभाव :*** बेहतर स्वच्छता और साफ-सफाई का सार्वजनिक स्वास्थ्य परिणामों पर सीधा सकारात्मक प्रभाव पड़ा है। खुले में शौच को कम करके और शौचालयों के उपयोग को बढ़ावा देकर इस पहल ने जलजनित बीमारियों में कमी लाने और विशेषकर बच्चों के समग्र स्वास्थ्य में सुधार लाने में योगदान दिया। स्वच्छ और सुरक्षित स्वच्छता सुविधाओं तक पहुँच को डायरिया और अन्य स्वच्छता संबंधी बीमारियों की कम दर से जोड़ा गया है, जिससे कल्याण और उत्पादकता में सुधार हुआ है।

- ***पर्यावरणीय स्थिरता :*** स्वच्छ भारत अभियान का पर्यावरणीय प्रभाव भी था, जिसने पर्यावरण प्रदूषण को कम करने और स्थायी अपशिष्ट प्रबंधन प्रथाओं को बढ़ावा देने में योगदान दिया। शौचालयों के निर्माण और पर्यावरण-अनुकूल स्वच्छता

प्रौद्योगिकियों को बढ़ावा देने से पर्यावरण प्रदूषण को कम करने और पारिस्थितिक संतुलन को संरक्षित करने में मदद मिली।

चुनौतियाँ और अवसर

हालाँकि स्वच्छ भारत अभियान ने भारत की स्वच्छता चुनौतियों से निपटने में उल्लेखनीय प्रगति हासिल की है लेकिन इस पहल की स्थिरता और दीर्घकालिक प्रभाव सुनिश्चित करने में कई चुनौतियाँ और अवसर बने हुए हैं।

- ***व्यवहार निर्वाह:*** प्रमुख चुनौतियों में से एक अभियान के माध्यम से प्राप्त सकारात्मक व्यवहार परिवर्तन को बनाए रखना है। शौचालयों का निर्माण और खुले में शौच का उन्मूलन महत्वपूर्ण मील के पत्थर हैं, स्वच्छता सुविधाओं के निरंतर उपयोग और रखरखाव को सुनिश्चित करने के लिए व्यवहार परिवर्तन संचार, सामुदायिक भागीदारी और अच्छी स्वच्छता प्रणाली को बढ़ावा देने के लिए चल रहे प्रयासों की आवश्यकता है।
- ***अपशिष्ट प्रबंधन और स्थिरता :*** ठोस और तरल कचरे के उचित निपटान सहित प्रभावी अपशिष्ट प्रबंधन एक ऐसा क्षेत्र है जिस पर निरंतर ध्यान देने की आवश्यकता है। स्वच्छता सुविधाओं के साथ-साथ घरों और समुदायों से निकलने वाले सामान्य कचरे का प्रबंधन पर्यावरणीय स्थिरता और सार्वजनिक स्वास्थ्य के लिए आवश्यक है। अपशिष्ट प्रबंधन बुनियादी ढाँचे में निवेश, रीसाइक्लिंग पहल और टिकाऊ अपशिष्ट प्रणाली को बढ़ावा देना आगे सुधार का अवसर प्रस्तुत करता है।
- ***इक्विटी और समावेशिता :*** हाशिए पर रहने वाले समुदायों सहित समाज के सभी वर्गों के लिए स्वच्छता सुविधाओं तक समान पहुँच सुनिश्चित करना प्राथमिकता बनी हुई है। कमजोर आबादी, जैसे विकलांग लोगों, बुजुर्गों और दूरदराज के इलाकों में रहने वाले लोगों की विशिष्ट जरूरतों को संबोधित करना, सार्वभौमिक स्वच्छता कवरेज प्राप्त करने और किसी को भी पीछे नहीं छोड़ने के लिए आवश्यक है।
- ***सार्वजनिक निजी साझेदारी :*** सार्वजनिक-निजी भागीदारी का लाभ उठाने और कॉर्पोरेट क्षेत्र के साथ जुड़ने से स्वच्छता बुनियादी ढाँचे और सेवाओं के लिए अभिनव समाधान और टिकाऊ वित्तपोषण मॉडल के अवसरों को अनलॉक किया जा सकता है। व्यवसायों के साथ सहयोग से स्वच्छता प्रौद्योगिकियों, अपशिष्ट प्रबंधन समाधान और व्यवहार परिवर्तन संचार रणनीतियों का विकास हो सकता है।

- ***प्रौद्योगिकी की भूमिका :*** स्मार्ट स्वच्छता समाधान, वास्तविक समय निगरानी प्रणाली और डेटा-संचालित दृष्टिकोण जैसे तकनीकी नवाचारों को अपनाने से स्वच्छता कार्यक्रमों की प्रभावशीलता और दक्षता में वृद्धि हो सकती है। स्वच्छता सुविधाओं के उपयोग की निगरानी, उनके रखरखाव को सुनिश्चित करने और अपशिष्ट प्रबंधन प्रक्रियाओं को अनुकूलित करने के लिए प्रौद्योगिकी का उपयोग किया जा सकता है।

एनडीए शासन में भारत ने राजनयिक संबंधों में महत्वपूर्ण प्रगति की है, जिससे वैश्विक मंच पर हमारी स्थिति सुदृढ़ हुई है।

—एस. जयशंकर

□

उज्जवला योजना और स्वच्छ ऊर्जा पहुँच : भारत की ग्रामीण आबादी को सशक्त बनाना

स्वच्छ और सस्ती ऊर्जा तक पहुँच सतत् विकास का एक मूलभूत घटक है और यह व्यक्तियों और समुदायों के लिए जीवन की गुणवत्ता में सुधार लाने में महत्वपूर्ण भूमिका निभाती है। भारत में आबादी का एक बड़ा हिस्सा ग्रामीण इलाकों में रहता है, जहाँ आधुनिक ऊर्जा सेवाओं तक पहुँच एक चुनौती बनी हुई है। उज्ज्वला योजना, जिसे प्रधानमंत्री उज्ज्वला योजना (पीएमयूवाई) के रूप में भी जाना जाता है, देश भर के लाखों परिवारों को स्वच्छ खाना पकाने का ईंधन प्रदान करने के उद्देश्य से एक प्रमुख पहल के रूप में उभरी है। इस व्यापक योजना ने न केवल ऊर्जा गरीबी के मुद्दे को संबोधित किया है बल्कि पर्यावरणीय स्थिरता और ग्रामीण समुदायों के समग्र कल्याण में भी योगदान दिया है। इस निबंध में हम स्वच्छ ऊर्जा पहुँच बढ़ाने में उज्ज्वला योजना के प्रभाव, ग्रामीण विकास के लिए इसके निहितार्थ और भारत में स्वच्छ ऊर्जा पहल के व्यापक महत्व का पता लगाएंगे।

उज्ज्वला योजना : स्वच्छ ऊर्जा पहुँच के लिए एक उत्प्रेरक

भारत सरकार द्वारा मई 2016 में शुरू की गई उज्ज्वला योजना ग्रामीण परिवारों के बीच स्वच्छ और सुमग ऊर्जा के माध्यम से खाना पकाने की प्रणाली को बढ़ावा देने के लिए बनाई गई एक महत्वाकांक्षी पहल है। योजना का प्राथमिक उद्देश्य पारंपरिक खाना पकाने के ईंधन जैसे जलाऊ लकड़ी और गाय के गोबर को तरलीकृत पेट्रोलियम गैस (एलपीजी) से बदलना है, जिससे घर के अंदर वायु प्रदूषण में कमी आएगी और महिलाओं और बच्चों के स्वास्थ्य और कल्याण में

सुधार होगा। उज्ज्वला योजना के तहत पात्र व्यक्तियों को एलपीजी कनेक्शन और स्टोव की खरीद की सुविधा के लिए वित्तीय सहायता प्रदान की जाती है, जिससे उन लोगों के लिए स्वच्छ खाना पकाने का ईंधन सुलभ हो जाता है जो पहले पारंपरिक बायोमास ईंधन पर निर्भर थे।

उज्ज्वला योजना की प्रमुख शक्तियों में से एक ऊर्जा गरीबी को दूर करने के लिए इसके लक्षित दृष्टिकोण में निहित है। विशेष रूप से गरीबी रेखा से नीचे के परिवारों की महिलाओं पर ध्यान केंद्रित करके इस योजना का उद्देश्य जलाऊ लकड़ी इकट्ठा करने के बोझ को कम करके और घर के अंदर वायु प्रदूषण के हानिकारक प्रभावों से उनके स्वास्थ्य की रक्षा करके उन्हें सशक्त बनाना है। इसके अलावा यह योजना लैंगिक समानता को बढ़ावा देने में स्वच्छ ऊर्जा पहुँच की महत्वपूर्ण भूमिका को पहचानती है क्योंकि यह महिलाओं को उत्पादक गतिविधियों, शिक्षा और समग्र सामाजिक-आर्थिक विकास के लिए अपना समय और प्रयास पुन: आवंटित करने में सक्षम बनाती है।

ग्रामीण समुदायों पर उज्ज्वला योजना का प्रभाव

उज्ज्वला योजना के कार्यान्वयन का पूरे भारत में ग्रामीण समुदायों पर परिवर्तनकारी प्रभाव पड़ा है। स्वच्छ खाना पकाने के ईंधन तक पहुँच की सुविधा प्रदान करके, इस योजना ने न केवल घरों के स्वास्थ्य परिणामों में सुधार किया है बल्कि पर्यावरण संरक्षण में भी योगदान दिया है। पारंपरिक बायोमास ईंधन के उपयोग में कमी से वनों की कटाई और पर्यावरणीय क्षरण में कमी आई है, जिससे ग्रामीण क्षेत्रों में पारिस्थितिक स्थिरता को बढ़ावा मिला है। इसके अलावा, एलपीजी की ओर बदलाव के परिणामस्वरूप इनडोर वायु प्रदूषण में उल्लेखनीय कमी आई है, जिससे श्वसन संबंधी बीमारियों और अन्य स्वास्थ्य समस्याओं में कमी आई है जो पारंपरिक खाना पकाने के तरीकों का उपयोग करने वाले व्यक्तियों में थीं।

आर्थिक दृष्टिकोण से उज्ज्वला योजना से ग्रामीण परिवारों के जीवन में सकारात्मक बदलाव आए हैं। महिलाओं को जलाऊ लकड़ी इकट्ठा करने के समय लेने वाले कार्य से मुक्त करके इस योजना ने उन्हें आय-सृजन गतिविधियों और कौशल विकास कार्यक्रमों में संलग्न होने में सक्षम बनाया है। इससे उनके आर्थिक सशक्तिकरण में योगदान मिला है। इसके अतिरिक्त खाना पकाने के ईंधन

के रूप में एलपीजी को अपनाने से खाना पकाने के तरीकों की दक्षता में वृद्धि हुई है, जिससे ग्रामीण परिवारों में महिलाओं के लिए समय की बचत और उत्पादकता में सुधार हुआ है।

स्वच्छ ऊर्जा तक पहुँच : चुनौतियाँ और अवसर

उज्ज्वला योजना ने स्वच्छ ऊर्जा पहुँच को बढ़ावा देने में महत्वपूर्ण प्रगति की है, ग्रामीण भारत में खाना पकाने के लिए स्वच्छ ईंधन को सार्वभौमिक रूप से अपनाने को सुनिश्चित करने में कई चुनौतियाँ बनी हुई हैं।

खाना पकाने के लिए एलपीजी जैसे स्वच्छ ईंधन को व्यापक रूप से अपनाने में प्राथमिक चुनौतियों में से एक रिफिल की सामर्थ्य और पहुँच है। उज्ज्वला योजना एलपीजी कनेक्शन की प्रारंभिक लागत को संबोधित करती है, रिफिल और रखरखाव से जुड़े आवर्ती खर्च कई ग्रामीण परिवारों, विशेष रूप से सीमित वित्तीय संसाधनों वाले लोगों के लिए बाधा बन सकते हैं। इस मुद्दे को संबोधित करने के लिए एक बहुआयामी दृष्टिकोण की आवश्यकता है, जिसमें वितरण नेटवर्क का विस्तार, रिफिल के लिए सब्सिडी या वित्तीय सहायता की शुरूआत और बायोगैस और सौर कुकर जैसे वैकल्पिक स्वच्छ ऊर्जा समाधानों को बढ़ावा देना शामिल है।

इसके अलावा स्वच्छ ऊर्जा पहल की स्थिरता आधुनिक ऊर्जा प्रौद्योगिकियों के प्रभावी प्रसार के लिए बुनियादी ढाँचे और समर्थन प्रणालियों की उपलब्धता पर निर्भर करती है। इसमें दूरदराज के क्षेत्रों में एलपीजी वितरण केंद्रों की स्थापना, एलपीजी के सुरक्षित उपयोग पर प्रशिक्षण और जागरूकता कार्यक्रमों का प्रावधान और ग्रामीण परिवारों के लिए खाना पकाने के स्वच्छ ईंधन की सामर्थ्य और विश्वसनीयता सुनिश्चित करने के लिए तंत्र का विकास शामिल है। इन लॉजिस्टिक और परिचालन चुनौतियों से निपटने के लिए सरकारी एजेंसियों, गैर-सरकारी संगठनों और निजी क्षेत्र की संस्थाओं से जुड़े सहयोगात्मक प्रयास आवश्यक हैं।

चुनौतियों से निपटने के अलावा ग्रामीण भारत में स्वच्छ ऊर्जा पहुँच को आगे बढ़ाने के महत्वपूर्ण अवसर हैं। तकनीकी नवाचार, उद्यमिता और नीति समर्थन का अभिसरण स्वच्छ ऊर्जा क्षेत्र में स्केलेबल और टिकाऊ समाधान का मार्ग प्रशस्त कर सकता है। उदाहरण के लिए ग्रामीण समुदायों की जरूरतों और प्राथमिकताओं के अनुरूप खाना पकाने की स्वच्छ प्रौद्योगिकियों को बढ़ावा देना जैसे कि बेहतर

बायोमास स्टोव और बायोगैस डाइजेस्टर। इसके अलावा खाना पकाने और हीटिंग उद्देश्यों के लिए सौर ऊर्जा जैसे नवीकरणीय ऊर्जा स्रोतों का लाभ उठाने से ऑफ-ग्रिड और दूरदराज के क्षेत्रों में स्वच्छ ऊर्जा पहुँच का विस्तार करने का वादा किया गया है।

स्वच्छ ऊर्जा पहल का व्यापक महत्व

ग्रामीण परिवारों को तत्काल लाभ पहुँचाने के अलावा उज्ज्वला योजना जैसी स्वच्छ ऊर्जा पहल सतत् विकास और पर्यावरण संरक्षण के संदर्भ में व्यापक महत्व रखती है। खाना पकाने के स्वच्छ ईंधन न केवल घर के अंदर हवा की गुणवत्ता में सुधार करते हैं और स्वास्थ्य जोखिमों को कम करते हैं बल्कि पारंपरिक बायोमास जलने से जुड़े उत्सर्जन पर अंकुश लगाकर जलवायु परिवर्तन के प्रभाव को कम करने में भी योगदान देते हैं। स्वच्छ ऊर्जा में परिवर्तन संयुक्त राष्ट्र के सतत् विकास लक्ष्यों, विशेष रूप से लक्ष्य 7 (सस्ती और स्वच्छ ऊर्जा) और लक्ष्य 13 (क्लाइमेट एक्शन) के प्रति भारत की प्रतिबद्धताओं के अनुरूप है, और पर्यावरणीय चुनौतियों से निपटने में एक जिम्मेदार वैश्विक हितधारक के रूप में देश की भूमिका को मजबूत करता है।

इसके अलावा स्वच्छ ऊर्जा तक पहुँच का ग्रामीण विकास पर प्रभाव पड़ता है, जिसमें गरीबी उन्मूलन, आजीविका वृद्धि और सामाजिक समावेशन शामिल है। ग्रामीण समुदायों को आधुनिक ऊर्जा प्रौद्योगिकियों को अपनाने में सक्षम बनाकर, स्वच्छ ऊर्जा पहल आर्थिक विविधीकरण, उद्यमिता और कौशल विकास के अवसर पैदा करती है। यह, बदले में ग्रामीण अर्थव्यवस्थाओं के समग्र लचीलेपन और आत्मनिर्भरता में योगदान देता है, जिससे सतत् वृद्धि और विकास के लिए अनुकूल वातावरण को बढ़ावा मिलता है।

लैंगिक समानता और महिला सशक्तिकरण के संदर्भ में, स्वच्छ ऊर्जा पहल घरेलू जिम्मेदारियों के पुनर्वितरण और महिलाओं को सामाजिक और आर्थिक क्षेत्रों में अधिक सक्रिय रूप से भाग लेने के लिए सशक्त बनाने में परिवर्तनकारी भूमिका निभाती है। महिलाओं को पारंपरिक खाना पकाने की प्रथाओं के कठिन परिश्रम से मुक्त करके, स्वच्छ ऊर्जा पहुँच महिलाओं के नेतृत्व, शिक्षा और उद्यमिता के लिए अनुकूल माहौल को बढ़ावा देती है, जिससे ग्रामीण भारत में समावेशी और

न्यायसंगत विकास में योगदान मिलता है।

उज्ज्वला योजना ग्रामीण समुदायों को सशक्त बनाने और सतत् विकास को बढ़ावा देने में स्वच्छ ऊर्जा पहल की परिवर्तनकारी क्षमता के प्रमाण के रूप में खड़ी है। ऊर्जा गरीबी और इनडोर वायु प्रदूषण की चुनौतियों का समाधान करके इस योजना ने पर्यावरणीय स्थिरता और आर्थिक सशक्तिकरण में योगदान करते हुए लाखों परिवारों के जीवन की गुणवत्ता में उल्लेखनीय सुधार किया है। हालाँकि ग्रामीण भारत में स्वच्छ ऊर्जा पहुँच की पूरी क्षमता को साकार करने के लिए शेष बाधाओं को दूर करने और उभरते अवसरों को भुनाने के लिए निरंतर प्रयासों की आवश्यकता है।

आगे बढ़ते हुए एक समग्र दृष्टिकोण अपनाना जरूरी है जो स्वच्छ ऊर्जा पहुँच को आगे बढ़ाने के लिए तकनीकी नवाचार, नीति समर्थन और सामुदायिक भागीदारी को एकीकृत करता है। इसमें खाना पकाने के स्वच्छ ईंधन की सामर्थ्य, पहुँच और स्थिरता सुनिश्चित करने के लिए सरकारी एजेंसियों, निजी क्षेत्र की संस्थाओं, नागरिक समाज संगठनों और स्थानीय समुदायों के बीच सहयोग को बढ़ावा देना शामिल है। इसके अतिरिक्त बायोगैस, बेहतर बायोमास स्टोव और सौर खाना पकाने के समाधान सहित स्वच्छ ऊर्जा प्रौद्योगिकियों में अनुसंधान और विकास को बढ़ावा देना, विभिन्न आवश्यकताओं और प्राथमिकताओं को पूरा करते हुए, ग्रामीण परिवारों के लिए उपलब्ध विकल्पों की श्रृंखला को और समृद्ध कर सकता है।

इसके अलावा खाना पकाने के स्वच्छ ईंधन के सुरक्षित और कुशल उपयोग को बढ़ावा देने के साथ-साथ ग्रामीण समुदायों के भीतर टिकाऊ ऊर्जा प्रथाओं की संस्कृति को बढ़ावा देने के लिए व्यापक जागरूकता और क्षमता-निर्माण कार्यक्रमों में निवेश करना महत्वपूर्ण है। स्वच्छ ऊर्जा प्रौद्योगिकियों को अपनाने के लिए ज्ञान और कौशल के साथ व्यक्तियों को सशक्त बनाकर ये पहल स्वच्छ और अधिक टिकाऊ ऊर्जा प्रथाओं की ओर व्यापक सामाजिक बदलाव को उत्प्रेरित कर सकती हैं, जिससे स्वच्छ ऊर्जा पहुँच पहल के प्रभाव में वृद्धि हो सकती है।

उज्जवल योजना भारत में स्वच्छ ऊर्जा पहुँच का विस्तार करने और ग्रामीण परिवारों के जीवन को बदलने में सहायक रही है। ऊर्जा गरीबी, स्वास्थ्य, लैंगिक समानता और पर्यावरणीय स्थिरता के संबंध को संबोधित करके इस योजना ने समावेशी और प्रभावशाली स्वच्छ ऊर्जा पहल के लिए एक मिसाल कायम की है।

आगे देखते हुए शेष चुनौतियों का समाधान करने, अवसरों का लाभ उठाने और बहुआयामी दृष्टिकोण को अपनाने पर एक ठोस ध्यान ग्रामीण भारत में सार्वभौमिक स्वच्छ ऊर्जा पहुँच की दिशा में संक्रमण को तेज करने में महत्वपूर्ण होगा। निरंतर प्रतिबद्धता और सहयोगात्मक कार्रवाई के माध्यम से भारत एक ऐसे भविष्य का मार्ग प्रशस्त कर सकता है जहाँ स्वच्छ और टिकाऊ ऊर्जा उसके सभी नागरिकों, विशेषकर ग्रामीण क्षेत्रों में रहने वाले लोगों की समृद्धि और भलाई को रेखांकित करती है।

एनडीए की पहल ने पूरे भारत में महिलाओं के कल्याण और सशक्तिकरण को बढ़ावा देने पर जोर दिया है।

—स्मृति ईरानी

□

कृषि सुधार एवं ग्रामीण विकास

डिजिटल पहल और प्रौद्योगिकी-संचालित समाधानों पर एनडीए के जोर ने भारत में शासन को बदल दिया है।

—रविशंकर प्रसाद

कृषि सुधार और किसान कल्याण योजनाएं सतत् विकास का पोषण

दुनिया कीआबादी के एक बड़े हिस्से को भोजन, कच्चा माल और रोजगार प्रदान करने वाली कृषि को अर्थव्यवस्थाओं की रीढ़ कहा जाए तो कोई अतिशयोक्ति नहीं होगी। भारत सहित कई विकासशील देशों में कृषि खाद्‌य सुरक्षा सुनिश्चित करने और आजीविका मुहैया कराने में महत्वपूर्ण भूमिका निभाती है। हालाँकि कृषि क्षेत्र को कई चुनौतियों का सामना करना पड़ता है जिनमें कम उत्पादकता, अपर्याप्त बुनियादी ढाँचा, बाजार की अक्षमताएँ और छोटे किसानों की विभिन्न जोखिमों के प्रति संवेदनशीलता शामिल है। इन चुनौतियों के जवाब में दुनिया भर की सरकारों ने उत्पादकता बढ़ाने, किसानों के लिए आय सुरक्षा सुनिश्चित करने और टिकाऊ कृषि प्रथाओं को बढ़ावा देने के उद्‌देश्य से कृषि सुधार और किसान कल्याण योजनाएं शुरू की हैं। यह निबंध भारत पर विशेष ध्यान देने के साथ कृषि सुधारों और किसान कल्याण योजनाओं के महत्व का पता लगाएगा और कृषि क्षेत्र और किसानों की भलाई पर उनके प्रभाव पर चर्चा करेगा।

कृषि सुधारों का ऐतिहासिक संदर्भ

कृषि सुधार दशकों से नीतिगत बहस का विषय रहा है, जिसमें देश इस क्षेत्र से जुड़े संरचनात्मक और प्रणालीगत मुद्‌दों के समाधान के लिए विभिन्न उपाय लागू कर रहे हैं। भारत में 1960 के दशक की हरित क्रांति ने कृषि विकास में एक महत्वपूर्ण मोड़ ला दिया, जिससे उच्च उपज वाली किस्मों को अपनाने, सिंचाई के बुनियादी ढाँचे और आधुनिक कृषि उपकरणों के उपयोग के माध्यम से खाद्‌यान्न उत्पादन में वृद्‌धि हुई। हरित क्रांति से कृषि उत्पादन में वृद्‌धि हुई, इससे पर्यावरणीय गिरावट, पानी की कमी पर अंकुश लगा और क्षेत्रीय विकास भी हुआ। इसके बाद के नीतिगत

हस्तक्षेपों का उद्देश्य टिकाऊ और समावेशी कृषि विकास पर जोर देते हुए इन चुनौतियों का समाधान करना था।

कृषि सुधारों के प्रमुख उद्देश्य

कृषि सुधारों के प्राथमिक उद्देश्य बहुआयामी हैं, जिनमें आर्थिक, सामाजिक और पर्यावरणीय आयाम शामिल हैं। इन सुधारों का उद्देश्य कृषि उत्पादकता को बढ़ाना, किसानों की आय और आजीविका में सुधार करना, खाद्य सुरक्षा सुनिश्चित करना, स्थायी संसाधन प्रबंधन को बढ़ावा देना और छोटे किसानों को आधुनिक मूल्य श्रृंखलाओं में एकीकृत करना है। इसके अलावा कृषि सुधारों का उद्देश्य बाजार तक किसानों की पहुँच को सुविधाजनक बनाना, फसल के बाद के नुकसान को कम करना और जलवायु परिवर्तन और अन्य बाहरी झटकों के प्रति कृषक समुदायों का लचीलापन बढ़ाना है। इन उद्देश्यों को संबोधित करके कृषि सुधार एक जीवंत और लचीला कृषि क्षेत्र बनाने की आकांक्षा रखते हैं जो बढ़ती आबादी की विविध आवश्यकताओं को पूरा करने में सक्षम हो।

कृषि सुधारों के प्रकार एवं उनका प्रभाव

कृषि सुधारों में भूमि सुधार, जल प्रबंधन पहल, कृषि विस्तार सेवाएं, अनुसंधान और विकास निवेश, इनपुट सब्सिडी, मूल्य समर्थन तंत्र और व्यापार नीतियों सहित नीतिगत उपायों की एक विस्तृत श्रृंखला शामिल है। उदाहरण के लिए भूमि सुधारों का उद्देश्य भूमि स्वामित्व, किरायेदारी और भूमि उपयोग पैटर्न के मुद्दों को संबोधित करना, भूमि तक समान पहुँच सुनिश्चित करना और भूमि के कुशल उपयोग को बढ़ावा देना है। सिंचाई आधुनिकीकरण और वाटरशेड विकास जैसी जल प्रबंधन पहल, कृषि उत्पादन में पानी की उपलब्धता और दक्षता बढ़ाने का प्रयास करती हैं। इसके अलावा कृषि विस्तार सेवाएँ किसानों तक ज्ञान, प्रौद्योगिकियों और सर्वोत्तम प्रणाली का प्रसार करने, उन्हें सूचित निर्णय लेने और नवीन तकनीकों को अपनाने के लिए सशक्त बनाने में महत्वपूर्ण भूमिका निभाती हैं।

इनपुट सब्सिडी और मूल्य समर्थन तंत्र को सब्सिडी वाले इनपुट प्रदान करके और उनकी उपज के लिए न्यूनतम समर्थन मूल्य सुनिश्चित करके किसानों पर वित्तीय बोझ को कम करने के लिए डिजाइन किया गया है। ये उपाय किसानों की आय को

स्थिर करने और कृषि उत्पादन को प्रोत्साहित करने में मदद करते हैं। इसके अलावा व्यापार नीतियाँ किसानों को घरेलू और अंतरराष्ट्रीय बाजारों से जोड़ने, निर्यात-आयात गतिशीलता को प्रभावित करने और कृषि वस्तुओं के लिए अनुकूल व्यापार वातावरण सुनिश्चित करने में महत्वपूर्ण भूमिका निभाती हैं। इन सुधारों का प्रभाव बहुआयामी है, जो कृषि उत्पादकता, किसानों की आय, ग्रामीण रोजगार, भोजन की उपलब्धता और समग्र आर्थिक विकास को प्रभावित कर रहा है।

किसान कल्याण योजनाएँ : एक समग्र दृष्टिकोण

कृषि सुधारों के संयोजन में किसान कल्याण योजनाएं किसानों और उनके परिवारों की सामाजिक-आर्थिक भलाई को संबोधित करने में महत्वपूर्ण भूमिका निभाती हैं। इन योजनाओं को किसानों को वित्तीय सहायता, जोखिम शमन और सामाजिक सुरक्षा प्रदान करने के लिए डिजाइन किया गया है, जिससे उनके जीवन की गुणवत्ता में समग्र सुधार में योगदान मिलता है। किसान कल्याण योजनाओं में विभिन्न घटक शामिल हैं, जिनमें आय सहायता, फसल बीमा, ऋण तक पहुँच, कृषि बीमा, स्वास्थ्य देखभाल सुविधाएं और पेंशन प्रावधान शामिल हैं। इन घटकों का उद्देश्य किसानों द्वारा सामना की जाने वाली विविध आवश्यकताओं और कमजोरियों को संबोधित करना, उनका सामाजिक-आर्थिक लचीलापन और कल्याण सुनिश्चित करना है।

भारत में सबसे महत्वपूर्ण किसान कल्याण योजनाओं में से एक प्रधानमंत्री किसान सम्मान निधि (पीएम-किसान) है, जिसे 2019 में लॉन्च किया गया था। यह योजना छोटे और सीमांत किसानों को उनके बैंक खातों में एक निश्चित राशि हस्तांतरित करके प्रत्यक्ष आय सहायता प्रदान करती है। पीएम-किसान योजना का लक्ष्य किसानों की आय बढ़ाना, उनकी क्रय शक्ति बढ़ाना और उनकी वित्तीय स्थिरता में योगदान करना है। प्रत्यक्ष नकद हस्तांतरण प्रदान करके यह योजना किसानों के सामने आने वाली तरलता बाधाओं को दूर करने का प्रयास करती है, जिससे उन्हें कृषि इनपुट, मशीनरी और अन्य उत्पादक संपत्तियों में निवेश करने में सक्षम बनाया जा सके।

फसल बीमा योजनाओं को किसान कल्याण पहल के एक महत्वपूर्ण घटक के रूप में प्रमुखता मिली है। ये योजनाएं किसानों को फसल खराब होने, प्राकृतिक

आपदाओं और मूल्य में उतार-चढ़ाव के खिलाफ वित्तीय सुरक्षा प्रदान करती हैं, जिससे कृषि उत्पादन से जुड़े जोखिम कम होते हैं। फसल बीमा योजनाएं किसानों को आय हानि और ऋण जाल से बचाने में मदद करती हैं, जिससे कृषि गतिविधियों में जोखिम लेने और निवेश को बढ़ावा मिलता है। इसके अलावा किसान क्रेडिट कार्ड और प्राथमिकता क्षेत्र ऋण जैसे संस्थागत तंत्र के माध्यम से ऋण तक पहुँच, किसानों को कृषि कार्यों के लिए समय पर और किफायती ऋण सुरक्षित करने में सक्षम बनाती है, जिससे सूदखोर साहूकारों पर उनकी निर्भरता कम हो जाती है।

पशुधन बीमा और मौसम आधारित बीमा सहित कृषि बीमा योजनाएं भी किसानों की आजीविका की सुरक्षा में महत्वपूर्ण भूमिका निभाती हैं। ये योजनाएं पशुधन मृत्यु, प्रतिकूल मौसम की स्थिति के कारण फसल क्षति या कीट संक्रमण की स्थिति में मुआवजा प्रदान करती हैं, जिससे किसानों पर ऐसी घटनाओं का वित्तीय प्रभाव कम हो जाता है। इसके अलावा किसानों और उनके परिवारों के लिए तैयार की गई स्वास्थ्य देखभाल सुविधाएं और पेंशन प्रावधान उनके सामाजिक कल्याण और दीर्घकालिक वित्तीय सुरक्षा में योगदान करते हैं। किसान कल्याण योजनाओं के इन घटकों का उद्‌देश्य कृषक समुदायों की स्वास्थ्य देखभाल आवश्यकताओं को संबोधित करना और उन्हें सेवानिवृत्ति के बाद के वर्षों के दौरान आर्थिक स्थिरता की भावना प्रदान करना है।

कृषि सुधार एवं किसान कल्याण योजनाओं का प्रभाव

कृषि क्षेत्र और किसानों की भलाई पर कृषि सुधारों और किसान कल्याण योजनाओं का प्रभाव रहा है, हालाँकि सफलता और चुनौतियों की अलग-अलग डिग्री है। कृषि सुधारों ने उत्पादकता, संसाधन उपयोग दक्षता और बाजार एकीकरण में सुधार में योगदान दिया है, जिससे कृषि उत्पादन और आय सृजन में वृद्‌धि हुई है। टिकाऊ कृषि पद्‌धतियों, प्राकृतिक संसाधनों के संरक्षण और प्रौद्‌योगिकी को अपनाने को बढ़ावा देकर इन सुधारों ने अधिक लचीली और पर्यावरण के अनुकूल कृषि प्रणालियों की ओर परिवर्तन की सुविधा प्रदान की है। आधुनिक मूल्य शृंखलाओं में छोटे किसानों के एकीकरण ने उनके बाजार के अवसरों का विस्तार किया है, जिससे वे उच्च मूल्य वाले बाजारों तक पहुँचने और अपने आय स्रोतों में विविधता लाने में सक्षम हुए हैं।

किसान कल्याण योजनाओं के संदर्भ में आय सहायता, फसल बीमा और ऋण तक पहुँच के प्रावधान ने किसानों की वित्तीय सुरक्षा को मजबूत किया है, जिससे आय के झटके और ऋणग्रस्तता के प्रति उनकी संवेदनशीलता कम हो गई है। पीएम-किसान योजना ने विशेष रूप से पूरे भारत में लाखों छोटे और सीमांत किसानों को लाभान्वित किया है, जिससे उन्हें अपनी घरेलू और कृषि जरूरतों को पूरा करने के लिए आय का एक स्थिर स्रोत प्रदान किया गया है। इसी तरह फसल बीमा योजनाओं ने किसानों को एक सुरक्षा चक्र प्रदान किया है, जिससे उन्हें फसल के नुकसान के वित्तीय परिणामों से सुरक्षा मिली है और उन्हें प्रतिकूल घटनाओं से अधिक प्रभावी ढंग से उबरने में मदद मिली है। औपचारिक ऋण तक पहुँच ने किसानों को अपनी कृषि गतिविधियों में निवेश करने, आधुनिक प्रौद्योगिकियों को अपनाने और अपनी उत्पादकता में सुधार करने के लिए और सशक्त बनाया है। इसने बदले में कृषि क्षेत्र की समग्र वृद्धि और विकास में योगदान दिया है।

किसान कल्याण योजनाओं का किसानों और उनके परिवारों की सामाजिक भलाई पर सकारात्मक प्रभाव पड़ा है। स्वास्थ्य देखभाल सुविधाओं और पेंशन प्रावधानों तक पहुँच प्रदान करके इन योजनाओं ने कृषक समुदायों की स्वास्थ्य देखभाल आवश्यकताओं को संबोधित किया है और सेवानिवृत्ति के बाद के वर्षों के दौरान आर्थिक सुरक्षा की भावना सुनिश्चित की है। इन योजनाओं के समग्र दृष्टिकोण ने न केवल कृषि उत्पादकता बढ़ाने पर ध्यान केंद्रित किया है, बल्कि देश की खाद्य सुरक्षा और आर्थिक विकास में उनके योगदान को पहचानते हुए किसानों के जीवन की समग्र गुणवत्ता में सुधार लाने का भी लक्ष्य रखा है।

चुनौतियाँ और अवसर

कृषि सुधारों और किसान कल्याण योजनाओं के सकारात्मक प्रभाव के बावजूद कई चुनौतियाँ बनी हुई हैं, जो उनकी क्षमता के पूर्ण कार्यान्वयन में बाधा बन रही हैं। प्राथमिक चुनौतियों में से एक जमीनी स्तर पर इन नीतियों का प्रभावी कार्यान्वयन है। यह सुनिश्चित करने के लिए कि कृषि सुधारों और कल्याणकारी योजनाओं का लाभ इच्छित लाभार्थियों, विशेषकर सुदूर ग्रामीण क्षेत्रों के छोटे किसानों तक पहुँच, के लिए मजबूत प्रशासनिक तंत्र, पारदर्शी शासन और कुशल वितरण प्रणाली की आवश्यकता है। इसके अतिरिक्त कार्यान्वयन प्रक्रियाओं को सुव्यवस्थित करने और नौकरशाही

बाधाओं को दूर करने के लिए विभिन्न सरकारी विभागों, वित्तीय संस्थानों और कृषि हितधारकों के बीच अधिक समन्वय की आवश्यकता है।

इसके अलावा कृषि सुधारों और कल्याणकारी योजनाओं की स्थिरता के लिए एक दीर्घकालिक परिप्रेक्ष्य की आवश्यकता होती है जो पर्यावरण संरक्षण, जलवायु लचीलापन और समावेशी विकास को ध्यान में रखे। प्राकृतिक संसाधनों और जैव विविधता के संरक्षण के साथ कृषि उत्पादन बढ़ाने की अनिवार्यता को संतुलित करना एक जटिल चुनौती है। इसलिए टिकाऊ कृषि पद्धतियों, जल संरक्षण और कृषि-पारिस्थितिकी दृष्टिकोण को बढ़ावा देने की आवश्यकता बढ़ रही है जो कृषि की उत्पादकता को बढ़ाते हुए उसके पर्यावरणीय प्रभाव को कम करते हैं।

किसान कल्याण योजनाओं के संदर्भ में इन पहलों की वित्तीय व्यवहार्यता और मापनीयता सुनिश्चित करना एक महत्वपूर्ण चिंता का विषय बना हुआ है। किसानों के लिए आय सहायता, बीमा कवरेज और ऋण सुविधाओं की निरंतरता और प्रभावशीलता की गारंटी के लिए वित्तीय स्थिरता आवश्यक है। इसके अलावा प्रौद्योगिकी और डेटा-संचालित दृष्टिकोण का लाभ उठाकर किसान कल्याण लाभों के लक्ष्यीकरण और वितरण को बढ़ाया जा सकता है, रिसाव को कम किया जा सकता है और यह सुनिश्चित किया जा सकता है कि संसाधन उन लोगों तक पहुँचें जिन्हें उनकी सबसे अधिक आवश्यकता है।

इन चुनौतियों के आलोक में कृषि सुधारों और किसान कल्याण योजनाओं में आगे नवाचार और सुधार के भी महत्वपूर्ण अवसर हैं। कृषि ड्रोन, सटीक खेती, आपूर्ति श्रृंखला प्रबंधन और मोबाइल भुगतान समाधान जैसी डिजिटल प्रौद्योगिकियों को अपनाने से कृषि परिदृश्य में क्रांतिकारी बदलाव आ सकता है, जिससे यह अधिक कुशल, पारदर्शी और लचीला बन सकता है। ये प्रौद्योगिकियाँ वास्तविक समय सूचना विनिमय, बाजार लिंकेज और संसाधन अनुकूलन की सुविधा प्रदान कर सकती हैं, किसानों को डेटा-संचालित निर्णय लेने और बदलती बाजार गतिशीलता के अनुकूल होने के लिए सशक्त बनाती हैं।

इसके अलावा कृषि-उद्यमिता, कृषि-प्रसंस्करण उद्योगों और मूल्य संवर्धन को बढ़ावा देने से ग्रामीण क्षेत्रों में आय सृजन और रोजगार के अवसरों के नए रास्ते बन सकते हैं। किसान उत्पादक संगठनों, कृषि-स्टार्टअप और ग्रामीण उद्यमों की स्थापना को प्रोत्साहित करके, कृषि सुधार क्षेत्र के भीतर नवाचार, विविधीकरण और

मूल्य निर्माण की संस्कृति को बढ़ावा दे सकते हैं। इसके अतिरिक्त जलवायु-लचीली फसल किस्मों, टिकाऊ कृषि वानिकी मॉडल और कुशल जल प्रबंधन तकनीकों को विकसित करने के लिए अनुसंधान और विकास में निवेश जलवायु परिवर्तन से उत्पन्न चुनौतियों का समाधान करते हुए कृषि की दीर्घकालिक स्थिरता में योगदान कर सकता है।

कृषि सुधार और किसान कल्याण योजनाएं कृषि क्षेत्र को एक जीवंत, टिकाऊ और समावेशी डोमेन में बदलने के प्रयासों का अभिन्न अंग हैं जो किसानों की विविध आवश्यकताओं को पूरा करता है और राष्ट्रीय विकास में योगदान देता है। इन नीतिगत हस्तक्षेपों में कृषि उत्पादकता बढ़ाने, किसानों की आय में सुधार करने, खाद्य सुरक्षा सुनिश्चित करने और पर्यावरणीय स्थिरता को बढ़ावा देने की क्षमता है। हालाँकि इन सुधारों और योजनाओं द्वारा प्रस्तुत चुनौतियों का समाधान करने और अवसरों का लाभ उठाने के लिए नीति निमार्ताओं, कृषि हितधारकों और व्यापक समुदाय के ठोस प्रयासों की आवश्यकता है।

पर्यटन को बढ़ावा देने के एनडीए के प्रयासों ने भारत की समृद्ध सांस्कृतिक को प्रदर्शित किया है और दुनिया भर से पर्यटकों को आकर्षित किया है।

—प्रहलाद सिंह पटेल

□

सिंचाई एवं जल प्रबंधन पहल

सिंचाई और जल प्रबंधन भारत सरकार के लिए विशेष रूप से राष्ट्रीय जनतांत्रिक गठबंधन (एनडीए) शासन के तहत फोकस के महत्वपूर्ण क्षेत्र रहे हैं। भारतीय जनता पार्टी (भाजपा) के नेतृत्व वाली एनडीए सरकार ने पानी की कमी, अकुशल सिंचाई प्रणालियों और टिकाऊ जल प्रबंधन की आवश्यकता से जुड़ी चुनौतियों का समाधान करने के लिए विभिन्न पहल लागू की हैं। इन पहलों में कृषि उत्पादकता में सुधार, जल सुरक्षा सुनिश्चित करने और देश भर में जल संसाधनों के कुशल उपयोग को बढ़ावा देने के उद्देश्य से नीतियों, कार्यक्रमों और परियोजनाओं की एक विस्तृत श्रृंखला शामिल है। इस व्यापक विश्लेषण में, हम सिंचाई और जल प्रबंधन में एनडीए सरकार की पहलों, उनके प्रभाव, चुनौतियों और भविष्य की संभावनाओं की समीक्षा करेंगे।

सिंचाई और जल प्रबंधन के क्षेत्र में एनडीए सरकार द्वारा शुरू की गई प्रमुख पहलों में से एक प्रधानमंत्री कृषि सिंचाई योजना (पीएमकेएसवाई) है। 2015 में शुरू की गई पीएमकेएसवाई का लक्ष्य सिंचाई के तहत क्षेत्र का विस्तार करना, जल उपयोग दक्षता में सुधार करना और विभिन्न सिंचाई योजनाओं का अभिसरण सुनिश्चित करना है। पीएमकेएसवाई के प्रमुख घटकों में त्वरित सिंचाई लाभ कार्यक्रम (एआईबीपी), हर खेत को पानी (प्रति बूंद अधिक फसल), वाटरशेड विकास और जल निकायों की मरम्मत, नवीनीकरण और बहाली (आरआरआर) शामिल हैं। पीएमकेएसवाई सिंचाई और जल प्रबंधन के लिए एक व्यापक और समग्र दृष्टिकोण की दिशा में एक महत्वपूर्ण बदलाव का प्रतिनिधित्व करता है, जो टिकाऊ और एकीकृत समाधानों की आवश्यकता पर बल देता है।

पीएमकेएसवाई के तहत सरकार ने मौजूदा सिंचाई बुनियादी ढाँचे को बढ़ाने के साथ-साथ कुशल जल उपयोग प्रणालियों को अपनाने को भी बढ़ावा देने पर ध्यान

केंद्रित किया है। एआईबीपी, जो पीएमकेएसवाई का एक महत्वपूर्ण हिस्सा है, का उद्देश्य चल रही प्रमुख और मध्यम सिंचाई परियोजनाओं को शीघ्र पूरा करने के लिए राज्यों को वित्तीय सहायता प्रदान करना है। सिंचाई विकास की गति में तेजी लाकर सरकार सिंचाई के बुनियादी ढाँचे में ऐतिहासिक अल्प निवेश को संबोधित करना चाहती है और सिंचित क्षेत्र का विस्तार करना चाहती है, जिससे कृषि उत्पादकता और ग्रामीण आजीविका को बढ़ावा मिलेगा।

इसके अलावा पीएमकेएसवाई के तहत हर खेत को पानी पहल ड्रिप और स्प्रिंकलर सिंचाई जैसी सूक्ष्म सिंचाई तकनीकों पर जोर देती है ताकि किसानों को कम पानी के साथ उच्च फसल पैदावार प्राप्त करने में सक्षम बनाया जा सके। यह घटक टिकाऊ कृषि पद्धतियों को बढ़ावा देने और पारंपरिक जल स्रोतों पर बोझ को कम करने की सरकार की प्रतिबद्धता को रेखांकित करता है। आधुनिक सिंचाई प्रौद्योगिकियों को अपनाने को प्रोत्साहित करके, एनडीए सरकार का लक्ष्य भूजल स्तर में गिरावट और कृषि में अकुशल जल उपयोग से उत्पन्न चुनौतियों का समाधान करना है।

बुनियादी ढाँचे के विकास और आधुनिकीकरण के अलावा, एनडीए सरकार ने अपने जल संरक्षण प्रयासों के एक महत्वपूर्ण पहलू के रूप में वाटरशेड प्रबंधन को भी प्राथमिकता दी है। वाटरशेड विकास का उद्देश्य वर्षा आधारित कृषि की उत्पादकता को बढ़ाना, मिट्टी के स्वास्थ्य में सुधार करना और वनीकरण, मिट्टी संरक्षण और वर्षा जल संचयन जैसे उपायों के माध्यम से पानी का संरक्षण करना है। समुदाय-आधारित वाटरशेड प्रबंधन को बढ़ावा देकर सरकार स्थानीय समुदायों को प्राकृतिक संसाधन प्रबंधन में सक्रिय रूप से भाग लेने के लिए सशक्त बनाना चाहती है जिससे टिकाऊ और समावेशी विकास को बढ़ावा मिले।

सिंचाई और जल प्रबंधन में एनडीए सरकार की पहल का एक अन्य महत्वपूर्ण घटक तालाब और झीलों जैसे पारंपरिक जल निकायों की मरम्मत, नवीनीकरण और पुनर्स्थापन (आरआरआर) है। इन जल निकायों के पारिस्थितिक और सामाजिक महत्व को पहचानते हुए सरकार ने उनके कायाकल्प के लिए संसाधनों का आवंटन किया है, जिसका लक्ष्य जल भंडारण क्षमता को बढ़ाना, भूजल पुनर्भरण में सुधार करना और स्थानीय पारिस्थितिकी तंत्र को पुनर्जीवित करना है। यह पहल न केवल जल सुरक्षा और कृषि स्थिरता में योगदान देती है, बल्कि ग्रामीण रोजगार पैदा करने और ग्रामीण अर्थव्यवस्था को मजबूत करने की क्षमता भी रखती है।

इन पहलों के साथ एनडीए सरकार ने प्रभावी जल प्रशासन और प्रबंधन की आवश्यकता पर जोर दिया है। 2019 में स्थापित जल शक्ति मंत्रालय, एकीकृत जल संसाधन प्रबंधन के लिए सरकार की प्रतिबद्धता का उदाहरण है। मंत्रालय का लक्ष्य विभिन्न क्षेत्रों में जल संसाधनों के प्रबंधन को मजबूत करना और जल प्रशासन के लिए अधिक समग्र और समन्वित दृष्टिकोण को बढ़ावा देना है। सतही जल, भूजल और कृषि, सिंचाई और पेयजल आपूर्ति जैसे जल-संबंधित क्षेत्रों के प्रबंधन को एकीकृत करके सरकार जल के उपयोग को अनुकूलित करना, संघर्षों को कम करना और सतत् विकास सुनिश्चित करना चाहती है।

जल प्रशासन पर अपने जोर के अनुरूप एनडीए सरकार ने राष्ट्रीय जल नीति भी पेश की है, जो भारत में जल संसाधनों के सतत् विकास और प्रबंधन के लिए एक व्यापक रूपरेखा प्रदान करती है। नीति एकीकृत जल संसाधन प्रबंधन, जल का कुशल उपयोग और जल निकायों के संरक्षण की आवश्यकता पर जोर देती है, जो जल उपलब्धता और गुणवत्ता से जुड़ी बहुमुखी चुनौतियों के समाधान के लिए दीर्घकालिक दृष्टिकोण को दर्शाती है। मार्गदर्शक सिद्धांतों और रणनीतियों को निर्धारित करके राष्ट्रीय जल नीति पर्यावरणीय स्थिरता, जल सुरक्षा और जल आवंटन और प्रबंधन में सामाजिक समानता को बढ़ावा देने के लिए एक रोडमैप के रूप में कार्य करती है।

इसके अलावा एनडीए सरकार जल प्रबंधन के क्षेत्र में अंतरराष्ट्रीय सहयोग और साझेदारी को बढ़ावा देने में सक्रिय रही है। सीमा पार जल संबंधी मुद्दों पर पड़ोसी देशों के साथ सरकार की भागीदारी साथ ही अंतरराष्ट्रीय जल-संबंधी मंचों और पहलों में इसकी भागीदारी साझा जल चुनौतियों के लिए सहयोगात्मक समाधान को बढ़ावा देने की उसकी प्रतिबद्धता को दर्शाती है। संवाद, कूटनीति और ज्ञान के आदान-प्रदान में संलग्न होकर, सरकार का लक्ष्य जल संसाधनों की परस्पर प्रकृति और सामूहिक कार्रवाई की आवश्यकता को पहचानते हुए सहयोग और पारस्परिक लाभ की भावना से सीमा पार जल मुद्दों को संबोधित करना है।

सिंचाई और जल प्रबंधन में एनडीए सरकार की पहल पानी से संबंधित चुनौतियों का समाधान करने के लिए एक मजबूत प्रतिबद्धता दर्शाती है लेकिन साथ ही सुधार के लिए महत्वपूर्ण चुनौतियाँ और क्षेत्र भी हैं जिन पर ध्यान देने की आवश्यकता है। एक प्रमुख चुनौती जमीनी स्तर पर सिंचाई और जल प्रबंधन पहलों के प्रभावी कार्यान्वयन और निगरानी को सुनिश्चित करने की आवश्यकता है। विभिन्न

कार्यक्रमों और योजनाओं को लागू करने के सरकार के प्रयासों के बावजूद नीतियों को जमीनी स्तर पर प्रभाव में लाने के लिए मजबूत संस्थागत तंत्र, क्षमता निर्माण और सामुदायिक भागीदारी की आवश्यकता होती है। सिंचाई और जल प्रबंधन पहल के सफल कार्यान्वयन के लिए स्थानीय शासन संरचनाओं को मजबूत करना, तकनीकी विशेषज्ञता बढ़ाना और सामुदायिक भागीदारी को बढ़ावा देना आवश्यक है।

एक और महत्वपूर्ण पहलू जो ध्यान देने की माँग करता है वह है जलवायु परिवर्तन और पर्यावरणीय गिरावट के सामने जल संसाधनों की स्थिरता और लचीलापन। चूंकि जलवायु परिवर्तनशीलता और चरम मौसम की घटनाएं पानी की उपलब्धता और गुणवत्ता के लिए खतरे पैदा करती हैं, इसलिए जल प्रबंधन रणनीतियों में जलवायु लचीलेपन को एकीकृत करने की तत्काल आवश्यकता है। इसमें जलवायु बुनियादी ढाँचे में निवेश करना, जल-कुशल कृषि पद्धतियों को बढ़ावा देना और जल संसाधन योजना और शासन में जलवायु विचारों को एकीकृत करना शामिल है। इसके अलावा पारिस्थितिक संतुलन को बनाए रखने और जल संसाधनों की दीर्घकालिक स्थिरता सुनिश्चित करने के लिए नदियों, आर्द्रभूमि और जंगलों जैसे पारिस्थितिक तंत्रों को संरक्षित और पुनर्जीवित करने के प्रयास महत्वपूर्ण हैं।

इसके अलावा सिंचाई और जल प्रबंधन के संदर्भ में पानी तक समान पहुँच और हाशिए पर रहने वाले समुदायों के सशक्तिकरण का मुद्दा एक महत्वपूर्ण चिंता का विषय बना हुआ है। सरकार की पहल का उद्देश्य पानी की पहुँच और उपलब्धता को बढ़ाना है, सामाजिक असमानताओं को दूर करने और यह सुनिश्चित करने की आवश्यकता है कि पानी से संबंधित हस्तक्षेपों का लाभ छोटे और सीमांत किसानों, महिलाओं और वंचित समूहों सहित समाज के सभी वर्गों तक पहुँचे। जल प्रशासन ढाँचे में सामाजिक समानता और समावेशिता के सिद्धांतों को शामिल करना, साथ ही जल प्रबंधन के लिए लिंग-संवेदनशील दृष्टिकोण को बढ़ावा देना, सिंचाई और जल प्रबंधन पहल की पूरी क्षमता को साकार करने के लिए जरूरी है।

सिंचाई और जल प्रबंधन में एनडीए सरकार की पहल भारत में जल संसाधनों से जुड़ी जटिल चुनौतियों से निपटने के लिए एक बहुमुखी दृष्टिकोण का प्रतिनिधित्व करती है। पीएमकेएसवाई जैसे प्रमुख कार्यक्रमों और वाटरशेड विकास, सिंचाई बुनियादी ढाँचे के आधुनिकीकरण और टिकाऊ जल प्रशासन को बढ़ावा देने पर जोर देकर, सरकार ने जल सुरक्षा, कृषि उत्पादकता और पर्यावरणीय स्थिरता को बढ़ाने के

लिए प्रतिबद्धता प्रदर्शित की है। हालाँकि इन पहलों की पूरी क्षमता का एहसास करने और लगातार चुनौतियों का समाधान करने के लिए कई प्रमुख क्षेत्रों पर निरंतर ध्यान देने और कार्रवाई करने की आवश्यकता है।

सबसे पहले सिंचाई के बुनियादी ढाँचे और जल प्रबंधन में निरंतर निवेश की आवश्यकता है, साथ ही रखरखाव और रख-रखाव पर भी ध्यान देने की आवश्यकता है जबकि एआईबीपी और जल निकायों के आरआरआर जैसी पहल की शुरूआत सराहनीय है, इन प्रणालियों की दीर्घकालिक कार्यक्षमता और दक्षता सुनिश्चित करने के लिए निरंतर निवेश और रखरखाव की आवश्यकता है। सिंचाई बुनियादी ढाँचे की स्थिरता के साथ-साथ जल संरक्षण और प्रबंधन पहल के सफल कार्यान्वयन के लिए पर्याप्त धन, तकनीकी क्षमता और संस्थागत समर्थन आवश्यक है।

जल प्रबंधन में प्रौद्योगिकी और नवाचार का एकीकरण दक्षता और स्थिरता बढ़ाने के लिए महत्वपूर्ण वादा करता है। सटीक कृषि और सेंसर-आधारित सिंचाई प्रणाली जैसी आधुनिक सिंचाई तकनीकों को अपनाने से पानी के उपयोग और फसल उत्पादकता को अनुकूलित किया जा सकता है। इसके अतिरिक्त रिमोट सेंसिंग, भौगोलिक सूचना प्रणाली (जीआईएस), और बड़े डेटा एनालिटिक्स का उपयोग जल संसाधन योजना, निगरानी और निर्णय लेने के लिए मूल्यवान अंतर्दृष्टि प्रदान कर सकता है। प्रौद्योगिकी की शक्ति का उपयोग करके, सरकार सटीक जल प्रबंधन को आगे बढ़ा सकती है और जल चुनौतियों के सामने कृषि प्रणालियों के लचीलेपन को बढ़ा सकती है।

इसके अलावा निजी क्षेत्र, अनुसंधान संस्थानों और नागरिक समाज के साथ साझेदारी को बढ़ावा देने से सिंचाई और जल प्रबंधन पहल के प्रभावी कार्यान्वयन और विस्तार में योगदान मिल सकता है। जल-कुशल प्रौद्योगिकियों की तैनाती के लिए निजी कंपनियों के साथ सहयोग करना, ज्ञान सृजन और क्षमता निर्माण के लिए अनुसंधान संस्थानों को शामिल करना और समुदाय-आधारित जल प्रबंधन में नागरिक समाज संगठनों को शामिल करना सरकार के नेतृत्व वाले हस्तक्षेपों के समग्र प्रभाव और स्थिरता को मजबूत कर सकता है।

किसानों, स्थानीय समुदायों और शहरी निवासियों सहित हितधारकों के बीच जल साक्षरता और जागरूकता को बढ़ावा देना, जल संरक्षण और टिकाऊ जल उपयोग की संस्कृति को बढ़ावा देने के लिए महत्वपूर्ण है। शैक्षिक अभियान, प्रशिक्षण

कार्यक्रम और आउटरीच गतिविधियाँ जल संसाधनों के बारे में समझ बढ़ाने, कुशल जल प्रणालियों को बढ़ावा देने और जल संरक्षण के लिए सामूहिक कार्रवाई जुटाने में महत्वपूर्ण भूमिका निभा सकती हैं। व्यक्तियों और समुदायों को ज्ञान और कौशल से सशक्त बनाकर सरकार जिम्मेदार जल प्रबंधन की दिशा में नीचे से ऊपर तक के आंदोलन को उत्प्रेरित कर सकती है।

एनडीए सरकार को विभिन्न मंत्रालयों और विभागों में पानी से संबंधित योजनाओं और कार्यक्रमों के अभिसरण को प्राथमिकता देना जारी रखना चाहिए। दोहराव से बचने, संसाधन आवंटन को अनुकूलित करने और जल प्रबंधन के लिए एक सुसंगत दृष्टिकोण सुनिश्चित करने के लिए कृषि, जल संसाधन, ग्रामीण विकास और पर्यावरण के लिए जिम्मेदार एजेंसियों के बीच एकीकृत योजना और समन्वय आवश्यक है। तालमेल और सहयोग को बढ़ावा देकर सरकार अपनी पहल के प्रभाव को अधिकतम कर सकती है और जल सुरक्षा और सतत् विकास की जटिल चुनौतियों के लिए अधिक समग्र समाधान प्रदान कर सकती है।

सिंचाई और जल प्रबंधन में एनडीए सरकार की पहल एक व्यापक और महत्वाकांक्षी एजेंडे को दर्शाती है जिसका उद्देश्य जल सुरक्षा, कृषि स्थिरता और पर्यावरणीय लचीलेपन के बहुमुखी आयामों को संबोधित करना है। बुनियादी ढाँचे के विकास, वाटरशेड प्रबंधन, जल प्रशासन और प्रौद्योगिकी अपनाने पर ध्यान केंद्रित करके सरकार ने भारत में टिकाऊ जल प्रबंधन प्रणालियों को आगे बढ़ाने के लिए एक मजबूत नींव रखी है। हालाँकि शेष चुनौतियों का समाधान करने और नए अवसरों का लाभ उठाने के लिए निरंतर प्रतिबद्धता, निरंतर नवाचार और विविध हितधारकों की सक्रिय भागीदारी की आवश्यकता होगी। रणनीतिक निवेश, तकनीकी प्रगति और समावेशी शासन के साथ एनडीए सरकार भारत को जल प्रचुरता, कृषि समृद्धि और पर्यावरणीय सद्भाव के भविष्य की ओर आगे बढ़ा सकती है।

एनडीए की नीतियों ने भारत के दीर्घकालिक विकास के लिए आवश्यक मजबूत और लचीले बुनियादी ढाँचे के विकास को सुविधाजनक बनाया है।

—हरदीप सिंह पुरी

□

ग्रामीण समुदायों को सशक्त बनाना : विद्युतीकरण और स्वच्छ ईंधन से खाना पकाने की पहल का महत्व

ग्रामीण विद्युतीकरण और स्वच्छ ईंधन से खाना पकाने की पहल सतत् विकास के आवश्यक घटक हैं, विशेष रूप से जीवन स्तर में सुधार, गरीबी को कम करने और जलवायु परिवर्तन के प्रभाव को कम करने के संदर्भ में। बिजली और स्वच्छ ईंधन से खाना पकाने के समाधानों तक पहुँच का ग्रामीण समुदायों पर दूरगामी प्रभाव पड़ता है, जो स्वास्थ्य, शिक्षा, आर्थिक अवसरों और पर्यावरणीय स्थिरता को प्रभावित करता है। इस व्यापक विश्लेषण में हम ग्रामीण विद्युतीकरण और स्वच्छ ईंधन से खाना पकाने की पहल के महत्व पर गौर करेंगे, ग्रामीण जीवन के विभिन्न पहलुओं पर उनके प्रभाव का आकलन करेंगे और उनके कार्यान्वयन से जुड़ी चुनौतियों और अवसरों की खोज करेंगे।

ग्रामीण विद्युतीकरण : विकास के लिए एक उत्प्रेरक

ग्रामीण क्षेत्रों में बिजली का प्रावधान विकास का एक मूलभूत समर्थक है। बिजली की पहुँच स्वास्थ्य सुविधाओं, स्कूलों और सामुदायिक केंद्रों जैसी आवश्यक सेवाओं को शक्ति प्रदान करके ग्रामीण निवासियों के जीवन की गुणवत्ता को बढ़ाती है। विद्युतीकरण कृषि मशीनरी और लघु उद्योगों जैसी आधुनिक तकनीकों को अपनाने की सुविधा प्रदान करता है, जो ग्रामीण समुदायों में उत्पादकता और आर्थिक विकास को बढ़ावा दे सकता है। इसके अतिरिक्त विद्युतीकरण सामाजिक समावेशन और कनेक्टिविटी को बढ़ावा देने में महत्वपूर्ण भूमिका निभाता है क्योंकि यह संचार, सूचना पहुँच, शैक्षिक और उद्यमशीलता उद्देश्यों के लिए इलेक्ट्रॉनिक उपकरणों के उपयोग को सक्षम बनाता है।

इन लाभों के बावजूद ग्रामीण विद्युतीकरण को अपर्याप्त बुनियादी ढाँचे, उच्च कार्यान्वियन लागत और भौगोलिक सुदूरता सहित कई चुनौतियों का सामना करना पड़ता है। इन बाधाओं पर काबू पाने के लिए एक बहुआयामी दृष्टिकोण की आवश्यकता होती है जो तकनीकी नवाचार, नीति समर्थन और वित्तीय निवेश को जोड़ती है। इसके अलावा सौर, पवन और पनबिजली जैसे नवीकरणीय ऊर्जा स्रोतों का एकीकरण, टिकाऊ ग्रामीण विद्युतीकरण के लिए महत्वपूर्ण वादा करता है, जो वंचित समुदायों को विश्वसनीय और पर्यावरण के अनुकूल ऊर्जा आपूर्ति प्रदान करता है।

खाना पकाने में स्वच्छ ईंधन का उपयोग : स्वास्थ्य और पर्यावरण में सुधार

कई ग्रामीण क्षेत्रों में पारंपरिक खाना पकाने के तरीके, जैसे खुली आग और अप्रभावी स्टोव, प्रचलित हैं, जिससे स्वास्थ्य और पर्यावरण पर गंभीर असर होते हैं। लकड़ी, लकड़ी का कोयला और पशु गोबर जैसे ठोस ईंधन का व्यापक उपयोग, इनडोर वायु प्रदूषण, श्वसन रोगों और वनों की कटाई में योगदान देता है। खाना पकाने में स्वच्छ ईंधन के उपयोग का उद्देश्य स्वास्थ्य की सुरक्षा और प्राकृतिक संसाधनों को संरक्षित करना है। बेहतर कुकस्टोव और खाना पकाने के लिए कुशल प्रौद्योगिकियों को अपनाकर इन चुनौतियों का समाधान किया जा सकता है।

खाना पकाने में स्वच्छ र्इंधन का उपयोग घर के अंदर वायु प्रदूषण को कम करता है जिससे श्वसन स्वास्थ्य और कल्याण में सुधार होता है, वनों की कटाई पर अंकुश लगाने और कार्बन उत्सर्जन को कम करके जलवायु परिवर्तन को कम करने में भी योगदान मिलता है। ईंधन खर्च और खाना पकाने के समय को कम करके उत्पादक गतिविधियों के लिए ग्रामीण परिवारों को समय मिलेगा जिससे उनके लिए आर्थिक अवसर बढ़ सकते हैं। हालाँकि खाना पकाने के लिए स्वच्छ ईंधन प्रौद्योगिकियों को व्यापक रूप से अपनाने के लिए सामर्थ्य, जागरूकता और सांस्कृतिक प्राथमिकताओं से संबंधित बाधाओं को दूर करने की आवश्यकता है, जिसके लिए लक्षित हस्तक्षेप और सामुदायिक भागीदारी की आवश्यकता है।

तालमेल और अंतर्संबंध

ग्रामीण विद्युतीकरण और स्वच्छ ईंधन से खाना पकाने की पहल के बीच संबंध सतत् विकास हस्तक्षेपों की परस्पर जुड़ी प्रकृति को रेखांकित करता है। स्वच्छ ईंधन

से खाना पकाने की प्रौद्योगिकियों को अपनाने के लिए बिजली तक पहुँच एक शर्त है क्योंकि यह इलेक्ट्रिक स्टोव, इंडक्शन कुकटॉप्स और अन्य खाना पकाने के आधुनिक उपकरणों के उपयोग को सक्षम बनाता है। इसके विपरीत स्वच्छ ईंधन से खाना पकाने के समाधान लिए ऊर्जा की माँग को कम करके ग्रामीण विद्युतीकरण प्रयासों को पूरक बनाते हैं, जिससे विद्युतीकरण अधिक व्यवहार्य और टिकाऊ हो जाता है। एकीकृत रणनीतियों को तैयार करने के लिए इन तालमेलों को पहचानना आवश्यक है जो दोनों पहलों के प्रभाव को अधिकतम करते हैं, अंतत: ग्रामीण समुदायों को समग्र रूप से लाभान्वित करते हैं।

चुनौतियाँ और अवसर

ग्रामीण विद्युतीकरण और स्वच्छ ईंधन से खाना पकाने की पहल के महत्व को व्यापक रूप से स्वीकार किया गया है, उनके व्यापक कार्यान्वयन में कई चुनौतियाँ बनी हुई हैं। वित्तपोषण एक महत्वपूर्ण बाधा बनी हुई है, विशेष रूप से संसाधन-बाधित सेटिंग्स में, आवश्यक निवेश जुटाने के लिए नवीन वित्तपोषण तंत्र, सार्वजनिक-निजी भागीदारी और अंतरराष्ट्रीय समर्थन की आवश्यकता होती है। इसके अतिरिक्त नीति और नियामक ढाँचे निजी क्षेत्र की भागीदारी को आकर्षित करने और टिकाऊ ऊर्जा और खाना पकाने के समाधान के लिए अनुकूल वातावरण को बढ़ावा देने के लिए अनुकूल होने चाहिए। इसके अलावा ग्रामीण क्षेत्रों में विद्युतीकरण और स्वच्छ ईंधन से खाना पकाने के बुनियादी ढाँचे के प्रभावी संचालन और रखरखाव को सुनिश्चित करने के लिए तकनीकी क्षमता निर्माण और कौशल विकास महत्वपूर्ण हैं।

इन चुनौतियों से निपटने के लिए ग्रामीण ऊर्जा प्रणालियों की दक्षता और विश्वसनीयता बढ़ाने के लिए स्मार्ट ग्रिड, ऊर्जा भंडारण समाधान और उन्नत खाना पकाने की प्रौद्योगिकियों जैसी तकनीकी प्रगति का लाभ उठाने के अवसर प्रचुर हैं। इसके अलावा सामुदायिक सशक्तिकरण और भागीदारी स्वच्छ ईंधन से खाना पकाने के समाधानों के निरंतर उपयोग को सुनिश्चित करने में महत्वपूर्ण भूमिका निभा सकते हैं। ऊर्जा परियोजनाओं की योजना, कार्यान्वयन और प्रबंधन में महिलाओं, युवाओं और सामुदायिक नेताओं सहित स्थानीय हितधारकों को शामिल करके, स्वामित्व और प्रतिबद्धता की भावना को बढ़ावा दिया जा सकता है जिससे अधिक टिकाऊ परिणाम प्राप्त हो सकते हैं।

केस स्टडीज और सर्वोत्तम प्रणालियाँ

कई सफल ग्रामीण विद्युतीकरण और स्वच्छ ईंधन से खाना पकाने की पहल प्रभावी दृष्टिकोण और सर्वोत्तम प्रणालियों के उदाहरण के रूप में काम करती हैं। उदाहरण के लिए भारत सरकार की प्रधानमंत्री सहज बिजली हर घर योजना, जिसे 'सौभाग्य' के नाम से भी जाना जाता है, ने ग्रिड विस्तार, ऑफ-ग्रिड सौर प्रणाली और अंतिम छोर तक कनेक्टिविटी के संयोजन के माध्यम से ग्रामीण घरों तक बिजली पहुँच बढ़ाने में महत्वपूर्ण प्रगति की है। इस पहल ने न केवल लाखों ग्रामीण भारतीयों के जीवन में सुधार किया है, बल्कि सार्वभौमिक विद्युतीकरण प्राप्त करने में राजनीतिक प्रतिबद्धता, सामुदायिक भागीदारी और नवीन वित्तपोषण तंत्र के महत्व को भी प्रदर्शित किया है।

इसी तरह स्वच्छ कुकस्टोव के लिए वैश्विक गठबंधन दुनिया भर में स्वच्छ ईंधन से खाना पकाने की प्रौद्योगिकियों को अपनाने को बढ़ावा देने, अधिक कुशल स्टोव और स्वच्छ ईंधन को आगे बढ़ाने के लिए साझेदारी, वकालत और बाजार-आधारित दृष्टिकोण का लाभ उठाने में सहायक रहा है। सरकारों, व्यवसायों और गैर-सरकारी संगठनों के साथ मिलकर काम करके गठबंधन ने स्वच्छ ईंधन से खाना पकाने के समाधानों के प्रसार की सुविधा प्रदान की है और खाना पकाने के पारंपरिक तरीकों से दूर जाने के स्वास्थ्य और पर्यावरणीय लाभों के बारे में जागरूकता बढ़ाई है।

इन और अन्य सफल पहलों से सीखे गए सबक स्थानीय संदर्भों, सांस्कृतिक प्राथमिकताओं और सामाजिक आर्थिक स्थितियों को ध्यान में रखते हुए अनुरूप दृष्टिकोणों के महत्व को रेखांकित करते हैं। इसके अलावा वे समग्र हस्तक्षेपों के महत्व पर जोर देते हैं जो न केवल तकनीकी पहलुओं बल्कि सामाजिक, आर्थिक और पर्यावरणीय आयामों को भी संबोधित करते हैं, जिससे टिकाऊ और समावेशी परिणाम सुनिश्चित होते हैं।

नीति निहितार्थ और सिफारिशें

ग्रामीण विद्युतीकरण और स्वच्छ ईंधन से खाना पकाने की बहुमुखी प्रकृति के प्रकाश में, नीति निमार्ताओं और हितधारकों को इन क्षेत्रों में प्रगति में तेजी लाने के लिए व्यापक कार्यों को प्राथमिकता देनी चाहिए। सबसे पहले, ऐसे मजबूत नीति ढाँचे की आवश्यकता है जो राष्ट्रीय विकास एजेंडा के आवश्यक घटकों के रूप में ग्रामी

ऊर्जा पहुँच और स्वच्छ ईंधन से खाना पकाने को प्राथमिकता दे। इसमें स्पष्ट लक्ष्य निर्धारित करना, पर्याप्त संसाधन आवंटित करना और ग्रामीण ऊर्जा बुनियादी ढाँचे और प्रौद्योगिकियों में निवेश और नवाचार को बढ़ावा देने के लिए नियामक प्रोत्साहन स्थापित करना शामिल है।

प्रभावशाली हस्तक्षेपों के लिए विशेषज्ञता, संसाधनों और ज्ञान-साझाकरण का लाभ उठाने के लिए सरकारी एजेंसियों, निजी क्षेत्र की संस्थाओं, नागरिक समाज संगठनों और अंतरराष्ट्रीय भागीदारों के बीच समन्वय और सहयोग बढ़ाना महत्वपूर्ण है। बहु-हितधारक भागीदारी को बढ़ावा देकर, सरकारें विविध दृष्टिकोणों और क्षमताओं का लाभ उठा सकती हैं, जिससे अधिक प्रभावी और टिकाऊ परिणाम प्राप्त हो सकते हैं।

शिक्षा, जागरूकता अभियान और क्षमता निर्माण कार्यक्रमों में निवेश से ग्रामीण समुदायों को आधुनिक ऊर्जा और खाना पकाने के समाधान अपनाने के लिए सशक्त बनाया जा सकता है, जिससे स्थायी ऊर्जा उपयोग और पर्यावरणीय प्रबंधन की संस्कृति को बढ़ावा मिलेगा। लक्षित सब्सिडी, माइक्रोफाइनेंस योजनाएं और नवीन भुगतान मॉडल भी विशेष रूप से हाशिए पर रहने वाली और कम आय वाली आबादी के लिए सामर्थ्य और पहुँच बढ़ा सकते हैं।

ग्रामीण विद्युतीकरण और स्वच्छ ईंधन से खाना पकाने की पहल में दुनिया भर के ग्रामीण क्षेत्रों में रहने वाले लाखों लोगों के जीवन को बदलने की अपार संभावनाएं हैं। बिजली तक पहुँच बढ़ाकर और स्वच्छ ईंधन से खाना पकाने के समाधानों को बढ़ावा देकर, ये पहल सामाजिक-आर्थिक विकास को उत्प्रेरित कर सकती हैं, स्वास्थ्य परिणामों में सुधार कर सकती हैं और पर्यावरणीय स्थिरता में योगदान कर सकती हैं। हालाँकि ग्रामीण विद्युतीकरण और स्वच्छ ईंधन से खाना पकाने के पूर्ण लाभ को समझने के लिए सभी हितधारकों से ठोस प्रयासों, नवीन दृष्टिकोण और निरंतर प्रतिबद्धता की आवश्यकता है।

जैसे-जैसे हम आगे बढ़ते हैं ग्रामीण विद्युतीकरण प्रयासों में सौर, पवन और पनबिजली जैसे नवीकरणीय ऊर्जा स्रोतों के एकीकरण को प्राथमिकता देना अनिवार्य है, जिससे टिकाऊ और कम कार्बन ऊर्जा प्रणालियों की ओर संक्रमण सुनिश्चित हो सके। इसके साथ ही बेहतर कुकस्टोव और स्वच्छ ईंधन सहित खाना पकाने की प्रौद्योगिकियों को बढ़ावा देने के साथ-साथ सामर्थ्य, जागरूकता और सांस्कृतिक

विचारों को संबोधित करने के उपाय भी किए जाने चाहिए।

ग्रामीण विद्युतीकरण और स्वच्छ ईंधन से खाना पकाने की पहल सतत् विकास के अपरिहार्य स्तंभों का प्रतिनिधित्व करती है, जो जलवायु परिवर्तन से निपटने और समावेशी विकास हासिल करने के वैश्विक प्रयासों को आगे बढ़ाते हुए ग्रामीण समुदायों की भलाई को बढ़ाने के लिए परिवर्तनकारी अवसर प्रदान करती है। तकनीकी नवाचार, नीति समर्थन, सामुदायिक जुड़ाव और अंतरराष्ट्रीय सहयोग को शामिल करने वाले समग्र और समावेशी दृष्टिकोण को अपनाकर हम एक ऐसे भविष्य का मार्ग प्रशस्त कर सकते हैं जहाँ सभी व्यक्तियों को उनकी भौगोलिक स्थिति की परवाह किए बिना उनकी दैनिक जरूरतों के लिए स्वच्छ, विश्वसनीय और टिकाऊ ऊर्जा तक पहुँच मुहैया करा सकते हैं।

संयुक्त राष्ट्र के पूर्व महासचिव कोफी अन्नान के शब्दों में, 'गरीबी को कम करने और लाखों लोगों के जीवन में सुधार के लिए ऊर्जा तक पहुँच आवश्यक है। यह प्रकाश, शिक्षा और स्वास्थ्य देखभाल के लिए आवश्यक है। यह आर्थिक विकास की कुंजी है ।' इसलिए आइए हम ग्रामीण समुदायों और व्यापक वैश्विक समाज के लोगों के जीवन पर पड़ने वाले गहरे प्रभाव को पहचानते हुए सार्वभौमिक ऊर्जा पहुँच के दृष्टिकोण को साकार करने की दिशा में अथक प्रयास करना जारी रखें।

एनडीए की 'आयुष्मान भारत' पहल ने स्वास्थ्य सेवाओं तक पहुँच का विस्तार किया है, लाखों कमजोर परिवारों को वित्तीय सुरक्षा प्रदान की है।

—मनसुख मंडाविया

□

शैक्षिक एवं कौशल विकास पहल

एनडीए विभिन्न पहलों के माध्यम से सतत् विकास और पर्यावरण संरक्षण को बढ़ावा देने में सहायक रहा है।

—प्रकाश जावड़ेकर

नई शिक्षा नीति एवं शिक्षा क्षेत्र में सुधार

सीखने की गुणवत्ता और पहुँच बढ़ाने के उद्देश्य से शिक्षा का क्षेत्र दुनिया भर की सरकारों के लिए ध्यान का केंद्र बिंदु रहा है। भारत में 2014 से शिक्षा क्षेत्र में महत्वपूर्ण नीतिगत परिवर्तन और सुधार लागू किए गए हैं। इस अवधि में समावेशिता, नवाचार और कौशल विकास पर ध्यान केंद्रित करते हुए शिक्षा के दृष्टिकोण में एक आदर्श बदलाव देखा गया है। 2020 में नई शिक्षा नीति (एनईपी) की शुरूआत एक महत्वपूर्ण मील का पत्थर साबित हुई, जिसने देश की शिक्षा प्रणाली के परिवर्तन के लिए एक व्यापक ढाँचे की रूपरेखा तैयार की। इस व्यापक विश्लेषण में हम उन प्रमुख नीतिगत पहलों और सुधारों पर चर्चा करेंगे जिन्होंने 2014 के बाद से भारत में शिक्षा परिदृश्य को आकार दिया है और उनके प्रभाव और निहितार्थ का आकलन करेंगे।

सर्व शिक्षा अभियान और राष्ट्रीय माध्यमिक शिक्षा अभियान

2014 के बाद से सर्व शिक्षा अभियान (एसएसए) और राष्ट्रीय माध्यमिक शिक्षा अभियान (आरएमएसए) जैसी पहलों के माध्यम से स्कूली शिक्षा की गुणवत्ता बढ़ाने पर निरंतर ध्यान केंद्रित किया गया है। इन कार्यक्रमों का उद्देश्य स्कूलों में बुनियादी ढाँचे की कमियों को दूर करना, शिक्षक प्रशिक्षण में सुधार करना और सीखने के परिणामों को बढ़ाना है। प्रारंभिक शिक्षा को सार्वभौमिक बनाने और माध्यमिक शिक्षा को बढ़ावा देने पर जोर देश भर में औपचारिक शिक्षा की पहुँच बढ़ाने में महत्वपूर्ण रहा है। इसके अतिरिक्त कक्षाओं में प्रौद्योगिकी का एकीकरण और डिजिटल शिक्षण संसाधनों की शुरूआत शैक्षणिक दृष्टिकोण को आधुनिक बनाने में सहायक रही है।

कौशल विकास एवं व्यावसायिक प्रशिक्षण

युवाओं को उभरते नौकरी बाजार के लिए तैयार करने में कौशल विकास के महत्व को पहचानते हुए सरकार ने व्यावसायिक प्रशिक्षण और तकनीकी शिक्षा पर महत्वपूर्ण जोर दिया है। विभिन्न व्यापारों और उद्योगों में प्रासंगिक प्रशिक्षण और प्रमाणन प्रदान करने के लिए कौशल भारत मिशन जैसी पहल शुरू की गई है। कौशल विकास पर इस फोकस का उद्देश्य शिक्षा और रोजगार के बीच की खाई को पाटना, अधिक व्यावहारिक और उद्योग-प्रासंगिक शिक्षण वातावरण को बढ़ावा देना है। इसके अलावा शैक्षणिक संस्थानों के माध्यम से उद्यमिता और नवाचार को बढ़ावा देना सुधारों का एक प्रमुख पहलू रहा है, जो छात्रों को वैकल्पिक करियर पथ तलाशने और रचनात्मक गतिविधियों में संलग्न होने के लिए प्रोत्साहित करता है।

उच्च शिक्षा सुधार

2014 के बाद से उच्च शिक्षा क्षेत्र में पर्याप्त सुधार हुए हैं जिसमें शैक्षणिक मानकों, अनुसंधान बुनियादी ढाँचे और संस्थागत स्वायत्तता को बढ़ाने पर जोर दिया गया है। राष्ट्रीय संस्थागत रैंकिंग फ्रेमवर्क (एनआईआरएफ) की शुरूआत ने शिक्षण, अनुसंधान और आउटरीच जैसे विभिन्न मापदंडों के आधार पर उच्च शिक्षा संस्थानों के मूल्याँकन और रैंकिंग के लिए एक पारदर्शी तंत्र प्रदान किया है। इसने विश्वविद्यालयों और कॉलेजों के बीच प्रतिस्पर्धा और उत्कृष्टता की संस्कृति को बढ़ावा दिया है जिससे उन्हें अपनी शैक्षणिक और बुनियादी सुविधाओं में सुधार करने के लिए प्रेरित किया गया है। इसके अलावा विदेशी छात्रों को आकर्षित करने और भारत को वैश्विक शिक्षा केंद्र के रूप में बढ़ावा देने के लिए स्टडी इन इंडिया कार्यक्रम जैसी पहल शुरू की गई है, जिससे उच्च शिक्षा का अंतरराष्ट्रीयकरण बढ़ रहा है।

नई शिक्षा नीति (एनईपी) 2020

2014 के बाद से शिक्षा क्षेत्र में सबसे महत्वपूर्ण मील के पत्थर में से एक 2020 में नई शिक्षा नीति (एनईपी) का निर्माण और कार्यान्वयन रहा है। एनईपी एक व्यापक और दूरदर्शी दस्तावेज है जो शुरूआत से ही संपूर्ण शिक्षा स्पेक्ट्रम

के लिए एक परिवर्तनकारी रोडमैप की कल्पना करता है। बचपन से उच्च शिक्षा तक. यह मूलभूत साक्षरता और संख्यात्मकता, बहुभाषावाद और सीखने के लिए एक लचीले और बहु-विषयक दृष्टिकोण पर जोर देता है। यह नीति व्यावसायिक शिक्षा के एकीकरण और छात्रों के बीच आलोचनात्मक सोच, रचनात्मकता और वैज्ञानिक स्वभाव को बढ़ावा देने की भी वकालत करती है।

एनईपी कई संरचनात्मक सुधारों की शुरूआत करता है, जिसमें स्कूल पाठ्यक्रम का पुनर्गठन, राष्ट्रीय अनुसंधान फाउंडेशन की स्थापना और 10+2 संरचना को चरणबद्ध तरीके से 5+3+3+4 पाठ्यक्रम ढाँचे में बदलना शामिल है। इस नए ढाँचे का उद्देश्य प्रारंभिक बचपन की शिक्षा और स्कूल पाठ्यक्रम के लिए अधिक समग्र और लचीला दृष्टिकोण प्रदान करना है, जो छात्रों के समग्र विकास पर ध्यान केंद्रित करता है और शैक्षणिक दबाव को कम करता है। इसके अलावा नीति शिक्षा में प्रौद्योगिकी के एकीकरण, शिक्षण और सीखने की गुणवत्ता को बढ़ाने के लिए डिजिटल संसाधनों और ई-लर्निंग प्लेटफार्मों के उपयोग को बढ़ावा देने पर जोर देती है।

समावेशिता और समानता

2014 के बाद से शिक्षा सुधारों का मुख्य फोकस शिक्षा प्रणाली में समावेशिता और समानता सुनिश्चित करना रहा है। अनुसूचित जाति, अनुसूचित जनजाति और आर्थिक रूप से वंचित समूहों सहित हाशिए पर रहने वाले समुदायों की शैक्षिक आवश्यकताओं को पूरा करने के प्रयास किए गए हैं। समग्र शिक्षा अभियान जैसी योजनाओं का उद्देश्य गुणवत्तापूर्ण शिक्षा तक सार्वभौमिक पहुँच प्रदान करना, वंचित क्षेत्रों में सीखने के परिणामों और बुनियादी ढाँचे में अंतर को पाटना है। इसके अतिरिक्त, लड़कियों की शिक्षा को बढ़ावा देने के उपाय जैसे कि बेटी बचाओ, बेटी पढ़ाओ अभियान, शिक्षा में लैंगिक असमानताओं को दूर करने और अधिक समावेशी शिक्षण वातावरण को बढ़ावा देने में सहायक रहे हैं।

शिक्षक प्रशिक्षण और व्यावसायिक विकास

शिक्षा की गुणवत्ता को आकार देने में शिक्षकों की महत्वपूर्ण भूमिका को स्वीकार करते हुए, शिक्षक प्रशिक्षण और व्यावसायिक विकास पर महत्वपूर्ण ध्यान

दिया गया है। नवीन शिक्षण विधियों, कक्षा प्रबंधन और शिक्षा में प्रौद्योगिकी के उपयोग पर ध्यान केंद्रित करते हुए, शिक्षकों और स्कूल नेताओं के शैक्षणिक कौशल को बढ़ाने के लिए नेशनल इनिशिएटिव फॉर स्कूल हेड्स एंड टीचर्स होलिस्टिक एडवांसमेंट (NISHTHA) जैसे कार्यक्रम शुरू किए गए हैं। इसके अलावा शिक्षक शिक्षा पाठ्यक्रम में सुधार करने और निरंतर व्यावसायिक विकास को बढ़ावा देने के प्रयासों का उद्देश्य शिक्षकों को बदलते शैक्षिक प्रतिमानों के अनुकूल आवश्यक कौशल से लैस करना है।

डिजिटल पहल और ऑनलाइन शिक्षण

शिक्षा क्षेत्र में डिजिटल पहल और ऑनलाइन शिक्षण प्लेटफार्मों का तेजी से एकीकरण देखा गया है, खासकर कोविड-19 महामारी के मद्देनजर। दीक्षा (DIKSHA) और स्वयं (SWAYAM) जैसे प्लेटफार्मों के कार्यान्वयन के साथ, छात्रों और शिक्षकों के लिए ई-सामग्री, पाठ्यक्रम और संसाधनों की पेशकश के साथ, शिक्षा में डिजिटल प्रौद्योगिकियों को अपनाने में तेजी आई है। ऑनलाइन शिक्षण की ओर बदलाव ने न केवल चुनौतीपूर्ण समय के दौरान शिक्षा में निरंतरता की सुविधा प्रदान की है, बल्कि व्यक्तिगत और स्व-गति से सीखने के नए रास्ते भी खोले हैं। इसके अतिरिक्त, मैसिव ओपन ऑनलाइन कोर्स (एमओओसी) और डिजिटल लाइब्रेरी के प्रचार ने पारंपरिक सीमाओं से परे गुणवत्तापूर्ण शैक्षिक संसाधनों तक पहुँच का विस्तार किया है।

चुनौतियाँ और अवसर

वर्ष 2014 के बाद से शिक्षा क्षेत्र में सुधार और पहल सराहनीय रहे हैं, उनके साथ विभिन्न चुनौतियाँ भी आई हैं। जमीनी स्तर पर नीतियों का प्रभावी कार्यान्वयन, शिक्षा तक समान पहुँच सुनिश्चित करना और विविध सामाजिक-आर्थिक संदर्भों में गुणवत्ता मानकों को बनाए रखना महत्वपूर्ण चुनौतियाँ बनी हुई हैं। डिजिटल विभाजन और प्रौद्योगिकी तक असमान पहुँच, विशेष रूप से ग्रामीण और दूरदराज के क्षेत्रों में ऑनलाइन शिक्षण प्लेटफार्मों को सार्वभौमिक रूप से अपनाने में बाधा उत्पन्न करती है।

हालाँकि ये चुनौतियाँ नवाचार और सहयोग के अवसर भी प्रस्तुत करती

हैं। प्रौद्योगिकी और शिक्षा का अभिसरण व्यक्तिगत आवश्यकताओं के अनुरूप सीखने के अनुभवों को तैयार करने, व्यक्तिगत और अनुकूल सीखने के दृष्टिकोण को बढ़ावा देने का अवसर प्रदान करता है। इसके अलावा सार्वजनिक और निजी हितधारकों के बीच साझेदारी, साथ ही अंतरराष्ट्रीय सहयोग, सर्वोत्तम तौर-तरीकों के आदान-प्रदान और शैक्षिक बुनियादी ढाँचे और संसाधनों की वृद्धि में योगदान कर सकते हैं।

2014 के बाद की अवधि में शिक्षा क्षेत्र में परिवर्तनकारी सुधारों और नीतिगत पहलों की एक श्रृंखला देखी गई है, जिसका उद्देश्य सीखने की पहुँच, गुणवत्ता और प्रासंगिकता को बढ़ाना है। नई शिक्षा नीति (एनईपी) 2020 भारत में शिक्षा के भविष्य के लिए एक व्यापक खाका है, जो समावेशिता, कौशल विकास और सीखने के लिए एक बहु-विषयक दृष्टिकोण पर जोर देती है। बचपन की प्रारंभिक शिक्षा, व्यावसायिक प्रशिक्षण और प्रौद्योगिकी के एकीकरण पर जोर शिक्षा प्रणाली के लिए दूरदर्शी दृष्टिकोण को दर्शाता है।

जैसे-जैसे भारत एनईपी में उल्लिखित लक्ष्यों को साकार करने की दिशा में आगे बढ़ रहा है, कार्यान्वयन, बुनियादी ढाँचे के विकास और क्षमता निर्माण की चुनौतियों का समाधान करना अनिवार्य है। इसके अतिरिक्त, निरंतर निगरानी और मूल्याँकन पर ध्यान केंद्रित करना यह सुनिश्चित करने में महत्वपूर्ण होगा कि सुधारों के इच्छित परिणाम प्राप्त किए जाएं।

इसके अलावा अनुसंधान और नवाचार की संस्कृति को बढ़ावा देना, महत्वपूर्ण सोच और समस्या-समाधान कौशल को बढ़ावा देना और छात्रों के बीच रचनात्मकता का पोषण करना भविष्य के कार्यबल को तैयार करने के लिए आवश्यक है। शिक्षा जगत, उद्योग और सरकार के बीच सहयोग शैक्षिक कार्यक्रमों को अर्थव्यवस्था और समाज की उभरती जरूरतों के साथ संरेखित करने में महत्वपूर्ण भूमिका निभा सकता है।

2014 के बाद से शिक्षा क्षेत्र में सुधारों और नीतिगत पहलों ने भारत में सीखने और वितरित करने के तरीके में एक आदर्श बदलाव के लिए मंच तैयार किया है। एनईपी 2020 विशेष रूप से समावेशिता, लचीलेपन और समग्र विकास पर ध्यान देने के साथ शिक्षा में बहुमुखी चुनौतियों और अवसरों को संबोधित करने के लिए एक व्यापक रूपरेखा प्रदान करता है। जैसे-जैसे सुधार कार्यान्वित और परिष्कृत

होते हैं, गुणवत्ता, समानता और नवाचार के प्रति दृढ़ प्रतिबद्धता बनाए रखना आवश्यक है, यह सुनिश्चित करते हुए कि प्रत्येक शिक्षार्थी को अपनी पूरी क्षमता का एहसास करने और देश की प्रगति में सार्थक योगदान देने का अवसर मिले।

स्थायी विकास पर एनडीए के फोकस से नवीकरणीय ऊर्जा अपनाने और पर्यावरण संरक्षण में महत्वपूर्ण प्रगति हुई है।

— भूपेंद्र यादव

□

कौशल विकास कार्यक्रम और रोजगार सृजन

आज की तेजी से बदलती और प्रतिस्पर्धी वैश्विक अर्थव्यवस्था में कुशल कार्यबल की माँग कभी इतनी अधिक नहीं रही। कौशल विकास कार्यक्रम व्यक्तियों को कार्यबल के लिए तैयार करने और उनकी रोजगार क्षमता में सुधार करने में महत्वपूर्ण भूमिका निभाते हैं। इन कार्यक्रमों का उद्देश्य व्यक्तियों को विभिन्न उद्योगों और व्यवसायों में सफल होने के लिए आवश्यक कौशल, ज्ञान और दृष्टिकोण से लैस करना है। इसके अलावा प्रभावी कौशल विकास पहल न केवल व्यक्तियों को उनके करियर की संभावनाओं को बढ़ाकर लाभान्वित करती है, बल्कि रोजगार के अवसर पैदा करके समग्र आर्थिक विकास में भी योगदान देती है। इस निबंध का उद्देश्य कौशल विकास कार्यक्रमों और रोजगार सृजन के बीच संबंधों का पता लगाना, व्यक्तियों, व्यवसायों और समग्र रूप से अर्थव्यवस्था पर ऐसी पहलों के प्रभाव की समीक्षा करना है।

कौशल विकास कार्यक्रमों का महत्व

कार्यबल के पास मौजूद कौशल और श्रम बाजार द्वारा माँगे जाने वाले कौशल के बीच अंतर को संबोधित करने के लिए कौशल विकास कार्यक्रम आवश्यक हैं। कई देशों में नौकरी चाहने वालों के कौशल और नियोक्ताओं की आवश्यकताओं के बीच बेमेल दिखता है, जिससे बेरोजगारी या अल्परोजगार ही मिल पाता है। प्रशिक्षण और विकास के अवसर और कौशल विकास कार्यक्रम इस अंतर को पाटने में मदद करते हैं, यह सुनिश्चित करते हुए कि व्यक्ति लाभकारी रोजगार सुरक्षित करने के लिए आवश्यक कौशल से लैस हैं। इसके अलावा ये कार्यक्रम कार्यबल की उत्पादकता और दक्षता बढ़ाने में महत्वपूर्ण भूमिका निभाते हैं जिससे आर्थिक विकास और प्रतिस्पर्धात्मकता में योगदान मिलता है।

कौशल विकास कार्यक्रमों का एक प्रमुख लाभ व्यक्तियों की रोजगार क्षमता को बढ़ाकर उन्हें सशक्त बनाने की क्षमता है। नए हूनर सीखने या मौजूदा कौशल को उन्नत करने के माध्यम से व्यक्ति नौकरी बाजार में अपनी संभावनाओं में उल्लेखनीय सुधार कर सकते हैं। यह उन उद्‌योगों में विशेष रूप से महत्वपूर्ण है जो तकनीकी प्रगति और बदलती बाजार माँगों के कारण तेजी से विकसित हो रहे हैं। कौशल विकास पहल में भाग लेकर व्यक्ति इन परिवर्तनों को अपना सकते हैं और उभरते क्षेत्रों में सफलता के लिए खुद को स्थापित कर सकते हैं।

इसके अलावा कौशल विकास कार्यक्रम युवाओं, महिलाओं और हाशिए पर रहने वाले समुदायों सहित विभिन्न जनसांख्यिकीय समूहों की विशिष्ट आवश्यकताओं को भी पूरा करते हैं। अनुरूप प्रशिक्षण और सहायता प्रदान करके ये कार्यक्रम सामाजिक असमानताओं को दूर करने और उन लोगों के लिए सार्थक रोजगार के मार्ग बनाने में मदद कर सकते हैं जिन्हें कार्यबल में प्रवेश करने में बाधाओं का सामना करना पड़ सकता है।

रोजगार सृजन पर प्रभाव

कौशल विकास कार्यक्रमों और रोजगार सृजन के बीच संबंध बहुआयामी है। एक ओर ये कार्यक्रम विभिन्न उद्‌योगों की माँगों को पूरा करने वाले कुशल कार्यबल का पोषण करके नई नौकरियों के सृजन में सीधे योगदान देते हैं। जब व्यक्ति प्रशिक्षण और शिक्षा के माध्यम से माँग वाले कौशल हासिल कर लेते हैं, तो वे नियोक्ताओं के लिए अधिक आकर्षक हो जाते हैं, जिससे नौकरी के अवसर बढ़ जाते हैं। परिणामस्वरूप कौशल विकास कार्यक्रमों को बेरोजगारी को संबोधित करने और आर्थिक विकास को बढ़ावा देने के लिए एक सक्रिय दृष्टिकोण के रूप में देखा जा सकता है।

इसके अलावा कौशल विकास पहल अकसर सूचना प्रौद्‌योगिकी, स्वास्थ्य देखभाल, नवीकरणीय ऊर्जा और उन्नत विनिर्माण जैसे उच्च विकास क्षमता वाले उद्‌योगों और क्षेत्रों पर ध्यान केंद्रित करती है। इन विस्तारित क्षेत्रों की जरूरतों के साथ प्रशिक्षण प्रयासों को संरेखित करके, कौशल विकास कार्यक्रम उन क्षेत्रों में रोजगार सृजन को प्रोत्साहित कर सकते हैं जहाँ कुशल श्रमिकों की माँग बढ़ रही है। बदले में यह श्रम बाजार के समग्र विस्तार और बेरोजगारी दर में कमी में योगदान देता है।

सीधे नई नौकरियाँ पैदा करने के अलावा कौशल विकास कार्यक्रम रोजगार की

गुणवत्ता में सुधार करने में भी भूमिका निभाते हैं। व्यक्तियों को प्रासंगिक कौशल और दक्षताओं से लैस करके ये कार्यक्रम श्रमिकों को उच्च-भुगतान वाले और अधिक संतोषजनक पदों तक पहुँचने में सक्षम बनाते हैं। जैसे-जैसे व्यक्ति अधिक कुशल और जानकार बनते हैं, वे रोजगार सुरक्षित करने के लिए बेहतर स्थिति में होते हैं जो करियर में उन्नति और व्यक्तिगत विकास के अवसर प्रदान करता है।

व्यापार और आर्थिक प्रभाव

कौशल विकास कार्यक्रमों का प्रभाव व्यक्तिगत स्तर से आगे तक फैलता है और व्यवसायों और व्यापक अर्थव्यवस्था पर इसका महत्वपूर्ण प्रभाव पड़ता है। नियोक्ता एक कुशल कार्यबल से लाभान्वित होते हैं जो नवाचार को बढ़ावा दे सकता है, उत्पादकता बढ़ा सकता है और उभरती बाजार स्थितियों के अनुकूल हो सकता है। अपने कर्मचारियों के प्रशिक्षण और विकास में निवेश करके व्यवसाय यह सुनिश्चित कर सकते हैं कि उनके पास प्रतिस्पर्धी बने रहने और अपने संबंधित उद्योगों की माँगों को पूरा करने के लिए आवश्यक प्रतिभा है। कौशल विकास कार्यक्रम व्यवसायों को अपने संगठनों के भीतर विशिष्ट कौशल अंतराल को संबोधित करने में भी मदद कर सकते हैं जिससे उन्हें योग्य कर्मियों के साथ महत्वपूर्ण भूमिकाएं भरने की अनुमति मिलती है।

इसके अलावा कौशल विकास कार्यक्रमों का समग्र आर्थिक प्रभाव है। एक कुशल कार्यबल उत्पादकता के उच्च स्तर में योगदान देता है, जिससे राष्ट्रीय और वैश्विक स्तर पर आर्थिक उत्पादन और प्रतिस्पर्धात्मकता में वृद्धि हो सकती है। जैसे-जैसे व्यक्ति अपने संबंधित क्षेत्रों में अधिक कुशल हो जाते हैं, वे नवाचार और तकनीकी प्रगति में योगदान करने के लिए बेहतर ढंग से सुसज्जित होते हैं, जिससे आर्थिक विकास को और बढ़ावा मिलता है।

कौशल विकास कार्यक्रम किसी समाज के आय स्तर और समग्र जीवन स्तर पर सकारात्मक प्रभाव डाल सकते हैं। उन्नत कौशल के माध्यम से व्यक्तियों को बेहतर वेतन वाली नौकरियाँ सुरक्षित करने में सक्षम बनाकर, ये कार्यक्रम गरीबी और असमानता को कम करने में मदद कर सकते हैं। जैसे-जैसे अधिक व्यक्तियों को लाभकारी रोजगार और उच्च वेतन तक पहुँच प्राप्त होती है, जनसंख्या की समग्र क्रय शक्ति बढ़ती है, जिससे आर्थिक गतिविधि होती है और जीवन स्तर में सुधार होता है। □

सरकारी पहल और नीतियाँ

सरकारें विभिन्न पहलों और नीतियों के माध्यम से कौशल विकास को बढ़ावा देने और रोजगार सृजन को सुविधाजनक बनाने में महत्वपूर्ण भूमिका निभाती हैं। कई देशों ने व्यापक कौशल विकास कार्यक्रम स्थापित किए हैं जिनका उद्देश्य श्रम बाजार की जरूरतों को पूरा करना और व्यक्तियों को सार्थक करियर बनाने के लिए सशक्त बनाना है। इन कार्यक्रमों को अकसर सरकारी फंडिंग से समर्थन मिलता है और उद्योग हितधारकों के सहयोग से डिजाइन किया जाता है ताकि यह सुनिश्चित किया जा सके कि प्रदान किया गया प्रशिक्षण वर्तमान और भविष्य की कार्यबल आवश्यकताओं के अनुरूप हो।

कौशल विकास पहलों को सीधे वित्त पोषित करने के अलावा सरकारें व्यवसायों को अपने कर्मचारियों को प्रशिक्षण और कौशल बढ़ाने में निवेश करने के लिए प्रोत्साहित करने के लिए नीतियाँ भी लागू कर सकती हैं। यह टैक्स क्रेडिट, अनुदान या सब्सिडी का रूप ले सकता है जिसका उद्देश्य नियोक्ताओं को अपने कार्यबल के विकास को प्राथमिकता देने के लिए प्रोत्साहित करना है। कौशल विकास के लिए अनुकूल वातावरण बनाकर, सरकारें आर्थिक विकास को प्रोत्साहित कर सकती हैं और विभिन्न क्षेत्रों में रोजगार सृजन को बढ़ावा दे सकती हैं।

इसके अलावा सरकारें अकसर यह सुनिश्चित करने के लिए शैक्षणिक संस्थानों, उद्योग संघों और अन्य हितधारकों के साथ साझेदारी स्थापित करने के लिए काम करती हैं कि कौशल विकास कार्यक्रम श्रम बाजार की उभरती जरूरतों के प्रति उत्तरदायी हों। इन संस्थाओं के साथ सहयोग करके, सरकारें ऐसे पाठ्यक्रम और प्रशिक्षण कार्यक्रमों के डिजाइन को सुविधाजनक बनाने में मदद कर सकती हैं जो प्रासंगिक, अद्यतन और उद्योग मानकों के अनुरूप हों।

चुनौतियाँ और अवसर

हालाँकि कौशल विकास कार्यक्रमों में रोजगार सृजन और आर्थिक विकास पर महत्वपूर्ण प्रभाव डालने की क्षमता है, लेकिन वे चुनौतियों से रहित नहीं हैं। प्राथमिक चुनौतियों में से एक यह सुनिश्चित करना है कि विकसित किए जा रहे कौशल श्रम बाजार की तेजी से बदलती जरूरतों के अनुरूप हों। तकनीकी प्रगति और उपभोक्ता व्यवहार में बदलाव से कुछ कौशल जल्दी ही अप्रचलित हो सकते हैं, जिससे कौशल विकास पहल के लिए उभरते रुझानों के प्रति चुस्त और उत्तरदायी रहना आवश्यक हो जाता है।

एक और चुनौती कौशल विकास के अवसरों तक समान पहुँच सुनिश्चित करना है, विशेष रूप से हाशिए पर रहने वाले समुदायों और कम आय पृष्ठभूमि वाले व्यक्तियों के लिए। शिक्षा और प्रशिक्षण तक पहुँच में असमानताएं सामाजिक और आर्थिक असमानताओं को कायम रख सकती हैं, जिससे अधिक समावेशी और गतिशील कार्यबल बनाने के प्रयासों में बाधा उत्पन्न हो सकती है।

हालाँकि ये चुनौतियाँ नवाचार और सुधार के अवसर भी प्रस्तुत करती हैं। प्रौद्योगिकी जैसे कि ऑनलाइन शिक्षण प्लेटफॉर्म और आभासी प्रशिक्षण उपकरण, कौशल विकास कार्यक्रमों तक पहुँच बढ़ाने में मदद कर सकते हैं, जो दूरदराज या कम सेवा वाले क्षेत्रों में व्यक्तियों तक पहुँच सकते हैं। इसके अलावा सरकार, उद्योग और शैक्षणिक संस्थानों के बीच साझेदारी लक्षित प्रशिक्षण कार्यक्रमों के विकास को सुविधाजनक बना सकती है जो विशिष्ट कौशल अंतराल और उद्योग की जरूरतों को संबोधित करते हैं।

कौशल विकास और रोजगार का भविष्य

जैसा कि हम भविष्य की ओर देखते हैं कौशल विकास कार्यक्रम कार्यबल को आकार देने और आर्थिक प्रगति को आगे बढ़ाने में महत्वपूर्ण भूमिका निभाते रहेंगे। तकनीकी परिवर्तन और वैश्वीकरण की तीव्र गति के लिए निरंतर अनुकूलन और अपस्किलिंग की आवश्यकता होगी ताकि यह सुनिश्चित किया जा सके कि व्यक्ति श्रम बाजार में प्रतिस्पर्धी बने रहें। ऐसे में विभिन्न उद्योगों की उभरती माँगों को पूरा करने के लिए आजीवन सीखने और निरंतर कौशल विकास पर जोर दिया जाएगा।

इसके अतिरिक्त विशेष रूप से कृत्रिम बुद्धिमत्ता, नवीकरणीय ऊर्जा और

डिजिटल प्रौद्योगिकियों जैसे क्षेत्रों में नए उद्योगों और नौकरी भूमिकाओं के उद्भव से कौशल विकास कार्यक्रमों के लिए अवसर और चुनौतियाँ दोनों पैदा होंगी। शिक्षा और प्रशिक्षण प्रदाताओं के लिए इन बदलावों का अनुमान लगाना और प्रासंगिक कार्यक्रम विकसित करना आवश्यक होगा जो व्यक्तियों को इन उभरते क्षेत्रों में आगे बढ़ने के लिए आवश्यक कौशल से लैस करें।

इसके अलावा तकनीकी दक्षताओं के साथ-साथ महत्वपूर्ण सोच, संचार और अनुकूलनशीलता जैसे सॉफ्ट स्किल्स का बढ़ता महत्व, कौशल विकास पहल के डिजाइन को प्रभावित करेगा। नियोक्ता कार्यस्थल में इन कौशलों के मूल्य को तेजी से पहचान रहे हैं, और परिणामस्वरूप अच्छी तरह से विकसित और अनुकूलनीय पेशेवरों को तैयार करने के लिए उन्हें प्रशिक्षण कार्यक्रमों में शामिल करने पर अधिक ध्यान दिया जाएगा।

रोजगार सृजन के संदर्भ में कौशल विकास कार्यक्रम बेरोजगारी और अल्परोजगार को कम करने के प्रयासों की आधारशिला बने रहेंगे। सरकारों, व्यवसायों और शैक्षणिक संस्थानों को यह सुनिश्चित करने के लिए निकटता से सहयोग करने की आवश्यकता होगी कि प्रशिक्षण पहल श्रम बाजार की जरूरतों के अनुरूप हो और वे आबादी के विभिन्न वर्गों के लिए सुलभ हों।

इसके अतिरिक्त स्वचालन और तकनीकी प्रगति के कारण नौकरी विस्थापन को संबोधित करने के साधन के रूप में 'रीस्किलिंग' और 'अपस्किलिंग' की अवधारणा को प्रमुखता मिलेगी। जिन व्यक्तियों का व्यवसाय स्वचालित होने का खतरा है, उन्हें लक्षित प्रशिक्षण और समर्थन के माध्यम से नई भूमिकाओं में परिवर्तन के अवसरों की आवश्यकता होगी। कौशल विकास कार्यक्रम इस परिवर्तन को सुविधाजनक बनाने और कार्यबल पर तकनीकी व्यवधान के संभावित नकारात्मक प्रभावों को कम करने के लिए एक तंत्र के रूप में काम कर सकते हैं।

कौशल विकास कार्यक्रम व्यक्तियों को सशक्त बनाने, आर्थिक विकास को गति देने और रोजगार के अवसर पैदा करने में महत्वपूर्ण भूमिका निभाते हैं। कार्यबल में सफल होने के लिए व्यक्तियों को आवश्यक कौशल और ज्ञान से लैस करके ये कार्यक्रम अधिक प्रतिस्पर्धी और अनुकूलनीय श्रम बाजार में योगदान करते हैं। इसके अलावा व्यवसायों और समग्र अर्थव्यवस्था के लिए उनके दूरगामी प्रभाव हैं, नवाचार, उत्पादकता और जीवन स्तर के उच्च मानकों को बढ़ावा मिलता है।

जैसे-जैसे हम तेजी से तकनीकी परिवर्तन और उभरते नौकरी परिदृश्य वाले युग में आगे बढ़ रहे हैं, कौशल विकास और निरंतर सीखने का महत्व तीव्र हो जाएगा। सरकारों, व्यवसायों और शैक्षणिक संस्थानों को यह सुनिश्चित करने के लिए मिलकर काम करना चाहिए कि कौशल विकास कार्यक्रम प्रासंगिक, समावेशी और श्रम बाजार की जरूरतों के प्रति उत्तरदायी बने रहें। ऐसा करके वे एक ऐसे कार्यबल को बढ़ावा दे सकते हैं जो भविष्य की चुनौतियों और अवसरों का सामना करने के लिए अच्छी तरह से तैयार है, जो अंतत: स्थायी आर्थिक विकास और समृद्धि को आगे बढ़ाएगा।

इन विचारों के प्रकाश में यह स्पष्ट है कि कौशल विकास कार्यक्रम न केवल वर्तमान रोजगार आवश्यकताओं को संबोधित करने में बल्कि कल के कार्यबल की गतिशील माँगों के लिए व्यक्तियों को तैयार करने में भी सहायक हैं। ऐसे में व्यक्तियों की पूरी क्षमता का उपयोग करने और आने वाले वर्षों में समावेशी और लचीली अर्थव्यवस्थाओं को चलाने के लिए कौशल विकास पहल में निरंतर निवेश आवश्यक होगा।

एनडीए शासन में भारत ने एक डिजिटल क्रांति देखी है, जिससे सरकारी सेवाएं और जानकारी नागरिकों की उंगलियों पर आ गई है।

—रविशंकर प्रसाद

□

शिक्षा में डिजिटल साक्षरता और प्रौद्योगिकी की भूमिका

आज की तेजी से विकसित हो रही दुनिया में प्रौद्योगिकी शिक्षा में एक अभिन्न भूमिका निभाती है। डिजिटल साक्षरता, प्रौद्योगिकी को प्रभावी ढंग से उपयोग करने और समझने की क्षमता, छात्रों और शिक्षकों के लिए समान रूप से एक महत्वपूर्ण कौशल बन गई है। जैसे-जैसे प्रौद्योगिकी आगे बढ़ रही है, शैक्षिक सेटिंग्स में इसके एकीकरण से सीखने के अनुभवों को बदलने और शैक्षिक परिणामों में सुधार करने की क्षमता है। यह निबंध शिक्षा में डिजिटल साक्षरता और प्रौद्योगिकी के महत्व का पता लगाएगा, शिक्षण और सीखने पर उनके प्रभाव, उनके द्वारा प्रस्तुत चुनौतियों और अवसरों और शैक्षिक प्रथाओं में उनके प्रभावी एकीकरण को बढ़ावा देने की रणनीतियों का आकलन करेगा।

शिक्षा में डिजिटल साक्षरता का महत्व

डिजिटल साक्षरता में कई प्रकार के कौशल शामिल हैं, जिनमें डिजिटल प्लेटफॉर्म को नेविगेट करने की क्षमता, ऑनलाइन जानकारी का गंभीर मूल्याँकन करना और संचार व समस्या-समाधान के लिए डिजिटल टूल का उपयोग करना शामिल है। आधुनिक युग में छात्रों को शैक्षणिक और व्यावसायिक रूप से सफल होने के लिए डिजिटल साक्षरता में दक्षता आवश्यक है। शैक्षणिक संस्थानों की जिम्मेदारी है कि वे छात्रों को तेजी से प्रौद्योगिकी-संचालित दुनिया में आगे बढ़ने के लिए आवश्यक डिजिटल कौशल से लैस करें। इसके अलावा डिजिटल साक्षरता व्यक्तियों को डिजिटल युग में सूचित और जिम्मेदार भागीदार बनने के लिए सशक्त बनाती है, जिससे वे सुरक्षित, नैतिक और उत्पादक तरीके से प्रौद्योगिकी के साथ जुड़ने में सक्षम होते हैं।

शिक्षण और सीखने पर प्रौद्योगिकी का प्रभाव

शिक्षा में प्रौद्योगिकी के एकीकरण ने शिक्षण और सीखने की गतिशीलता को बदल दिया है। डिजिटल संसाधनों और उपकरणों के प्रसार से शिक्षकों के पास छात्रों को संलग्न करने, सीखने के अनुभवों को निजीकृत करने और सहयोगात्मक और इंटरैक्टिव शिक्षण वातावरण की सुविधा प्रदान करने के नए अवसर हैं। प्रौद्योगिकी विविध शिक्षण शैलियों को पूरा कर सकती है, मल्टीमीडिया सामग्री, इंटरैक्टिव सिमुलेशन और अनुकूली शिक्षण प्लेटफॉर्म प्रदान कर सकती है जो छात्रों की जटिल अवधारणाओं की समझ को बढ़ा सकती है। इसके अतिरिक्त प्रौद्योगिकी ने शिक्षा तक पहुँच का विस्तार किया है, भौगोलिक बाधाओं को तोड़ दिया है और दूरस्थ और ऑनलाइन सीखने के अवसर प्रदान किए हैं।

प्रौद्योगिकी एकीकरण में चुनौतियाँ और अवसर

शिक्षा के लिए प्रौद्योगिकी कई लाभ प्रदान करती है, इसका एकीकरण चुनौतियाँ प्रस्तुत करता है जिनका समाधान किया जाना चाहिए। एक महत्वपूर्ण चुनौती डिजिटल विभाजन है, जिसमें छात्रों और स्कूलों के बीच प्रौद्योगिकी और डिजिटल संसाधनों तक पहुँच में असमानताएं शामिल हैं। सामाजिक आर्थिक कारक अकसर इस विभाजन में योगदान करते हैं, जो प्रौद्योगिकी पहुँच में समानता को संबोधित करने के महत्व को रेखांकित करते हैं। इसके अलावा शिक्षकों को अपने शिक्षण तरीकों में प्रौद्योगिकी को प्रभावी ढंग से शामिल करने में बाधाओं का सामना करना पड़ सकता है जैसे कि जटिल डिजिटल उपकरणों को नेविगेट करना, डिजिटल विकर्षणों को प्रबंधित करना और छात्र डेटा की सुरक्षा और गोपनीयता सुनिश्चित करना।

इन चुनौतियों के बावजूद शिक्षा में प्रौद्योगिकी एकीकरण भी महत्वपूर्ण अवसर प्रस्तुत करता है। अनुकूलनीय शिक्षण प्लेटफॉर्म, आभासी वास्तविकता सिमुलेशन और कृत्रिम बुद्धिमत्ता-संचालित ट्यूशन सिस्टम में व्यक्तिगत सीखने के अनुभवों में क्रांति लाने की क्षमता है। इसके अलावा प्रौद्योगिकी शिक्षकों को छात्र प्रदर्शन पर डेटा एकत्र करने और उसका विश्लेषण करने, लक्षित हस्तक्षेप और व्यक्तिगत प्रतिक्रिया की सुविधा प्रदान करने में सक्षम बनाती है। जैसे-जैसे शैक्षिक प्रौद्योगिकी आगे बढ़ रही है, यह 21वीं सदी के कार्यबल की माँगों के लिए छात्रों को तैयार करते हुए कक्षा में नवाचार और रचनात्मकता को बढ़ावा देने का वादा करती है।

डिजिटल साक्षरता और प्रौद्योगिकी के प्रभावी एकीकरण के लिए रणनीतियाँ

शिक्षा में डिजिटल साक्षरता और प्रौद्योगिकी के लाभों को अधिकतम करने के लिए उन रणनीतियों को लागू करना आवश्यक है जो शैक्षिक तरीकों में उनके प्रभावी एकीकरण को बढ़ावा देते हैं। शिक्षकों के लिए व्यावसायिक विकास महत्वपूर्ण है, उन्हें शिक्षण उद्देश्यों के लिए प्रौद्योगिकी का लाभ उठाने के लिए आवश्यक प्रशिक्षण और सहायता प्रदान करना। इसके अतिरिक्त नीति निमार्ताओं और शैक्षिक नेताओं को प्रौद्योगिकी तक समान पहुँच को प्राथमिकता देनी चाहिए, यह सुनिश्चित करते हुए कि सभी छात्रों के पास डिजिटल साक्षरता कौशल विकसित करने और प्रौद्योगिकी के साथ सार्थक रूप से जुड़ने के लिए आवश्यक संसाधन हों।

पाठ्यक्रम डिजाइन में डिजिटल साक्षरता को एक मुख्य घटक के रूप में शामिल किया जाना चाहिए, इसे विषय क्षेत्रों में एकीकृत किया जाना चाहिए और महत्वपूर्ण सोच, सूचना साक्षरता और डिजिटल नागरिकता पर जोर दिया जाना चाहिए। यह दृष्टिकोण छात्रों को सीखने और उत्पादकता के लिए प्रौद्योगिकी का उपयोग करते हुए डिजिटल परिदृश्य को जिम्मेदारी से और नैतिक रूप से नेविगेट करने के लिए सशक्त बना सकता है। इसके अलावा शैक्षिक संस्थानों और प्रौद्योगिकी कंपनियों के बीच साझेदारी नवीन शैक्षिक प्रौद्योगिकियों के विकास को सुविधाजनक बना सकती है, जिससे यह सुनिश्चित हो सके कि शैक्षिक उपकरण शिक्षकों और छात्रों की आवश्यकताओं के अनुरूप हैं।

व्यावसायिक विकास और पाठ्यक्रम एकीकरण के अलावा, शैक्षिक सेटिंग्स के भीतर नवाचार और प्रयोग की संस्कृति को बढ़ावा देने से प्रौद्योगिकी के प्रभावी उपयोग को प्रोत्साहित किया जा सकता है। शिक्षकों को नए डिजिटल उपकरणों और शैक्षणिक दृष्टिकोणों का पता लगाने के लिए प्रोत्साहित किया जाना चाहिए, जिससे उन्हें सीखने के बेहतर परिणामों के लिए प्रौद्योगिकी की क्षमता का लाभ उठाने के लिए अपनी शिक्षण प्रथाओं को अनुकूलित करने की अनुमति मिल सके। इसके अलावा शिक्षकों के बीच सहयोग और ज्ञान साझा करने के अवसर पैदा करने से विविध शैक्षिक संदर्भों में प्रौद्योगिकी को एकीकृत करने के लिए सर्वोत्तम प्रणालियों और नवीन विचारों के आदान-प्रदान की सुविधा मिल सकती है।

इसके अलावा शिक्षा में प्रौद्योगिकी को एकीकृत करते समय डिजिटल सुरक्षा

और गोपनीयता के मुद्दों को संबोधित करना आवश्यक है। शिक्षकों और छात्रों को साइबर सुरक्षा, डिजिटल नागरिकता और प्रौद्योगिकी के जिम्मेदार उपयोग पर शिक्षा प्राप्त करनी चाहिए। स्कूलों और शैक्षणिक संस्थानों को छात्र डेटा की सुरक्षा और डिजिटल संसाधनों के नैतिक और सुरक्षित उपयोग को सुनिश्चित करने के लिए मजबूत नीतियों और प्रक्रियाओं को लागू करना चाहिए।

21वीं सदी के कौशल विकास में डिजिटल साक्षरता और प्रौद्योगिकी की भूमिका

शिक्षण और सीखने पर इसके तत्काल प्रभाव से परे डिजिटल साक्षरता और प्रौद्योगिकी 21वीं सदी के कौशल विकसित करने में महत्वपूर्ण भूमिका निभाते हैं जो आधुनिक दुनिया में सफलता के लिए आवश्यक हैं। इन कौशलों में आलोचनात्मक सोच, रचनात्मकता, संचार, सहयोग और समस्या-समाधान शामिल हैं, जो सभी डिजिटल उपकरणों और प्लेटफार्मों के साथ जुड़े हुए हैं। इस प्रकार डिजिटल साक्षरता का विकास इन आवश्यक कौशलों के विकास से निकटता से जुड़ा हुआ है, जो छात्रों को तेजी से विकसित हो रहे वैश्विक परिदृश्य में आगे बढ़ने के लिए तैयार करता है।

डिजिटल साक्षरता छात्रों को डिजिटल जानकारी की साख और विश्वसनीयता का मूल्याँकन करने, तथ्य और राय के बीच समझदारी और ऑनलाइन सामग्री में पूर्वाग्रह को पहचानने के लिए सशक्त बनाकर महत्वपूर्ण सोच को बढ़ावा देती है। इसके अलावा सहयोगी परियोजनाओं और संचार में डिजिटल उपकरणों का उपयोग छात्रों की टीमों में प्रभावी ढंग से काम करने, विचारों को स्पष्ट रूप से व्यक्त करने और डिजिटल वातावरण में सार्थक विमर्श में संलग्न होने की क्षमताओं को मजबूत करता है। प्रौद्योगिकी रचनात्मक अभिव्यक्ति के लिए एक मंच भी प्रदान करती है, जिससे छात्रों को मल्टीमीडिया निर्माण, डिजिटल कहानी कहने और नवीन समस्या-समाधान दृष्टिकोण का पता लगाने की अनुमति मिलती है।

इसके अलावा शिक्षा में प्रौद्योगिकी का एकीकरण व्यक्तिगत सीखने के अनुभवों को सुविधाजनक बना सकता है, जिससे छात्रों को अपनी गति से प्रगति करने और रुचि के विषयों का गहराई से पता लगाने में सक्षम बनाया जा सकता है। अनुकूलनीय शिक्षण प्लेटफॉर्म और शैक्षिक सॉफ़्टवेयर व्यक्तिगत सीखने की

जरूरतों के आधार पर अनुरूप निर्देश प्रदान कर सकते हैं, जिससे छात्रों को लक्षित समर्थन और संवर्धन प्राप्त हो सकता है, जिससे अवधारणाओं और कौशल की गहरी समझ को बढ़ावा मिल सकता है।

शिक्षा में डिजिटल साक्षरता और प्रौद्योगिकी का भविष्य

आगे देखते हुए शिक्षा में डिजिटल साक्षरता और प्रौद्योगिकी की भूमिका तकनीकी प्रगति और शैक्षिक आवश्यकताओं के जवाब में विकसित होने के लिए तैयार है। जैसे-जैसे कृत्रिम बुद्धिमत्ता, संवर्धित वास्तविकता और अन्य उभरती प्रौद्योगिकियाँ अधिक प्रचलित होती जा रही हैं, शैक्षिक सेटिंग्स में उनका एकीकरण सीखने के अनुभव को और अधिक बदलने की क्षमता रखता है। ये प्रौद्योगिकियाँ गहन शिक्षण अनुभव, वैयक्तिकृत निर्देश और नवीन शैक्षिक संसाधनों के विकास के लिए नए अवसर प्रदान करती हैं।

इसके अलावा ऑनलाइन और मिश्रित शिक्षण मॉडल का चल रहा विस्तार विविध शैक्षिक आवश्यकताओं का समर्थन करने के लिए डिजिटल बुनियादी ढाँचे और संसाधनों में निरंतर निवेश की आवश्यकता को रेखांकित करता है। जैसे-जैसे शैक्षणिक संस्थान हाइब्रिड शिक्षण वातावरण की जटिलताओं से निपटते हैं, डिजिटल साक्षरता यह सुनिश्चित करने के लिए केंद्रीय होगी कि छात्र और शिक्षक शैक्षणिक कठोरता और अखंडता के उच्च मानकों को बनाए रखते हुए डिजिटल प्लेटफार्मों और संसाधनों के साथ प्रभावी ढंग से जुड़ सकें।

डिजिटल इक्विटी और पहुँच को संबोधित करने की आवश्यकता भी उतनी ही महत्वपूर्ण है, जितना यह सुनिश्चित करना कि सभी छात्रों को डिजिटल साक्षरता कौशल विकसित करने और शैक्षिक प्रौद्योगिकी से लाभ उठाने का अवसर मिले। डिजिटल विभाजन को पाटने, किफायती उपकरणों और विश्वसनीय इंटरनेट कनेक्टिविटी तक पहुँच प्रदान करने और डिजिटल समावेशन को बढ़ावा देने के प्रयास सभी छात्रों के लिए समान सीखने के अवसर बनाने में आवश्यक होंगे।

डिजिटल साक्षरता और प्रौद्योगिकी आधुनिक शिक्षा के अपरिहार्य घटक बन गए हैं, जो छात्रों के सीखने, शिक्षकों के पढ़ाने और शैक्षणिक संस्थानों के संचालन के तरीके को आकार दे रहे हैं। डिजिटल साक्षरता कौशल विकसित करके, शिक्षण तरीकों में प्रौद्योगिकी को प्रभावी ढंग से एकीकृत करके और 21वीं सदी के कौशल

विकास को बढ़ावा देकर, शिक्षा छात्रों को डिजिटल युग के अवसरों और चुनौतियों के लिए बेहतर ढंग से तैयार कर सकती है। जैसे-जैसे हम आगे बढ़ रहे हैं, शैक्षिक हितधारकों के लिए शिक्षा में डिजिटल साक्षरता और प्रौद्योगिकी द्वारा प्रस्तुत जटिलताओं और अवसरों को संबोधित करने में सहयोग करना आवश्यक है।

शिक्षकों, नीति-निमार्ताओं, प्रौद्योगिकी कंपनियों और समुदायों को यह सुनिश्चित करने के लिए मिलकर काम करना चाहिए कि डिजिटल साक्षरता को शिक्षा के ढाँचे में एकीकृत किया जाए, जिससे छात्रों को आत्मविश्वास, जिम्मेदारी और रचनात्मकता के साथ डिजिटल परिदृश्य को नेविगेट करने में सशक्त बनाया जा सके। प्रौद्योगिकी की परिवर्तनकारी क्षमता को अपनाकर और इसके द्वारा प्रस्तुत चुनौतियों का समाधान करके, हम सीखने का ऐसा वातावरण बना सकते हैं जो छात्रों को एक परस्पर जुड़े, प्रौद्योगिकी-संचालित दुनिया में आगे बढ़ने के लिए तैयार करता है।

अंततः, शिक्षा में डिजिटल साक्षरता और प्रौद्योगिकी का प्रभावी एकीकरण आजीवन सीखने को बढ़ावा देने, छात्रों को तेजी से बदलते समाज के अनुकूल होने के लिए आवश्यक कौशल से लैस करने और उन्हें डिजिटल दुनिया में सक्रिय, सूचित भागीदार बनने के लिए सशक्त बनाने का वादा करता है। जैसे-जैसे हम नवप्रवर्तन और उभरते शैक्षिक परिदृश्य के अनुरूप ढलना जारी रखते हैं, डिजिटल साक्षरता और प्रौद्योगिकी शिक्षा के भविष्य को आकार देने में मूलभूत घटक बने रहेंगे।

शिक्षा में डिजिटल साक्षरता और प्रौद्योगिकी के महत्व को कम करके नहीं आंका जा सकता। जैसे-जैसे हम डिजिटल युग द्वारा प्रस्तुत जटिलताओं और अवसरों से निपटते हैं, यह जरूरी है कि हम डिजिटल साक्षरता कौशल के विकास और शैक्षिक तरीकों में प्रौद्योगिकी के प्रभावी एकीकरण को प्राथमिकता दें। ऐसा करके हम सीखने का माहौल बना सकते हैं जो छात्रों को 21वीं सदी और उससे आगे की सफलता के लिए आवश्यक महत्वपूर्ण सोच, रचनात्मकता, सहयोग और अनुकूलनशीलता को बढ़ावा देते हुए प्रौद्योगिकी-संचालित दुनिया में आगे बढ़ने के लिए तैयार करता है।

शिक्षा में डिजिटल साक्षरता और प्रौद्योगिकी की परिवर्तनकारी क्षमता बहुत बड़ी है, जो सीखने के अनुभवों को बढ़ाने, आवश्यक कौशल विकसित करने और

शैक्षिक विभाजन को पाटने के अवसर प्रदान करती है। डिजिटल साक्षरता और प्रौद्योगिकी द्वारा प्रस्तुत चुनौतियों और अवसरों को अपनाकर हम एक अधिक समावेशी, नवीन और प्रभावी शैक्षिक परिदृश्य बना सकते हैं जो छात्रों को डिजिटल युग में उत्कृष्टता प्राप्त करने के लिए सशक्त बनाता है।

> ***एनडीए की नीतियों ने नवाचार और अनुसंधान के लिए अनुकूल माहौल को बढ़ावा दिया है, जिससे भारत एक वैश्विक ज्ञान केंद्र के रूप में स्थापित हुआ है।***
>
> ***—हर्षवर्धन***

सुरक्षा, रक्षा और विदेश नीति

एनडीए के प्रयासों ने व्यापार करने में आसानी के मामले में भारत की रैंकिंग में उल्लेखनीय सुधार किया है, जिससे यह अधिक व्यापार-अनुकूल बन गया है।

—पीयूष गोयल

सशस्त्र बलों का आधुनिकीकरण और रक्षा सुधार

पिछले दशक में वैश्विक सुरक्षा परिदृश्य में महत्वपूर्ण बदलाव देखे गए हैं, जिससे कई देशों को अपने सशस्त्र बलों और रक्षा क्षमताओं का पुनर्मूल्याँकन और आधुनिकीकरण करने के लिए प्रेरित किया गया है। उभरते खतरों, तकनीकी प्रगति और भू-राजनीतिक बदलावों के सामने, दुनिया भर के देशों ने यह सुनिश्चित करने के लिए व्यापक रक्षा सुधार किए हैं कि उनकी सेनाएं प्रभावी, चुस्त और अनुकूलनीय बनी रहें। इस निबंध का उद्देश्य पिछले 10 वर्षों में विभिन्न देशों द्वारा किए गए आधुनिकीकरण प्रयासों और रक्षा सुधारों का विश्लेषण करना, इन पहलों की रणनीतियों, चुनौतियों और परिणामों का आकलन करना है।

संयुक्त राज्य अमेरिका

विश्व की प्रमुख सैन्य शक्ति के रूप में संयुक्त राज्य अमेरिका, रक्षा आधुनिकीकरण प्रयासों में सबसे आगे रहा है। पिछले एक दशक में अमेरिका ने स्वायत्त प्रणालियों, साइबर युद्ध और अंतरिक्ष-आधारित संपत्तियों जैसी अगली पीढ़ी की क्षमताओं में भारी निवेश करके अपनी तकनीकी बढ़त बनाए रखने पर ध्यान केंद्रित किया है। रक्षा विभाग की तीसरी ऑफसेट रणनीति, जो ओबामा प्रशासन के दौरान शुरू की गई और ट्रम्प और बिडेन प्रशासन के तहत जारी रही, ने उभरते खतरों का मुकाबला करने के लिए उन्नत प्रौद्योगिकियों का लाभ उठाने के महत्व को रेखांकित किया है।

इसके अतिरिक्त अमेरिका ने उभरती सुरक्षा चुनौतियों के साथ बेहतर तालमेल बिठाने के लिए अपनी सैन्य संरचना को सुव्यवस्थित करने और अपनी सेना की स्थिति को अनुकूलित करने की माँग की है। पुराने प्लेटफार्मों से विनिवेश करने और

संसाधनों को अधिक उन्नत और बहुमुखी प्रणालियों की ओर पुन: आवंटित करने के यत्न इस प्रयास के केंद्र में रहे हैं। इसके अलावा, 2019 में अमेरिकी अंतरिक्ष बल की स्थापना सैन्य अभियानों के लिए एक डोमेन के रूप में अंतरिक्ष के बढ़ते महत्व को पहचानने में एक महत्वपूर्ण कदम का प्रतिनिधित्व करती है।

हालाँकि अमेरिकी सशस्त्र बलों के आधुनिकीकरण के प्रयास चुनौतियों से रहित नहीं रहे हैं। बजटीय बाधाएँ, नौकरशाही बाधाएँ और मौजूदा प्रणालियों में नई प्रौद्योगिकियों को एकीकृत करने की जटिलताओं ने महत्वपूर्ण बाधाएँ प्रस्तुत की हैं। इसके अलावा आधुनिकीकरण को तत्परता और चल रही परिचालन प्रतिबद्धताओं के साथ संतुलित करने की आवश्यकता के लिए सावधानीपूर्वक योजना और संसाधन प्रबंधन की आवश्यकता है।

चीन

चीन की तीव्र आर्थिक वृद्धि और बढ़ते वैश्विक प्रभाव के साथ-साथ उसके सशस्त्र बलों के आधुनिकीकरण के महत्वाकांक्षी प्रयास भी हुए हैं। राष्ट्रपति शी जिनपिंग के शासन में पीपुल्स लिबरेशन आर्मी (पीएलए) ने एक महत्वाकांक्षी आधुनिकीकरण अभियान शुरू किया है, जिसका उद्देश्य इसे सदी के मध्य तक विश्वस्तरीय सेना में बदलना है। इस प्रयास के केंद्र में साइबर युद्ध, कृत्रिम बुद्धिमत्ता और समुद्री शक्ति प्रक्षेपण जैसे क्षेत्रों में उन्नत क्षमताओं को विकसित करने पर ध्यान केंद्रित किया गया है।

पीएलए के आधुनिकीकरण प्रयासों ने एंटी-एक्सेस/एरिया डिनायल (ए2/एडी) क्षमताओं के विकास पर भी जोर दिया है, जिन्हें संघर्ष की स्थिति में विदेशी ताकतों के हस्तक्षेप को रोकने या विफल करने के लिए डिजाइन किया गया है। इसमें उन्नत बैलिस्टिक और क्रूज मिसाइलों की तैनाती के साथ-साथ चीन की नौसेना और वायुसेना का विस्तार भी शामिल है।

पीएलए के आधुनिकीकरण ने पड़ोसी देशों और संयुक्त राज्य अमेरिका के बीच चिंताएं बढ़ा दी हैं, जिससे क्षेत्रीय सुरक्षा गतिशीलता में बदलाव आया है। चीन की सैन्य क्षमताओं के तेजी से विस्तार और आधुनिकीकरण ने एशिया-प्रशांत क्षेत्र के अन्य देशों को अपनी रक्षा मुद्राओं का पुनर्मूल्याँकन करने और अमेरिका और अन्य सहयोगियों के साथ घनिष्ठ सुरक्षा सहयोग की तलाश करने के लिए प्रेरित किया है।

रूस

हाल के वर्षों में रूस ने अपने पुराने सैन्य बुनियादी ढाँचे को पुनर्जीवित करने और एक प्रमुख वैश्विक शक्ति के रूप में अपनी स्थिति को फिर से स्थापित करने के उद्देश्य से एक व्यापक आधुनिकीकरण कार्यक्रम चलाया है। रूसी सैन्य आधुनिकीकरण प्रयासों में उन्नत हथियार प्रणालियों के विकास, मौजूदा प्लेटफार्मों के उन्नयन और कमांड और नियंत्रण क्षमताओं में सुधार सहित कई क्षेत्र शामिल हैं।

रूस के आधुनिकीकरण प्रयासों में सबसे उल्लेखनीय विकासों में से एक नई और उन्नत हथियार प्रणालियों की शुरूआत है जैसे कि एस-400 वायु रक्षा प्रणाली, टी-14 आर्मटा टैंक और हाइपरसोनिक किंजझाल मिसाइल। इन प्रणालियों का उद्देश्य रूस की सैन्य क्षमताओं को बढ़ाना और संभावित संघर्षों में महत्वपूर्ण तकनीकी बढ़त प्रदान करना है।

इसके अलावा रूस ने अपने परमाणु शस्त्रागार के आधुनिकीकरण को प्राथमिकता दी है, जिसका लक्ष्य एक विश्वसनीय और मजबूत निवारक क्षमता बनाए रखना है। नई अंतरमहाद्वीपीय बैलिस्टिक मिसाइलों (आईसीबीएम) का विकास और मौजूदा परमाणु वितरण प्रणालियों का आधुनिकीकरण इस प्रयास के प्रमुख घटक रहे हैं।

हालाँकि रूस के सशस्त्र बलों के आधुनिकीकरण के साथ-साथ बजट संबंधी बाधाएँ, तकनीकी बाधाएँ और अंतरराष्ट्रीय प्रतिबंध भी शामिल हैं, जिनकी कुछ महत्वपूर्ण प्रौद्योगिकियों तक पहुँच सीमित है। इन बाधाओं के बावजूद, रूस ने अपनी सेना के आधुनिकीकरण में पर्याप्त प्रगति की है और उसके प्रयासों का यूरोपीय सुरक्षा परिदृश्य और वैश्विक शक्ति संतुलन पर महत्वपूर्ण प्रभाव पड़ा है।

यूरोपीय संघ

यूरोपीय संघ (ईयू) के भीतर उभरती सुरक्षा चुनौतियों और बदलते भू-राजनीतिक माहौल के जवाब में रक्षा आधुनिकीकरण और सुधार एक प्राथमिकता रही है। यूरोपीय संघ ने अपनी रणनीतिक स्वायत्तता बढ़ाने और संकट प्रबंधन और सामूहिक रक्षा के लिए अपनी क्षमता में सुधार करने की माँग की है। प्रयासों में सदस्य देशों के बीच रक्षा सहयोग को मजबूत करने, रक्षा खर्च बढ़ाने और सामान्य क्षमताओं और प्रौद्योगिकियों को विकसित करने पर ध्यान केंद्रित किया गया है।

यूरोपीय संघ के रक्षा आधुनिकीकरण में प्रमुख पहलों में से एक स्थायी संरचित

सहयोग (पीईएससीओ) रहा है, जिसका उद्देश्य भाग लेने वाले सदस्य देशों के बीच रक्षा सहयोग को गहरा करना है। पीईएससीओ ने सैन्य गतिशीलता, साइबर रक्षा और समुद्री निगरानी जैसे क्षेत्रों में संयुक्त परियोजनाओं की सुविधा प्रदान की है, जिससे यूरोपीय सशस्त्र बलों के बीच अधिक एकीकरण और अंतरसंचालनीयता को बढ़ावा मिला है।

इसके अलावा अत्याधुनिक रक्षा प्रौद्योगिकियों और उपकरणों के विकास का समर्थन करने, विदेशी आपूर्तिकताओं पर यूरोपीय संघ की निर्भरता को कम करने और अपने रक्षा औद्योगिक आधार को बढ़ाने के लिए यूरोपीय रक्षा कोष (ईडीएफ) की स्थापना की गई है। संसाधनों और विशेषज्ञता को एकत्रित करके, यूरोपीय संघ का लक्ष्य अपनी रक्षा क्षमताओं को बढ़ाना और ट्रान्साटलांटिक बोझ-साझाकरण में योगदान करना है।

इन प्रयासों के बावजूद यूरोपीय संघ को रक्षा आधुनिकीकरण की अपनी खोज में कई चुनौतियों का सामना करना पड़ता है, जिसमें भिन्न राष्ट्रीय हित, नौकरशाही जटिलताएँ और बहुराष्ट्रीय रक्षा खरीद की जटिलताओं से निपटने की आवश्यकता शामिल है। हालाँकि अपनी रक्षा क्षमताओं को मजबूत करने के लिए यूरोपीय संघ की प्रतिबद्धता एक अधिक सामंजस्यपूर्ण और सक्षम यूरोपीय रक्षा मुद्रा की आवश्यकता की बढ़ती मान्यता का संकेत देती है।

भारत

हाल के वर्षों में भारत ने अपनी सैन्य क्षमताओं को बढ़ाने और उभरती सुरक्षा चुनौतियों से निपटने के लिए एक व्यापक आधुनिकीकरण अभियान शुरू किया है। प्रौद्योगिकी-संचालित युद्ध और सेना आधुनिकीकरण पर ध्यान देने के साथ भारत ने अपने पारंपरिक और परमाणु बलों को उन्नत करने, स्वदेशी रक्षा प्रौद्योगिकियों को विकसित करने और अपने रक्षा औद्योगिक आधार का विस्तार करने की माँग की है।

भारतीय सशस्त्र बलों के आधुनिकीकरण प्रयासों में भूमि, वायु और समुद्री क्षमताओं सहित कई प्रकार के डोमेन शामिल हैं। भारतीय सेना ने उन्नत तोपखाने, बख्तरबंद वाहनों और पैदल सेना के उपकरणों को शामिल करने को प्राथमिकता दी है, जबकि भारतीय वायुसेना ने अगली पीढ़ी के लड़ाकू विमान, परिवहन विमान और वायु रक्षा प्रणालियों के अधिग्रहण को आगे बढ़ाया है। इसके अतिरिक्त भारतीय

नौसेना ने उन्नत युद्धपोतों, पनडुब्बियों और समुद्री गश्ती विमानों को शामिल करके अपनी समुद्री क्षमताओं को बढ़ाने पर ध्यान केंद्रित किया है।

इसके अलावा भारत ने 'मेक इन इंडिया' और स्ट्रैटेजिक पार्टनरशिप मॉडल जैसी पहलों के माध्यम से स्वदेशी रक्षा उत्पादन पर नए सिरे से जोर दिया है, जिसका उद्देश्य विदेशी रक्षा आयात पर निर्भरता को कम करने के लिए देश की औद्योगिक क्षमता और तकनीकी कौशल का लाभ उठाना है। घरेलू और अंतरराष्ट्रीय रक्षा कंपनियों के बीच सहयोग को बढ़ावा देकर, भारत रक्षा विनिर्माण और प्रौद्योगिकी विकास में अपनी आत्मनिर्भरता बढ़ाना चाहता है।

भारत के सशस्त्र बलों का आधुनिकीकरण सीमा विवादों, असममित खतरों और भारत-प्रशांत क्षेत्र में अपने रणनीतिक हितों की रक्षा करने की आवश्यकता सहित उभरती सुरक्षा चुनौतियों से प्रेरित है। जैसे-जैसे भारत अपनी सैन्य क्षमताओं का आधुनिकीकरण कर रहा है, वह उन्नत रक्षा प्रौद्योगिकियों तक पहुँचने, रक्षा सहयोग को बढ़ावा देने और अपनी रक्षा मुद्रा को मजबूत करने के लिए संयुक्त राज्य अमेरिका, रूस, फ्रांस और इजराइल जैसे प्रमुख रणनीतिक सहयोगियों के साथ रक्षा साझेदारी को गहरा करने की भी कोशिश कर रहा है। .

मध्य पूर्व

मध्य पूर्व में रक्षा आधुनिकीकरण के प्रयासों को क्षेत्रीय प्रतिद्वंद्विता, सुरक्षा खतरों और भू-राजनीतिक गतिशीलता द्वारा आकार दिया गया है। सऊदी अरब, संयुक्त अरब अमीरात (यूएई) और कतर सहित क्षेत्र के कई देशों ने अपनी रक्षा क्षमताओं को बढ़ाने और क्षेत्रीय सुरक्षा चुनौतियों का समाधान करने के लिए महत्वाकांक्षी सैन्य आधुनिकीकरण कार्यक्रम शुरू किया है।

लड़ाकू विमान, मिसाइल रक्षा प्रणाली और नौसैनिक जहाजों सहित उन्नत हथियार प्रणालियों में महत्वपूर्ण निवेश के साथ सऊदी अरब वैश्विक हथियार बाजार में एक प्रमुख खिलाड़ी रहा है। राज्य के आधुनिकीकरण के प्रयास क्षेत्रीय खतरों, विशेष रूप से ईरान से मुकाबला करने और खाड़ी क्षेत्र में अपने प्रभाव का दावा करने की इच्छा से प्रेरित हैं।

इसी तरह यूएई ने तकनीकी रूप से उन्नत और सक्षम सेना बनाने के उद्देश्य से एक व्यापक आधुनिकीकरण एजेंडा चलाया है। देश ने उन्नत लड़ाकू विमानों,

मिसाइल रक्षा प्रणालियों और निगरानी क्षमताओं में निवेश किया है, जिससे खुद को एक महत्वपूर्ण क्षेत्रीय सुरक्षा लीडर के रूप में स्थापित किया जा सका है।

कतर ने क्षेत्रीय तनाव और सुरक्षा अनिवार्यताओं के जवाब में अपने सशस्त्र बलों को आधुनिक बनाने, उन्नत सैन्य हार्डवेयर हासिल करने और अपनी रक्षा क्षमताओं का विस्तार करने के प्रयास भी किए हैं। आधुनिकीकरण की ये पहल कतर की रक्षा स्थिति को मजबूत करने और क्षेत्र में उभरती सुरक्षा चुनौतियों से निपटने की क्षमता बढ़ाने की इच्छा से प्रेरित है।

कुल मिलाकर मध्य पूर्व के रक्षा आधुनिकीकरण प्रयास कई कारकों से प्रभावित हुए हैं, जिनमें क्षेत्रीय खतरों का मुकाबला करने, प्रभाव का दावा करने और बदलती सुरक्षा गतिशीलता के अनुकूल होने की आवश्यकता शामिल है। हालाँकि इन प्रयासों ने क्षेत्रीय हथियारों की होड़, सैन्यीकरण और मौजूदा संघर्षों और तनावों के बढ़ने की संभावना के बारे में भी चिंताएँ बढ़ा दी हैं।

चुनौतियाँ और अवसर

बेशकरक्षा आधुनिकीकरण प्रयासों से सैन्य क्षमताओं में महत्वपूर्ण प्रगति हुई है लेकिन इसने देशों के लिए कई चुनौतियाँ और अवसर भी प्रस्तुत किए हैं। प्राथमिक चुनौतियों में से एक तकनीकी नवाचार, बजटीय बाधाओं और उभरते सुरक्षा खतरों की परस्पर जटिल क्रिया का प्रबंधन करना है। सीमित संसाधनों और प्रतिस्पर्धी प्राथमिकताओं की वास्तविकताओं के साथ अत्याधुनिक क्षमताओं की आवश्यकता को संतुलित करने के लिए सावधानीपूर्वक रणनीतिक योजना और संसाधन आवंटन की आवश्यकता होती है।

इसके अलावा तकनीकी परिवर्तन की तीव्र गति ने नई परिचालन अवधारणाओं को अपनाने, मौजूदा बल संरचनाओं में उन्नत प्रणालियों को एकीकृत करने और साइबरस्पेस और इलेक्ट्रॉनिक युद्ध में कमजोरियों को संबोधित करने के मामले में चुनौतियाँ पेश की हैं। परिणामस्वरूप देशों को अपनी आधुनिक सेनाओं की प्रभावशीलता को अधिकतम करने के लिए प्रशिक्षण, सिद्धांत विकास और संगठनात्मक सुधारों में निवेश करना पड़ा है।

इसके अलावा रक्षा आधुनिकीकरण प्रयासों ने हथियारों के प्रसार, क्षेत्रीय स्थिरता और गलत अनुमान और संघर्ष की संभावना के बारे में भी सवाल उठाए हैं। उन्नत

हथियार प्रणालियों का अधिग्रहण और सैन्य प्रभुत्व की खोज क्षेत्रीय तनाव और प्रतिद्वंद्विता में योगदान कर सकती है, जिससे संभावित रूप से हथियारों की होड़ और संघर्ष बढ़ने का खतरा बढ़ सकता है।

हालाँकि रक्षा आधुनिकीकरण अंतरराष्ट्रीय सहयोग को बढ़ावा देने, प्रतिरोध बढ़ाने और आम सुरक्षा चुनौतियों का समाधान करने के लिए महत्वपूर्ण अवसर भी प्रस्तुत करता है। उन्नत क्षमताओं और अंतरसंचालनीय प्रणालियों का लाभ उठाकर देश अपनी रक्षा को मजबूत कर सकते हैं, अंतरराष्ट्रीय सुरक्षा में योगदान कर सकते हैं और संघर्ष और अस्थिरता के जोखिमों को कम कर सकते हैं।

पिछले दशक में दुनिया भर में व्यापक रक्षा आधुनिकीकरण के प्रयास देखे गए हैं, जो उभरती सुरक्षा चुनौतियों, तकनीकी प्रगति और भू-राजनीतिक गतिशीलता में बदलाव से प्रेरित हैं। संयुक्त राज्य अमेरिका और चीन से लेकर रूस, भारत और मध्य पूर्व तक, देशों ने अपनी सैन्य क्षमताओं में वृद्धि, उन्नत प्रौद्योगिकियों के एकीकरण और युद्ध के नए रूपों के अनुकूलन को प्राथमिकता दी है।

बुनियादी ढाँचे के विकास के लिए एनडीए की प्रतिबद्धता ने पूरे भारत में कनेक्टिविटी बढ़ाई है और व्यापार और वाणिज्य को सुविधाजनक बनाया है।

—नितिन गडकरी

□

राष्ट्रीय सुरक्षा और बॉर्डर इन्फ्रास्ट्रक्चर मजबूती पर मोदी सरकार का जोर

भारत की सीमा सुरक्षा और बुनियादी ढाँचा विकास मोदी सरकार के फोकस का प्रमुख क्षेत्र रहा है। विविध और चुनौतीपूर्ण भू-राजनीतिक परिदृश्य के साथ सरकार ने देश की सीमा के बुनियादी ढाँचे को बढ़ाने और राष्ट्रीय सुरक्षा को मजबूत करने के उद्‌देश्य से विभिन्न पहल लागू की हैं। यह लेख भारत की सीमाओं को मजबूत करने और राष्ट्र की सुरक्षा और अखंडता सुनिश्चित करने के लिए किए गए महत्वपूर्ण उपायों और रणनीतियों की जाँच करता है।

बॉर्डर इन्फ्रास्ट्रक्चर का विकास

प्रधानमंत्री नरेन्द्र मोदी के नेतृत्व में भारत सरकार ने सीमा बुनियादी ढाँचे के विकास पर काफी जोर दिया है। सीमावर्ती क्षेत्रों में सड़क और रेल कनेक्टिविटी में सुधार एक प्राथमिकता रही है, जिससे नागरिकों और सुरक्षा बलों दोनों के लिए पहुँच आसान हो सके। हिमालय और पूर्वोत्तर जैसे सीमावर्ती क्षेत्रों में रणनीतिक सड़कों और पुलों के निर्माण से न केवल पहुँच बढ़ी है, बल्कि सैन्य अभियानों के लिए सैन्य समर्थन भी मजबूत हुआ है।

सरकार की प्रमुख बुनियादी ढाँचा पहल भारतमाला परियोजना का लक्ष्य प्रमुख सीमावर्ती क्षेत्रों को जोड़ना और परिवहन नेटवर्क को मजबूत करना है। इसके अतिरिक्त सीमावर्ती क्षेत्रों में कनेक्टिविटी और सेना की गतिशीलता बढ़ाने के लिए सीमा सड़क संगठन (बीआरओ) के तहत सीमा सड़कों के विकास में तेजी लाई गई है। इन बुनियादी ढाँचे के विकास ने न केवल दूरदराज के इलाकों में रहने वाले लोगों के जीवन में सुधार किया है बल्कि भारत की रक्षा क्षमताओं को भी बढ़ावा दिया है।

सीमा सुरक्षा बलों का आधुनिकीकरण

बुनियादी ढाँचे के विकास के साथ-साथ मोदी सरकार ने भारत के सीमा सुरक्षा बलों को आधुनिक बनाने की दिशा में काम किया है। मानव रहित हवाई वाहन (यूएवी), थर्मल इमेजिंग डिवाइस और नाइट विजन उपकरण सहित उन्नत निगरानी उपकरणों की खरीद ने सीमाओं पर निगरानी और सतर्कता में काफी वृद्धि की है। इसके अलावा सीमा चौकियों को मजबूत करने और उन्हें सीमाओं की प्रभावी सुरक्षा के लिए आवश्यक संसाधन उपलब्ध कराने के लिए एक ठोस प्रयास किया गया है।

'मेक इन इंडिया' जैसी पहलों के माध्यम से स्वदेशी रक्षा विनिर्माण को बढ़ावा देने पर सरकार का ध्यान विदेशी रक्षा उपकरणों पर निर्भरता को कम करना और रक्षा उत्पादन में भारत की आत्मनिर्भरता को बढ़ाना है। इसने न केवल सीमा सुरक्षा को बढ़ाने में योगदान दिया है बल्कि घरेलू रक्षा उद्योग को भी प्रोत्साहित किया है, नवाचार और तकनीकी प्रगति को बढ़ावा दिया है।

सामरिक सीमा समझौते और गठबंधन

भारत की राष्ट्रीय सुरक्षा को मजबूत करने के लिए मोदी सरकार पड़ोसी देशों और वैश्विक सहयोगियों के साथ रणनीतिक समझौतों और गठबंधनों में सक्रिय रूप से लगी हुई है। भारत के साथ सीमा साझा करने वाले देशों के साथ संबंधों को मजबूत करना सरकार की विदेश नीति की आधारशिला रही है। बांग्लादेश के साथ भूमि सीमा जैसे समझौतों ने न केवल लंबे समय से चले आ रहे सीमा विवादों को हल किया है, बल्कि मजबूत राजनयिक संबंधों को बढ़ावा देने में भी योगदान दिया है।

इसके अतिरिक्त संयुक्त राज्य अमेरिका, जापान और ऑस्ट्रेलिया जैसे देशों के साथ भारत की रणनीतिक साझेदारी से रक्षा और सुरक्षा के क्षेत्र में सहयोग बढ़ा है। समुद्री सुरक्षा, खुफिया जानकारी साझा करने और संयुक्त सैन्य अभ्यास में सहयोगात्मक प्रयासों ने क्षेत्र और उससे परे भारत की स्थिति को और मजबूत किया है

डिजिटल युग में सीमा सुरक्षा

सुरक्षा खतरों की उभरती प्रकृति को पहचानते हुए मोदी सरकार ने सीमा सुरक्षा को बढ़ाने के लिए प्रौद्योगिकी का लाभ उठाने पर महत्वपूर्ण जोर दिया है। सीमा की निगरानी के लिए ड्रोन और उपग्रह इमेजरी के उपयोग सहित उन्नत निगरानी प्रणालियों

के कार्यान्वयन ने सीमाओं पर खतरों का पता लगाने और उनका मुकाबला करने में भारत की क्षमताओं को बढ़ाया है।

इसके अलावा एक व्यापक सीमा प्रबंधन प्रणाली का विकास, वास्तविक समय की निगरानी और प्रतिक्रिया के लिए प्रौद्योगिकी को एकीकृत करना, सरकार की पहल का एक महत्वपूर्ण पहलू रहा है। इससे न केवल स्थितिजन्य जागरूकता में सुधार हुआ है, बल्कि सुरक्षा बलों को किसी भी संभावित सुरक्षा उल्लंघन का तुरंत जवाब देने के लिए उपकरण भी उपलब्ध हुए हैं।

चुनौतियाँ और भविष्य की दिशाएं

हालाँकि मोदी सरकार की पहलों ने भारत की सीमा के बुनियादी ढाँचे और राष्ट्रीय सुरक्षा को मजबूत करने में पर्याप्त प्रगति की है, लेकिन कई चुनौतियाँ अभी भी बनी हुई हैं। सीमावर्ती क्षेत्रों के ऊबड़-खाबड़ इलाके जहाँ अकसर कठोर मौसम रहता है, बुनियादी ढाँचे के विकास और सुरक्षा संचालन के लिए चल रही लॉजिस्टिक और परिचालन चुनौतियों का सामना करते हैं। इसके अतिरिक्त सीमा पार आतंकवाद और घुसपैठ के लगातार खतरे के कारण एक मजबूत और अनुकूलनीय सुरक्षा तंत्र की आवश्यकता है।

आगे देखते हुए सरकार का ध्यान इन चुनौतियों से निपटने के साथ-साथ सीमा सुरक्षा और बुनियादी ढाँचे को बढ़ाने के लिए नए रास्ते तलाशने पर भी रहने की संभावना है। भविष्य की पहलों के लिए फोकस के कुछ संभावित क्षेत्र निम्नलिखित हैं—

- ***प्रौद्योगिकी एकीकरण :*** सीमा की निगरानी के लिए कृत्रिम बुद्धिमत्ता और मशीन लर्निंग के उपयोग सहित उन्नत निगरानी तकनीक में निरंतर निवेश, वास्तविक समय में खतरे का पता लगाने और प्रतिक्रिया क्षमताओं को महत्वपूर्ण रूप से बढ़ा सकता है।
- ***बहुआयामी सीमा रक्षा :*** भूमि, वायु और समुद्री क्षमताओं के एकीकरण सहित सीमा रक्षा के लिए बहुआयामी दृष्टिकोण पर जोर देने से भारत की अपनी सीमाओं और समुद्री हितों की व्यापक रूप से रक्षा करने की क्षमता बढ़ सकती है।
- ***क्षेत्रीय कनेक्टिविटी :*** अंतरराष्ट्रीय उत्तर-दक्षिण परिवहन गलियारे और चाबहार बंदरगाह विकास जैसी बुनियादी ढाँचा परियोजनाओं के माध्यम से क्षेत्रीय कनेक्टिविटी को मजबूत करने से पड़ोसी देशों के साथ व्यापार और रणनीतिक संबंध

बढ़ सकते हैं, जो क्षेत्रीय स्थिरता और सुरक्षा में योगदान दे सकते हैं।

- ***साइबर सुरक्षा :*** सीमा प्रबंधन और संचार प्रणालियों के बढ़ते डिजिटलीकरण के साथ महत्वपूर्ण बुनियादी ढाँचे की सुरक्षा और साइबर खतरों को रोकने के लिए साइबर सुरक्षा उपायों पर ध्यान केंद्रित करना महत्वपूर्ण होगा।
- ***क्षमता निर्माण :*** उभरती सुरक्षा चुनौतियों के अनुकूल सीमा सुरक्षा बलों के प्रशिक्षण और क्षमता निर्माण में निरंतर निवेश एक मजबूत और चुस्त रक्षा मुद्रा बनाए रखने के लिए आवश्यक होगा।

भारत की सीमा के बुनियादी ढाँचे को मजबूत करने और राष्ट्रीय सुरक्षा को बढ़ाने के उद्देश्य से मोदी सरकार की पहल महत्वपूर्ण रणनीतिक अनिवार्यताओं को संबोधित करने में महत्वपूर्ण रही है। बुनियादी ढाँचे के विकास, सीमा सुरक्षा बलों के आधुनिकीकरण, रणनीतिक गठबंधन और उन्नत प्रौद्योगिकियों के एकीकरण की दिशा में ठोस प्रयासों ने सामूहिक रूप से भारत की रक्षा क्षमताओं को मजबूत किया है और बाहरी खतरों के खिलाफ इसकी लचीलापन बढ़ाया है।

चूँकि भारत एक जटिल भू-राजनीतिक माहौल में आगे बढ़ रहा है, इसलिए सीमा बुनियादी ढाँचे और राष्ट्रीय सुरक्षा पर निरंतर ध्यान देना जरूरी है। मौजूदा चुनौतियों का समाधान करके और उभरते अवसरों को अपनाकर, भारत एक प्रमुख क्षेत्रीय खिलाड़ी और शांति, सुरक्षा और स्थिरता के लिए प्रतिबद्ध एक जिम्मेदार वैश्विक हितधारक के रूप में अपनी स्थिति को और मजबूत कर सकता है।

सीमा पर बुनियादी ढाँचे और राष्ट्रीय सुरक्षा को मजबूत करने के लिए मोदी सरकार की अटूट प्रतिबद्धता भारत की क्षेत्रीय अखंडता की सुरक्षा और क्षेत्रीय स्थिरता को बढ़ावा देने के लिए एक सक्रिय दृष्टिकोण को दर्शाती है। रणनीतिक दूरदर्शिता, तकनीकी नवाचार और कूटनीतिक जुड़ाव के संयोजन के माध्यम से भारत अपने सीमावर्ती क्षेत्रों में समावेशी विकास को बढ़ावा देते हुए 21वीं सदी की उभरती सुरक्षा चुनौतियों का सामना करने के लिए तैयार है।

एनडीए के 'स्वच्छ गंगा' मिशन ने गंगा नदी के पारिस्थितिक स्वास्थ्य को बहाल करने में पर्याप्त प्रगति की है।

—गजेंद्र सिंह शेखावत

□

बीते दस वर्षों में विदेश नीति पहल और द्विपक्षीय संबंध

पिछले दशक में वैश्विक राजनीतिक परिदृश्य में महत्वपूर्ण बदलाव और परिवर्तन देखे गए हैं, जिससे अंतरराष्ट्रीय संबंधों के क्षेत्र में नई चुनौतियाँ और अवसर सामने आए हैं। इस अवधि के दौरान दुनिया भर के देशों ने अपने राष्ट्रीय हितों को आगे बढ़ाने, द्विपक्षीय संबंधों को मजबूत करने और जटिल भू-राजनीतिक मुद्दों को संबोधित करने के उद्देश्य से विभिन्न विदेश नीति पहल की हैं। इस निबंध में हम पिछले 10 वर्षों में कई प्रमुख देशों की विदेश नीति पहल और द्विपक्षीय संबंधों की पड़तााल करेंगे, उनके राजनयिक प्रयासों, रणनीतिक व्यस्तताओं और वैश्विक मंच पर इन पहलों के प्रभाव का विश्लेषण करेंगे।

संयुक्त राज्य अमेरिका

एक वैश्विक महाशक्ति के रूप में संयुक्त राज्य अमेरिका ने पिछले दशक में अंतरराष्ट्रीय संबंधों को आकार देने में केंद्रीय भूमिका निभाई है। इस अवधि के दौरान अमेरिका ने गंभीर वैश्विक चुनौतियों का समाधान करने, लोकतंत्र और मानवाधिकारों को बढ़ावा देने और अपने रणनीतिक हितों को आगे बढ़ाने के उद्देश्य से कई विदेश नीति पहल की हैं। अमेरिका की विदेश नीति की प्रमुख प्राथमिकताओं में से एक चीन के साथ उसका जुड़ाव रहा है, क्योंकि दोनों देश व्यापार, प्रौद्योगिकी और भू-राजनीतिक प्रभाव से संबंधित मुद्दों से जूझ रहे हैं। अमेरिका ने चीन के प्रति अपने दृष्टिकोण को पुन: व्यवस्थित करने की कोशिश की है, और अधिक प्रतिस्पर्धी रुख अपनाते हुए सहयोग के क्षेत्रों की भी तलाश की है, विशेष रूप से जलवायु परिवर्तन और अप्रसार के क्षेत्र में।

इसके अलावा अमेरिका ने चीन और रूस की बढ़ती मुखरता को संतुलित करने

की अपनी व्यापक रणनीति के हिस्से के रूप में विभिन्न क्षेत्रों, विशेष रूप से एशिया और यूरोप में अपने गठबंधनों और साझेदारियों को मजबूत करने के लिए काम किया है। प्रशासन ने बहुपक्षवाद के महत्व, अंतरराष्ट्रीय संगठनों के साथ फिर से जुड़ने और जलवायु परिवर्तन, सार्वजनिक स्वास्थ्य और सुरक्षा जैसे मुद्दों पर वैश्विक सहयोग के लिए अपनी प्रतिबद्धता की पुष्टि पर भी जोर दिया है।

मध्य पूर्व में अमेरिका ने स्थिरता और शांति को बढ़ावा देने के साथ अपने रणनीतिक हितों को संतुलित करने की कोशिश करते हुए क्षेत्रीय संघर्षों और गठबंधनों के एक जटिल परिदृश्य को पार कर लिया है। 2020 में अब्राहम समझौते पर हस्ताक्षर, जिसने इजराइल और कई अरब राज्यों के बीच संबंधों को सामान्य किया, अमेरिका के लिए एक महत्वपूर्ण राजनयिक उपलब्धि और क्षेत्र की भू-राजनीतिक गतिशीलता को नया आकार देने के उसके प्रयासों का प्रतिनिधित्व करता है।

चीन

पिछले दशक में चीन की विदेश नीति की पहल की विशेषता वैश्विक मंच पर देश की बढ़ती मुखरता है, जो इसकी विस्तारित आर्थिक और सैन्य क्षमताओं से प्रेरित है। दुनिया की दूसरी सबसे बड़ी अर्थव्यवस्था और एक उभरती शक्ति के रूप में चीन ने विभिन्न क्षेत्रों, विशेष रूप से एशिया, अफ्रीका और लैटिन अमेरिका में अपना प्रभाव बढ़ाने की कोशिश की है। चीन की विदेश नीति के प्रमुख स्तंभों में से एक उसकी महत्वाकांक्षी बेल्ट एंड रोड इनिशिएटिव (बीआरआई) रही है, जिसका उद्देश्य कई महाद्वीपों में कनेक्टिविटी और बुनियादी ढाँचे के विकास को बढ़ाना है।

अपनी आर्थिक पहलों के अलावा चीन ने विशेष रूप से दक्षिण चीन सागर और पूर्वी चीन सागर में अधिक मुखर सुरक्षा और कूटनीतिक रुख अपनाया है, जहाँ उसने क्षेत्रीय दावों पर जोर दिया है जिससे पड़ोसी देशों और अमेरिका के साथ तनाव पैदा हो गया है। चीन ने एशियन इंफ्रास्ट्रक्चर इन्वेस्टमेंट बैंक (एआईआईबी) और शंघाई सहयोग संगठन (एससीओ) जैसी पहलों के माध्यम से अपने राजनयिक प्रभाव का विस्तार करने की कोशिश की है जो अपने हितों के अनुरूप क्षेत्रीय और वैश्विक व्यवस्था को आकार देने के अपने इरादे का संकेत देता है।

इन मुखर कदमों के बावजूद चीन ने बहुपक्षवाद और वैश्विक शासन के प्रति अपनी प्रतिबद्धता पर भी जोर दिया है, खासकर जलवायु परिवर्तन और सतत् विकास

के संदर्भ में। पेरिस समझौते पर हस्ताक्षर सहित जलवायु परिवर्तन से निपटने के अंतरराष्ट्रीय प्रयासों में देश की भागीदारी, अंतरराष्ट्रीय चुनौतियों पर वैश्विक सहयोग की आवश्यकता की मान्यता को दर्शाती है।

यूरोपीय संघ

यूरोपीय संघ (ईयू) पिछले दशक में वैश्विक शासन को आकार देने और क्षेत्रीय एकीकरण को बढ़ावा देने में एक महत्वपूर्ण भूमिका निभा रहा है। लोकतंत्र, मानवाधिकार और कानून के शासन के अपने मूल्यों को आगे बढ़ाने पर ध्यान देने के साथ, यूरोपीय संघ ने अपनी सीमाओं के भीतर और उससे बाहर स्थिरता और समृद्धि को बढ़ावा देने के उद्देश्य से कई विदेश नीति पहल की है।

यूरोपीय संघ की प्रमुख विदेश नीति प्राथमिकताओं में से एक अपने पूर्वी पड़ोसियों के साथ जुड़ाव रहा है, विशेष रूप से यूरोपीय पड़ोस नीति (ईएनपी) और पूर्वी साझेदारी पहल के संदर्भ में। इन पहलों के माध्यम से यूरोपीय संघ ने लोकतांत्रिक सुधारों, आर्थिक विकास और संस्थागत क्षमता निर्माण के लिए समर्थन की पेशकश करते हुए यूक्रेन, जॉर्जिया और मोल्दोवा जैसे देशों के साथ अपने संबंधों को गहरा करने की माँग की है। हालाँकि इस क्षेत्र में यूरोपीय संघ के प्रयासों को भूराजनीतिक प्रतिस्पर्धा, संघर्ष और रूसी प्रभाव को संबोधित करने की चुनौती द्वारा परीक्षण किया गया है।

यूरोपीय संघ ने अंतरराष्ट्रीय साझेदारों और संगठनों के साथ अपने जुड़ाव के माध्यम से जलवायु परिवर्तन, प्रवासन और सुरक्षा जैसी वैश्विक चुनौतियों का समाधान करने में भी केंद्रीय भूमिका निभाई है। वर्ष 2015 में यूरोपीय संघ ने जलवायु कार्रवाई पर बहुपक्षीय सहयोग के प्रति अपनी प्रतिबद्धता प्रदर्शित करते हुए, पेरिस समझौते पर बातचीत और उसे अपनाने में महत्वपूर्ण भूमिका निभाई। इसके अलावा यूरोपीय संघ ने स्थायी संरचित सहयोग (पीईएससीओ) और यूरोपीय रक्षा कोष जैसी पहलों के माध्यम से अपनी सुरक्षा और रक्षा क्षमताओं को आगे बढ़ाने की माँग की है, जो वैश्विक सुरक्षा और स्थिरता में योगदान करने की उसकी महत्वाकांक्षा को दर्शाता है।

रूस

पिछले दशक में रूस की विदेश नीति की पहल को उसके तत्काल पड़ोस के साथ-साथ वैश्विक मंच पर अपना प्रभाव जमाने के प्रयासों से आकार मिला है। रूस

ने अपनी रणनीतिक साझेदारियों को मजबूत करने की कोशिश की है, खासकर उन देशों के साथ जो बहुध्रुवीय विश्व व्यवस्था के उसके दृष्टिकोण को साझा करते हैं और जिसे वह पश्चिमी आधिपत्य मानता है उसका विरोध करते हैं। यह चीन, भारत और ईरान जैसे देशों के साथ रूस के जुड़ाव के साथ-साथ सामूहिक सुरक्षा संधि संगठन (सीएसटीओ) और यूरेशियन इकोनॉमिक यूनियन (ईएईयू) जैसे क्षेत्रीय संगठनों के लिए उसके समर्थन से स्पष्ट हुआ है।

रूस की विदेश नीति में प्रमुख फ्लैशप्वाइंट में से एक यूक्रेन और सीरिया में संघर्षों में इसकी भागीदारी रही है, जहाँ इसने अपने रणनीतिक हितों की रक्षा करने और सहयोगी शासनों का समर्थन करने के लिए सैन्य हस्तक्षेप किया है। इन कार्रवाइयों से पश्चिम के साथ तनाव बढ़ गया है और प्रमुख यूरोपीय और ट्रान्साटलांटिक भागीदारों के साथ संबंधों में तनाव आ गया है।

हालाँकि इन चुनौतियों के बावजूद रूस ने परमाणु अप्रसार, आतंकवाद विरोधी और क्षेत्रीय स्थिरता जैसे सामान्य चिंता के मुद्दों पर अंतरराष्ट्रीय समुदाय के साथ जुड़ने की पहल की है। संयुक्त राष्ट्र, शंघाई सहयोग संगठन और ब्रिक्स समूह सहित बहुपक्षीय मंचों में रूस की भागीदारी, साझा चुनौतियों से निपटने में वैश्विक सहयोग के महत्व की उसकी मान्यता को उजागर करती है।

भारत

पिछले दशक में भारत की विदेश नीति की पहलों ने एक अग्रणी वैश्विक खिलाड़ी के रूप में उभरने, अपनी आर्थिक और रणनीतिक साझेदारी का विस्तार करने और क्षेत्रीय और वैश्विक मामलों में अपने प्रभाव का दावा करने की आकांक्षाओं को प्रतिबिंबित किया है। भारत की विदेश नीति के केंद्र में इसकी 'एक्ट ईस्ट' नीति रही है, जिसका उद्देश्य एशिया-प्रशांत क्षेत्र के देशों के साथ अपने जुड़ाव को गहरा करना और संयुक्त राज्य अमेरिका, जापान, ऑस्ट्रेलिया और दक्षिण पूर्व एशियाई देशों के साथ अपने रणनीतिक संबंधों को मजबूत करना है।

इसके अलावा भारत ने भारत-अफ्रीका फोरम शिखर सम्मेलन और भारत-अरब लीग सहयोग फोरम जैसी पहलों के माध्यम से अफ्रीका, लैटिन अमेरिका और मध्य पूर्व में अपनी साझेदारी बढ़ाने की दिशा में कदम उठाए हैं। ये प्रयास भारत के आर्थिक हितों, ऊर्जा सुरक्षा चिंताओं और विविध राजनयिक गठबंधनों की खोज से प्रेरित हैं।

हाल के वर्षों में भारत ने हिंद महासागर क्षेत्र में समुद्री सुरक्षा और कनेक्टिविटी पर भी अपना ध्यान केंद्रित किया है, जैसा कि हिंद महासागर रिम एसोसिएशन (आईओआरए) और इंडो-पैसिफिक अवधारणा जैसी पहलों में इसकी सक्रिय भागीदारी से पता चलता है। भारत एक स्वतंत्र, खुली और समावेशी क्षेत्रीय व्यवस्था को बढ़ावा देना चाहता है।

इसके अलावा भारत ने वैश्विक व्यवस्था में विशेष रूप से जलवायु परिवर्तन और सतत् विकास के क्षेत्रों में रचनात्मक भूमिका निभाने के लिए पहल की है। देश अंतरराष्ट्रीय जलवायु वार्ता में सक्रिय रूप से शामिल रहा है और अपनी राष्ट्रीय प्राथमिकताओं और वैश्विक जिम्मेदारियों के अनुरूप नवीकरणीय ऊर्जा को आगे बढ़ाने और अपने कार्बन उत्सर्जन को कम करने के लिए प्रतिबद्ध है।

पाकिस्तान

पिछले दशक में पाकिस्तान की विदेश नीति की पहल को उसकी रणनीतिक अनिवार्यताओं, क्षेत्रीय गतिशीलता और वैश्विक साझेदारी को संतुलित करने के प्रयासों द्वारा आकार दिया गया है। दक्षिण एशिया में एक प्रमुख खिलाड़ी के रूप में पाकिस्तान ने भारत के साथ अपने संबंधों, चीन के साथ गठबंधन और संयुक्त राज्य अमेरिका और अन्य प्रमुख शक्तियों के साथ अपने संबंधों की विशेषता वाले एक जटिल भू-राजनीतिक वातावरण से निपटने की कोशिश की है।

पाकिस्तान की विदेश नीति के लिए प्रमुख चुनौतियों में से एक पड़ोसी अफगानिस्तान के साथ उसके संबंध रहे हैं, विशेष रूप से अमेरिका की वापसी और क्षेत्र में उभरती सुरक्षा स्थिति के संदर्भ में। पाकिस्तान ने अफगानिस्तान में शांति और स्थिरता को बढ़ावा देने के साथ-साथ अपनी सुरक्षा चिंताओं और रणनीतिक हितों को भी संबोधित करने में रचनात्मक भूमिका निभाने की माँग की है।

इसके अलावा पाकिस्तान ने चीन-पाकिस्तान आर्थिक गलियारे (सीपीईसी) और अन्य द्विपक्षीय पहलों के माध्यम से चीन के साथ अपने आर्थिक और रणनीतिक संबंधों को गहरा किया है, जो आर्थिक विकास और क्षेत्रीय प्रभाव के लिए चीन के साथ अपने संबंधों का लाभ उठाने की उसकी इच्छा को दर्शाता है। साथ ही पाकिस्तान ने आर्थिक सहयोग, ऊर्जा सुरक्षा और राजनयिक आदान-प्रदान पर ध्यान

केंद्रित करते हुए मध्य पूर्व, मध्य एशिया और अफ्रीका के देशों के साथ जुड़कर अपनी साझेदारी में विविधता लाने की कोशिश की है।

ब्राजील

पिछले दशक में ब्राजील की विदेश नीति पहल ने वैश्विक मामलों में अधिक भूमिका निभाने, दक्षिण-दक्षिण सहयोग को बढ़ावा देने और अपने आर्थिक और रणनीतिक हितों को आगे बढ़ाने की उसकी महत्वाकांक्षाओं को प्रतिबिंबित किया है। लैटिन अमेरिका के सबसे बड़े देश के रूप में, ब्राजील ने पड़ोसी देशों के साथ अपने संबंधों को मजबूत करने और दक्षिण अमेरिकी राष्ट्र संघ (UNASUR) और दक्षिणी सामान्य बाजार (MERCOSUR) जैसे क्षेत्रीय संगठनों में अपने प्रभाव का विस्तार करने की माँग की है।

इसके अलावा ब्राजील ने उभरती शक्तियों और वैश्विक खिलाड़ियों के साथ एक सक्रिय कूटनीति अपनाई है, अपनी साझेदारी में विविधता लाने और संयुक्त राष्ट्र, जी20 और ब्रिक्स समूह जैसे बहुपक्षीय मंचों पर अपनी उपस्थिति बढ़ाने की कोशिश की है। इसके साथ ही टिकाऊ विकास, जलवायु परिवर्तन और वैश्विक शासन जैसे मुद्दों पर ध्यान केंद्रित करते हुए अधिक न्यायसंगत और समावेशी वैश्विक व्यवस्था को बढ़ावा देने के ब्राजील के प्रयास भी शामिल हैं।

हाल के वर्षों में ब्राजील ने भी संयुक्त राज्य अमेरिका के साथ अपने रणनीतिक संबंधों को गहरा करने की कोशिश की है, विशेष रूप से व्यापार, निवेश और रक्षा सहयोग के क्षेत्रों में। यह वैश्विक मंच पर अपने राष्ट्रीय हितों को आगे बढ़ाते हुए पारंपरिक भागीदारों और उभरती शक्तियों के साथ अपने जुड़ाव को संतुलित करने की ब्राजील की व्यापक रणनीति का हिस्सा रहा है।

पिछले दशक में दुनिया भर में विदेश नीति पहलों और द्विपक्षीय संबंधों का एक गतिशील और जटिल परिदृश्य देखा गया है। प्रमुख शक्तियों और उभरते खिलाड़ियों ने तेजी से बदलते अंतरराष्ट्रीय माहौल में नेविगेट करने, अपने हितों को आगे बढ़ाने, क्षेत्रीय गतिशीलता को आकार देने और वैश्विक शासन में योगदान करने के लिए विविध रणनीतियों को अपनाने की माँग की है।

भू-राजनीतिक प्रतिस्पर्धा, सुरक्षा चुनौतियाँ और आर्थिक हित विदेश नीति के केंद्रीय चालक रहे हैं, देशों ने बहुपक्षवाद, वैश्विक सहयोग और साझा चुनौतियों के

लिए आम समाधान की खोज के महत्व पर भी जोर दिया है। अगले दशक में शक्ति के वैश्विक संतुलन में निरंतर बदलाव, नई रणनीतिक साझेदारियों का उदय और हमारे समय के गंभीर मुद्दों को संबोधित करने के उद्देश्य से राजनयिक पहलों का विकास देखने की संभावना है। ऐसे में प्रमुख देशों की विदेश नीति की प्राथमिकताओं और द्विपक्षीय संबंधों को समझना बना रहेगा।

वित्तीय समावेशन पर एनडीए के जोर ने बैंकिंग और वित्तीय सेवाओं तक पहुँच के माध्यम से लाखों वंचित व्यक्तियों को सशक्त बनाया है।

—अनुराग ठाकुर

□

पिछले दस बरसों में अंतरराष्ट्रीय मामलों और वैश्विक भागीदारी में भारत की भूमिका

बीते दस बरसों में भारत अंतरराष्ट्रीय संबंधों और वैश्विक भागीदारी में एक महत्वपूर्ण खिलाड़ी के रूप में उभरा है। अपनी बढ़ती अर्थव्यवस्था, तकनीकी प्रगति और रणनीतिक स्थिति के साथ भारत ने विश्व मंच पर अपना प्रभाव बढ़ाने की कोशिश की है। इस निबंध का उद्‌देश्य पिछले दस वर्षों में अंतरराष्ट्रीय मामलों में भारत की भूमिका और इसकी वैश्विक भागीदारी की पड़ताल करना है, जिसमें राजनयिक व्यस्तताओं, आर्थिक संबंधों, सुरक्षा सहयोग और अंतरराष्ट्रीय संगठनों में इसकी भागीदारी पर ध्यान केंद्रित किया गया है।

राजनयिक व्यस्तताएँ

पिछले दस बरस में भारत की राजनयिक व्यस्तताओं को एक सक्रिय और बहु-दिशात्मक दृष्टिकोण द्‌वारा चिह्नित किया गया है। भारत ने संयुक्त राज्य अमेरिका, रूस, चीन और यूरोपीय देशों जैसी प्रमुख शक्तियों के साथ-साथ उभरती अर्थव्यवस्थाओं और क्षेत्रीय भागीदारों सहित कई देशों के साथ अपने संबंधों को मजबूत करने की दिशा में हाथ बढ़ाए हैं। मजबूत राजनयिक संबंधों की स्थापना भारत के लिए एक प्रमुख प्राथमिकता रही है, क्योंकि इसका उद्‌देश्य अपने वैश्विक प्रभाव को बढ़ाने और विभिन्न भू-राजनीतिक चुनौतियों का समाधान करने के लिए अपनी साझेदारी का लाभ उठाना है।

उल्लेखनीय कूटनीतिक पहलों में से एक 'नेबरहुड फर्स्ट' नीति थी जो अपने निकटतम पड़ोसियों के साथ संबंधों को गहरा करने की भारत की प्रतिबद्‌धता पर जोर देती थी। हालाँकि अपने पड़ोसियों के साथ भारत के संबंध जटिल रहे हैं, जिनमें ऐतिहासिक विवादों, क्षेत्रीय संघर्षों और प्रतिस्पर्धी क्षेत्रीय हितों से उत्पन्न चुनौतियाँ हैं।

इन चुनौतियों के बावजूद भारत ने क्षेत्र में आर्थिक सहयोग, कनेक्टिविटी और सुरक्षा सहयोग को बढ़ावा देने के उद्देश्य से द्विपक्षीय और बहुपक्षीय ढाँचे के माध्यम से अपने पड़ोसियों के साथ जुड़ना जारी रखा है।

रणनीतिक साझेदारी और संवाद के माध्यम से भारत प्रमुख शक्तियों के साथ सक्रिय रूप से जुड़ा हुआ है। अमेरिका-भारत संबंधों में महत्वपूर्ण वृद्धि देखी गई है, दोनों देशों ने रक्षा, आतंकवाद विरोधी, व्यापार और प्रौद्योगिकी जैसे क्षेत्रों में अपने सहयोग को गहरा किया है। रूस के साथ भारत की रणनीतिक भागीदारी और चीन के साथ इसके विकसित होते रिश्ते भी इसकी कूटनीतिक पहुँच की महत्वपूर्ण विशेषताएं रही हैं।

आर्थिक रिश्ते

आर्थिक संबंधों के क्षेत्र में भारत ने दुनिया भर के देशों के साथ अपने व्यापार और निवेश संबंधों को बढ़ाने के लिए एक सक्रिय रणनीति अपनाई है। देश की आर्थिक कूटनीति ने अपने आर्थिक विकास को बढ़ावा देने के लिए अपने व्यापार भागीदारों में विविधता लाने और प्रत्यक्ष विदेशी निवेश (एफडीआई) को आकर्षित करने पर ध्यान केंद्रित किया है। भारत ने अपनी बाजार पहुँच का विस्तार करने और नियम-आधारित अंतरराष्ट्रीय व्यापार प्रणाली को बढ़ावा देने के लिए क्षेत्रीय आर्थिक मंचों और बहुपक्षीय व्यापार वार्ताओं में सक्रिय रूप से भाग लिया है।

दक्षिण पूर्व एशिया, अफ्रीका और लैटिन अमेरिका के साथ भारत के जुड़ाव को प्रमुखता मिली है, देश इन क्षेत्रों के साथ आर्थिक सहयोग और निवेश संबंधों को मजबूत करने का प्रयास कर रहा है। 'एक्ट ईस्ट पॉलिसी' और 'अफ्रीका आउटरीच' कार्यक्रम जैसी पहलों का शुभारंभ अपने पारंपरिक भागीदारों से परे आर्थिक जुड़ाव को गहरा करने के भारत के प्रयासों को दर्शाता है।

दक्षिण पूर्व एशियाई देशों के संगठन (आसियान), बहु-क्षेत्रीय तकनीकी और आर्थिक सहयोग के लिए बंगाल की खाड़ी पहल (बिम्सटेक) और दक्षिण एशियाई क्षेत्रीय सहयोग संगठन (सार्क) जैसे क्षेत्रीय आर्थिक समूहों में भारत की भागीदारी रही है। इन मंचों ने भारत को पूरे क्षेत्र में आर्थिक एकीकरण, बुनियादी ढाँचे के विकास और लोगों से लोगों के बीच आदान-प्रदान को बढ़ावा देने के अवसर प्रदान किए हैं।

सुरक्षा सहयोग

वैश्विक साझेदारों के साथ भारत के सुरक्षा सहयोग को इसकी रणनीतिक अनिवार्यताओं, क्षेत्रीय सुरक्षा गतिशीलता और उभरती भू-राजनीतिक चुनौतियों द्वारा आकार दिया गया है। देश ने अपनी रक्षा क्षमताओं को बढ़ाने और क्षेत्रीय और वैश्विक सुरक्षा में योगदान देने के उद्देश्य से सुरक्षा संवाद, सैन्य अभ्यास और रक्षा साझेदारी में सक्रिय रूप से भाग लिया है।

समुद्री सुरक्षा में एक जिम्मेदार हितधारक के रूप में भारत ने संयुक्त राज्य अमेरिका, जापान, ऑस्ट्रेलिया और आसियान सदस्य देशों सहित भारत-प्रशांत क्षेत्र के देशों के साथ अपने नौसैनिक सहयोग का विस्तार किया है। अमेरिका, जापान, ऑस्ट्रेलिया और भारत को शामिल करने वाला चतुर्भुज सुरक्षा संवाद, समुद्री सुरक्षा, बुनियादी ढाँचे के विकास और क्षेत्रीय कनेक्टिविटी जैसे मुद्दों पर ध्यान केंद्रित करते हुए भारत-प्रशांत में रणनीतिक परामर्श और सहयोग के लिए एक महत्वपूर्ण मंच के रूप में उभरा है।

संयुक्त राष्ट्र के तत्वावधान में शांति स्थापना अभियानों में भारत की भागीदारी ने वैश्विक सुरक्षा और स्थिरता के प्रति इसकी प्रतिबद्धता को रेखांकित किया है। भारतीय शांति सैनिकों को विभिन्न संघर्ष क्षेत्रों में तैनात किया गया है, जो शांति निर्माण, मानवीय सहायता और संघर्ष के बाद के पुनर्निर्माण प्रयासों में योगदान दे रहे हैं।

अंतरराष्ट्रीय साझेदारों के साथ भारत के आतंकवाद विरोधी सहयोग को प्रमुखता मिली है, जो आतंकवाद और उग्रवाद से निपटने की उसकी प्रतिबद्धता को दर्शाता है। देश ने आतंकवाद से उत्पन्न अंतरराष्ट्रीय खतरों से निपटने के लिए कई देशों और अंतरराष्ट्रीय संगठनों के साथ खुफिया जानकारी साझा करने, कानून प्रवर्तन सहयोग और क्षमता निर्माण को बढ़ाया है।

अंतरराष्ट्रीय संगठनों में भागीदारी

अंतरराष्ट्रीय संगठनों में भारत की भागीदारी वैश्विक शासन और बहुपक्षवाद में इसके प्रतिनिधित्व का एक प्रमुख पहलू रही है। देश ने अंतरराष्ट्रीय निकायों की नीतियों और एजेंडा को आकार देने, सुधारों की वकालत करने और वैश्विक निर्णय लेने की प्रक्रियाओं में योगदान देने में सक्रिय भूमिका निभाने की कोशिश की है।

संयुक्त राष्ट्र के सदस्य के रूप में भारत ने समकालीन भू-राजनीतिक

वास्तविकताओं को प्रतिबिंबित करने के लिए सुरक्षा परिषद के विस्तार सहित संयुक्त राष्ट्र सुधारों की आवश्यकता पर लगातार जोर दिया है। सुरक्षा परिषद में स्थायी सीट के लिए भारत की उम्मीदवारी को कई देशों ने समर्थन दिया है, जो अधिक समावेशी और प्रतिनिधि वैश्विक व्यवस्था के लिए इसकी आकांक्षाओं को रेखांकित करता है।

इसके अलावा, जी20, ब्रिक्स (ब्राजील, रूस, भारत, चीन, दक्षिण अफ्रीका) और शंघाई सहयोग संगठन (एससीओ) जैसे बहुपक्षीय समूहों में भारत की भागीदारी ने देश को वैश्विक आर्थिक, राजनीतिक और सुरक्षा चुनौतियों से निपटने के लिए मंच प्रदान किया है। इन मंचों ने सदस्य देशों के बीच संवाद, सहयोग और समन्वय की सुविधा प्रदान की है, जिससे वैश्विक व्यवस्था के विकास में योगदान मिला है।

जलवायु परिवर्तन और सतत् विकास में भारत की भूमिका

पिछले दशक में भारत ने जलवायु परिवर्तन से निपटने और सतत् विकास को बढ़ावा देने के अंतरराष्ट्रीय प्रयासों में सक्रिय रूप से भाग लिया है। पेरिस समझौते के हस्ताक्षरकर्ता के रूप में भारत ने ग्रीनहाउस गैस उत्सर्जन को कम करने, जलवायु लचीलापन बढ़ाने और कम कार्बन अर्थव्यवस्था की ओर बढ़ने के उपाय करने के लिए प्रतिबद्ध किया है।

नवीकरणीय ऊर्जा, ऊर्जा दक्षता और सतत् विकास पर देश का जोर इसकी घरेलू नीतियों और अंतरराष्ट्रीय प्रतिबद्धताओं में परिलक्षित हुआ है। भारत ने सौर ऊर्जा परिनियोजन को बढ़ावा देने और सौर-समृद्ध देशों के बीच प्रौद्योगिकी हस्तांतरण की सुविधा के लिए अंतरराष्ट्रीय सौर गठबंधन (आईएसए) जैसी पहल शुरू की है।

सतत् विकास लक्ष्यों (एसडीजी) को बढ़ावा देने के भारत के प्रयास विभिन्न देशों के साथ विशेष रूप से स्वास्थ्य देखभाल, शिक्षा और गरीबी उन्मूलन के क्षेत्रों में इसकी विकासात्मक साझेदारी के माध्यम से प्रकट हुए हैं। देश ने भागीदार देशों में बुनियादी ढाँचे के विकास और मानव पूंजी वृद्धि का समर्थन करने के लिए तकनीकी सहायता, क्षमता निर्माण और रियायती ऋण सुविधा का विस्तार किया है।

चुनौतियाँ और अवसर

जबकि पिछले दशक में अंतरराष्ट्रीय मामलों और वैश्विक भागीदारी में भारत की भूमिका में काफी विस्तार हुआ है, यह उभरते वैश्विक परिदृश्य में कई चुनौतियों और

अवसरों का सामना कर रहा है। भू-राजनीतिक प्रतिस्पर्धा, रणनीतिक अनिश्चितताएं और जटिल क्षेत्रीय गतिशीलता भारत की विदेश नीति के उद्देश्यों के लिए चुनौतियाँ खड़ी करती हैं, जिसके लिए कुशल कूटनीतिक पैंतरेबाजी और रणनीतिक दूरदर्शिता की आवश्यकता होती है।

साथ ही, भारत का जनसांख्यिकीय लाभांश, आर्थिक विकास क्षमता और तकनीकी क्षमताएं वैश्विक व्यवस्था को आकार देने, नवाचार को बढ़ावा देने और अंतरराष्ट्रीय मुद्दों को संबोधित करने में अधिक प्रभावशाली भूमिका निभाने के अवसर प्रदान करती हैं। सूचना प्रौद्योगिकी, फार्मास्यूटिकल्स और अंतरिक्ष प्रौद्योगिकी जैसे क्षेत्रों में अपनी ताकत का लाभ उठाकर भारत वैश्विक सार्वजनिक वस्तुओं में योगदान दे सकता है और अंतरराष्ट्रीय मंचों पर एक अग्रणी आवाज बनकर उभर सकता है।

पिछले 10 वर्षों में अंतरराष्ट्रीय मामलों और वैश्विक भागीदारी में भारत की भूमिका एक सक्रिय और बहुआयामी दृष्टिकोण की विशेषता रही है। देश की राजनयिक व्यस्तताओं, आर्थिक संबंधों, सुरक्षा सहयोग, अंतरराष्ट्रीय संगठनों में भागीदारी और जलवायु परिवर्तन और सतत् विकास जैसी वैश्विक चुनौतियों में योगदान ने विश्व मंच पर इसके बढ़ते प्रभाव को रेखांकित किया है।

जैसे-जैसे भारत अंतरराष्ट्रीय परिवेश की जटिलताओं से जूझ रहा है, देश के लिए बहुपक्षवाद के प्रति अपनी प्रतिबद्धता को बनाए रखना, समावेशी और न्यायसंगत विकास को बढ़ावा देना और वैश्विक शांति और सुरक्षा में योगदान देना आवश्यक होगा। रणनीतिक साझेदारी बनाकर, क्षेत्रीय सहयोग को बढ़ावा देकर और नियम-आधारित अंतरराष्ट्रीय व्यवस्था की वकालत करके, भारत समृद्ध और सुरक्षित दुनिया को आकार देने में महत्वपूर्ण भूमिका निभा सकता है।

भविष्य में अंतरराष्ट्रीय मामलों और वैश्विक साझेदारियों में भारत की भागीदारी के घरेलू अनिवार्यताओं, क्षेत्रीय गतिशीलता और वैश्विक रुझानों के संयोजन से आकार लेने की संभावना है। जैसा कि देश एक अग्रणी वैश्विक शक्ति बनने के अपने दृष्टिकोण को साकार करना चाहता है, उसे अंतरराष्ट्रीय समुदाय में एक हितधारक के रूप में अपनी जिम्मेदारियों के साथ अपने राष्ट्रीय हितों को संतुलित करने की आवश्यकता होगी। अंतरराष्ट्रीय मामलों और वैश्विक साझेदारियों में भारत की बढ़ती भूमिका एक अधिक स्थिर, समृद्ध और सामंजस्यपूर्ण दुनिया में योगदान करने की

उसकी आकांक्षाओं को दर्शाती है। एक रणनीतिक, दूरदर्शी दृष्टिकोण अपनाकर, भारत वैश्विक व्यवस्था की रूपरेखा को आकार देने, सतत् विकास को बढ़ावा देने और दुनिया भर के देशों के साथ स्थायी साझेदारी बनाने की अपनी क्षमता का उपयोग कर सकता है। जैसे-जैसे अगला दशक सामने आएगा अंतरराष्ट्रीय मामलों में भारत की भूमिका तेजी से महत्वपूर्ण होने की ओर अग्रसर है, जो अवसर और चुनौतियाँ दोनों प्रदान कर रहा है क्योंकि यह लगातार बदलते वैश्विक परिदृश्य को नेविगेट करना चाहता है।

एनडीए की नीतियों ने विदेशी निवेश, आर्थिक विकास और रोजगार सृजन के लिए अनुकूल माहौल को बढ़ावा दिया है।

—पीयूष गोयल

□

पर्यावरण, स्वच्छ ऊर्जा और जलवायु पहल

एनडीए की पहल ने भारत को नवीकरणीय ऊर्जा में वैश्विक नेता बनने की दिशा में प्रेरित किया है।

—धर्मेंद्र प्रधान

स्वच्छ ऊर्जा और नवीकरणीय ऊर्जा पहल

भारत में भारतीय जनता पार्टी (भाजपा) के नेतृत्व वाली राष्ट्रीय जनतांत्रिक गठबंधन (एनडीए) सरकार ने अपने सतत् विकास एजेंडे के हिस्से के रूप में स्वच्छ ऊर्जा और नवीकरणीय ऊर्जा स्रोतों को बढ़ावा देने पर महत्वपूर्ण जोर दिया है। सरकार ने देश के ऊर्जा मिश्रण में नवीकरणीय ऊर्जा की हिस्सेदारी बढ़ाने, कार्बन उत्सर्जन को कम करने और ऊर्जा सुरक्षा चिंताओं को दूर करने के उद्‌देश्य से विभिन्न पहल और नीतियाँ शुरू की हैं। सत्ता में आने के बाद से एनडीए सरकार ने देश में नवीकरणीय ऊर्जा के विकास में तेजी लाने और सतत् विकास को बढ़ावा देने के लिए कई कदम उठाए हैं।

एनडीए सरकार की प्रमुख पहलों में से 175 गीगावाट (GW) नवीकरणीय ऊर्जा क्षमता हासिल करने का महत्वाकांक्षी लक्ष्य है, जिसमें 100 गीगावॉट सौर ऊर्जा, 60 गीगावॉट पवन ऊर्जा, 10 गीगावॉट बायोमास बिजली और लघु जल विद्‌युत 5 गीगावॉट शामिल हैं। इस लक्ष्य को बाद में 2030 तक 450 गीगावॉट नवीकरणीय ऊर्जा क्षमता तक संशोधित किया गया, जो देश में नवीकरणीय ऊर्जा तैनाती को बढ़ाने के लिए सरकार की प्रतिबद्‌धता को दर्शाता है।

इन लक्ष्यों को प्राप्त करने के लिए सरकार ने नवीकरणीय ऊर्जा परिनियोजन को बढ़ावा देने, निवेश आकर्षित करने और स्वच्छ ऊर्जा क्षेत्र के विकास के लिए एक सक्षम वातावरण बनाने के लिए विभिन्न नीतिगत उपायों और कार्यक्रमों को लागू किया है। निम्नलिखित पैराग्राफ भारत में स्वच्छ और नवीकरणीय ऊर्जा को बढ़ावा देने के लिए एनडीए सरकार द्‌वारा शुरू की गई विशिष्ट पहल और नीतियों पर प्रकाश डालेंगे।

एनडीए सरकार ने नवीकरणीय ऊर्जा क्षेत्र में निवेश आकर्षित करने के लिए विभिन्न वित्तीय और राजकोषीय प्रोत्साहन पेश किए हैं। इनमें त्वरित मूल्य ह्रास,

रियायती सीमा शुल्क और उत्पाद शुल्क, कर अवकाश और नवीकरणीय ऊर्जा परियोजनाओं के लिए व्यवहार्यता अंतर वित्तपोषण शामिल हैं। इसके अतिरिक्त सरकार ने भारतीय नवीकरणीय ऊर्जा विकास एजेंसी (आईआरईडीए) और स्वच्छ ऊर्जा कोष जैसी पहलों के माध्यम से नवीकरणीय ऊर्जा परियोजनाओं के लिए कम लागत वाले वित्त की उपलब्धता की सुविधा प्रदान की है।

सरकार ने नवीकरणीय ऊर्जा परिनियोजन को बढ़ावा देने के लिए विभिन्न नियामक और नीतिगत उपाय भी लागू किए हैं। सौर और पवन ऊर्जा की खरीद के लिए प्रतिस्पर्धी बोली प्रक्रियाओं की शुरूआत से टैरिफ में उल्लेखनीय कमी आई है, जिससे नवीकरणीय ऊर्जा बिजली के पारंपरिक स्रोतों के साथ अधिक प्रतिस्पर्धी बन गई है। इसके अलावा सरकार ने एक नवीकरणीय खरीद दायित्व (आरपीओ) तंत्र पेश किया है, जो बाध्य संस्थाओं को नवीकरणीय स्रोतों से अपनी बिजली का एक निश्चित प्रतिशत खरीदने के लिए बाध्य करता है, जिससे नवीकरणीय ऊर्जा के लिए एक बाजार तैयार होता है।

एनडीए सरकार की एक अन्य प्रमुख नीतिगत पहल देश में सौर ऊर्जा तैनाती को बढ़ावा देने के उद्देश्य से 'राष्ट्रीय सौर मिशन' का शुभारंभ है। मिशन ने सौर ऊर्जा क्षमता बढ़ाने के लिए महत्वाकांक्षी लक्ष्य निर्धारित किए हैं और बड़े पैमाने पर तैनाती और तकनीकी प्रगति के माध्यम से सौर ऊर्जा की लागत को कम करने में महत्वपूर्ण भूमिका निभाई है।

सरकार ने आंतरायिक नवीकरणीय ऊर्जा स्रोतों को ग्रिड में एकीकृत करने से जुड़ी चुनौतियों का समाधान करने के लिए कदम उठाए हैं। नवीकरणीय ऊर्जा के उच्च शेयरों को समायोजित करते हुए ग्रिड स्थिरता और विश्वसनीयता सुनिश्चित करने के लिए ग्रीन एनर्जी कॉरिडोर परियोजना और नवीकरणीय ऊर्जा के लिए पूवार्नुमान और शेड्यूलिंग तंत्र के विकास जैसी पहल की गई हैं।

एनडीए सरकार ने विशेष रूप से ग्रामीण और दूरदराज के क्षेत्रों में विकेंद्रीकृत नवीकरणीय ऊर्जा समाधानों को बढ़ावा देने पर भी ध्यान केंद्रित किया है। सभी घरों तक बिजली पहुँच प्रदान करने के लिए 'दीन दयाल उपाध्याय ग्राम विद्युतीकरण योजना' (डीडीयूजीवीवाई) और 'प्रधानमंत्री सहज बिजली हर घर योजना' (सौभाग्य) जैसी पहल शुरू की गई हैं, जिसमें ऑफ-ग्रिड को बढ़ावा देने और सौर ऊर्जा जैसे विकेन्द्रीकृत नवीकरणीय ऊर्जा समाधानपर महत्वपूर्ण जोर दिया गया है।

इन पहलों के अलावा सरकार ने देश में पवन ऊर्जा के विकास को भी प्राथमिकता दी है। भारत में महत्वपूर्ण पवन ऊर्जा क्षमता है, खासकर गुजरात, महाराष्ट्र, तमिलनाडु और राजस्थान जैसे राज्यों में। सरकार ने पवन ऊर्जा परियोजनाओं के विकास को बढ़ावा देने के लिए नीतियों को लागू किया है, जिसमें वित्तीय प्रोत्साहन का प्रावधान, पवन ऊर्जा पार्कों और क्षेत्रों का विकास और पवन ऊर्जा परियोजनाओं के लिए ग्रिड कनेक्टिविटी की सुविधा शामिल है।

एनडीए सरकार ने अपनी स्वच्छ ऊर्जा पहल के हिस्से के रूप में ऊर्जा दक्षता और संरक्षण को बढ़ावा देने पर भी जोर दिया है। राष्ट्रीय उन्नत ऊर्जा दक्षता मिशन (एनएमईईई) के तहत शुरू की गई 'प्रदर्शन, उपलब्धि और व्यापार' (पीएटी) योजना का उद्देश्य ऊर्जा-बचत उपायों के कार्यान्वयन और ऊर्जा के व्यापार के माध्यम से ऊर्जा-गहन उद्योगों में ऊर्जा दक्षता में सुधार करना है। सरकार ने ऊर्जा-कुशल प्रौद्योगिकियों को अपनाने को बढ़ावा देने के लिए उपकरणों और उपकरणों के लिए ऊर्जा दक्षता लेबलिंग कार्यक्रम भी शुरू किया है।

इसके अलावा एनडीए सरकार ने पेरिस समझौते को मंजूरी देकर जलवायु परिवर्तन से निपटने और सतत् विकास को बढ़ावा देने के लिए अपनी प्रतिबद्धता प्रदर्शित की है, जिससे ग्रीनहाउस गैस उत्सर्जन को कम करने और कम कार्बन अर्थव्यवस्था में परिवर्तन के लिए भारत की प्रतिबद्धता की पुष्टि हुई है। सरकार ने कार्बन उत्सर्जन की तीव्रता को कम करने और देश के ऊर्जा मिश्रण में गैर-जीवाश्म ईंधन-आधारित बिजली क्षमता की हिस्सेदारी बढ़ाने के लिए महत्वाकांक्षी लक्ष्य निर्धारित किए हैं।

इन पहलों के अलावा एनडीए सरकार स्वच्छ ऊर्जा और नवीकरणीय ऊर्जा परिनियोजन को बढ़ावा देने के लिए अंतरराष्ट्रीय सहयोग और साझेदारी में सक्रिय रूप से लगी हुई है। भारत अंतरराष्ट्रीय सौर गठबंधन (आईएसए) जैसी पहल में सबसे आगे रहा है, जिसका उद्देश्य विश्व स्तर पर सौर ऊर्जा तैनाती को बढ़ावा देना और सौर-समृद्ध देशों में प्रौद्योगिकी हस्तांतरण और क्षमता निर्माण की सुविधा प्रदान करना है।

एनडीए सरकार ने स्वच्छ ऊर्जा और नवीकरणीय ऊर्जा पहल को बढ़ावा देने में महत्वपूर्ण प्रगति की है, कई चुनौतियाँ और अवसर सामने हैं। ग्रिड में नवीकरणीय ऊर्जा के उच्च शेयरों का एकीकरण, ऊर्जा भंडारण प्रौद्योगिकियों का विकास और

स्वच्छ ऊर्जा प्रौद्योगिकियों में अनुसंधान और विकास प्रयासों को बढ़ाना ऐसे क्षेत्र हैं जिन पर निरंतर ध्यान और निवेश की आवश्यकता है।

इसके अलावा सरकार को नवीकरणीय ऊर्जा क्षेत्र के विकास को सुविधाजनक बनाने के लिए नीति और नियामक बाधाओं को दूर करने, ग्रिड बुनियादी ढाँचे को बढ़ाने और प्रशासनिक प्रक्रियाओं को सुव्यवस्थित करने की आवश्यकता होगी। आरपीओ लक्ष्यों के कार्यान्वयन को मजबूत करना, नवीकरणीय ऊर्जा परियोजनाओं के लिए भूमि और ट्रांसमिशन बुनियादी ढाँचे की उपलब्धता सुनिश्चित करना और नवीकरणीय ऊर्जा डेवलपर्स के लिए वित्तपोषण चुनौतियों का समाधान करना सरकार द्वारा निर्धारित महत्वाकांक्षी लक्ष्यों को प्राप्त करने में महत्वपूर्ण होगा।

स्वच्छ ऊर्जा और नवीकरणीय ऊर्जा स्रोतों को बढ़ावा देने में एनडीए सरकार की पहल सतत् विकास, ऊर्जा सुरक्षा और जलवायु परिवर्तन शमन के प्रति एक मजबूत प्रतिबद्धता को दर्शाती है। महत्वाकांक्षी लक्ष्यों, नीतिगत उपायों, वित्तीय प्रोत्साहनों और अंतरराष्ट्रीय सहयोग व संयोजन के माध्यम से सरकार ने भारत के लिए कम कार्बन और टिकाऊ ऊर्जा की दिशा में कदम बढ़ाए हैं। हालाँकि इन उद्देश्यों को साकार करने के लिए चुनौतियों पर काबू पाने और स्वच्छ और नवीकरणीय ऊर्जा द्वारा प्रस्तुत अवसरों का लाभ उठाने के लिए सरकार, निजी क्षेत्र, नागरिक समाज और अंतरराष्ट्रीय भागीदारों सहित सभी हितधारकों के ठोस प्रयासों की आवश्यकता होगी।

एनडीए शासन में भारत के अंतरिक्ष कार्यक्रम ने महत्वपूर्ण मील के पत्थर हासिल किए हैं, जिससे अंतरिक्ष अन्वेषण में देश की क्षमताओं को बढ़ावा मिला है।

□

पर्यावरण संरक्षण और सतत् विकास कार्यक्रम

पर्यावरण संरक्षण और सतत् विकास हाल के वर्षों में तेजी से महत्वपूर्ण विषय बन गए हैं क्योंकि पर्यावरण पर मानवीय गतिविधियों का प्रभाव अधिक स्पष्ट हो गया है। जलवायु परिवर्तन, जैव विविधता की हानि और संसाधनों की कमी के बारे में बढ़ती चिंताओं के साथ, पर्यावरण के संरक्षण और सतत् विकास को बढ़ावा देने के उद्‌देश्य से प्रभावी कार्यक्रमों और पहलों की तत्काल आवश्यकता है। इस निबंध में हम विभिन्न पर्यावरण संरक्षण और सतत् विकास कार्यक्रमों, उनके महत्व और पर्यावरण और समाज पर उनके प्रभाव का पता लगाएंगे।

पर्यावरण संरक्षण और सतत् विकास का महत्व

वर्तमान और भावी पीढ़ियों की भलाई सुनिश्चित करने के लिए पर्यावरण संरक्षण और सतत् विकास महत्वपूर्ण हैं। संरक्षण के प्रयास पारिस्थितिक तंत्र को संरक्षित करने, लुप्तप्राय प्रजातियों की रक्षा करने और प्राकृतिक प्रक्रियाओं के संतुलन को बनाए रखने में मदद करते हैं, जबकि सतत् विकास का उद्‌देश्य भविष्य की पीढ़ियों की अपनी जरूरतों को पूरा करने की क्षमता से समझौता किए बिना वर्तमान की जरूरतों को पूरा करना है। संरक्षण और स्थिरता पर केंद्रित कार्यक्रमों को लागू करके, हम पर्यावरण पर मानवीय गतिविधियों के नकारात्मक प्रभावों को कम कर सकते हैं और मानव समाज और प्राकृतिक दुनिया के बीच अधिक सामंजस्यपूर्ण सह-अस्तित्व को बढ़ावा दे सकते हैं।

पर्यावरण संरक्षण कार्यक्रम

पर्यावरण संरक्षण कार्यक्रमों में प्राकृतिक आवासों की रक्षा, जैव विविधता को संरक्षित करने और प्रदूषण और अपशिष्ट को कम करने के उद्‌देश्य से व्यापक

पहल शामिल हैं। संरक्षण कार्यक्रम का एक उल्लेखनीय उदाहरण संरक्षित क्षेत्रों की स्थापना है जैसे राष्ट्रीय उद्यान, वन्यजीव अभ्यारण्य और समुद्री अभयारण्य। ये क्षेत्र विविध पौधों और जानवरों की प्रजातियों के लिए आश्रय स्थल के रूप में काम करते हैं और पारिस्थितिक संतुलन बनाए रखने में मदद करते हैं। इसके अतिरिक्त संरक्षण कार्यक्रमों में अकसर आवास बहाली के प्रयास, पुनर्वनीकरण परियोजनाएं और आक्रामक प्रजातियों से निपटने की पहल शामिल होती है, जो सभी प्राकृतिक पारिस्थितिक तंत्र के संरक्षण में योगदान करते हैं।

संरक्षण संगठन और सरकारी एजेंसियाँ पर्यावरणीय मुद्दों के बारे में जागरूकता बढ़ाने और जनता के बीच टिकाऊ प्रथाओं को बढ़ावा देने के लिए काम करती हैं। शिक्षा और आउटरीच पहल पर्यावरणीय प्रबंधन की भावना को बढ़ावा देने और संरक्षण प्रयासों में योगदान देने वाले कार्यों को करने के लिए व्यक्तियों को प्रोत्साहित करने में महत्वपूर्ण भूमिका निभाते हैं। सार्वजनिक भागीदारी और वकालत के माध्यम से, संरक्षण कार्यक्रम पर्यावरणीय जिम्मेदारी की संस्कृति का निर्माण करना और समुदायों को संरक्षण गतिविधियों में भाग लेने के लिए सशक्त बनाना चाहते हैं।

सतत् विकास कार्यक्रम

सतत् विकास कार्यक्रम अधिक टिकाऊ और लचीला समाज बनाने के लिए आर्थिक विकास, सामाजिक समानता और पर्यावरण संरक्षण को एकीकृत करने पर ध्यान केंद्रित करते हैं। ये कार्यक्रम अकसर नवीकरणीय ऊर्जा, संसाधन प्रबंधन, टिकाऊ कृषि और शहरी नियोजन जैसे प्रमुख क्षेत्रों को संबोधित करते हैं। उदाहरण के लिए सौर, पवन और पनबिजली जैसे नवीकरणीय ऊर्जा स्रोतों को बढ़ावा देने वाली पहल, जीवाश्म ईंधन पर निर्भरता को कम करने और ग्रीनहाउस गैस उत्सर्जन को कम करने में योगदान देती है, जिससे जलवायु परिवर्तन का मुकाबला होता है।

ऊर्जा पहलों के अलावा, सतत् विकास कार्यक्रम जल संरक्षण, टिकाऊ वानिकी प्रथाओं और जिम्मेदार खनन सहित टिकाऊ संसाधन प्रबंधन पर भी जोर देते हैं। प्राकृतिक संसाधनों के दीर्घकालिक स्वास्थ्य को प्राथमिकता देने वाली रणनीतियों को लागू करके, इन कार्यक्रमों का लक्ष्य यह सुनिश्चित करना है कि भावी पीढ़ियों के लिए आवश्यक संसाधन उपलब्ध हों। टिकाऊ कृषि कार्यक्रम उन तरीकों को बढ़ावा देते हैं जो पर्यावरणीय प्रभाव को कम करते हैं, मिट्टी और पानी का संरक्षण करते हैं

और स्थानीय खाद्य प्रणालियों का समर्थन करते हैं, इस प्रकार पर्यावरण और खाद्य सुरक्षा दोनों लक्ष्यों में योगदान करते हैं।

प्रभाव और चुनौतियाँ

पर्यावरण संरक्षण और सतत् विकास कार्यक्रमों का प्रभाव महत्वपूर्ण हो सकता है, जिससे पर्यावरण, समाज और अर्थव्यवस्था के लिए सकारात्मक परिणाम सामने आ सकते हैं। प्राकृतिक पारिस्थितिकी तंत्र को संरक्षित करके ये कार्यक्रम आवश्यक पारिस्थितिकी तंत्र सेवाओं, जैसे स्वच्छ हवा और पानी, मिट्टी की उर्वरता और जलवायु विनियमन को बनाए रखने में मदद करते हैं। इसके अलावा वे जैव विविधता के संरक्षण में योगदान देते हैं, जो पारिस्थितिक तंत्र की स्थिरता और लचीलेपन के लिए आवश्यक है।

सतत् विकास कार्यक्रमों में आर्थिक और सामाजिक लाभ उत्पन्न करने की भी क्षमता होती है। नवीकरणीय ऊर्जा और टिकाऊ बुनियादी ढाँचे में निवेश रोजगार के अवसर पैदा करता है, नवाचार को प्रोत्साहित करता है और आर्थिक विकास में योगदान देता है। कृषि और उद्योग में टिकाऊ तरीकों को बढ़ावा देकर, ये कार्यक्रम खाद्य असुरक्षा और संसाधन की कमी जैसी सामाजिक चुनौतियों का समाधान करने में मदद करते हैं। इसके अतिरिक्त टिकाऊ शहरी नियोजन और परिवहन प्रणालियों को बढ़ावा देने से सार्वजनिक स्वास्थ्य में सुधार, यातायात की भीड़ कम हो सकती है और शहरी क्षेत्रों में जीवन की गुणवत्ता में वृद्धि हो सकती है। पर्यावरण संरक्षण और सतत् विकास कार्यक्रमों के सकारात्मक प्रभाव के बावजूद कई चुनौतियाँ हैं जिनका समाधान करने की आवश्यकता है। एक महत्वपूर्ण चुनौती समाज के विभिन्न क्षेत्रों में टिकाऊ प्रथाओं को व्यापक रूप से अपनाने की आवश्यकता है। व्यापक व्यवहार परिवर्तन प्राप्त करने और नए दृष्टिकोणों के प्रतिरोध पर काबू पाने के लिए अकसर सरकारों, व्यवसायों, नागरिक समाज और व्यक्तियों के समन्वित प्रयासों की आवश्यकता होती है। इसके अतिरिक्त वित्तीय बाधाएं और प्रतिस्पर्धी हित संरक्षण और स्थिरता पहल के कार्यान्वयन में बाधाएं पैदा कर सकते हैं, विशेष रूप से सीमित संसाधनों और दबाव वाली सामाजिक-आर्थिक जरूरतों वाले क्षेत्रों में।

एक अन्य चुनौती पर्यावरणीय मुद्दों की परस्पर जुड़ी प्रकृति है, जो अकसर

राष्ट्रीय सीमाओं को पार कर जाती है। जलवायु परिवर्तन, महासागर प्रदूषण और वनों की कटाई जैसी वैश्विक चुनौतियों से निपटने के लिए अंतरराष्ट्रीय सहयोग और सामूहिक कार्रवाई की आवश्यकता है। इसलिए प्रभावी पर्यावरण संरक्षण और सतत् विकास कार्यक्रमों को व्यापक वैश्विक संदर्भ पर विचार करना चाहिए और अंतरराष्ट्रीय स्तर पर सहयोग और साझेदारी को बढ़ावा देने का प्रयास करना चाहिए।

नवोन्मेषी समाधान और सर्वोत्तम प्रथाएं

इन चुनौतियों के जवाब में, पर्यावरण संरक्षण और सतत् विकास के क्षेत्र में कई नवीन समाधान और सर्वोत्तम प्रथाएं सामने आई हैं। ऐसा ही एक दृष्टिकोण चक्रीय अर्थव्यवस्था की अवधारणा है, जिसका उद्देश्य पुनर्चक्रण, पुन: उपयोग और टिकाऊ उत्पाद डिजाइन को बढ़ावा देकर अपशिष्ट को कम करना और संसाधनों के मूल्य को अधिकतम करना है। एक रैखिक 'टेक-मेक-डिस्पोज' मॉडल से एक परिपत्र दृष्टिकोण में स्थानांतरित करके, व्यवसाय और उद्योग अपने पर्यावरणीय पदचिह्न को कम कर सकते हैं और अधिक टिकाऊ और संसाधन-कुशल अर्थव्यवस्था में योगदान कर सकते हैं।

इसके अलावा प्रौद्योगिकी और डेटा-संचालित समाधानों के उपयोग ने पर्यावरण संरक्षण और सतत् विकास को आगे बढ़ाने में महत्वपूर्ण भूमिका निभाई है। रिमोट सेंसिंग, भौगोलिक सूचना प्रणाली (जीआईएस) और अन्य उन्नत प्रौद्योगिकियों ने प्राकृतिक संसाधनों, पारिस्थितिक तंत्र और पर्यावरणीय परिवर्तनों की अधिक प्रभावी निगरानी और प्रबंधन को सक्षम किया है। ये उपकरण निर्णय लेने के लिए मूल्यवान अंतर्दृष्टि प्रदान करते हैं और संरक्षण और स्थिरता प्रयासों के लिए संसाधनों के आवंटन को अनुकूलित करने में मदद करते हैं।

तकनीकी नवाचारों के अलावा संरक्षण और विकास कार्यक्रमों में पारंपरिक पारिस्थितिक ज्ञान और स्वदेशी प्रथाओं के एकीकरण ने टिकाऊ संसाधन प्रबंधन और जैव विविधता संरक्षण को बढ़ावा देने में इसकी प्रभावशीलता के लिए मान्यता प्राप्त की है। स्वदेशी समुदायों ने अकसर अपने स्थानीय पारिस्थितिक तंत्र की गहरी समझ का प्रदर्शन किया है और टिकाऊ प्रथाओं का विकास किया है जो व्यापक संरक्षण प्रयासों के लिए मूल्यवान सबक प्रदान कर सकते हैं।

नीति और शासन की भूमिका

पर्यावरण संरक्षण और सतत् विकास कार्यक्रमों का समर्थन करने के लिए प्रभावी नीति और शासन ढाँचे आवश्यक हैं। सरकारें ऐसे विनियमों, मानकों और प्रोत्साहनों को स्थापित करने में महत्वपूर्ण भूमिका निभाती हैं जो पर्यावरण की दृष्टि से जिम्मेदार प्रथाओं और निवेशों को प्रोत्साहित करते हैं। नवीकरणीय ऊर्जा परिनियोजन को बढ़ावा देने, प्राकृतिक आवासों की रक्षा करने और उत्सर्जन को विनियमित करने वाली नीतियाँ संरक्षण और स्थिरता पहल के लिए एक सक्षम वातावरण बनाने में योगदान करती हैं।

इसके अलावा, अंतरराष्ट्रीय समझौते और संधियाँ जैसे कि जलवायु परिवर्तन पर पेरिस समझौता और जैविक विविधता पर कन्वेंशन, पर्यावरणीय चुनौतियों से निपटने के लिए वैश्विक सहयोग और प्रतिबद्धता के लिए महत्वपूर्ण रूपरेखा प्रदान करते हैं। ये समझौते राष्ट्रों के बीच साझा लक्ष्य और प्रतिबद्धताएं स्थापित करते हैं, सामूहिक कार्रवाई करते हैं और दुनिया भर में पर्यावरण संरक्षण और सतत् विकास का समर्थन करने के लिए ज्ञान और संसाधनों के आदान-प्रदान को प्रोत्साहित करते हैं।

धरती के सामने मौजूद जटिल पर्यावरणीय चुनौतियों से निपटने के लिए पर्यावरण संरक्षण और सतत् विकास कार्यक्रम महत्वपूर्ण हैं। प्राकृतिक पारिस्थितिकी तंत्र को संरक्षित करके, स्थायी संसाधन प्रबंधन को बढ़ावा देकर और विकास पहलों में पर्यावरणीय विचारों को एकीकृत करके ये कार्यक्रम वर्तमान और भविष्य दोनों पीढ़ियों की भलाई में योगदान करते हैं। हालाँकि चुनौतियों से पार पाना बाकी है, नवोन्मेषी समाधान, तकनीकी प्रगति और प्रभावी प्रशासन संरक्षण और स्थिरता प्रयासों में प्रगति लाने में मदद कर सकते हैं। स्थानीय, राष्ट्रीय और वैश्विक स्तर पर निरंतर सहयोग और प्रतिबद्धता के माध्यम से हम अपने ग्रह के लिए अधिक टिकाऊ और लचीला भविष्य बनाने की दिशा में काम कर सकते हैं।

सुशासन और पारदर्शिता को बढ़ावा देने के एनडीए के प्रयासों ने सरकार नागरिकों का विश्वास मजबूत किया है।

—रविशंकर प्रसाद

□

जलवायु परिवर्तन पहल और भारत का वैश्विक नेतृत्व

जलवायु परिवर्तन हमारे समय के सबसे गंभीर मुद्दों में से एक बन गया है और इससे निपटने के वैश्विक प्रयासों ने हाल के वर्षों में महत्वपूर्ण गति पकड़ी है। भारत दुनिया के सबसे बड़े और सबसे अधिक आबादी वाले देशों में से एक के रूप में, जलवायु परिवर्तन के खिलाफ लड़ाई में एक प्रमुख खिलाड़ी के रूप में पहचाना जा रहा है। राष्ट्रीय जनतांत्रिक गठबंधन (एनडीए) शासन के नेतृत्व में, भारत ने विभिन्न पहलों और वैश्विक नेतृत्व प्रयासों के माध्यम से जलवायु परिवर्तन को संबोधित करने में महत्वपूर्ण प्रगति की है। यह निबंध एनडीए शासन के दौरान भारत द्वारा की गई जलवायु परिवर्तन पहल और इसकी वैश्विक नेतृत्व भूमिका का पता लगाएगा और अधिक टिकाऊ और पर्यावरण के प्रति जागरूक भविष्य की दिशा में देश की यात्रा में चुनौतियों और सफलताओं दोनों पर चर्चा करेगा।

जलवायु परिवर्तन से निपटने के लिए भारत द्वारा की गई प्रमुख पहलों में से एक अंतरराष्ट्रीय सौर गठबंधन (आईएसए) का कार्यान्वयन है। पेरिस में 2015 के संयुक्त राष्ट्र जलवायु परिवर्तन सम्मेलन (सीओपी21) में लॉन्च किया गया, आईएसए सौर संसाधन संपन्न देशों का एक गठबंधन है, जिसका लक्ष्य सौर ऊर्जा के उपयोग के माध्यम से अपनी ऊर्जा जरूरतों को पूरा करना है। भारत ने नवीकरणीय ऊर्जा के प्रति अपनी प्रतिबद्धता और वैश्विक कार्बन उत्सर्जन को उल्लेखनीय रूप से कम करने की अपनी क्षमता का प्रदर्शन करते हुए इस गठबंधन का नेतृत्व करने में महत्वपूर्ण भूमिका निभाई है। एनडीए शासन के तहत भारत ने आईएसए की सदस्यता का विस्तार करने और विश्व की ऊर्जा चुनौतियों के व्यवहार्य और टिकाऊ समाधान के रूप में सौर ऊर्जा को बढ़ावा देने के लिए सक्रिय रूप से काम किया है।

भारत ने जलवायु परिवर्तन को कम करने के वैश्विक प्रयास के हिस्से के

रूप में अपने ग्रीनहाउस गैस उत्सर्जन को कम करने के लिए पर्याप्त प्रतिबद्धताएं जताई हैं। 2015 में भारत ने जलवायु परिवर्तन पर संयुक्त राष्ट्र फ्रेमवर्क कन्वेंशन (यूएनएफसीसीसी) में अपने राष्ट्रीय स्तर पर निर्धारित योगदान (एनडीसी) प्रस्तुत किए, जिसमें उत्सर्जन तीव्रता को कम करने और अपनी अर्थव्यवस्था में गैर-जीवाश्म ईंधन-आधारित ऊर्जा स्रोतों की हिस्सेदारी बढ़ाने की अपनी योजनाओं की रूपरेखा दी गई। इन प्रतिबद्धताओं ने जलवायु परिवर्तन को संबोधित करने के लिए ठोस कार्रवाई करने और अन्य विकासशील देशों के लिए एक उदाहरण स्थापित करने की भारत की इच्छा का संकेत दिया।

अपने घरेलू प्रयासों के अलावा भारत अंतरराष्ट्रीय जलवायु वार्ता में एक प्रमुख नेता के रूप में उभरा है। एनडीए शासन ने वैश्विक जलवायु शिखर सम्मेलनों और सम्मेलनों में सक्रिय रूप से भाग लिया है, विकासशील देशों के हितों की वकालत करते हुए जलवायु न्याय के महत्व पर भी जोर दिया है। भारत के नेताओं ने लगातार 'साझा लेकिन विभेदित जिम्मेदारियों' के सिद्धांत पर जोर दिया है, जिसमें उत्सर्जन को कम करने और विकासशील देशों को उनके जलवायु परिवर्तन शमन और अनुकूलन प्रयासों में वित्तीय और तकनीकी सहायता प्रदान करने के लिए विकसित देशों की आवश्यकता पर प्रकाश डाला गया है।

जलवायु परिवर्तन से निपटने में भारत के वैश्विक नेतृत्व का एक और महत्वपूर्ण पहलू सतत् विकास और पर्यावरण संरक्षण पर ध्यान केंद्रित करना रहा है। एनडीए शासन ने आर्थिक विकास, सामाजिक विकास और पर्यावरणीय स्थिरता के अंतर्संबंध को पहचानते हुए, अपने विकास एजेंडे में पर्यावरणीय विचारों को एकीकृत करने के महत्व पर जोर दिया है। इस समग्र दृष्टिकोण ने जलवायु परिवर्तन के प्रभावों को कम करने के व्यापक लक्ष्य के अनुरूप टिकाऊ कृषि, जैव विविधता संरक्षण और प्राकृतिक संसाधनों के संरक्षण को बढ़ावा देने के उद्देश्य से नीतियों और कार्यक्रमों के कार्यान्वयन को प्रेरित किया है।

इन सकारात्मक विकासों के बावजूद, भारत को जलवायु परिवर्तन से निपटने के अपने प्रयासों में कई चुनौतियों का सामना करना पड़ रहा है। सबसे गंभीर चुनौतियों में से एक बिजली उत्पादन के लिए कोयले पर देश की भारी निर्भरता है। जबकि भारत ने अपनी नवीकरणीय ऊर्जा क्षमता के विस्तार में महत्वपूर्ण प्रगति की है, कोयला ऊर्जा का एक प्रमुख स्रोत बना हुआ है, जो इसके जलवायु लक्ष्यों को प्राप्त करने में एक

महत्वपूर्ण बाधा उत्पन्न कर रहा है। एनडीए शासन को स्वच्छ और अधिक टिकाऊ ऊर्जा स्रोतों की ओर परिवर्तन की अनिवार्यता के साथ ऊर्जा सुरक्षा और आर्थिक विकास की आवश्यकता को संतुलित करने का काम सौंपा गया है।

जलवायु परिवर्तन से निपटने में भारत के लिए एक और चुनौती बदलती जलवायु के प्रभावों के प्रति इसकी आबादी और अर्थव्यवस्था की संवेदनशीलता है। देश विशेष रूप से सूखे, बाढ़ और चक्रवात जैसी चरम मौसम की घटनाओं के प्रति संवेदनशील है, जिसका कृषि, जल संसाधनों और बुनियादी ढाँचे पर विनाशकारी प्रभाव हो सकता है। एनडीए शासन ने समुदायों और आजीविका को इन जलवायु-संबंधी जोखिमों से बचाने के लिए लचीलापन और अनुकूलन क्षमता के निर्माण के महत्व को पहचाना है। जलवायु लचीलापन बढ़ाने के उद्देश्य से की गई पहल जैसे कि बेहतर जल प्रबंधन, आपदा तैयारी और जलवायु-लचीला कृषि को बढ़ावा देना, जलवायु परिवर्तन के प्रभावों को संबोधित करने के लिए भारत के दृष्टिकोण का अभिन्न अंग रहे हैं।

इसके अलावा वायु प्रदूषण का मुद्दा भारत में एक गंभीर पर्यावरणीय और सार्वजनिक स्वास्थ्य चिंता के रूप में उभरा है। देश गंभीर वायु गुणवत्ता चुनौतियों से जूझ रहा है, खासकर अपने शहरी केंद्रों में जहाँ उच्च स्तर के प्रदूषण का मानव स्वास्थ्य और पर्यावरण पर हानिकारक प्रभाव पड़ा है। एनडीए शासन ने स्वच्छ ईंधन को बढ़ावा देने, वाहनों और उद्योगों के लिए उत्सर्जन मानकों के कार्यान्वयन और शहरी क्षेत्रों में हरित आवरण का विस्तार करने की पहल जैसे उपायों के माध्यम से वायु प्रदूषण को संबोधित करने के लिए कदम उठाए हैं। वायु प्रदूषण से निपटना न केवल सार्वजनिक स्वास्थ्य के लिए आवश्यक है, बल्कि हानिकारक प्रदूषकों और सूक्ष्म कणों के उत्सर्जन को कम करके जलवायु परिवर्तन को कम करने में भी योगदान देता है।

अंतरराष्ट्रीय सहयोग के क्षेत्र में वैश्विक जलवायु कार्रवाई को आगे बढ़ाने में अन्य देशों और बहुपक्षीय संगठनों के साथ भारत की भागीदारी महत्वपूर्ण रही है। एनडीए शासन ने नवीकरणीय ऊर्जा, जलवायु अनुकूलन और सतत् विकास के क्षेत्र में सर्वोत्तम प्रथाओं, प्रौद्योगिकी और विशेषज्ञता को साझा करने के लिए दुनिया भर के देशों के साथ साझेदारी को बढ़ावा देने की माँग की है। विकसित और विकासशील दोनों देशों के साथ भारत की कूटनीतिक पहुँच और सहयोग ने जलवायु परिवर्तन के खिलाफ लड़ाई में एक प्रमुख वैश्विक खिलाड़ी के रूप में इसकी स्थिति को मजबूत किया है।

इसके अलावा एनडीए शासन के तहत भारत की जलवायु परिवर्तन पहल को नवाचार और प्रौद्योगिकी विकास के प्रति प्रतिबद्धता द्वारा रेखांकित किया गया है। सरकार ने स्वच्छ ऊर्जा प्रौद्योगिकियों, ऊर्जा दक्षता और जलवायु-लचीले बुनियादी ढाँचे में अनुसंधान और विकास का समर्थन किया है, जिसका लक्ष्य तकनीकी प्रगति को बढ़ावा देना है जो जलवायु परिवर्तन को संबोधित करने के लिए घरेलू और वैश्विक दोनों प्रयासों में योगदान दे सकता है। नवाचार और प्रौद्योगिकी में निवेश में कम कार्बन वाली अर्थव्यवस्था में पारगमन को तेज करने और जलवायु प्रभावों के सामने समुदायों और पारिस्थितिक तंत्र के लचीलेपन को बढ़ाने की क्षमता है।

हालाँकि जलवायु परिवर्तन से निपटने के लिए भारत के प्रयास सराहनीय रहे हैं, फिर भी इसमें सुधार और आगे की कार्रवाई की गुंजाइश है। एनडीए शासन को पर्यावरणीय स्थिरता के साथ आर्थिक विकास को संतुलित करने की चल रही चुनौती का सामना करना पड़ रहा है, खासकर जब देश अपनी बढ़ती आबादी की विकास आवश्यकताओं को पूरा करना चाहता है। कम कार्बन वाली अर्थव्यवस्था में परिवर्तन के लिए सावधानीपूर्वक योजना, निवेश और नीति कार्यान्वयन की आवश्यकता होती है ताकि यह सुनिश्चित किया जा सके कि जलवायु परिवर्तन को प्रभावी ढंग से संबोधित करते हुए सतत् विकास लक्ष्यों को पूरा किया जा सके।

इसके अतिरिक्त ऊर्जा, परिवहन, कृषि और उद्योग सहित अर्थव्यवस्था के विभिन्न क्षेत्रों में जलवायु संबंधी विचारों के अधिक एकीकरण की आवश्यकता है। एनडीए शासन राष्ट्रीय विकास योजनाओं और रणनीतियों में जलवायु कार्रवाई को मुख्यधारा में लाने के लिए विभिन्न मंत्रालयों और विभागों के बीच नीतिगत सुसंगतता और समन्वय को और बढ़ा सकता है। इसमें स्पष्ट लक्ष्य निर्धारित करना, मजबूत नियामक ढाँचे को लागू करना और सभी क्षेत्रों में नवीकरणीय ऊर्जा अपनाने, ऊर्जा दक्षता और टिकाऊ प्रथाओं को बढ़ावा देने के लिए प्रोत्साहन प्रदान करना शामिल है।

एक अन्य क्षेत्र जो ध्यान देने की माँग करता है वह है जलवायु कार्रवाई के लिए वित्त जुटाना। भारत के निम्न-कार्बन और जलवायु-लचीले मार्ग में परिवर्तन के लिए नवीकरणीय ऊर्जा बुनियादी ढाँचे, स्वच्छ प्रौद्योगिकियों और अनुकूलन उपायों में पर्याप्त निवेश की आवश्यकता है। एनडीए शासन को घरेलू और अंतरराष्ट्रीय निवेश को आकर्षित करने के लिए एक सक्षम वातावरण बनाने पर काम करने की जरूरत है, साथ ही जलवायु पहलों का समर्थन करने के लिए हरित बांड, जलवायु निधि

और सार्वजनिक-निजी भागीदारी जैसे नवीन वित्तपोषण तंत्र की खोज भी करनी होगी।

जलवायु परिवर्तन पर सार्वजनिक जागरूकता और सहभागिता बढ़ाना सामाजिक और व्यवहारिक परिवर्तन लाने के लिए महत्वपूर्ण है। एनडीए शासन जलवायु साक्षरता, पर्यावरण शिक्षा और टिकाऊ प्रथाओं में सामुदायिक भागीदारी को बढ़ावा देने में महत्वपूर्ण भूमिका निभा सकता है। पर्यावरणीय प्रबंधन और जिम्मेदारी की संस्कृति को बढ़ावा देकर, भारत जमीनी स्तर पर जलवायु समाधान में योगदान करने के लिए अपने नागरिकों, व्यवसायों और नागरिक समाज संगठनों के सामूहिक प्रयासों का उपयोग कर सकता है।

एनडीए शासन में भारत की जलवायु परिवर्तन पहल और वैश्विक नेतृत्व ने सतत् विकास को आगे बढ़ाते हुए जलवायु परिवर्तन की चुनौतियों से निपटने के लिए एक मजबूत प्रतिबद्धता प्रदर्शित की है। देश ने नवीकरणीय ऊर्जा को बढ़ावा देने, जलवायु लचीलापन बढ़ाने और अंतरराष्ट्रीय जलवायु कूटनीति में शामिल होने में पर्याप्त प्रगति की है। हालाँकि महत्वपूर्ण चुनौतियाँ बनी हुई हैं, जिनमें निम्न-कार्बन अर्थव्यवस्था में परिवर्तन में तेजी लाने, वायु प्रदूषण को संबोधित करने और जलवायु कार्रवाई के लिए वित्त जुटाने की आवश्यकता शामिल है।

आगे देखते हुए एनडीए शासन और भविष्य की सरकारों के लिए यह जरूरी है कि वे मौजूदा पहलों द्वारा रखी गई नींव पर निर्माण करें और जलवायु परिवर्तन शमन और अनुकूलन में वैश्विक नेता के रूप में भारत की स्थिति को और मजबूत करें। इसमें एक व्यापक दृष्टिकोण शामिल है जो शासन के सभी पहलुओं में जलवायु संबंधी विचारों को एकीकृत करता है, नवाचार और प्रौद्योगिकी विकास को बढ़ावा देता है, जलवायु-अनुकूल निवेश के लिए वित्त जुटाता है और नागरिकों को टिकाऊ प्रथाओं में संलग्न करता है।

कराधान प्रणाली में एनडीए के व्यापक सुधारों ने प्रक्रियाओं को सरल बनाया है और अनुपालन में सुधार किया है, जिससे अधिक-अनुकूल वातावरण को बढ़ावा मिला है।

—निर्मला सीतारमण

□

भारत में विद्युतीकरण और स्वच्छ ईंधन से खाना पकाने की पहल

प्रधानमंत्री नरेन्द्र मोदी के नेतृत्व में भारत सरकार ने देश भर में विद्युतीकरण और स्वच्छ ईंधन से खाना पकाने को बढ़ावा देने के लिए कई महत्वाकांक्षी कार्यक्रम शुरू किए हैं। इन प्रयासों का उद्देश्य ऊर्जा पहुँच, पर्यावरणीय स्थिरता और सार्वजनिक स्वास्थ्य की चुनौतियों का समाधान करना है। सरकार ने सभी नागरिकों विशेषकर ग्रामीण और वंचित क्षेत्रों के लोगों को स्वच्छ और विश्वसनीय ऊर्जा स्रोत उपलब्ध कराने के महत्व को पहचाना है। इस निबंध में हम विद्युतीकरण और स्वच्छ ईंधन से खाना पकाने को बढ़ावा देने के लिए मोदी सरकार द्वारा शुरू की गई प्रमुख पहलों, लाखों लोगों के जीवन पर उनके प्रभाव और आगे आने वाली चुनौतियों का पता लगाएंगे।

विद्युतीकरण पहल

मोदी सरकार ने भारत में ग्रामीण और दूरदराज के क्षेत्रों के विद्युतीकरण में तेजी लाने के लिए कई पहल शुरू की हैं। इस संबंध में प्रमुख कार्यक्रम 'सौभाग्य' योजना है, जिसका उद्देश्य देश के सभी घरों में बिजली कनेक्शन प्रदान करना है। 2017 में शुरू की गई इस योजना ने ग्रामीण क्षेत्रों में बिजली पहुँच बढ़ाने में महत्वपूर्ण प्रगति की है। आखिरी छोर तक कनेक्टिविटी प्रदान करके और कनेक्शन की लागत पर सब्सिडी देकर सरकार उन लाखों घरों में बिजली पहुँचाने में सक्षम हुई है जो पहले ग्रिड से दूर थे।

एक अन्य प्रमुख पहल 'दीन दयाल उपाध्याय ग्राम ज्योति योजना' (डीडीयूजीजेवाई) है, जो ग्रामीण क्षेत्रों में वितरण बुनियादी ढाँचे को मजबूत करने और बढ़ाने पर केंद्रित है। डीडीयूजीजेवाई के माध्यम से सरकार का लक्ष्य गांवों में बिजली आपूर्ति की गुणवत्ता और विश्वसनीयता में सुधार करना है, जो आर्थिक

विकास और जीवन की समग्र गुणवत्ता में सुधार के लिए आवश्यक है। इसके अतिरिक्त 'प्रधानमंत्री सहज बिजली हर घर योजना' (सौभाग्य) योजना गरीबी रेखा से नीचे के परिवारों को मुफ्त बिजली कनेक्शन प्रदान कर रही है।

इसके अलावा सरकार दूरदराज और ऑफ-ग्रिड क्षेत्रों को विद्युतीकृत करने के लिए सौर ऊर्जा जैसे नवीकरणीय ऊर्जा स्रोतों के उपयोग को बढ़ावा दे रही है। 'किसान ऊर्जा सुरक्षा एवं उत्थान महाभियान' (कुसुम) योजना का उद्देश्य किसानों के बीच सिंचाई और अन्य ऊर्जा जरूरतों के लिए सौर ऊर्जा के उपयोग को बढ़ावा देना है। विद्युतीकरण प्रयासों में नवीकरणीय ऊर्जा को एकीकृत करके सरकार न केवल ऊर्जा पहुँच का विस्तार कर रही है बल्कि पर्यावरणीय स्थिरता में भी योगदान दे रही है।

स्वच्छ ईंधन से खाना पकाने की पहल

विद्युतीकरण के अलावा मोदी सरकार ने अपने ऊर्जा पहुँच एजेंडे के हिस्से के रूप में स्वच्छ ईंधन से खाना पकाने को भी प्राथमिकता दी है। लकड़ी, फसल अवशेष और गोबर जैसे ठोस ईंधन का उपयोग करने जैसी पारंपरिक खाना पकाने की प्रथाएं न केवल इनडोर वायु प्रदूषण में योगदान करती हैं, बल्कि सार्वजनिक स्वास्थ्य और पर्यावरण पर भी प्रतिकूल प्रभाव डालती हैं। इन चुनौतियों को स्वीकार करते हुए सरकार ने स्वच्छ ईंधन से खाना पकाने की प्रौद्योगिकियों को बढ़ावा देने के लिए कई पहल शुरू की हैं।

'प्रधानमंत्री उज्ज्वला योजना' (पीएमयूवाई) सबसे उल्लेखनीय पहलों में से एक है जिसका उद्देश्य गरीबी रेखा से नीचे रहने वाली महिलाओं को खाना पकाने के लिए ईंधन प्रदान करना है। 2016 में लॉन्च किए गए पीएमयूवाई का लक्ष्य उन घरों के लिए खाना पकाने के ईंधन को तरलीकृत पेट्रोलियम गैस (एलपीजी) से बदलना है जो पहले ठोस ईंधन पर निर्भर थे। मुफ्त एलपीजी कनेक्शन प्रदान करके और रीफिल पर सब्सिडी देकर इस योजना ने घर के अंदर हवा की गुणवत्ता में सुधार लाने और पारंपरिक खाना पकाने की प्रथाओं से जुड़े स्वास्थ्य जोखिमों को कम करने में महत्वपूर्ण प्रगति की है।

सरकार पारंपरिक ठोस ईंधन पर निर्भरता कम करने के लिए बायोगैस संयंत्र और बेहतर कुकस्टोव जैसी स्वच्छ खाना पकाने की प्रौद्योगिकियों के उपयोग को बढ़ावा दे रही है। 'प्रधानमंत्री भारतीय जनऔषधि परियोजना' (पीएमबीजेपी) योजना

का उद्देश्य ग्रामीण परिवारों को बायोगैस सहित किफायती और खाना पकाने के लिए स्वच्छ ईंधन तक पहुँच प्रदान करना है। बायोगैस संयंत्रों को अपनाने को बढ़ावा देकर सरकार का लक्ष्य अपशिष्ट प्रबंधन और स्वच्छ ऊर्जा पहुँच की दोहरी चुनौतियों का समाधान करना है।

प्रभाव

विद्युतीकरण और स्वच्छ ईंधन से खाना पकाने के लिए मोदी सरकार द्वारा शुरू की गई पहलों का पूरे भारत में लाखों लोगों के जीवन पर महत्वपूर्ण प्रभाव पड़ा है। ग्रामीण क्षेत्रों में बढ़ते विद्युतीकरण से न केवल निवासियों के जीवन की गुणवत्ता में सुधार हुआ है बल्कि आर्थिक विकास के नए अवसर भी खुले हैं। बिजली की पहुँच ने रेफ्रिजरेटर, पंखे और प्रकाश व्यवस्था जैसे बिजली के उपकरणों के उपयोग को सक्षम किया है, जिससे ग्रामीण घरों में जीवन स्तर और उत्पादकता में सुधार हुआ है।

इसके अलावा विद्युतीकरण ने इंटरनेट और मोबाइल फोन तक पहुँच सहित प्रौद्योगिकी के उपयोग को सुविधाजनक बनाया है, जिसने ग्रामीण समुदायों को व्यापक अर्थव्यवस्था से जोड़ा है और शैक्षिक और स्वास्थ्य देखभाल संसाधनों तक पहुँच में सुधार किया है। इसके अतिरिक्त विद्युतीकरण ने सार्वजनिक सुरक्षा को बेहतर बनाने में योगदान दिया है, साथ ही ग्रामीण आबादी के समग्र कल्याण को भी बढ़ाया है।

खाना पकाने के क्षेत्र में स्वच्छ ईंधन के उपयोग की पहल से लाखों परिवारों के लिए इनडोर वायु प्रदूषण और संबंधित स्वास्थ्य जोखिमों में कमी आई है। खाना पकाने के ईंधन के रूप में एलपीजी के उपयोग से पारंपरिक ठोस ईंधन से होने वाले हानिकारक उत्सर्जन में काफी कमी आई है, जिससे श्वसन स्वास्थ्य में सुधार हुआ है, खासकर महिलाओं और बच्चों में। इसके अलावा खाना पकाने के लिए प्रौद्योगिकियों को अपनाने से वनों की कटाई को कम करके और स्थानीय पारिस्थितिकी तंत्र पर पारंपरिक खाना पकाने की प्रथाओं के प्रभाव को कम करके पर्यावरणीय स्थिरता में योगदान मिला है।

चुनौतियाँ और आगे का रास्ता

हालाँकि सरकार की पहल ने विद्युतीकरण और स्वच्छ ईंधन से खाना पकाने को बढ़ावा देने में महत्वपूर्ण प्रगति हासिल की ह, लेकिन कई चुनौतियाँ अभी भी बनी हुई

हैं। प्राथमिक चुनौतियों में से एक दूरदराज और कम सेवा वाले क्षेत्रों में ऊर्जा पहुँच की स्थिरता और विश्वसनीयता है। ऐसे क्षेत्रों में निरंतर बिजली आपूर्ति सुनिश्चित करने और विद्युतीकरण के लिए बुनियादी ढाँचे को बनाए रखने के लिए निरंतर निवेश और तकनीकी विशेषज्ञता की आवश्यकता होती है।

इसी तरह खाना पकाने की प्रौद्योगिकियों को अपनाने के लिए जागरूकता, सामर्थ्य और पहुँच को बढ़ावा देने के लिए निरंतर प्रयासों की आवश्यकता है। खाना पकाने के नए तरीकों को अपनाने में सांस्कृतिक और व्यवहारिक बाधाओं पर काबू पाने के साथ-साथ खाना पकाने के लिए स्वच्छ ईंधन की उपलब्धता सुनिश्चित करना, सरकार और उसके भागीदारों के लिए चल रही चुनौतियाँ प्रस्तुत करता है।

इसके अतिरिक्त विद्युतीकरण और खाना पकाने के लिए नवीकरणीय ऊर्जा स्रोतों में परिवर्तन के लिए बुनियादी ढाँचे और क्षमता निर्माण में दीर्घकालिक योजना और निवेश की आवश्यकता होती है। जबकि सरकार ने सौर ऊर्जा और अन्य नवीकरणीय स्रोतों को बढ़ावा देने में प्रगति की है, इन प्रयासों को बढ़ाने के लिए निरंतर नीति समर्थन और सार्वजनिक-निजी भागीदारी की आवश्यकता होगी।

विद्युतीकरण और स्वच्छ ईंधन से खाना पकाने के लिए मोदी सरकार द्वारा की गई पहल भारत में ऊर्जा पहुँच, सार्वजनिक स्वास्थ्य और पर्यावरणीय स्थिरता में सुधार की दिशा में महत्वपूर्ण कदमों का प्रतिनिधित्व करती है। इन पहलों का प्रभाव पूरे देश विशेषकर ग्रामीण और वंचित क्षेत्रों में महसूस किया गया है। हालाँकि शेष चुनौतियों का समाधान करने और इन प्रयासों की स्थिरता सुनिश्चित करने के लिए सरकार, उद्योग और नागरिक समाज के बीच निरंतर प्रतिबद्धता, नवाचार और सहयोग की आवश्यकता होगी। अब तक हुई प्रगति के आधार पर भारत सार्वभौमिक ऊर्जा पहुँच और अपने सभी नागरिकों के लिए स्वच्छ, स्वस्थ भविष्य की दिशा में अपनी यात्रा को और तेज कर सकता है।

वित्तीय समावेशन पर एनडीए के जोर ने बैंकिंग और वित्तीय सेवाओं तक पहुँच का विस्तार किया है, व्यक्तियों को सशक्त बनाया है और आर्थिक विकास को बढ़ावा दिया है।

—अनुराग ठाकुर

□

लोक प्रशासन और प्रशासनिक सुधार

'स्वच्छ भारत अभियान' जैसी पहल के माध्यम से एनडीए सरकार पूरे भारत में स्वच्छता और साफ-सफाई में महत्वपूर्ण परिवर्तन लाई है।

—वेंकैया नायडू

प्रशासनिक सुधार और सुशासन पहल

वर्ष 2014 में सत्ता संभालने के बाद से प्रधानमंत्री नरेन्द्र मोदी के नेतृत्व वाली सरकार ने प्रशासनिक सुधारों और सुशासन पहलों पर जोर दिया है। प्रशासन ने नौकरशाही प्रक्रियाओं को सुव्यवस्थित करने, पारदर्शिता बढ़ाने और विभिन्न क्षेत्रों में सेवा वितरण में सुधार करने की दिशा में कदम बढ़ाए हैं। मोदी सरकार द्वारा की गई पहलों का उद्देश्य भारत के शासन परिदृश्य को बदलना, आर्थिक विकास को बढ़ावा देना और देश की वैश्विक स्थिति को मजबूत करना है। इस निबंध में हम मोदी सरकार द्वारा लागू किए गए प्रमुख प्रशासनिक सुधारों और सुशासन पहलों पर चर्चा करेंगे, उनके प्रभाव और महत्व का आकलन करेंगे।

प्रशासनिक सुधार

नौकरशाही को तर्कसंगत बनाने, दक्षता बढ़ाने और लालफीताशाही को कम करने पर ध्यान देने के साथ प्रशासनिक सुधार मोदी सरकार के एजेंडे में सबसे आगे रहे हैं। उल्लेखनीय सुधारों में से एक डिजिटल इंडिया और ई-गवर्नेंस जैसी पहलों के माध्यम से सरकारी प्रक्रियाओं का सरलीकरण और डिजिटलीकरण है। इन प्रयासों का उद्देश्य सरकारी सेवाओं को नागरिकों के लिए अधिक सुलभ बनाना, भ्रष्टाचार को कम करना और समग्र शासन में सुधार करना है।

वर्ष 2015 में लॉन्च किया गया डिजिटल इंडिया, भारत को डिजिटल रूप से सशक्त समाज और ज्ञान अर्थव्यवस्था में बदलना चाहता है। इस पहल में विभिन्न घटक शामिल हैं, जिनमें ग्रामीण क्षेत्रों में हाई-स्पीड इंटरनेट का प्रावधान, डिजिटल साक्षरता कार्यक्रम और सरकारी रिकॉर्ड और प्रक्रियाओं का डिजिटलीकरण शामिल है। डिजिटल इंडिया के माध्यम से, सरकार ने सेवा वितरण में सुधार, ई-गवर्नेंस की सुविधा और डिजिटल विभाजन को पाटने के लिए प्रौद्योगिकी का लाभ उठाने का प्रयास किया है।

डिजिटल इंडिया के साथ मिलकर, सरकार ने ई-गवर्नेंस को बढ़ावा देने में महत्वपूर्ण प्रगति की है, जिसमें सरकारी सेवाएं प्रदान करने, सूचनाओं के आदान-प्रदान और नागरिकों के साथ लेन-देन के लिए सूचना प्रौद्योगिकी का उपयोग शामिल है। राष्ट्रीय ई-गवर्नेंस योजना (एनईजीपी) इस प्रयास की आधारशिला रही है, जिसका लक्ष्य सरकारी प्रक्रियाओं में व्यवस्थित बदलाव लाना और सार्वजनिक सेवाओं की डिलीवरी को बढ़ाना है। विभिन्न प्रशासनिक कार्यों को डिजिटल बनाकर सरकार ने प्रक्रियाओं को सुव्यवस्थित करने, कागजी कार्रवाई को कम करने और शासन की दक्षता बढ़ाने की कोशिश की है।

इसके अलावा मोदी सरकार ने नौकरशाही प्रक्रियाओं के सरलीकरण और अनावश्यक नियमों को खत्म करने को प्राथमिकता दी है। 'न्यूनतम सरकार, अधिकतम शासन' जैसी पहल ने नौकरशाही बाधाओं को कम करने और व्यापार करने में आसानी को बढ़ावा देने के लिए सरकार की प्रतिबद्धता को रेखांकित किया है। नियमों को तर्कसंगत और सरल बनाने के प्रयासों ने व्यवसायों के संचालन को आसान बनाने, निवेश आकर्षित करने और आर्थिक विकास को गति देने की कोशिश की है। 2017 में वस्तु एवं सेवा कर (जीएसटी) का कार्यान्वयन, हालाँकि चुनौतियों से रहित नहीं था, भारत में एकीकृत कर संरचना बनाने और कर व्यवस्था को सरल बनाने की दिशा में एक महत्वपूर्ण कदम था।

सुशासन पहल

प्रशासनिक सुधारों के अलावा मोदी सरकार ने सुशासन, जवाबदेही और पारदर्शिता को बढ़ावा देने के उद्देश्य से कई पहल की हैं। इन पहलों ने सरकारी मशीनरी के भीतर दक्षता, जवाबदेही और नैतिक आचरण की संस्कृति को विकसित करने का प्रयास किया है, जिससे जनता का विश्वास और भरोसा बढ़े।

वर्ष 2014 में शुरू की गई प्रधानमंत्री जन-धन योजना (पीएमजेडीवाई) वित्तीय समावेशन और सुशासन को बढ़ावा देने के लिए सरकार की प्रमुख पहलों में से एक है। कार्यक्रम का उद्देश्य बैंकिंग सुविधाओं तक सार्वभौमिक पहुँच प्रदान करना, नागरिकों के बीच बचत की आदतों को बढ़ावा देना और प्रत्यक्ष लाभ हस्तांतरण की सुविधा प्रदान करना है। पहले से बैंक सुविधा से वंचित व्यक्तियों के लिए लाखों बैंक खाते खोलकर, पीएमजेडीवाई ने समाज के हाशिए पर रहने वाले वर्गों को औपचारिक

वित्तीय प्रणाली में लाने में योगदान दिया है, जिससे उन्हें ऋण, बीमा और अन्य वित्तीय सेवाओं तक पहुँचने में सक्षम बनाया गया है। आधार, अद्वितीय बायोमेट्रिक पहचान प्रणाली और मोबाइल प्रौद्योगिकी के उपयोग के माध्यम से सरकार सब्सिडी और लाभ सीधे लाभार्थियों के बैंक खातों में स्थानांतरित करने, रिसाव को कम करने और यह सुनिश्चित करने में सक्षम रही है कि इच्छित प्राप्तकर्ताओं को उनके अधिकार प्राप्त हों।

एक और महत्वपूर्ण सुशासन पहल प्रत्यक्ष लाभ अंतरण (डीबीटी) योजना की शुरूआत है। इस योजना के तहत सब्सिडी और कल्याणकारी लाभ सीधे पात्र लाभार्थियों के बैंक खातों में स्थानांतरित किए जाते हैं, जिससे सिस्टम में बिचौलियों और रिसाव में कमी आती है। प्रौद्योगिकी और आधार प्रमाणीकरण का लाभ उठाकर सरकार ने कल्याण वितरण की दक्षता और पारदर्शिता बढ़ाने की कोशिश की है, जिससे यह सुनिश्चित हो सके कि लाभ लक्षित और समय पर लक्षित प्राप्तकर्ताओं तक पहुँचे।

स्वच्छ भारत अभियान (स्वच्छ भारत मिशन) सुशासन और सार्वजनिक स्वास्थ्य को बढ़ावा देने के उद्देश्य से एक प्रमुख पहल रही है। 2014 में लॉन्च किए गए इस मिशन का उद्देश्य सार्वभौमिक स्वच्छता कवरेज हासिल करना और भारत को खुले में शौच से मुक्त बनाना था। जन जागरूकता अभियानों, शौचालयों के निर्माण और अपशिष्ट प्रबंधन प्रथाओं में सुधार के माध्यम से सरकार ने सार्वजनिक स्वास्थ्य में सुधार, पर्यावरणीय स्थिरता को बढ़ाने और स्वच्छ और स्वच्छ जीवन स्थितियों को बढ़ावा देने का प्रयास किया।

2016 में दिवाला और दिवालियापन संहिता (आईबीसी) की शुरूआत भारत के वित्तीय और कॉर्पोरेट क्षेत्रों में सुशासन को बढ़ावा देने की दिशा में एक महत्वपूर्ण कदम का प्रतिनिधित्व करती है। आईबीसी का उद्देश्य दिवालियापन और दिवालियेपन की कार्यवाही के समाधान के लिए एक व्यापक ढाँचा प्रदान करना है, जिससे संकटग्रस्त संपत्तियों से निपटने के लिए अधिक कुशल और पारदर्शी प्रक्रिया को बढ़ावा मिलेगा। दिवालियेपन के समाधान के लिए एक समयबद्ध तंत्र स्थापित करके आईबीसी ने निवेशकों के बीच विश्वास पैदा करने, ऋण उपलब्धता में सुधार करने और जिम्मेदार ऋण देने और उधार लेने की संस्कृति को बढ़ावा देने की कोशिश की है।

सार्वजनिक सेवा वितरण के क्षेत्र में सरकार ने प्रधानमंत्री भारतीय जनऔषधि

परियोजना (पीएमबीजेपी) जैसी पहल शुरू की है, जिसका उद्देश्य गुणवत्तापूर्ण जेनेरिक दवाओं को सभी के लिए सस्ता और सुलभ बनाना है। देश भर में जन औषधि केंद्र (जेएके) स्थापित करके सरकार ने काफी कम कीमतों पर जेनेरिक दवाओं और सर्जिकल वस्तुओं की एक विस्तृत श्रृंखला उपलब्ध कराने की तरफ कदम बढ़ाए हैं। इसका लक्ष्य यह है कि आवश्यक स्वास्थ्य देखभाल उत्पाद समाज के सभी वर्गों तक पहुँचें।

प्रभाव और चुनौतियाँ

मोदी सरकार द्वारा किए गए प्रशासनिक सुधारों और सुशासन पहलों का शासन और सार्वजनिक सेवा वितरण के विभिन्न पहलुओं पर स्पष्ट प्रभाव पड़ा है। सरकारी प्रक्रियाओं के डिजिटलीकरण ने सेवा वितरण में पहुँच, पारदर्शिता और दक्षता को बढ़ाया है जबकि पीएमजेडीवाई और डीबीटी जैसी पहलों ने वित्तीय समावेशन को बढ़ावा देने और कल्याण वितरण में रिसाव को रोकने में मदद की है।

स्वच्छ भारत अभियान ने स्वच्छता और स्वच्छता प्रणालियों में सुधार करने में महत्वपूर्ण प्रगति की है, जिससे लाखों भारतीयों को वास्तविक स्वास्थ्य लाभ हुआ है। इसी तरह आईबीसी दिवाला मामलों के समाधान में एक आदर्श बदलाव लाया है, जिससे अधिक मजबूत और जवाबदेह वित्तीय पारिस्थितिकी तंत्र में योगदान मिला है।

हालाँकि ये पहल चुनौतियों से रहित नहीं हैं। जमीनी स्तर पर विशेषकर ग्रामीण और दूरदराज के क्षेत्रों में सुधारों का प्रभावी कार्यान्वयन लगातार चुनौती बना हुआ है। डिजिटल इंडिया और ई-गवर्नेंस जैसी पहल की सफलता के लिए अंतिम छोर तक कनेक्टिविटी सुनिश्चित करना, डिजिटल साक्षरता का निर्माण करना और बुनियादी ढाँचे की कमियों को दूर करना आवश्यक है।

इसके अतिरिक्त डेटा गोपनीयता और साइबर सुरक्षा से संबंधित मुद्दे डिजिटल प्रशासन के संदर्भ में महत्वपूर्ण चिंता के रूप में उभरे हैं। डिजिटल पहलों में जनता का विश्वास बनाए रखने और संभावित खतरों से बचाव के लिए नागरिकों के डेटा की सुरक्षा सुनिश्चित करना और साइबर सुरक्षा उपायों को मजबूत करना अनिवार्य है।

इसके अलावा प्रशासनिक सुधारों और सुशासन पहलों की सफलता प्रभावी निगरानी, मूल्यॉंकन और प्रतिक्रिया तंत्र पर निर्भर करती है। इन पहलों के प्रभाव का लगातार आकलन करना, बाधाओं को दूर करना और उभरती चुनौतियों के लिए

रणनीतियों को अपनाना आवश्यक है। सुधारों की गति को बनाए रखने के लिए संस्थागत क्षमता को मजबूत करना, सरकारी विभागों के बीच समन्वय में सुधार करना और नवाचार और सीखने की संस्कृति को बढ़ावा देना महत्वपूर्ण है।

मोदी सरकार का प्रशासनिक सुधारों और सुशासन का दृष्टिकोण आर्थिक विकास, बुनियादी ढाँचे में वृद्धि और सामाजिक कल्याण के उद्देश्य से व्यापक पहलों के साथ भी जुड़ गया है। मेक इन इंडिया, स्किल इंडिया और आयुष्मान भारत जैसी योजनाओं ने आर्थिक विकास को बढ़ावा देने, कार्यबल को सशक्त बनाने और नागरिकों को किफायती स्वास्थ्य सेवा प्रदान करने, समग्र विकास और समावेशी शासन के व्यापक लक्ष्य में योगदान देने का प्रयास किया है।

प्रशासनिक सुधारों और सुशासन पर सरकार का ध्यान भारत के विकास पथ को आगे बढ़ाने में महत्वपूर्ण बने रहने की संभावना है। चूँकि देश एक वैश्विक आर्थिक महाशक्ति के रूप में अपनी क्षमता का एहसास करना चाहता है, इसलिए शासन संरचनाओं का कुशल कामकाज, सर्वोत्तम तौर-तरीकों को अपनाना और सार्वजनिक सेवाओं की निरंतर डिलीवरी भारत के भविष्य को आकार देने में अनिवार्य होगी।

प्रशासनिक सुधारों और सुशासन पहलों पर मोदी सरकार का जोर भारत के शासन परिदृश्य को नया आकार देने में सहायक रहा है। प्रौद्योगिकी का लाभ उठाने से लेकर प्रशासनिक प्रक्रियाओं को सुव्यवस्थित करने से लेकर वित्तीय समावेशन, स्वच्छता और जिम्मेदार कॉर्पोरेट प्रणालियों को बढ़ावा देने तक, सरकार ने शासन और सार्वजनिक सेवा वितरण को बढ़ाने के लिए एक बहुआयामी दृष्टिकोण अपनाया है।

हालाँकि इन पहलों के सकारात्मक परिणाम मिले हैं, लेकिन समावेशी और प्रभावी कार्यान्वयन सुनिश्चित करने, साइबर सुरक्षा संबंधी चिंताओं को दूर करने और निरंतर सुधार की संस्कृति को बढ़ावा देने में चुनौतियाँ बनी हुई हैं। इन सुधारों की सफलता निरंतर प्रतिबद्धता, मजबूत संस्थागत ढाँचे और हितधारकों के साथ सक्रिय जुड़ाव पर निर्भर करती है।

जैसे-जैसे भारत सामाजिक-आर्थिक परिवर्तन की दिशा में अपनी यात्रा जारी रख रहा है, सुशासन, पारदर्शिता और जवाबदेही के सिद्धांत देश की आकांक्षाओं को साकार करने में महत्वपूर्ण होंगे। प्रशासनिक सुधारों और सुशासन पहलों की गति को आगे बढ़ाते हुए, सरकार समावेशी विकास, सामाजिक समानता और सतत् विकास

की नींव को और मजबूत कर सकती है, जो अंतत: भारत के लोगों के लिए एक उज्जवल भविष्य को आकार दे सकती है।

प्रशासनिक सुधारों और सुशासन के क्षेत्र में मोदी सरकार के प्रयास व्यापक और बहुआयामी रहे हैं, जिसमें प्रौद्योगिकी का लाभ उठाने, वित्तीय समावेशन को बढ़ावा देने, सार्वजनिक स्वास्थ्य को बढ़ाने और जिम्मेदार शासन प्रणालियों को बढ़ावा देने पर ध्यान केंद्रित किया गया है। हालाँकि इन पहलों ने महत्वपूर्ण प्रगति की है, कार्यान्वयन चुनौतियों का समाधान करना, डेटा सुरक्षा सुनिश्चित करना और सुधारों की गति को बनाए रखना उनकी पूरी क्षमता का एहसास करने के लिए अनिवार्य होगा।

एनडीए का 'स्वच्छ भारत' मिशन स्वच्छता और साफ-सफाई में महत्वपूर्ण परिवर्तन लाया है, जिससे लाखों लोगों के जीवन की गुणवत्ता में सुधार हुआ है।

—नरेन्द्र मोदी

□

भ्रष्टाचार विरोधी उपाय और शासन में पारदर्शिता

भारत में राष्ट्रीय जनतांत्रिक गठबंधन (एनडीए) सरकार ने शासन में पारदर्शिता को बढ़ावा देने के लिए कई भ्रष्टाचार विरोधी उपायों और पहलों को लागू किया है। इन प्रयासों का उद्देश्य भ्रष्टाचार से निपटना, जवाबदेही बढ़ाना और भारतीय अर्थव्यवस्था के विभिन्न क्षेत्रों में सुशासन को बढ़ावा देना है। इस निबंध में हम एनडीए सरकार द्वारा किए गए प्रमुख भ्रष्टाचार विरोधी उपायों और पारदर्शिता पहलों और भारत के शासन परिदृश्य पर उनके प्रभाव का पता लगाएंगे।

भ्रष्टाचार से निपटने के लिए एनडीए सरकार द्वारा शुरू की गई प्रमुख पहलों में से एक वस्तु एवं सेवा कर (जीएसटी) का कार्यान्वयन है। जुलाई 2017 में लागू हुए जीएसटी का उद्देश्य भारत की जटिल अप्रत्यक्ष कर प्रणाली को सुव्यवस्थित करना और एक एकीकृत राष्ट्रीय बाजार बनाना है। कई राज्य और केंद्रीय करों को एकल, पारदर्शी कर संरचना से प्रतिस्थापित करके, जीएसटी ने कर चोरी और भ्रष्टाचार के अवसरों को काफी कम कर दिया है। इस एकीकृत कर व्यवस्था ने कराधान प्रणाली में अधिक पारदर्शिता और जवाबदेही ला दी है, जिससे व्यवसायों के लिए बिक्री और आय की कम रिपोर्टिंग जैसी भ्रष्ट गतिविधियों में संलग्न होना अधिक कठिन हो गया है।

एनडीए सरकार ने पारदर्शिता को बढ़ावा देने और भ्रष्टाचार पर अंकुश लगाने के लिए प्रौद्योगिकी के उपयोग पर भी जोर दिया है। डिजिटल भुगतान प्रणालियों की शुरूआत और आधार बायोमेट्रिक पहचान कार्यक्रम के विस्तार ने कल्याणकारी योजनाओं और सार्वजनिक सेवा वितरण में रिसाव को कम करने में महत्वपूर्ण भूमिका निभाई है। आधार प्रणाली जो प्रत्येक भारतीय निवासी को बायोमेट्रिक डेटा से जुड़ी एक विशिष्ट पहचान संख्या प्रदान करती है, ने यह सुनिश्चित करके

सामाजिक कल्याण कार्यक्रमों में लीक को रोकने में मदद की है कि लाभ इच्छित प्राप्तकर्ताओं तक पहुँचे। प्रौद्योगिकी की सहायता से सरकार भ्रष्टाचार के अवसरों को कम करने और सेवा वितरण की दक्षता में सुधार करने में सक्षम रही है।

इसके अलावा एनडीए सरकार ने सार्वजनिक खरीद प्रक्रियाओं में पारदर्शिता को बढ़ावा देने में महत्वपूर्ण प्रगति की है। सरकारी ई-मार्केटप्लेस (ऋीट) की शुरूआत ने भारत में सरकारी खरीद के तरीके में क्रांति ला दी है। ऋीट एक ऑनलाइन प्लेटफॉर्म है जो विभिन्न सरकारी विभागों और संगठनों द्वारा वस्तुओं और सेवाओं की पारदर्शी और कुशल खरीद की सुविधा प्रदान करता है। सरकारी खरीद के लिए एक केंद्रीकृत बाजार प्रदान करके, ऋीट ने खरीद प्रक्रिया में मानवीय हस्तक्षेप को कम किया है, भ्रष्टाचार के जोखिमों को कम किया है और सरकारी लेनदेन में पारदर्शिता बढ़ाई है।

एनडीए सरकार द्वारा किया गया एक और महत्वपूर्ण भ्रष्टाचार विरोधी उपाय 2016 में दिवाला और दिवालियापन संहिता (आईबीसी) का अधिनियमन है। आईबीसी का उद्देश्य बैंकिंग क्षेत्र में गैर-निष्पादित परिसंपत्तियों (एनपीए) के मुद्दे को संबोधित करना और दिवालिया कंपनियों के लिए समाधान प्रक्रिया को सुव्यवस्थित करना है। एक समयबद्ध और पारदर्शी दिवालियापन समाधान ढाँचे की स्थापना करके, आईबीसी ने कॉर्पोरेट उधारकर्ताओं और उधारदाताओं के बीच जवाबदेही को बढ़ावा देने में मदद की है, जबकि अनैतिक तरीकों के माध्यम से ऋण डिफॉल्ट और ऋण पुनर्गठन जैसे भ्रष्ट आचरण के अवसरों को भी कम किया है।

एनडीए सरकार ने प्राकृतिक संसाधनों के आवंटन में पारदर्शिता और जवाबदेही बढ़ाने के लिए भी कदम उठाए हैं। कोयला ब्लॉकों, स्पेक्ट्रम और अन्य प्राकृतिक संसाधनों के आवंटन के लिए पारदर्शी नीलामी प्रक्रियाओं के कार्यान्वयन से विवेकाधिकार और किराया माँगने के व्यवहार को कम करने में मदद मिली है। ऑनलाइन प्लेटफार्मों के माध्यम से नीलामी आयोजित करके और बाजार-संचालित दृष्टिकोण अपनाकर, सरकार ने प्राकृतिक संसाधनों के आवंटन में भ्रष्टाचार की गुंजाइश को कम कर दिया है, साथ ही सरकारी खजाने के लिए राजस्व को भी अधिकतम किया है।

इसके अलावा एनडीए सरकार ने शासन में पारदर्शिता और जवाबदेही को बढ़ावा देने के लिए डेटा और साक्ष्य-आधारित नीति निर्धारण के उपयोग को प्राथमिकता दी है। नीति आयोग की 'प्रदर्शन, जवाबदेही और पारदर्शिता मूल्याँकन' (पीएटी) रूपरेखा जैसी पहल पूर्वनिर्धारित संकेतकों के आधार पर विभिन्न सरकारी मंत्रालयों और विभागों के प्रदर्शन का मूल्याँकन करने में सहायक रही है। प्रदर्शन माप और जवाबदेही की संस्कृति को बढ़ावा देकर सरकार ने सार्वजनिक सेवाओं के वितरण में पारदर्शिता बढ़ाने और यह सुनिश्चित करने की कोशिश की है कि संसाधनों का उपयोग कुशलतापूर्वक और प्रभावी ढंग से किया जाए।

इन संरचनात्मक सुधारों के अलावा एनडीए सरकार ने भ्रष्टाचार के खिलाफ लड़ाई में भाग लेने और पारदर्शिता को बढ़ावा देने के लिए नागरिकों को सशक्त बनाने पर भी ध्यान केंद्रित किया है। 2005 में सूचना का अधिकार (आरटीआई) अधिनियम की शुरूआत इस दिशा में एक ऐतिहासिक कदम थी, जिससे नागरिकों को सरकारी अधिकारियों से उनके कार्यों के लिए जवाबदेह ठहराने के लिए जानकारी प्राप्त करने में सक्षम बनाया गया। सरकार ने आरटीआई अधिनियम के कार्यान्वयन का समर्थन करना जारी रखा है, जिसने विभिन्न सरकारी विभागों और एजेंसियों में पारदर्शिता को बढ़ावा देने और भ्रष्ट तौर-तरीकों को उजागर करने में महत्वपूर्ण भूमिका निभाई है।

इसके अलावा एनडीए सरकार ने काले धन और अवैध वित्तीय प्रवाह के मुद्दे के समाधान के लिए महत्वपूर्ण कदम उठाए हैं। बेनामी लेनदेन (निषेध) संशोधन अधिनियम, 2016 के कार्यान्वयन का उद्देश्य वास्तविक लाभकारी स्वामित्व को छिपाने के लिए दूसरों के नाम पर संपत्ति रखने की प्रथा पर अंकुश लगाना है। इस कानून ने अधिकारियों को बेनामी संपत्तियों को जब्त करने और ऐसे लेनदेन में शामिल लोगों पर मुकदमा चलाने के लिए आवश्यक उपकरण प्रदान किए हैं, जिससे भ्रष्ट गतिविधियों के लिए काले धन के उत्पादन और उपयोग को रोका जा सके।

सरकार के भ्रष्टाचार विरोधी एजेंडे में एक और उल्लेखनीय पहल सार्वजनिक क्षेत्र में नैतिक आचरण और अखंडता को बढ़ावा देना है। एनडीए सरकार ने सिविल सेवकों और सार्वजनिक अधिकारियों के लिए अनिवार्य नैतिकता प्रशिक्षण जैसे उपायों को लागू करके सरकारी संस्थानों के भीतर एक मजबूत नैतिक ढाँचे

की आवश्यकता पर जोर दिया है। ईमानदारी और नैतिक व्यवहार की संस्कृति को बढ़ावा देकर, सरकार का लक्ष्य भ्रष्ट आचरण को रोकना और यह सुनिश्चित करना है कि लोक सेवक अपनी भूमिकाओं में ईमानदारी और जवाबदेही के उच्चतम मानकों को बनाए रखें।

एनडीए सरकार ने अंतरराष्ट्रीय सहयोग और सहभागिता के माध्यम से भ्रष्टाचार से निपटने के लिए अपनी प्रतिबद्धता भी प्रदर्शित की है। वैश्विक भ्रष्टाचार विरोधी पहल में भारत की सक्रिय भागीदारी और संयुक्त राष्ट्र कार्यालय ऑन ड्रग्स एंड क्राइम (यूएनओडीसी) और फाइनेंशियल एक्शन टास्क फोर्स (एफएटीएफ) जैसे अंतरराष्ट्रीय संगठनों के साथ सहयोग अंतरराष्ट्रीय भ्रष्टाचार और मनी लॉन्ड्रिंग को संबोधित करने के प्रति इसके समर्पण को रेखांकित करता है। अपने प्रयासों को वैश्विक सर्वोत्तम प्रणालियों और मानकों के साथ जोड़कर भारत ने अपने भ्रष्टाचार विरोधी ढाँचे को मजबूत करने और अंतरराष्ट्रीय मंच पर पारदर्शिता को बढ़ावा देने के अपने इरादे का संकेत दिया है।

इन महत्वपूर्ण प्रयासों के बावजूद भ्रष्टाचार के खिलाफ लड़ाई में चुनौतियाँ बनी हुई हैं और भ्रष्टाचार विरोधी उपायों और शासन में पारदर्शिता को और मजबूत करने के लिए निरंतर सतर्कता और निरंतर कार्रवाई की आवश्यकता है। एक क्षेत्र जिस पर निरंतर ध्यान देने की आवश्यकता है वह है भ्रष्टाचार विरोधी कानूनों को लागू करना और भ्रष्ट व्यक्तियों पर मुकदमा चलाना। हालाँकि विधायी और नीतिगत सुधार पेश किए गए हैं लेकिन भ्रष्ट आचरण को रोकने और अपराधियों को जवाबदेह ठहराने के लिए उनका प्रभावी कार्यान्वयन और प्रवर्तन महत्वपूर्ण है।

इसके अतिरिक्त एनडीए सरकार को राजनीतिक फंडिंग और चुनावी पारदर्शिता से संबंधित चिंताओं का समाधान करना चाहिए। अपारदर्शी राजनीतिक फंडिंग का मुद्दा और नीतिगत निर्णयों पर इसका संभावित प्रभाव भारत के शासन परिदृश्य में एक महत्वपूर्ण चुनौती बना हुआ है। राजनीतिक प्रक्रिया की अखंडता को मजबूत करने और निर्णय लेने में अनुचित प्रभाव और भ्रष्टाचार के जोखिम को कम करने के लिए अभियान फंडिंग और कॉपोरेट दान से संबंधित सुधारों सहित राजनीतिक वित्त में पारदर्शिता बढ़ाने के प्रयास आवश्यक हैं।

इसके अलावा केंद्रीय सतर्कता आयोग (सीवीसी) और केंद्रीय जाँच ब्यूरो (सीबीआई) जैसे भ्रष्टाचार विरोधी संस्थानों और निकायों की प्रभावी कार्यप्रणाली

यह सुनिश्चित करने के लिए महत्वपूर्ण है कि भ्रष्टाचार के आरोपों की पूरी तरह से जाँच की जाए और उनका समाधान किया जाए। इन संस्थानों की स्वायत्तता और क्षमता को मजबूत करना, साथ ही उन्हें बाहरी हस्तक्षेप से बचाना, भ्रष्टाचार विरोधी ढाँचे में जनता का विश्वास बनाए रखने के लिए आवश्यक है।

एनडीए सरकार ने भ्रष्टाचार विरोधी उपायों को लागू करने और शासन में पारदर्शिता को बढ़ावा देने के लिए महत्वपूर्ण कदम उठाए हैं। जीएसटी जैसे संरचनात्मक सुधारों की शुरूआत, प्रक्रियाओं का डिजिटलीकरण और आईबीसी तथा बेनामी लेनदेन (निषेध) संशोधन अधिनियम जैसे कानूनों का अधिनियमन, साथ ही सार्वजनिक क्षेत्र में जवाबदेही और अखंडता को बढ़ाने की पहल, सरकार की प्रतिबद्धता को दर्शाती है। भ्रष्टाचार से लड़ना और सुशासन को बढ़ावा देना। इन उपायों ने भारत के शासन और आर्थिक परिदृश्य के विभिन्न पहलुओं में अधिक पारदर्शिता, दक्षता और जवाबदेही में योगदान दिया है।

हालाँकि एनडीए सरकार के प्रयास सराहनीय हैं लेकिन शेष चुनौतियों का समाधान करने और भ्रष्टाचार विरोधी उपायों के प्रभावी कार्यान्वयन को सुनिश्चित करने पर निरंतर ध्यान देने की आवश्यकता है। संस्थानों को मजबूत करना, प्रवर्तन बढ़ाना और अधिक राजनीतिक और चुनावी पारदर्शिता को बढ़ावा देना ऐसे क्षेत्र हैं जिन पर भ्रष्टाचार विरोधी एजेंडे को आगे बढ़ाने के लिए निरंतर ध्यान देने की आवश्यकता है।

आगे बढ़ते हुए एनडीए सरकार को भ्रष्टाचार विरोधी ढाँचे को मजबूत करने और शासन में पारदर्शिता को बढ़ावा देने के लिए कई प्रमुख रणनीतियों पर विचार करना चाहिए। सबसे पहले, भ्रष्टाचार विरोधी संस्थानों और कानून प्रवर्तन एजेंसियों की क्षमता और स्वतंत्रता को बढ़ाने की आवश्यकता है। सीवीसी, सीबीआई और प्रवर्तन निदेशालय (ईडी) जैसे निकायों को पर्याप्त संसाधन, प्रशिक्षण और स्वायत्तता प्रदान करना आवश्यक है ताकि वे बिना किसी डर या पक्षपात के भ्रष्टाचार के मामलों की प्रभावी ढंग से जाँच और मुकदमा चला सकें।

दूसरे, सरकार को राजनीतिक फंडिंग और चुनावी प्रक्रियाओं में पारदर्शिता बढ़ाने के उपायों के कार्यान्वयन को प्राथमिकता देनी चाहिए। राजनीतिक फंडिंग के स्रोतों का खुलासा करने, कॉर्पोरेट दान को विनियमित करने और चुनावी वित्तपोषण में अधिक पारदर्शिता को बढ़ावा देने के उद्देश्य से सुधार लोकतांत्रिक प्रक्रिया की

अखंडता को मजबूत करने और नीतिगत निर्णयों पर अनुचित प्रभाव के जोखिम को कम करने के लिए महत्वपूर्ण हैं।

इसके अलावा, पारदर्शिता और जवाबदेही को बढ़ावा देने के लिए प्रौद्योगिकी और डेटा-संचालित दृष्टिकोण का लाभ उठाना सरकार की प्राथमिकता बनी रहनी चाहिए। ई-खरीद, ई-नीलामी और डिजिटल सेवा वितरण जैसी शासन प्रक्रियाओं में डिजिटल प्लेटफार्मों का और विस्तार और एकीकरण, भ्रष्टाचार के अवसरों को कम करने और सार्वजनिक प्रशासन में दक्षता बढ़ाने में मदद कर सकता है।

इसके अतिरिक्त एनडीए सरकार को अपने भ्रष्टाचार विरोधी प्रयासों को वैश्विक सर्वोत्तम प्रणालियों और मानकों के साथ संरेखित करने के लिए अंतरराष्ट्रीय भागीदारों और संगठनों के साथ सहयोग करना जारी रखना चाहिए। सूचना के आदान-प्रदान, क्षमता निर्माण और सीमा पार सहयोग में संलग्न होने से अंतरराष्ट्रीय भ्रष्टाचार, मनी लॉन्ड्रिंग और अवैध वित्तीय प्रवाह को संबोधित करने की भारत की क्षमता मजबूत हो सकती है।

इसके अलावा भ्रष्टाचार के खिलाफ लड़ाई में जन जागरूकता और नागरिक भागीदारी महत्वपूर्ण घटक हैं। सरकार को नागरिकों को उनके अधिकारों के बारे में शिक्षित करने के लिए सार्वजनिक आउटरीच कार्यक्रमों में निवेश करना चाहिए जिसमें आरटीआई तंत्र का उपयोग भी शामिल है और उन्हें भ्रष्टाचार के मामलों की रिपोर्ट करने के लिए सशक्त बनाना चाहिए। भ्रष्टाचार से निपटने में संस्थागत प्रयासों के पूरक के लिए समाज के भीतर अखंडता और नैतिक आचरण की संस्कृति का निर्माण आवश्यक है।

एनडीए सरकार ने विधायी, प्रशासनिक और तकनीकी हस्तक्षेपों की एक श्रृंखला के माध्यम से भ्रष्टाचार से निपटने और शासन में पारदर्शिता को बढ़ावा देने के लिए एक मजबूत प्रतिबद्धता प्रदर्शित की है। सार्वजनिक क्षेत्र में संरचनात्मक सुधारों, डिजिटलीकरण और जवाबदेही और अखंडता को बढ़ाने के उपायों के कार्यान्वयन ने भ्रष्टाचार की चुनौतियों से निपटने में महत्वपूर्ण प्रगति में योगदान दिया है।

हालाँकि सरकार के लिए यह जरूरी है कि वह भ्रष्टाचार विरोधी संस्थानों को मजबूत करने, राजनीतिक और चुनावी पारदर्शिता को बढ़ावा देने, प्रौद्योगिकी का लाभ उठाने और भ्रष्टाचार विरोधी एजेंडे को आगे बढ़ाने के लिए नागरिकों को

शामिल करने पर अपना ध्यान केंद्रित रखे। इन चुनौतियों का समाधान करके और मौजूदा पहलों पर निर्माण करके, एनडीए सरकार शासन में अखंडता, जवाबदेही और पारदर्शिता की संस्कृति को बढ़ावा देना जारी रख सकती है, जो अंतत: भारत के सतत् विकास और समावेशी विकास में योगदान कर सकती है।

ग्रामीण विकास के प्रति एनडीए की प्रतिबद्धता के परिणामस्वरूप ग्रामीण समुदायों के उत्थान के उद्देश्य से कई पहलों का कार्यान्वयन हुआ है।

—नरेन्द्र सिंह तोमर

□

एनडीए की पहल :
ई-गवर्नेंस और नागरिक-केंद्रित सेवाएं

डिजिटल परिवर्तन के युग में ई-गवर्नेंस नागरिकों को कुशल और पारदर्शी सार्वजनिक सेवाएं प्रदान करने के लिए एक महत्वपूर्ण उपकरण के रूप में उभरा है। भारत में राष्ट्रीय जनतांत्रिक गठबंधन (एनडीए) सरकार ने शासन को बढ़ाने और नागरिक-केंद्रित सेवाएं प्रदान करने के लिए प्रौद्योगिकी का लाभ उठाने में महत्वपूर्ण प्रगति की है। इस निबंध का उद्देश्य ई-गवर्नेंस को बढ़ावा देने और नागरिकों की जरूरतों और कल्याण को प्राथमिकता देने वाली सेवाएं प्रदान करने के लिए एनडीए सरकार द्वारा लागू की गई विभिन्न पहलों, कार्यक्रमों और नीतियों का पता लगाना है।

डिजिटल इंडिया पहल

एनडीए सरकार द्वारा शुरू किए गए प्रमुख कार्यक्रमों में से एक डिजिटल इंडिया पहल है। वर्ष 2015 में लॉन्च किए गए डिजिटल इंडिया का लक्ष्य भारत को डिजिटल रूप से सशक्त समाज और ज्ञान अर्थव्यवस्था में बदलना है। इस पहल में डिजिटल बुनियादी ढाँचे, शासन और माँग पर सेवाएं, नागरिकों का डिजिटल सशक्तिकरण और डिजिटल साक्षरता सहित विभिन्न स्तंभ शामिल हैं। इस कार्यक्रम के तहत सरकार ने ग्रामीण और दूरदराज के क्षेत्रों में ब्रॉडबैंड कनेक्टिविटी और मोबाइल नेटवर्क जैसे डिजिटल बुनियादी ढाँचे की पहुँच का विस्तार करने पर ध्यान केंद्रित किया है, जिससे नागरिक सरकारी सेवाओं और सूचनाओं तक ऑनलाइन पहुँच प्राप्त कर सकें।

डिजिटल इंडिया पहल ने ई-गवर्नेंस की सुविधा और सेवा वितरण में सुधार के लिए डिजिटल प्लेटफार्मों और अनुप्रयोगों के विकास पर भी जोर दिया है। यूनिफाइड

मोबाइल एप्लिकेशन फॉर न्यू-एज गवर्नेंस (UMANG) और डिजीलॉकर जैसी पहल नागरिकों को सरकारी सेवाओं की एक विस्तृत श्रृंखला तक पहुँचने और अपने दस्तावेजों और प्रमाणपत्रों को डिजिटल रूप से सुरक्षित रूप से संग्रहीत करने के लिए एक ही मंच प्रदान करने में सहायक रही है। इन पहलों ने सेवाओं की डिलीवरी को सुव्यवस्थित कर दिया है और नौकरशाही बाधाओं को कम कर दिया है जिनका सामना नागरिक अकसर सरकारी संसाधनों तक पहुँचने में करते हैं।

ई-गवर्नेंस पहल

एनडीए सरकार ने प्रशासनिक दक्षता और पारदर्शिता बढ़ाने के साधन के रूप में ई-गवर्नेंस पर जोर दिया है। डिजिटल लॉकर प्रणाली की शुरूआत, जो नागरिकों को महत्वपूर्ण दस्तावेजों को डिजिटल रूप से संग्रहीत करने और उन तक पहुँचने की अनुमति देती है, ने दस्तावेजों की भौतिक प्रतियों पर निर्भरता कम कर दी है और दस्तावेज सत्यापन और प्रमाणीकरण से संबंधित प्रक्रियाओं को सुव्यवस्थित कर दिया है। इस पहल ने न केवल सरकारी एजेंसियों के साथ बातचीत को सरल बनाया है बल्कि नौकरशाही लालफीताशाही को कम करने में भी योगदान दिया है।

वस्तु एवं सेवा कर नेटवर्क (जीएसटीएन) का कार्यान्वयन एनडीए सरकार द्वारा शुरू की गई एक ऐतिहासिक ई-गवर्नेंस पहल रही है। जीएसटीएन जीएसटी व्यवस्था की तकनीकी रीढ़ के रूप में कार्य करता है, जो करदाताओं के लिए निर्बाध पंजीकरण, रिटर्न दाखिल करने और अनुपालन प्रबंधन को सक्षम बनाता है। प्रौद्योगिकी की सहायता से जीएसटीएन ने कर दाखिल करने की प्रक्रिया को सरल बनाया है और कराधान प्रणाली में पारदर्शिता बढ़ाई है, जिससे व्यवसायों पर बोझ कम हुआ है और कर अनुपालन को बढ़ावा मिला है।

नागरिक-केन्द्रित सेवाएं

नागरिक-केंद्रित शासन के प्रति अपनी प्रतिबद्धता के अनुरूप एनडीए सरकार ने उन सेवाओं के विकास और वितरण को प्राथमिकता दी है जो नागरिकों को सीधे लाभान्वित करती हैं और उनकी जरूरतों को पूरा करती हैं। वर्ष 2014 में शुरू की गई प्रधानमंत्री जन धन योजना (पीएमजेडीवाई) वित्तीय समावेशन के उद्देश्य से नागरिक-केंद्रित पहल का एक प्रमुख उदाहरण है। इस कार्यक्रम के तहत उन

व्यक्तियों के लिए लाखों बैंक खाते खोले गए हैं जिन्हें पहले औपचारिक बैंकिंग प्रणाली से बाहर रखा गया था। पीएमजेडीवाई के माध्यम से नागरिकों को बुनियादी बैंकिंग सेवाओं, बीमा और ओवरड्राफ्ट सुविधाओं तक पहुँच प्राप्त हुई है, जिससे वे आर्थिक रूप से सशक्त हुए हैं और वित्तीय सुरक्षा को बढ़ावा मिला है।

एक और उल्लेखनीय नागरिक-केंद्रित पहल प्रधानमंत्री उज्ज्वला योजना (पीएमयूवाई) है जो गरीबी रेखा से नीचे के परिवारों को खाना पकाने का स्वच्छ ईंधन उपलब्ध कराने पर केंद्रित है। पात्र लाभार्थियों को मुफ्त एलपीजी कनेक्शन वितरित करके सरकार ने पारंपरिक खाना पकाने के तरीकों से जुड़ी स्वास्थ्य और पर्यावरण संबंधी चिंताओं को संबोधित किया है, खासकर ग्रामीण क्षेत्रों में महिलाओं के बीच। पीएमयूवाई ने न केवल लाखों परिवारों के जीवन की गुणवत्ता में सुधार किया है, बल्कि इनडोर वायु प्रदूषण और संबंधित स्वास्थ्य समस्याओं को कम करने में भी योगदान दिया है।

इसके अतिरिक्त एनडीए सरकार ने आयुष्मान भारत योजना शुरू की है, जिसका उद्देश्य समाज के कमजोर वर्गों को सस्ती स्वास्थ्य सेवा प्रदान करना है। प्रधानमंत्री जन आरोग्य योजना (पीएमजेएवाई) के कार्यान्वयन के माध्यम से, जिसे अकसर 'मोदीकेयर' कहा जाता है, लाखों वंचित नागरिकों को सूचीबद्ध अस्पतालों में कैशलेस और पेपरलेस चिकित्सा उपचार तक पहुँच प्राप्त हुई है। इस महत्वाकांक्षी स्वास्थ्य देखभाल पहल ने स्वास्थ्य बीमा कवरेज के दायरे में काफी विस्तार किया है और देश भर में कई परिवारों के लिए चिकित्सा खर्चों के वित्तीय बोझ को कम किया है।

इसके अलावा एनडीए सरकार ने प्रधानमंत्री किसान सम्मान निधि (पीएम-किसान) योजना की शुरूआत के माध्यम से किसानों को सशक्त बनाने के लिए अपनी प्रतिबद्धता प्रदर्शित की है। यह कार्यक्रम छोटे और सीमांत किसानों को सीधे उनके बैंक खातों में वित्तीय सहायता हस्तांतरित करके प्रत्यक्ष आय सहायता प्रदान करता है। किसानों के लिए आय का एक स्थिर स्रोत सुनिश्चित करके, पीएम-किसान योजना ने उनकी आर्थिक सुरक्षा बढ़ाने और कृषि आजीविका का समर्थन करने में योगदान दिया है।

सेवा वितरण में आधार की भूमिका

भारत की अद्वितीय बायोमेट्रिक पहचान प्रणाली आधार पहल ने एनडीए सरकार

के तहत कुशल और लक्षित सेवा वितरण को सक्षम करने में महत्वपूर्ण भूमिका निभाई है। आधार प्रमाणीकरण को विभिन्न कल्याणकारी योजनाओं और सार्वजनिक सेवा वितरण तंत्रों में एकीकृत किया गया है, जिससे यह सुनिश्चित होता है कि रिसाव और धोखाधड़ी वाले दावों को कम करते हुए लाभ और सब्सिडी इच्छित लाभार्थियों तक पहुँचे। आधार को बैंक खातों, मोबाइल नंबरों और सरकारी डेटाबेस से जोड़कर सरकार सेवाओं और सब्सिडी के वितरण को सुव्यवस्थित करने में सक्षम हुई है, जिससे शासन में पारदर्शिता और जवाबदेही बढ़ गई है।

चुनौतियाँ

हालाँकि ई-गवर्नेंस और नागरिक-केंद्रित सेवाओं को बढ़ावा देने में एनडीए सरकार के प्रयासों से महत्वपूर्ण लाभ मिले हैं लेकिन कुछ पहलों के साथ चुनौतियाँ और आलोचनाएं भी जुड़ी हुई हैं। आधार के संदर्भ में डेटा गोपनीयता और सुरक्षा से संबंधित चिंताएं उठाई गई हैं, विशेष रूप से व्यक्तिगत जानकारी के संभावित दुरुपयोग और मजबूत डेटा सुरक्षा उपायों की आवश्यकता के संबंध में। इसके अतिरिक्त समाज के सबसे वंचित और कमजोर वर्गों तक पहुँचने में कुछ योजनाओं की प्रभावशीलता पर सवाल उठाया गया है, जो सेवाओं तक समावेशिता और न्यायसंगत पहुँच सुनिश्चित करने के महत्व पर प्रकाश डालता है।

इसके अलावा डिजिटल विभाजन एक सतत् चुनौती बनी हुई है, डिजिटल साक्षरता और प्रौद्योगिकी तक पहुँच में असमानताएं, विशेष रूप से ग्रामीण और दूरदराज के क्षेत्रों में ई-गवर्नेंस पहलों को व्यापक रूप से अपनाने में बाधा उत्पन्न कर रही हैं। इस डिजिटल अंतर को पाटना और यह सुनिश्चित करना कि सभी नागरिक डिजिटल सेवाओं से लाभान्वित हो सकें, ई-गवर्नेंस प्रयासों की निरंतर सफलता के लिए महत्वपूर्ण होगा।

ई-गवर्नेंस और नागरिक-केंद्रित सेवाओं पर एनडीए सरकार के फोकस ने शासन को बढ़ाने और नागरिकों के जीवन को बेहतर बनाने के लिए प्रौद्योगिकी का लाभ उठाने की दिशा में एक महत्वपूर्ण बदलाव को चिह्नित किया है। डिजिटल इंडिया, ई-गवर्नेंस प्लेटफार्मों के कार्यान्वयन और नागरिक-केंद्रित कार्यक्रमों के कार्यान्वयन जैसी पहलों के माध्यम से सरकार ने सेवा वितरण में पारदर्शिता, दक्षता और समावेशिता को बढ़ावा देने के लिए प्रतिबद्धता प्रदर्शित की है। हालाँकि चुनौतियाँ

बरकरार हैं, एनडीए सरकार के तहत ई-गवर्नेंस और नागरिक-केंद्रित सेवाओं को आगे बढ़ाने में की गई प्रगति ने भारत में डिजिटल रूप से अधिक सशक्त और नागरिक-अनुकूल शासन ढाँचे के लिए एक मजबूत नींव रखी है। जैसे-जैसे प्रौद्योगिकी विकसित हो रही है, सरकार के लिए ई-गवर्नेंस के प्रति अपने दृष्टिकोण को अनुकूलित और नवीन करना आवश्यक है, यह सुनिश्चित करते हुए कि नागरिकों की जरूरतें और आकांक्षाएं उसकी पहल में सबसे आगे रहें।

एनडीए शासन ने भारत ने स्मार्ट शहरों के विकास, टिकाऊ शहरीकरण और कुशल संसाधन प्रबंधन को बढ़ावा देने में पर्याप्त प्रगति की है।

—हरदीप सिंह पुरी

□

अदम्य बल

एनडीए की नीतियों से ग्रामीण बुनियादी ढाँचे के विकास में उल्लेखनीय वृद्धि हुई है, जिससे लाखों लोगों को लाभ हुआ है।

—नितिन गडकरी

मोदी सरकार में ईमानदारी और पारदर्शिता : पिछले प्रशासनों के साथ एक तुलनात्मक विश्लेषण

ईमानदारी और पारदर्शिता सुशासन के मूलभूत स्तंभ हैं, जो सरकार में जनता के भरोसे और विश्वास को बढ़ावा देने के लिए आवश्यक हैं। भारत में नरेन्द्र मोदी के नेतृत्व वाली सरकार ने अपने शासन दर्शन के मुख्य पहलू के रूप में इन सिद्धांतों पर लगातार जोर दिया है। ईमानदारी और पारदर्शिता के प्रति यह प्रतिबद्धता पिछले प्रशासनों में अपेक्षाकृत कम थीऔर वे जवाबदेही की कमी और अस्पष्टता से ग्रस्त थे। इस निबंध में हम ईमानदारी और पारदर्शिता को बढ़ावा देने के लिए मोदी सरकार द्वारा उठाए गए कदमों का पता लगाएंगे और पिछली सरकारों के तौर-तरीकों के साथ उनकी तुलना करेंगे। प्रमुख नीतिगत पहलों, विधायी परिवर्तनों और प्रशासनिक सुधारों की पड़ताल करके हम शासन में अखंडता और खुलेपन की संस्कृति को बढ़ावा देने में मोदी सरकार के प्रयासों के प्रभाव का आकलन करेंगे।

ऐतिहासिक संदर्भ : पिछले प्रशासनों में पारदर्शिता और भ्रष्टाचार

मोदी सरकार की पहलों पर चर्चा करने से पहले पिछले प्रशासनों में पारदर्शिता और भ्रष्टाचार के ऐतिहासिक परिदृश्य की पड़ताल करके संदर्भ प्रदान करना महत्वपूर्ण है। भारत दशकों से भ्रष्टाचार और शासन में पारदर्शिता की कमी जैसे गहरे मुद्दों से जूझ रहा है। वर्ष 1980 के दशक के दौरान बोफोर्स घोटाला और 2000 के दशक के दौरान 2जी स्पेक्ट्रम जैसे घोटालों ने जनता के विश्वास को खत्म कर दिया और सरकार की अखंडता के बारे में गंभीर चिंताएं पैदा कर दीं।

पिछले प्रशासनों में अकसर जवाबदेही की कमी, अपारदर्शी निर्णय लेने की प्रक्रिया और शासन के विभिन्न स्तरों पर भ्रष्टाचार की शिकायतें थीं। पारदर्शिता

की कमी ने न केवल प्रभावी शासन को बाधित किया बल्कि आर्थिक विकास और सामाजिक प्रगति को भी बाधित किया। नौकरशाही के भीतर अपारदर्शिता और भ्रष्टाचार की संस्कृति गहराई तक व्याप्त हो गई थी, जिससे जनता में मोहभंग और संशय की भावना पैदा हो गई थी।

मोदी सरकार का पारदर्शिता और ईमानदारी पर जोर

वर्ष 2014 में सत्ता संभालने के बाद से नरेन्द्र मोदी के नेतृत्व वाली सरकार ने शासन में ईमानदारी और पारदर्शिता को बढ़ावा देने पर जोर दिया है। प्रधानमंत्री मोदी ने अपने उद्घाटन भाषण में एक स्वच्छ और कुशल सरकार प्रदान करने का संकल्प लिया जो लोगों के कल्याण को प्राथमिकता देगी। यह प्रतिबद्धता शासन में अखंडता और खुलेपन की संस्कृति को बढ़ावा देने के उद्देश्य से विभिन्न नीतिगत पहलों, विधायी परिवर्तनों और प्रशासनिक सुधारों में परिलक्षित हुई है।

मोदी सरकार की प्रमुख पहलों में से एक डिजिटल प्रशासन को बढ़ावा देना और पारदर्शिता और जवाबदेही बढ़ाने के लिए प्रौद्योगिकी का उपयोग करना है। वर्ष 2015 में लॉन्च किए गए डिजिटल इंडिया कार्यक्रम का उद्देश्य भारत को डिजिटल रूप से सशक्त समाज और ज्ञान अर्थव्यवस्था में बदलना है। सरकारी सेवाओं के डिजिटलीकरण और ई-गवर्नेंस को बढ़ावा देकर मोदी सरकार ने भ्रष्टाचार को कम करने और प्रशासनिक प्रक्रियाओं को सुव्यवस्थित करने की कोशिश की।

इसके अलावा वर्ष 2017 में वस्तु एवं सेवा कर (जीएसटी) के कार्यान्वयन ने भारत की कराधान प्रणाली में अधिक पारदर्शिता की दिशा में एक महत्वपूर्ण कदम उठाया। जीएसटी ने विभिन्न अप्रत्यक्ष करों को समाहित कर दिया, जिससे कर संरचना सरल हो गई और कर चोरी के अवसर कम हो गए। इस कदम का उद्देश्य अधिक पारदर्शी और कुशल कर व्यवस्था बनाना था, जिससे भ्रष्टाचार पर अंकुश लगाया जा सके और अनुपालन बढ़ाया जा सके।

इन पहलों के अलावा मोदी सरकार ने सार्वजनिक खरीद और सरकारी अनुबंधों में पारदर्शिता बढ़ाने के लिए ठोस प्रयास किए हैं। सरकारी ई-मार्केटप्लेस (जीईएम) प्लेटफॉर्म की शुरूआत ने विभिन्न सरकारी विभागों द्वारा वस्तुओं और सेवाओं की ऑनलाइन खरीद की सुविधा प्रदान की है, जिससे सार्वजनिक खरीद प्रक्रियाओं में अधिक पारदर्शिता, दक्षता और लागत-प्रभावशीलता को बढ़ावा मिला है।

विधायी परिवर्तन और भ्रष्टाचार विरोधी उपाय

मोदी सरकार ने जवाबदेही को मजबूत करने और भ्रष्टाचार से निपटने के लिए कई विधायी परिवर्तन और भ्रष्टाचार विरोधी उपाय भी पेश किए हैं। सबसे उल्लेखनीय विधायी परिवर्तनों में से एक लोकपाल और लोकायुक्त अधिनियम, 2013 का पारित होना था, जिसका उद्देश्य सार्वजनिक अधिकारियों के खिलाफ भ्रष्टाचार के आरोपों की जाँच के लिए एक राष्ट्रीय भ्रष्टाचार विरोधी प्रशासनिक जांच अधिकारी (OMBUDSMAN) लोकपाल की स्थापना करना था। हालाँकि लोकपाल अधिनियम के कार्यान्वयन में देरी का सामना करना पड़ा, लेकिन इसके पारित होने से भ्रष्टाचार और कुप्रशासन को संबोधित करने के लिए स्वतंत्र निगरानी तंत्र बनाने की सरकार की प्रतिबद्धता का संकेत मिला।

इसके अलावा सरकार ने काले धन और अवैध वित्तीय प्रवाह के मुद्दे के समाधान के लिए कदम उठाए हैं। काला धन (अघोषित विदेशी आय और संपत्ति) और कर अधिरोपण अधिनियम, 2015 की शुरूआत ने अघोषित विदेशी आय और संपत्ति से निपटने के लिए एक रूपरेखा प्रदान की, जिसका उद्देश्य काले धन के उत्पादन और प्रसार पर अंकुश लगाना है। इसके अतिरिक्त वर्ष 2016 में उच्च मूल्यवर्ग के करेंसी नोटों को बंद करने का सरकार का निर्णय काले धन, नकली मुद्रा और भ्रष्टाचार से निपटने के लिए एक साहसिक कदम था।

एक अन्य महत्वपूर्ण भ्रष्टाचार विरोधी उपाय 2016 में दिवाला और दिवालियापन संहिता (आईबीसी) की शुरूआत थी। आईबीसी का उद्देश्य दिवाला समाधान से संबंधित कानूनों को समयबद्ध तरीके से समेकित और संशोधित करना था, जिससे दिवाला समाधान के लिए एक पारदर्शी और पूवार्नुमानित रूपरेखा प्रदान की जा सके। दिवाला समाधान के लिए एक स्पष्ट और समयबद्ध प्रक्रिया स्थापित करके सरकार ने गैर-निष्पादित परिसंपत्तियों और कॉर्पोरेट दिवालियेपन की समस्या का समाधान करने की कोशिश की, जिससे वित्तीय क्षेत्र में पारदर्शिता और जवाबदेही को बढ़ावा मिला।

मोदी सरकार ने पारदर्शिता और जवाबदेही बढ़ाने के लिए प्रौद्योगिकी और डेटा-संचालित दृष्टिकोण के उपयोग को भी प्राथमिकता दी है। आधार बायोमेट्रिक पहचान प्रणाली जैसी पहल ने सरकारी सेवाओं की डिलीवरी में सुधार, रिसाव को कम करने और भ्रष्टाचार पर अंकुश लगाने में महत्वपूर्ण भूमिका निभाई है। आधार (जो भारत के निवासियों को एक विशिष्ट पहचान प्रदान करता है) को विभिन्न कल्याण

कार्यक्रमों में एकीकृत किया गया है, जो धोखाधड़ी और दुरुपयोग की गुंजाइश को कम करते हुए सब्सिडी और लाभों की लक्षित डिलीवरी सुनिश्चित करता है।

इसके अलावा प्रधानमंत्री जन धन योजना जैसी पहल के माध्यम से वित्तीय समावेशन पर सरकार के जोर का उद्देश्य अधिक लोगों को औपचारिक बैंकिंग प्रणाली में लाना है, जिससे अनौपचारिक और अनियमित वित्तीय चैनलों पर निर्भरता कम हो जाती है जो अकसर अवैध गतिविधियों से जुड़े होते हैं। आधार प्रमाणीकरण द्वारा सुगम प्रत्यक्ष लाभ हस्तांतरण (डीबीटी) योजनाओं के उपयोग ने कल्याणकारी लाभों और सब्सिडी के वितरण में अधिक पारदर्शिता में योगदान दिया है।

पिछले प्रशासनों के साथ तुलनात्मक विश्लेषण

ईमानदारी और पारदर्शिता को बढ़ावा देने के मोदी सरकार के प्रयासों की पिछले प्रशासनों से तुलना करने पर यह स्पष्ट हो जाता है कि शासन के प्रति दृष्टिकोण में उल्लेखनीय बदलाव आया है। पिछले प्रशासन, विशेष रूप से मोदी सरकार के कार्यकाल से पहले के वर्षों में, हाई-प्रोफाइल भ्रष्टाचार घोटालों और जवाबदेही की सामान्य कमी से जूझ रहे थे। निर्णय लेने की प्रक्रियाओं में पारदर्शिता की कमी और किराया माँगने वाले व्यवहार की व्यापकता ने प्रणालीगत भ्रष्टाचार की संस्कृति में योगदान दिया है।

इसके विपरीत मोदी सरकार ने नीतिगत सुधारों, विधायी परिवर्तनों और प्रौद्योगिकी के उपयोग के संयोजन के माध्यम से इन चुनौतियों से निपटने के लिए एक मजबूत प्रतिबद्धता प्रदर्शित की है। डिजिटल शासन पर जोर, जीएसटी की शुरूआत, और लोकपाल और लोकायुक्त अधिनियम और काला धन अधिनियम जैसे भ्रष्टाचार विरोधी उपायों के कार्यान्वयन ने अतीत की यथास्थिति से प्रस्थान का संकेत दिया है।

इसके अलावा शासन के लिए प्रौद्योगिकी का लाभ उठाने के सरकार के प्रयासों (जैसा कि आधार प्रणाली और ई-गवर्नेंस प्लेटफार्मों के उपयोग से उदाहरण मिलता है) ने सार्वजनिक सेवाओं की डिलीवरी में अधिक दक्षता, जवाबदेही और पारदर्शिता में योगदान दिया है। विमुद्रीकरण के माध्यम से नकदी रहित अर्थव्यवस्था की ओर कदम का उद्देश्य अवैध वित्तीय गतिविधियों पर अंकुश लगाना और वित्तीय प्रणाली में अधिक पारदर्शिता को बढ़ावा देना था।

यह स्वीकार करना महत्वपूर्ण है कि जहाँ मोदी सरकार ने ईमानदारी और

पारदर्शिता को बढ़ावा देने में पर्याप्त प्रगति की है, वहीं चुनौतियाँ और आलोचनाएं भी सामने आई हैं। इसके विपरीत पिछले प्रशासनों को अकसर भ्रष्टाचार के व्यापक मुद्दे से निपटने के लिए एक सुसंगत और निरंतर रणनीति की कमी के रूप में देखा गया था। हालाँकि भ्रष्टाचार विरोधी कानून और उपाय पेश करने के छिटपुट प्रयास हुए लेकिन प्रभाव अकसर सीमित था और प्रणालीगत सुधार मायावी थे। शासन के लिए प्रौद्योगिकी का लाभ उठाने के व्यापक प्रयासों की कमी और भ्रष्टाचार से निपटने के लिए एकीकृत दृष्टिकोण की कमी ने सरकार में जनता के मोहभंग और अविश्वास की भावना को बढ़ावा दिया है।

दूसरी ओर, मोदी सरकार के दृष्टिकोण ने विधायी परिवर्तनों, नीतिगत पहलों और प्रशासनिक सुधारों के संयोजन के माध्यम से इन चुनौतियों का समाधान करने की कोशिश की है। नोटबंदी और जीएसटी की शुरूआत जैसे साहसिक और निर्णायक कदम उठाने की सरकार की इच्छा, परिवर्तनकारी बदलाव और यथास्थिति से हटने की उसकी प्रतिबद्धता को रेखांकित करती है।

इसके अलावा व्यापार करने में आसानी में सुधार और नियामक प्रक्रियाओं में पारदर्शिता को बढ़ावा देने पर मोदी सरकार के फोकस को अधिक व्यापार-अनुकूल वातावरण बनाने की दिशा में एक सकारात्मक कदम के रूप में मान्यता दी गई है। मेक इन इंडिया और नियामक ढाँचे के सरलीकरण जैसी पहलों का उद्देश्य नौकरशाही बाधाओं को कम करना और व्यापार संचालन में अधिक पारदर्शिता को बढ़ावा देना है, जो अतीत में आर्थिक विकास में बाधा डालने वाली लालफीताशाही संस्कृति से प्रस्थान का संकेत है।

चुनौतियाँ और भविष्य की दिशाएं

हालाँकि शासन में ईमानदारी और पारदर्शिता को बढ़ावा देने के लिए मोदी सरकार के प्रयास सराहनीय रहे हैं, फिर भी कई चुनौतियाँ बनी हुई हैं और प्रगति को मजबूत करने और आगे बढ़ाने के लिए निरंतर प्रयासों की आवश्यकता है। भ्रष्टाचार विरोधी उपायों का प्रभावी कार्यान्वयन, निगरानी तंत्र को मजबूत करना और शासन संरचनाओं में निरंतर सुधार इन चुनौतियों से निपटने में महत्वपूर्ण होगा।

प्रमुख चुनौतियों में से एक यह सुनिश्चित करना है कि पारदर्शिता और जवाबदेही को बढ़ावा देने में प्राप्त लाभ संस्थागत हों और किसी विशिष्ट सरकार के कार्यकाल

पर निर्भर न हों। हालाँकि मोदी सरकार ने इस संबंध में महत्वपूर्ण प्रगति की है, लेकिन पारदर्शिता और जवाबदेही के लिए एक व्यापक और स्थायी ढाँचे की आवश्यकता है।

एक अन्य चुनौती राजनीतिक फंडिंग और अभियान वित्त सुधार के मुद्दे को संबोधित करना है। राजनीतिक प्रक्रिया की अखंडता सुनिश्चित करने और राजनीति में धन के अनुचित प्रभाव को रोकने के लिए राजनीतिक फंडिंग में पारदर्शिता आवश्यक है। राजनीतिक फंडिंग तंत्र में सुधार और अभियान वित्त में पारदर्शिता बढ़ाने के प्रयास लोकतांत्रिक ढाँचे को मजबूत करने और राजनीतिक व्यवस्था में जनता के विश्वास को बढ़ावा देने में महत्वपूर्ण होंगे।

इसके अलावा प्रणालीगत भ्रष्टाचार से निपटने के लिए भ्रष्टाचार विरोधी उपायों का प्रभावी कार्यान्वयन और प्रवर्तन तंत्र को मजबूत करना आवश्यक होगा। इसके लिए भ्रष्टाचार विरोधी एजेंसियों के सशक्तिकरण, सार्वजनिक संस्थानों के भीतर अखंडता की संस्कृति को बढ़ावा देने और जाँच और प्रवर्तन गतिविधियों के लिए पर्याप्त संसाधनों के प्रावधान की आवश्यकता होगी।

शासन के लिए प्रौद्योगिकी का निरंतर उपयोग, पारदर्शिता और दक्षता बढ़ाने में फायदेमंद होने के साथ-साथ मजबूत डेटा सुरक्षा और गोपनीयता ढाँचे के साथ होना चाहिए। डिजिटल प्रशासन पहल में जनता का विश्वास कायम करने के लिए नागरिक डेटा की सुरक्षा और गोपनीयता सुनिश्चित करना सर्वोपरि है।

अंततः, सार्वजनिक सेवा में सत्यनिष्ठा और नैतिक आचरण की संस्कृति को बढ़ावा देने के लिए जमीनी स्तर पर पारदर्शिता और जवाबदेही को बढ़ावा देना महत्वपूर्ण है। स्थानीय शासन संरचनाओं को मजबूत करना, स्थानीय निकायों को सशक्त बनाना और निर्णय लेने की प्रक्रियाओं में नागरिक भागीदारी को बढ़ावा देना सार्वजनिक सेवाओं के वितरण और सार्वजनिक संसाधनों के उपयोग में अधिक पारदर्शिता और जवाबदेही में योगदान कर सकता है।

आगे देखते हुए, मोदी सरकार और भावी प्रशासन को शेष चुनौतियों का समाधान करते हुए ईमानदारी और पारदर्शिता को बढ़ावा देने में प्राप्त लाभों को मजबूत करने पर ध्यान केंद्रित करना चाहिए। इसके लिए एक बहुआयामी दृष्टिकोण की आवश्यकता होगी जिसमें विधायी सुधार, प्रशासनिक क्षमता निर्माण और नैतिक शासन के प्रति निरंतर प्रतिबद्धता शामिल हो।

शासन में ईमानदारी और पारदर्शिता को बढ़ावा देना मोदी सरकार के एजेंडे की

आधारशिला रही है। नीतिगत पहलों, विधायी परिवर्तनों और प्रशासनिक सुधारों के संयोजन के माध्यम से, सरकार ने भ्रष्टाचार, अस्पष्टता और जवाबदेही की कमी की गहरी जड़ें जमा चुकी चुनौतियों का समाधान करने की कोशिश की है, जिसने पिछले प्रशासनों को परेशान किया है। डिजिटल शासन पर जोर, जीएसटी का कार्यान्वयन, भ्रष्टाचार विरोधी उपायों की शुरूआत और शासन के लिए प्रौद्योगिकी का लाभ उठाने ने अतीत की प्रथाओं से विचलन को चिह्नित किया है।

हालाँकि मोदी सरकार के प्रयास सराहनीय रहे हैं, चुनौतियाँ बनी हुई हैं, और जो प्रगति हुई है उसे मजबूत करने और आगे बढ़ाने के लिए निरंतर प्रयासों की आवश्यकता है। पारदर्शिता और जवाबदेही को संस्थागत बनाना, राजनीतिक फंडिंग सुधार को संबोधित करना, भ्रष्टाचार विरोधी तंत्र को मजबूत करना और जमीनी स्तर पर पारदर्शिता को बढ़ावा देना सार्वजनिक सेवा में अखंडता और नैतिक आचरण की संस्कृति को बढ़ावा देने में महत्वपूर्ण होगा।

व्यापक संदर्भ में, शासन में ईमानदारी और पारदर्शिता को बढ़ावा देना न केवल सार्वजनिक विश्वास और आत्मविश्वास को बढ़ावा देने के लिए बल्कि टिकाऊ और समावेशी विकास को बढ़ावा देने के लिए भी आवश्यक है। कुशल संसाधन आवंटन, प्रभावी सेवा वितरण और व्यवसायों और नागरिकों के लिए समान अवसर को बढ़ावा देने के लिए पारदर्शिता और जवाबदेही आवश्यक है। इसके अलावा, वे लोकतंत्र के सिद्धांतों और कानून के शासन को बनाए रखने के लिए मौलिक हैं।

अंतत:, शासन में ईमानदारी और पारदर्शिता के प्रति प्रतिबद्धता एक साझा जिम्मेदारी होनी चाहिए, जिसमें न केवल सरकार बल्कि नागरिक समाज, निजी क्षेत्र और व्यापक नागरिक भी शामिल हों। इन साझा लक्ष्यों की दिशा में सहयोगात्मक रूप से काम करके, भारत शासन में अखंडता, पारदर्शिता और जवाबदेही को बढ़ावा देने, अधिक न्यायसंगत और समृद्ध समाज की नींव रखने में महत्वपूर्ण प्रगति करना जारी रख सकता है।

एनडीए की पहल ने विज्ञान और प्रौद्योगिकी में भारत की प्रगति को बढ़ावा दिया है, नवाचार और अनुसंधान को बढ़ावा दिया है।

—जितेंद्र सिंह

□

बीजेपी के दुर्जेय और अदम्य ताकत बनने का आधार

भारतीय जनता पार्टी (भाजपा) भारतीय राजनीति में एक दुर्जेय और अदम्य शक्ति बनने के कुछ कारण :

- ***वैचारिक स्पष्टता :*** भाजपा के पास हिंदुत्व और सांस्कृतिक राष्ट्रवाद पर आधारित एक स्पष्ट और सुसंगत वैचारिक ढाँचा है, जो भारतीय आबादी के एक महत्वपूर्ण वर्ग के साथ प्रतिध्वनित होता है।
- ***मजबूत नेतृत्व :*** पार्टी ने मजबूत और निर्णायक नेतृत्व का प्रदर्शन किया है, खासकर अटल बिहारी वाजपेयी, लालकृष्ण आडवाणी और नरेन्द्र मोदी जैसे प्रमुख नेताओं के मार्गदर्शन में।
- ***जमीनी स्तर पर उपस्थिति :*** भाजपा ने देश भर में समर्पित कार्यकर्ताओं और स्वयंसेवकों के व्यापक नेटवर्क के साथ एक जमीनी स्तर पर मजबूत उपस्थिति दर्ज की है।
- ***संगठन संरचना :*** पार्टी एक सुव्यवस्थित और अनुशासित संरचना का दावा करती है, जो इसकी रणनीतियों के प्रभावी समन्वय और कार्यान्वयन को सक्षम बनाती है।
- ***चुनावी सफलता :*** भाजपा ने राष्ट्रीय और राज्य दोनों स्तरों पर महत्वपूर्ण चुनावी जीत हासिल की है, जिससे एक मजबूत राजनीतिक ताकत के रूप में उसकी स्थिति मजबूत हुई है।
- ***गठबंधन :*** भाजपा ने विभिन्न क्षेत्रों में अपनी पहुँच और प्रभाव का विस्तार करते हुए क्षेत्रीय दलों के साथ कुशलतापूर्वक गठबंधन बनाया और प्रबंधित किया है।
- ***युवा अपील :*** पार्टी ने अपने संदेश, नीतियों और नेतृत्व के माध्यम से युवाओं की आकांक्षाओं को सफलतापूर्वक पूरा किया है।

• ***महिला प्रतिनिधित्व :*** भाजपा ने राजनीति में महिलाओं की भागीदारी को सक्रिय रूप से बढ़ावा दिया है, जिससे पार्टी के भीतर महिलाओं का प्रतिनिधित्व बढ़ा है।

• ***सोशल मीडिया का प्रभुत्व :*** पार्टी ने मतदाताओं से जुड़ने, अपना संदेश फैलाने और समर्थन जुटाने के लिए सोशल मीडिया का प्रभावी ढंग से लाभ उठाया है।

• ***प्रभावी संचार :*** भाजपा ने अपनी नीतियों, उपलब्धियों और दृष्टिकोण को जनता तक पहुँचाने, जनमत और धारणा को आकार देने में उत्कृष्टता हासिल की है।

• ***राष्ट्रीय सुरक्षा :*** पार्टी ने भारत की संप्रभुता की रक्षा के बारे में चिंतित मतदाताओं को ध्यान में रखते हुए राष्ट्रीय सुरक्षा और रक्षा पर जोर दिया है।

• ***आर्थिक सुधार :*** भाजपा ने विकास, रोजगार सृजन और विकास को बढ़ावा देने के उद्‌देश्य से आर्थिक सुधार और नीतियाँ अपनाई हैं।

• ***बुनियादी ढाँचे का विकास :*** पार्टी ने प्रगति को आगे बढ़ाने के लिए राजमार्गों, रेलवे और शहरी सुविधाओं सहित बुनियादी ढाँचे के विकास को प्राथमिकता दी है।

• ***सुशासन :*** भाजपा ने सार्वजनिक प्रशासन में सुशासन, पारदर्शिता और दक्षता के महत्व पर जोर दिया है।

• ***भ्रष्टाचार विरोधी एजेंडा :*** पार्टी ने भ्रष्टाचार विरोधी एजेंडे का समर्थन किया है, जो शासन में जवाबदेही और अखंडता की माँग करने वाले नागरिकों के अनुरूप है।

• ***ग्रामीण आउटरीच :*** भाजपा ने ग्रामीण समुदायों और किसानों की जरूरतों को पूरा करते हुए ग्रामीण विकास और कृषि पर ध्यान केंद्रित किया है।

• ***शहरी नवीनीकरण :*** पार्टी ने शहरीकरण की माँगों को पूरा करने के लिए शहरी नवीनीकरण, स्मार्ट शहरों और आधुनिक बुनियादी ढाँचे के लिए एक दृष्टिकोण व्यक्त किया है।

• ***समाज कल्याण कार्यक्रम :*** भाजपा ने समावेशी विकास को बढ़ावा देते हुए वंचितों को लक्ष्य करते हुए सामाजिक कल्याण कार्यक्रम लागू किए हैं।

• ***स्वास्थ्य सेवा पहल :*** पार्टी ने स्वास्थ्य देखभाल की पहुँच और सामर्थ्य बढ़ाने के लिए आयुष्मान भारत सहित स्वास्थ्य देखभाल पहल शुरू की है।

• ***शिक्षा सुधार :*** भाजपा ने युवाओं को सशक्त बनाने और प्रगति को आगे

बढ़ाने के लिए शिक्षा सुधार, कौशल विकास और नवाचार को प्राथमिकता दी है।

- ***पर्यावरण संरक्षण :*** पार्टी ने पर्यावरण संरक्षण और सतत् विकास के महत्व को रेखांकित किया है।
- ***मुखर विदेश नीति :*** भाजपा ने भारत की वैश्विक स्थिति और रणनीतिक साझेदारी को मजबूत करते हुए एक मुखर विदेश नीति अपनाई है।
- ***रक्षा आधुनिकीकरण :*** पार्टी ने रक्षा आधुनिकीकरण, स्वदेशी विनिर्माण और राष्ट्रीय सुरक्षा तैयारियों पर जोर दिया है।
- ***सांस्कृतिक संरक्षण :*** भाजपा ने भारत की समृद्ध सांस्कृतिक विरासत और परंपराओं के संरक्षण और प्रचार की वकालत की है।
- ***महिला सशक्तिकरण :*** पार्टी ने महिला सशक्तिकरण के उद्देश्य से पहल को बढ़ावा दिया है।
- ***अल्पसंख्यकों का सशक्तिकरण :*** भाजपा ने अल्पसंख्यक समुदायों के सामाजिक-आर्थिक सशक्तिकरण और कल्याण के उद्देश्य से पहल पर ध्यान केंद्रित किया है।
- ***उद्यमिता प्रोत्साहन :*** पार्टी ने नवाचार और आर्थिक विकास को बढ़ावा देने के लिए उद्यमिता और स्टार्टअप पहल की वकालत की है।
- ***डिजिटल इंडिया :*** भाजपा ने डिजिटल समावेशन और तकनीकी उन्नति को बढ़ावा देने के लिए डिजिटल इंडिया पहल की अगुवाई की है।
- ***बुनियादी ढाँचा कनेक्टिविटी :*** पार्टी ने व्यापार और वाणिज्य को बढ़ावा देने के लिए राजमार्ग, बंदरगाह और जलमार्ग जैसी कनेक्टिविटी परियोजनाओं को प्राथमिकता दी है।
- ***आपदा प्रबंधन :*** भाजपा ने प्राकृतिक आपदाओं के प्रभाव को कम करने के लिए आपदा प्रबंधन और लचीलापन-निर्माण पर जोर दिया है।
- ***निर्णायक नीति निर्माण :*** पार्टी ने नीति-निर्माण, लंबे समय से लंबित मुद्दों को संबोधित करने और परिवर्तनकारी सुधारों को लागू करने में निर्णायकता का प्रदर्शन किया है।
- ***न्यायिक सुधार :*** भाजपा ने न्याय तक पहुँच बढ़ाने, कानूनी प्रक्रियाओं में तेजी लाने और कानून के शासन को बनाए रखने के लिए न्यायिक सुधारों की वकालत की है।

• ***सामाजिक सद्भाव :*** पार्टी ने भारत के विविध सांस्कृतिक ताने-बाने के बीच एकता को बढ़ावा देते हुए सामाजिक सद्भाव और सह-अस्तित्व पर जोर दिया है।

• ***कृषि सुधार :*** भाजपा ने कृषि पद्धतियों को आधुनिक बनाने, उत्पादकता बढ़ाने और किसान कल्याण सुनिश्चित करने के उद्देश्य से कृषि सुधारों को आगे बढ़ाया है।

• ***अंतरिक्ष अन्वेषण :*** पार्टी ने वैज्ञानिक नवाचार और तकनीकी प्रगति को बढ़ावा देने, भारत के अंतरिक्ष अन्वेषण प्रयासों का समर्थन किया है।

• ***स्वच्छ भारत अभियान :*** भाजपा ने स्वच्छ भारत अभियान का नेतृत्व किया है, पूरे देश में साफ-सफाई और स्वच्छता को बढ़ावा दिया है।

• ***आतंकवाद विरोधी उपाय :*** पार्टी ने आतंकवाद विरोधी उपायों, राष्ट्रीय सुरक्षा को मजबूत करने और चरमपंथी खतरों से निपटने को प्राथमिकता दी है।

• ***पंचायती राज का सशक्तिकरण :*** भाजपा ने जमीनी स्तर पर लोकतंत्र को बढ़ावा देते हुए स्थानीय शासन निकायों के सशक्तिकरण की वकालत की है।

• ***पारदर्शी शासन :*** पार्टी ने शासन में पारदर्शिता, भ्रष्टाचार विरोधी उपायों और जवाबदेह प्रशासन पर जोर दिया है।

• ***सांस्कृतिक कूटनीति :*** भाजपा ने भारत की नरम शक्ति को बढ़ावा देने और अंतरराष्ट्रीय संबंधों को बढ़ाने के लिए सांस्कृतिक कूटनीति का लाभ उठाया है।

• ***आपदा राहत प्रयास :*** पार्टी आपदा राहत प्रयासों के समन्वय, मानवीय संकट के दौरान सहायता प्रदान करने में सक्रिय रही है।

• ***विरासत संरक्षण :*** भाजपा ने ऐतिहासिक स्मारकों और सांस्कृतिक स्थलों के संरक्षण की वकालत की है।

• ***स्वदेशी विनिर्माण :*** पार्टी ने स्वदेशी विनिर्माण, मेक इन इंडिया पहल और आत्मनिर्भर आर्थिक नीतियों को बढ़ावा दिया है।

• ***जनजातीय समुदायों का सशक्तिकरण :*** भाजपा ने आदिवासी समुदायों के कल्याण और सशक्तिकरण के उद्देश्य से पहल पर ध्यान केंद्रित किया है।

• ***चुनावी सुधार :*** पार्टी ने चुनावी प्रक्रिया में पारदर्शिता, निष्पक्षता और जवाबदेही बढ़ाने के लिए चुनाव सुधारों की वकालत की है।

• ***पूर्वोत्तर विकास :*** भाजपा ने भारत के पूर्वोत्तर राज्यों के विकास,

कनेक्टिविटी और आर्थिक विकास को बढ़ावा देने को प्राथमिकता दी है।

- ***व्यापक स्वास्थ्य सेवा :*** पार्टी ने निवारक, उपचारात्मक और प्रोत्साहन उपायों सहित व्यापक स्वास्थ्य देखभाल की आवश्यकता पर जोर दिया है।
- ***शासन में नवाचार :*** भाजपा ने शासन में नवाचार, प्रौद्योगिकी का लाभ उठाने और डेटा-संचालित निर्णय लेने को प्रोत्साहित किया है।
- ***सभी के लिए बुनियादी ढाँचा :*** पार्टी ने समान वृद्धि और विकास को बढ़ावा देते हुए सभी क्षेत्रों के लिए बुनियादी ढाँचे के विकास पर जोर दिया है।
- ***भविष्य के लिए दृष्टिकोण :*** भाजपा ने भारत के भविष्य के लिए एक सम्मोहक दृष्टिकोण व्यक्त किया है, जिसमें प्रगति, समृद्धि और वैश्विक नेतृत्व शामिल है।

ये कारण सामूहिक रूप से दर्शाते हैं कि कैसे भारतीय जनता पार्टी (भाजपा) एक दुर्जेय और अदम्य शक्ति के रूप में विकसित हुई है, जो भारतीय आबादी के विभिन्न वर्गों के साथ जुड़कर देश के विकास और प्रगति के पथ को आकार दे रही है।

समावेशी विकास के प्रति एनडीए की प्रतिबद्धता के कारण हाशिए पर रहने वाले समुदायों के उत्थान के उद्देश्य से कई योजनाओं का कार्यान्वयन हुआ है।

—थावर चंद गहलोत

□

एनडीए का परिप्रेक्ष्य

एनडीए के शासन में भारत के कृषि क्षेत्र में व्यापक सुधार हुए हैं, जिससे उत्पादकता में वृद्धि और किसान कल्याण का मार्ग प्रशस्त हुआ है।

—नरेन्द्र सिंह तोमर

अगले 10 वर्षों में भारत के लिए एनडीए का दृष्टिकोण

अर्थव्यवस्था और वित्त

- राजकोषीय अनुशासन, संरचनात्मक सुधारों और प्रमुख क्षेत्रों में लक्षित निवेश के संयोजन के माध्यम से सालाना 8-10% की निरंतर जीडीपी वृद्धि हासिल करना।
- आर्थिक विकास को बढ़ावा देने और नौकरियाँ पैदा करने के लिए विनिर्माण और बुनियादी ढाँचे को बढ़ावा देने पर ध्यान देना।
- व्यापार करने में आसानी को बढ़ावा देना और आर्थिक विकास को बढ़ावा देने के लिए प्रत्यक्ष विदेशी निवेश (एफडीआई) को आकर्षित करना।
- बैंकिंग क्षेत्र को मजबूत करना, वित्तीय समावेशन को बढ़ावा देना और छोटे और मध्यम उद्यमों (एसएमई) के लिए ऋण तक पहुँच बढ़ाना।
- कर व्यवस्था को सरल बनाने, कर आधार को व्यापक बनाने और व्यक्तियों और व्यवसायों पर कर के बोझ को कम करते हुए अनुपालन सुनिश्चित करने के लिए कर सुधारों को लागू करने का लक्ष्य।

कृषि एवं ग्रामीण विकास

- कृषि सुधारों, बेहतर बुनियादी ढाँचे और बाजार पहुँच के संयोजन के माध्यम से किसानों की आय दोगुनी करना।
- कृषि उत्पादकता बढ़ाने और फसल कटाई के बाद होने वाले नुकसान को कम करने के लिए प्रौद्योगिकी-संचालित समाधान लागू करना।
- सिंचाई कवरेज का विस्तार करना और कुशल जल प्रबंधन प्रथाओं के माध्यम से जल संरक्षण को बढ़ावा देना।

- कृषि विविधीकरण के लिए सहायता प्रदान करना और पशुपालन, डेयरी और मत्स्य पालन जैसे संबद्ध क्षेत्रों को बढ़ावा देना।
- बाजार तक पहुँच को सुविधाजनक बनाने और आजीविका में सुधार के लिए सड़कों, विद्युतीकरण और कनेक्टिविटी सहित ग्रामीण बुनियादी ढाँचे को मजबूत करने का लक्ष्य।

स्वास्थ्य देखभाल और सार्वजनिक स्वास्थ्य

- आयुष्मान भारत कार्यक्रम के कार्यान्वयन और स्वास्थ्य बुनियादी ढाँचे के विस्तार के माध्यम से सस्ती स्वास्थ्य सेवाओं तक सार्वभौमिक पहुँच सुनिश्चित करना।
- टीकाकरण अभियान, रोग निगरानी और सार्वजनिक स्वास्थ्य शिक्षा सहित निवारक स्वास्थ्य देखभाल उपायों पर ध्यान देना।
- प्राथमिक देखभाल, विशेष देखभाल और महत्वपूर्ण देखभाल सुविधाओं सहित स्वास्थ्य सेवाओं की गुणवत्ता बढ़ाना।
- उभरती स्वास्थ्य चुनौतियों का समाधान करने और स्वदेशी चिकित्सा समाधान विकसित करने के लिए स्वास्थ्य देखभाल और जैव प्रौद्योगिकी में अनुसंधान और विकास को बढ़ावा देना।
- रोगी सुरक्षा, गुणवत्ता मानकों और नैतिक प्रथाओं को सुनिश्चित करने के लिए स्वास्थ्य देखभाल के लिए नियामक ढाँचे को मजबूत करना।

शिक्षा एवं कौशल विकास

- मूलभूत शिक्षा, व्यावसायिक प्रशिक्षण और उच्च शिक्षा पर ध्यान केंद्रित करते हुए सभी स्तरों पर शिक्षा की गुणवत्ता में सुधार करना।
- छात्रों को डिजिटल अर्थव्यवस्था के लिए तैयार करने के लिए डिजिटल साक्षरता को बढ़ाना और शिक्षा में प्रौद्योगिकी के एकीकरण को बढ़ावा देना।
- विशेष रूप से ग्रामीण और वंचित क्षेत्रों में सस्ती और गुणवत्तापूर्ण शिक्षा तक पहुँच का विस्तार करना।
- शैक्षणिक-उद्योग साझेदारी और अनुसंधान सहयोग के माध्यम से नवाचार

और उद्यमिता को बढ़ावा देना।

- उभरते उद्योगों और क्षेत्रों के लिए कार्यबल को प्रासंगिक कौशल से लैस करने के लिए कौशल विकास कार्यक्रमों को बढ़ावा देना।

बुनियादी ढाँचा और परिवहन

- राजमार्गों, रेलवे, हवाई अड्डों, बंदरगाहों और शहरी बुनियादी ढाँचा परियोजनाओं सहित बुनियादी ढाँचे के विकास में तेजी लाना।
- टिकाऊ और लचीले बुनियादी ढाँचे पर ध्यान केंद्रित करना ताकि पर्यावरणीय चुनौतियों का सामना किया जा सके।
- रहने योग्य और कुशल शहरी स्थान बनाने के लिए स्मार्ट सिटी पहल और शहरी नियोजन को बढ़ावा देना।
- हाई-स्पीड रेल नेटवर्क के विस्तार और अंतर्देशीय जलमार्गों के विकास के माध्यम से कनेक्टिविटी बढ़ाना।

ऊर्जा और नवीकरणीय संसाधन

- समग्र ऊर्जा मिश्रण में स्वच्छ ऊर्जा की अधिक हिस्सेदारी हासिल करने के लिए नवीकरणीय ऊर्जा क्षमता का विस्तार करना।
- उद्योगों, घरों और परिवहन में ऊर्जा दक्षता और संरक्षण उपायों को बढ़ावा देना।
- सौर, पवन, पनबिजली और जैव ऊर्जा सहित स्वच्छ ऊर्जा प्रौद्योगिकियों में नवाचार को बढ़ावा देना।
- विविध ऊर्जा पोर्टफोलियो के माध्यम से ऊर्जा सुरक्षा बढ़ाना और जीवाश्म ईंधन पर निर्भरता कम करना।
- स्थिरता और पर्यावरण संरक्षण सुनिश्चित करते हुए ऊर्जा क्षेत्र में निजी निवेश को प्रोत्साहित करने के लिए नियामक ढाँचे को मजबूत करना।

पर्यावरण और जलवायु परिवर्तन

- जलवायु परिवर्तन के प्रभावों को कम करने और ग्रीनहाउस गैस उत्सर्जन को कम करने के लिए नीतियाँ लागू करना।

- जैव विविधता और प्राकृतिक पारिस्थितिकी तंत्र को संरक्षित करने के लिए वनीकरण और संरक्षण प्रयासों को बढ़ावा देना।
- चरम मौसम की घटनाओं और प्राकृतिक आपदाओं से निपटने के लिए आपदा तैयारियों और लचीलेपन को मजबूत करना।
- पर्यावरणीय क्षरण को कम करने के लिए कृषि, उद्योग और शहरी नियोजन में टिकाऊ प्रणालियों को प्रोत्साहित करना।
- सीमा पार पर्यावरणीय चुनौतियों का समाधान करने और सतत् विकास लक्ष्यों को बढ़ावा देने के लिए वैश्विक भागीदारों के साथ सहयोग करना।

रक्षा और राष्ट्रीय सुरक्षा

- राष्ट्रीय सुरक्षा सुनिश्चित करने के लिए उन्नत रक्षा प्रौद्योगिकियों और उपकरणों के साथ सशस्त्र बलों का आधुनिकीकरण करना।
- बाहरी खतरों को रोकने के लिए सीमा सुरक्षा को मजबूत करना और निगरानी क्षमताओं को बढ़ाना।
- स्वदेशी रक्षा उत्पादन को बढ़ावा देना और रक्षा उपकरणों के लिए आयात पर निर्भरता कम करना।
- महत्वपूर्ण बुनियादी ढाँचे की सुरक्षा और साइबर खतरों से बचाने के लिए साइबर सुरक्षा उपायों को बढ़ाना।
- रक्षा सहयोग और क्षेत्रीय सुरक्षा को बढ़ाने के लिए प्रमुख सहयोगियों के साथ रणनीतिक साझेदारी को बढ़ावा देना।

विदेश नीति और अंतरराष्ट्रीय संबंध

- वैश्विक नेता के रूप में भारत की स्थिति को मजबूत करना और वैश्विक चुनौतियों से निपटने में बहुपक्षवाद को बढ़ावा देना।
- व्यापार और निवेश को बढ़ावा देने के लिए प्रमुख देशों और क्षेत्रों के साथ आर्थिक और रणनीतिक साझेदारी का विस्तार करना।
- क्षेत्रीय स्थिरता और सुरक्षा, विशेषकर दक्षिण एशिया और हिंद महासागर क्षेत्र में भारत के हितों को कायम रखना।
- सांस्कृतिक कूटनीति, अंतरराष्ट्रीय सहयोग और लोगों से लोगों के आदान-

प्रदान के माध्यम से भारत की नरम शक्ति का लाभ उठाना।

- अंतरराष्ट्रीय मंच पर जलवायु परिवर्तन, सतत् विकास और वैश्विक स्वास्थ्य सुरक्षा जैसे वैश्विक मुद्दों की वकालत करना।

प्रौद्योगिकी और नवाचार

- तकनीकी प्रगति और आर्थिक विकास को बढ़ावा देने के लिए नवाचार और उद्यमिता की संस्कृति को बढ़ावा देना।
- सूचना प्रौद्योगिकी, जैव प्रौद्योगिकी, अंतरिक्ष अन्वेषण और उभरती प्रौद्योगिकियों सहित विभिन्न क्षेत्रों में अनुसंधान और विकास में निवेश करना।
- शासन, सेवा वितरण और आर्थिक परिवर्तन के लिए डिजिटल प्रौद्योगिकियों को अपनाने की सुविधा प्रदान करना।
- विशेष रूप से ग्रामीण और वंचित क्षेत्रों में इंटरनेट कनेक्टिविटी और डिजिटल सेवाओं सहित डिजिटल बुनियादी ढाँचे तक समावेशी पहुँच को बढ़ावा देना।
- बौद्धिक संपदा अधिकार संरक्षण को मजबूत करना और तकनीकी स्टार्टअप और नवाचार केंद्रों के लिए अनुकूल वातावरण को बढ़ावा देना।

समाज कल्याण और समावेशन

- महिलाओं, बच्चों, बुजुर्गों और विकलांग व्यक्तियों सहित हाशिए पर रहने वाले समुदायों की जरूरतों को पूरा करते हुए समावेशी वृद्धि और विकास सुनिश्चित करना।
- खाद्य सुरक्षा कार्यक्रमों, स्वास्थ्य देखभाल सब्सिडी और पेंशन योजनाओं सहित सामाजिक सुरक्षा जाल को मजबूत करना।
- महिलाओं की सुरक्षा और अधिकार सुनिश्चित करते हुए उन्हें शिक्षा, कौशल विकास और आर्थिक अवसरों के माध्यम से सशक्त बनाना।
- भारत की सांस्कृतिक विविधता और विरासत का जश्न मनाने वाली पहलों के माध्यम से सामाजिक एकता और सद्भाव को बढ़ावा देना।
- लक्षित हस्तक्षेपों और सामाजिक कल्याण कार्यक्रमों के माध्यम से गरीबी, कुपोषण और भेदभाव जैसी सामाजिक चुनौतियों का मुकाबला करना।

कानूनी और न्यायिक सुधार

- समय पर और प्रभावी न्याय वितरण सुनिश्चित करने के लिए कानूनी और न्यायिक प्रणाली को मजबूत करना।
- प्रौद्योगिकी और न्यायिक सुधारों के उपयोग के माध्यम से कानूनी प्रक्रियाओं को सुव्यवस्थित करना और न्यायिक बैकलॉग को कम करना।
- नागरिकों को उनके अधिकारों और जिम्मेदारियों के ज्ञान के साथ सशक्त बनाने के लिए विशेष रूप से ग्रामीण और वंचित क्षेत्रों में कानूनी साक्षरता और जागरूकता को बढ़ावा देना।
- कानून के शासन को बनाए रखने के लिए कानून प्रवर्तन और न्यायपालिका की दक्षता और पारदर्शिता बढ़ाना।
- नागरिक और वाणिज्यिक विवादों के समाधान में तेजी लाने के लिए वैकल्पिक विवाद समाधान तंत्र का समर्थन करना।

संस्कृति और विरासत

- कला, साहित्य, संगीत, नृत्य और पारंपरिक शिल्प सहित भारत की समृद्ध सांस्कृतिक विरासत को संरक्षित और बढ़ावा देना।
- भारत की विविध सांस्कृतिक विरासत को प्रदर्शित करने के लिए सांस्कृतिक संस्थानों, संग्रहालयों और सांस्कृतिक आदान-प्रदान का समर्थन करना।
- भावी पीढ़ी के लिए सांस्कृतिक कलाकृतियों और ऐतिहासिक अभिलेखों के दस्तावेजीकरण और डिजिटलीकरण को प्रोत्साहित करना।
- भारत के ऐतिहासिक और सांस्कृतिक स्थलों को प्रदर्शित करने के लिए पर्यटन और तीर्थयात्रा सर्किट को बढ़ावा देना।
- भारत की सॉफ्ट पावर और वैश्विक सांस्कृतिक प्रभाव को बढ़ाने के लिए सांस्कृतिक कूटनीति को बढ़ावा देना।

मीडिया एवं संचार

- एक स्वतंत्र और जिम्मेदार मीडिया वातावरण को बढ़ावा देना जो पत्रकारिता की अखंडता और अभिव्यक्ति की स्वतंत्रता को कायम रखना।
- नागरिकों को सूचना के साथ गंभीर रूप से जुड़ने के लिए सशक्त बनाने

के लिए मीडिया साक्षरता और डिजिटल मीडिया साक्षरता को बढ़ावा देना।

- फिल्म, टेलीविजन और डिजिटल सामग्री सहित स्वदेशी मीडिया और मनोरंजन उद्योगों के विकास का समर्थन करना।
- विश्वसनीय और विविध मीडिया सामग्री की उपलब्धता सुनिश्चित करना जो भारत की सांस्कृतिक, भाषाई और क्षेत्रीय विविधता को दर्शाती हो।
- गलत सूचना, साइबर खतरों और ऑनलाइन दुरुपयोग से बचाने के लिए साइबर सुरक्षा उपायों को मजबूत करना।

श्रम एवं रोजगार

- विनिर्माण, बुनियादी ढाँचे और सेवाओं सहित प्रमुख क्षेत्रों में लक्षित निवेश के माध्यम से रोजगार के अवसर पैदा करना।
- श्रम सुधारों को बढ़ावा देना जो श्रमिकों और उद्योग के हितों को संतुलित करते हैं, नौकरी की सुरक्षा और अनुकूल कार्य वातावरण सुनिश्चित करते हैं।
- बढ़ती नौकरी आवश्यकताओं और उभरते उद्योगों के लिए कार्यबल को तैयार करने के लिए कौशल और पुन: कौशल पहल को बढ़ाना।
- उचित वेतन, कार्यस्थल सुरक्षा और सामाजिक सुरक्षा लाभ सहित श्रमिकों के अधिकारों की रक्षा करना।
- सहायक नीतियों और ऋण तक पहुँच के माध्यम से उद्यमशीलता और स्वरोजगार को प्रोत्साहित करना।

शहरी विकास और आवास

- किफायती आवास, बुनियादी ढाँचे और सुविधाओं सहित नियोजित शहरी विकास के माध्यम से शहरीकरण की चुनौतियों का समाधान करना।
- रहने योग्य और समावेशी शहरी स्थान बनाने के लिए टिकाऊ शहरी नियोजन और स्मार्ट सिटी पहल को बढ़ावा देना।
- रहने की स्थिति में सुधार लाने और बुनियादी सेवाएं और बुनियादी ढाँचा प्रदान करने के लिए मलिन बस्तियों और अनौपचारिक बस्तियों का उन्नयन करना।

- शहरी क्षेत्रों में भीड़भाड़ और प्रदूषण को कम करने के लिए कुशल सार्वजनिक परिवहन प्रणाली विकसित करना।
- शहरी प्रशासन, सेवा वितरण और नागरिक जुड़ाव के लिए प्रौद्योगिकी और डेटा-संचालित समाधानों का लाभ उठाना।

विज्ञान और अनुसंधान

- बुनियादी विज्ञान, अनुप्रयुक्त विज्ञान और अंत: विषय अध्ययन सहित सभी विषयों में वैज्ञानिक अनुसंधान और नवाचार को बढ़ावा देना।
- वैज्ञानिक जाँच और खोज की संस्कृति को बढ़ावा देने के लिए वैज्ञानिक बुनियादी ढाँचे, प्रयोगशालाओं और अनुसंधान संस्थानों में निवेश करना।
- गंभीर चुनौतियों से निपटने के लिए वैश्विक वैज्ञानिक समुदायों के साथ सहयोगात्मक अनुसंधान पहल और साझेदारी का समर्थन करना।
- अनुसंधान परिणामों के व्यावसायीकरण और स्वदेशी प्रौद्योगिकियों और पेटेंट के विकास को प्रोत्साहित करना।
- अगली पीढ़ी के वैज्ञानिकों और नवप्रवर्तकों को विकसित करने के लिए एसटीईएम शिक्षा और अनुसंधान के अवसरों को बढ़ावा देना।

आपदा प्रबंधन एवं तैयारी

- प्रारंभिक चेतावनी प्रणाली, प्रतिक्रिया तंत्र और जोखिम कम करने की रणनीतियों सहित आपदा प्रबंधन क्षमताओं को मजबूत करना।
- प्रभावी आपदा प्रतिक्रिया के लिए सरकारी एजेंसियों, प्रथम उत्तरदाताओं और स्थानीय समुदायों के बीच समन्वय बढ़ाना।
- बाढ़, चक्रवात, भूकंप और महामारी सहित प्राकृतिक आपदाओं के प्रभाव को कम करने के लिए बुनियादी ढाँचे और प्रौद्योगिकी में निवेश करना।
- प्रशिक्षण, क्षमता निर्माण और जन जागरूकता कार्यक्रमों के माध्यम से समुदाय-आधारित आपदा तैयारी और लचीलेपन को बढ़ावा देना।
- त्वरित पुनर्प्राप्ति और पुनर्निर्माण की सुविधा के लिए आपदा के बाद पुनर्प्राप्ति और पुनर्वास के लिए मजबूत ढाँचा स्थापित करना।

पर्यटन और आतिथ्य

- अपने सांस्कृतिक, प्राकृतिक और ऐतिहासिक आकर्षणों को प्रदर्शित करके भारत को एक प्रमुख वैश्विक पर्यटन स्थल के रूप में प्रचारित करना।
- आगंतुकों के अनुभव को बढ़ाने के लिए आवास, परिवहन और पर्यटक सुविधाओं सहित पर्यटन बुनियादी ढाँचे का विकास करना।
- घरेलू और अंतरराष्ट्रीय पर्यटकों को आकर्षित करने के लिए विरासत स्थलों, स्मारकों और सांस्कृतिक स्थलों को संरक्षित करना और बढ़ावा देना।
- प्राकृतिक संसाधनों के संरक्षण और पारिस्थितिक रूप से संवेदनशील क्षेत्रों की रक्षा के लिए टिकाऊ और जिम्मेदार पर्यटन को प्रोत्साहित करना।
- पर्यटन विकास पहलों के माध्यम से ग्रामीण और दूरदराज के क्षेत्रों में पर्यटन से संबंधित उद्यमिता और रोजगार सृजन को सुविधाजनक बनाना।

युवाओं का सशक्तिकरण

- कौशल विकास, शिक्षा और रोजगार सृजन कार्यक्रमों के माध्यम से युवा सशक्तिकरण के अवसर पैदा करना।
- भारत की युवा आबादी की क्षमता का दोहन करने के लिए नवाचार और उद्यमशीलता की संस्कृति को बढ़ावा देना।
- शासन, नीति निर्माण और सामुदायिक विकास में युवा नेतृत्व और भागीदारी को बढ़ावा देना।
- मानसिक स्वास्थ्य सहायता, परामर्श सेवाएं और मनोरंजक गतिविधियों सहित युवा कल्याण पहलों का समर्थन करें।
- युवा नागरिकों के बीच स्वयंसेवा, नागरिक जुड़ाव और सामाजिक जिम्मेदारी को प्रोत्साहित करना।

जल संसाधन प्रबंधन

- पानी की कमी, प्रदूषण और समान वितरण को संबोधित करने के लिए व्यापक जल संसाधन प्रबंधन रणनीतियों को लागू करना।
- कृषि उत्पादकता बढ़ाने और पानी की बर्बादी को कम करने के लिए जल

संरक्षण और कुशल सिंचाई पद्धतियों को बढ़ावा देना।

- पानी की बढ़ती माँग को पूरा करने के लिए बांधों, जलाशयों, नहरों और जल आपूर्ति प्रणालियों सहित जल बुनियादी ढाँचे का विकास और आधुनिकीकरण करना।
- सतही और भूजल संसाधनों के स्थायी प्रबंधन को सुनिश्चित करने के लिए जल प्रशासन और नियामक ढाँचे को मजबूत करना।
- एकीकृत जल प्रबंधन दृष्टिकोण के माध्यम से बाढ़, सूखा और जल-जनित बीमारियों सहित जल संबंधी चुनौतियों का समाधान करना।

लैंगिक समानता और महिला सशक्तिकरण

- भेदभाव और पूर्वाग्रह को खत्म करने के लिए नीतिगत हस्तक्षेप, जागरूकता अभियान और कानूनी सुधारों के माध्यम से लैंगिक समानता को बढ़ावा देना।
- कौशल विकास, उद्यमिता सहायता और वित्त और बाजारों तक पहुँच के माध्यम से महिलाओं के आर्थिक सशक्तिकरण को बढ़ाना।
- लिंग आधारित हिंसा, उत्पीड़न और शोषण से निपटने के लिए कानूनों और कानून प्रवर्तन को मजबूत करना।
- विशेष रूप से हाशिए पर रहने वाले समुदायों में महिलाओं और लड़कियों के लिए शिक्षा, स्वास्थ्य देखभाल और अवसरों तक समान पहुँच सुनिश्चित करना।
- विभिन्न क्षेत्रों में निर्णय लेने की प्रक्रियाओं, शासन और नेतृत्व भूमिकाओं में महिलाओं की भागीदारी को प्रोत्साहित करना।

ग्रामीण विकास और पंचायती राज संस्थाएं

- स्थानीय समुदायों को सशक्त बनाने और समावेशी विकास को सुविधाजनक बनाने के लिए पंचायती राज संस्थानों के माध्यम से विकेंद्रीकृत शासन को मजबूत करना।
- ग्रामीण क्षेत्रों में जीवन स्तर में सुधार के लिए सड़क, विद्युतीकरण, स्वच्छता और स्वास्थ्य देखभाल सुविधाओं सहित ग्रामीण बुनियादी ढाँचे को बढ़ाना।

- ग्रामीण समुदायों के लिए कौशल विकास, ऋण सुविधाओं और बाजार संपर्कों के माध्यम से ग्रामीण उद्यमिता और आजीविका के अवसरों को बढ़ावा देना।
- भूमि स्वामित्व सुरक्षा बढ़ाने और कृषि उत्पादकता को बढ़ावा देने के लिए भूमि सुधार और भूमि स्वामित्व की सुविधा प्रदान करना।
- पारंपरिक आजीविका और स्वदेशी तौर-तरीकों को संरक्षित करने वाली टिकाऊ ग्रामीण विकास पहलों का समर्थन करना।

बुजुर्गों की देखभाल और वरिष्ठ नागरिकों का कल्याण

- वरिष्ठ नागरिकों के लिए व्यापक स्वास्थ्य देखभाल और सहायता सेवाएं स्थापित करना, जिनमें वृद्धावस्था देखभाल, दीर्घकालिक देखभाल सुविधाएं और स्वास्थ्य बीमा शामिल हैं।
- कल्याण कार्यक्रमों, मनोरंजक गतिविधियों और सामुदायिक सहभागिता के माध्यम से सक्रिय उम्र बढ़ने और स्वस्थ जीवन शैली को बढ़ावा देना।
- पेंशन योजनाओं, सामाजिक सुरक्षा लाभ और किफायती स्वास्थ्य देखभाल तक पहुँच के माध्यम से वरिष्ठ नागरिकों के लिए वित्तीय सुरक्षा सुनिश्चित करना।
- कानूनी सुरक्षा, जागरूकता अभियान और सहायता सेवाओं के माध्यम से बुजुर्गों के साथ दुर्व्यवहार, उपेक्षा और शोषण का मुकाबला करना।
- वरिष्ठ नागरिकों के ज्ञान और योगदान के लिए अंतर-पीढ़ीगत सद्भाव और सम्मान को बढ़ावा देना।

जनजातीय विकास और स्वदेशी समुदाय

- शिक्षा, स्वास्थ्य देखभाल और आजीविका सहायता सहित लक्षित विकास कार्यक्रमों के माध्यम से आदिवासी और स्वदेशी समुदायों को सशक्त बनाना।
- उनकी स्वायत्तता और स्वशासन का सम्मान करते हुए स्वदेशी संस्कृतियों, भाषाओं और पारंपरिक ज्ञान प्रणालियों को संरक्षित करना और बढ़ावा देना।

- जनजातीय क्षेत्रों में स्वच्छ जल, स्वच्छता और स्वास्थ्य देखभाल सहित बुनियादी सुविधाओं तक पहुँच बढ़ाना।
- कौशल विकास, उद्यमिता और स्वदेशी उत्पादों के मूल्यवर्धन के माध्यम से आदिवासी समुदायों के लिए स्थायी आजीविका की सुविधा प्रदान करना।
- संवैधानिक प्रावधानों और अंतरराष्ट्रीय सम्मेलनों के अनुसार आदिवासी अधिकारों और प्राकृतिक संसाधन प्रबंधन की सुरक्षा सुनिश्चित करना।

विकलांगता अधिकार और सुलभ बुनियादी ढाँचा

- बाधा-मुक्त बुनियादी ढाँचे, परिवहन और सार्वजनिक स्थानों के विकास के माध्यम से विकलांग व्यक्तियों के लिए पहुँच और समावेशिता को बढ़ावा देना।
- विकलांग व्यक्तियों के लिए शिक्षा, रोजगार और सार्वजनिक जीवन के सभी पहलुओं में भागीदारी के समान अवसर सुनिश्चित करना।
- विकलांग व्यक्तियों के लिए सहायक उपकरण, पुनर्वास सेवाएं और विशेष स्वास्थ्य देखभाल प्रदान करना।
- विकलांग व्यक्तियों के अधिकारों और सम्मान की रक्षा के लिए कानूनी सुरक्षा और भेदभाव-विरोधी उपायों को मजबूत करना।
- विकलांगता के मुद्दों के प्रति जागरूकता और संवेदनशीलता को बढ़ावा देना और समावेश और सम्मान की संस्कृति को बढ़ावा देना।

खाद्य सुरक्षा एवं पोषण

- लक्षित सार्वजनिक वितरण प्रणालियों, पोषण सहायता कार्यक्रमों और खाद्य सब्सिडी योजनाओं के माध्यम से सभी नागरिकों के लिए खाद्य सुरक्षा सुनिश्चित करना।
- पूरकता, शिक्षा और स्वास्थ्य देखभाल सहित व्यापक पोषण हस्तक्षेपों के माध्यम से बच्चों में कुपोषण और बौनेपन का समाधान करना।
- आहार विविधता और पोषण संबंधी परिणामों को बढ़ाने के लिए टिकाऊ कृषि और खाद्य फसलों के विविधीकरण को बढ़ावा देना।
- सभी के लिए सुरक्षित और पौष्टिक भोजन की उपलब्धता सुनिश्चित करने

के लिए खाद्य सुरक्षा मानकों और विनियमों को बढ़ाना।

- कुशल आपूर्ति श्रृंखला प्रबंधन और संरक्षण प्रौद्योगिकियों के माध्यम से भोजन की बर्बादी और हानि का समाधान करना।
- नागरिक बुनियादी ढाँचा और सार्वजनिक सेवाएं
- स्वच्छ और स्वस्थ रहने का वातावरण सुनिश्चित करने के लिए अपशिष्ट प्रबंधन, स्वच्छता और शहरी सुविधाओं सहित नागरिक बुनियादी ढाँचे में सुधार करना।
- सभी नागरिकों के लिए समान पहुँच सुनिश्चित करने के लिए स्वास्थ्य देखभाल, शिक्षा और सामाजिक कल्याण कार्यक्रमों सहित सार्वजनिक सेवा वितरण प्रणालियों को मजबूत करना।
- स्थानीय आवश्यकताओं और प्राथमिकताओं को संबोधित करने के लिए नागरिक सहभागिता और सहभागी शासन को बढ़ावा देना।
- डिजिटल गवर्नेंस, ई-गवर्नेंस और नागरिक-केंद्रित सेवा वितरण मॉडल के माध्यम से सार्वजनिक सेवाओं की दक्षता और पारदर्शिता बढ़ाना।
- नागरिक जिम्मेदारी, पर्यावरण संरक्षण और नागरिक पहलों में सामुदायिक भागीदारी की संस्कृति को बढ़ावा देना।

बुनियादी ढाँचे के विकास पर एनडीए के जोर ने वस्तुओं और सेवाओं की कुशल आवाजाही को सुविधाजनक बनाया है, जिससे आर्थिक विकास में योगदान मिला है।

—पीयूष गोयल

□

भारत में मोदी की नीतियों और प्रगति के प्रभाव का आकलन

भारत के प्रधानमंत्री नरेन्द्र मोदी ने देश के लिए परिवर्तनकारी बदलाव और विकास का वादा करते हुए 2014 में पदभार ग्रहण किया। पिछले कुछ वर्षों में उनकी सरकार ने विभिन्न क्षेत्रों में विभिन्न नीतियों और पहलों को लागू किया है, जिसका लक्ष्य आर्थिक विकास को बढ़ावा देना, बुनियादी ढाँचे में सुधार करना और सामाजिक चुनौतियों का समाधान करना है। इस अध्याय का उद्देश्य अर्थव्यवस्था, बुनियादी ढाँचे, सामाजिक कल्याण, विदेशी संबंध और शासन जैसे प्रमुख क्षेत्रों पर ध्यान केंद्रित करते हुए भारत में मोदी की नीतियों और प्रगति के प्रभाव का आकलन करना है।

आर्थिक सुधार और विकास

सत्ता संभालने के बाद मोदी की सरकार ने भारत की आर्थिक वृद्धि को बढ़ावा देने और विदेशी निवेश को आकर्षित करने के लिए पहल शुरू की। सबसे महत्वपूर्ण सुधारों में से एक 2017 में वस्तु एवं सेवा कर (जीएसटी) की शुरूआत थी, जिसका उद्देश्य देश की कर संरचना को सरल बनाना और बाजार को एकीकृत करना था। हालाँकि जीएसटी के कार्यान्वयन में शुरूआती चुनौतियों का सामना करना पड़ा लेकिन इसमें कर प्रणाली को सुव्यवस्थित करने और लंबे समय में व्यापार करने में आसानी बढ़ाने की क्षमता है। इसके अतिरिक्त सरकार के 'मेक इन इंडिया' अभियान का उद्देश्य घरेलू विनिर्माण को बढ़ावा देना और रोजगार के अवसर पैदा करना है। इस पहल का प्रभाव मिश्रित रहा है।

मोदी के नेतृत्व में एक अन्य प्रमुख आर्थिक नीति 2016 में उच्च मूल्य वाले मुद्रा नोटों का विमुद्रीकरण रही है, जिसका उद्देश्य भ्रष्टाचार, काले धन और नकली मुद्रा पर अंकुश लगाना है।

बुनियादी ढाँचे का विकास

मोदी सरकार ने आर्थिक विकास के महत्वपूर्ण चालक के रूप में बुनियादी ढाँचे के विकास पर जोर दिया है। 'स्मार्ट सिटीज मिशन' का उद्देश्य भारत भर के 100 शहरों में शहरी बुनियादी ढाँचे का आधुनिकीकरण और जीवन स्तर में सुधार करना है। इसी तरह 'स्वच्छ भारत अभियान' (स्वच्छ भारत मिशन) ने सार्वभौमिक स्वच्छता कवरेज हासिल करने और खुले में शौच को खत्म करने की माँग की। हालाँकि इन पहलों से शहरी बुनियादी ढाँचे और स्वच्छता में सुधार की दिशा में प्रगति हुई है, लेकिन देश भर में सतत् और समावेशी विकास सुनिश्चित करने में चुनौतियाँ बनी हुई हैं।

इसके अलावा सरकार ने नए राजमार्गों, रेलवे और हवाई अड्डों के निर्माण सहित परिवहन बुनियादी ढाँचे के विकास को प्राथमिकता दी है। 'सागरमाला परियोजना' का उद्देश्य बंदरगाह कनेक्टिविटी को बढ़ाना और समुद्री व्यापार को बढ़ावा देना था, जबकि 'भारतमाला परियोजना' ने कनेक्टिविटी और लॉजिस्टिक्स में सुधार के लिए राजमार्गों का एक नेटवर्क बनाने पर ध्यान केंद्रित किया। इन पहलों में व्यापार और वाणिज्य को बढ़ावा देने की क्षमता है, हालाँकि उनका पूरा प्रभाव साकार होने में कई साल लग सकते हैं।

समाज कल्याण एवं विकास

मोदी सरकार ने हाशिए पर रहने वाले समुदायों के जीवन स्तर में सुधार लाने और सामाजिक चुनौतियों का समाधान करने के उद्देश्य से कई सामाजिक कल्याण योजनाएं शुरू की हैं। 'प्रधानमंत्री जन धन योजना' का उद्देश्य सभी के लिए बैंकिंग सेवाओं तक पहुँच प्रदान करके वित्तीय समावेशन को बढ़ावा देना है, विशेष रूप से बैंक रहित आबादी को। इसी तरह 'प्रधानमंत्री उज्ज्वला योजना' का उद्देश्य पारंपरिक खाना पकाने के तरीकों के स्वास्थ्य और पर्यावरणीय प्रभावों को कम करते हुए गरीबी रेखा से नीचे के परिवारों को खाना पकाने का स्वच्छ ईंधन उपलब्ध कराना है।

'आयुष्मान भारत' योजना का उद्देश्य स्वास्थ्य देखभाल की सामर्थ्य और पहुँच की चुनौती को संबोधित करते हुए कमजोर आबादी को स्वास्थ्य बीमा कवरेज प्रदान करना है। इन पहलों ने सामाजिक कल्याण के प्रति सरकार की प्रतिबद्धता को प्रदर्शित किया है।

विदेशी संबंध और कूटनीति

मोदी के कार्यकाल में भारत के विदेशी संबंधों में फिर से मजबूती देखी गई है, जिसमें रणनीतिक साझेदारी के विस्तार और भारत के वैश्विक कद को बढ़ाने पर विशेष ध्यान दिया गया है। 'नेबरहुड फर्स्ट' नीति का उद्देश्य पड़ोसी देशों के साथ संबंधों को मजबूत करना जबकि 'एक्ट ईस्ट पॉलिसी' जैसी पहल का उद्देश्य दक्षिण पूर्व एशिया के साथ जुड़ाव को गहरा करना है। इसके अलावा सरकार ने संयुक्त राज्य अमेरिका, जापान और इजराइल सहित प्रमुख शक्तियों के साथ सक्रिय रूप से आर्थिक और रणनीतिक साझेदारी की है, जबकि जी20 और ब्रिक्स जैसे बहुपक्षीय प्लेटफार्मों के साथ भी काम किया है।

मोदी के नेतृत्व में भारत के विदेशी संबंधों में निर्णायक क्षणों में से एक 'मेक इन इंडिया' अभियान रहा है, जिसका उद्देश्य भारत को विनिर्माण और निवेश के लिए वैश्विक केंद्र के रूप में स्थापित करना है। इस पहल के साथ-साथ प्रत्यक्ष विदेशी निवेश (एफडीआई) नियमों को आसान बनाने और कारोबारी माहौल में सुधार लाने के प्रयास भी किए गए, जो अंतरराष्ट्रीय सहयोग के लिए भारत के खुलेपन का संकेत है। इसके अतिरिक्त, 'डिजिटल इंडिया' पहल का उद्देश्य डिजिटल परिवर्तन और कनेक्टिविटी में वैश्विक रुझानों के साथ तालमेल बिठाते हुए समावेशी विकास को बढ़ावा देने और नागरिकों को सशक्त बनाने के लिए प्रौद्योगिकी और नवाचार का लाभ उठाना है।

शासन और प्रशासनिक सुधार

मोदी सरकार ने सार्वजनिक संस्थानों में दक्षता, पारदर्शिता और जवाबदेही बढ़ाने के लक्ष्य के साथ प्रशासनिक सुधारों और शासन पर भी ध्यान केंद्रित किया है। 'डिजिटल इंडिया' पहल ने सरकारी प्रक्रियाओं और सेवाओं को डिजिटल बनाने की तरफ कदम बढ़ाए हैं, जिसका उद्देश्य नौकरशाही बाधाओं को कम करते हुए सार्वजनिक सेवाओं की पहुँच और वितरण में सुधार करना है। इसी तरह, 'न्यूनतम सरकार, अधिकतम शासन' को बढ़ावा देने के प्रयासों का उद्देश्य सरकारी प्रक्रियाओं को सुव्यवस्थित करना और लालफीताशाही को कम करना है, हालाँकि नौकरशाही दक्षता पर इन उपायों का प्रभाव आकलन का विषय बना हुआ है।

'जन धन, आधार, मोबाइल' (जेएएम) त्रिमूर्ति पर सरकार के जोर का उद्देश्य

वित्तीय समावेशन और लक्षित सेवा वितरण को बढ़ाने के लिए प्रौद्योगिकी और डेटा का लाभ उठाना है। आधार बायोमेट्रिक पहचान प्रणाली का उद्देश्य प्रत्येक निवासी को एक विशिष्ट पहचान प्रदान करना, सब्सिडी और सामाजिक कल्याण लाभों के वितरण की सुविधा प्रदान करना है। इन पहलों ने दक्षता में सुधार और लाभार्थियों को लक्षित करने का वादा दिखाया है।

भारत में मोदी की नीतियों और प्रगति के प्रभाव का आकलन उपलब्धियों और चुनौतियों की मिली-जुली तस्वीर दर्शाता है। आर्थिक सुधारों, बुनियादी ढाँचे के विकास, सामाजिक कल्याण, विदेशी संबंधों और शासन पर सरकार के फोकस ने परिवर्तनकारी बदलाव और विकास को बढ़ावा देने के प्रति अपनी प्रतिबद्धता को प्रदर्शित किया है। जीएसटी, मेक इन इंडिया और बुनियादी ढाँचा परियोजनाओं जैसी पहलों में भारत के आर्थिक परिदृश्य को नया आकार देने और इसकी वैश्विक प्रतिस्पर्धात्मकता को बढ़ाने की क्षमता है। सामाजिक कल्याण कार्यक्रमों ने वित्तीय समावेशन, स्वास्थ्य देखभाल और स्वच्छता जैसे महत्वपूर्ण मुद्दों को संबोधित करने में प्रगति दिखाई है।

विदेशी संबंधों को मजबूत करने और वैश्विक शक्तियों के साथ जुड़ने के सरकार के प्रयासों ने विश्व मंच पर भारत की महत्वाकांक्षाओं का संकेत दिया है, जिससे देश अंतरराष्ट्रीय क्षेत्र में एक प्रमुख खिलाड़ी के रूप में स्थापित हो गया है। डिजिटल प्रशासन को बढ़ावा देने के लिए प्रशासनिक सुधारों और पहलों का उद्देश्य सार्वजनिक सेवा वितरण को आधुनिक बनाना और सरकारी प्रक्रियाओं को सुव्यवस्थित करना है।

हालाँकि मूल्याँकन से महत्वपूर्ण चुनौतियों और आलोचनाओं का भी पता चलता है जिन पर ध्यान देने की आवश्यकता है। छोटे व्यवसायों और अनौपचारिक क्षेत्रों पर आर्थिक सुधारों का प्रभाव, साथ ही विकास पहल की समावेशिता के बारे में चिंताएं, आर्थिक और सामाजिक परिवर्तन के लिए अधिक संतुलित दृष्टिकोण की आवश्यकता पर प्रकाश डालती हैं। विदेशी संबंधों में भू-राजनीतिक जटिलताओं और चुनौतियों के लिए क्षेत्रीय स्थिरता और सहयोग को बढ़ावा देते हुए भारत के रणनीतिक हितों की रक्षा के लिए सावधानीपूर्वक नेविगेशन की आवश्यकता है।

नागरिक स्वतंत्रता, अभिव्यक्ति की स्वतंत्रता और शासन पारदर्शिता से संबंधित मुद्दे भारत की विकास यात्रा में लोकतांत्रिक मूल्यों और मौलिक अधिकारों को बनाए

रखने के महत्व को रेखांकित करते हैं।

आगे देखते हुए सरकार के लिए यह आवश्यक है कि वह इन चुनौतियों का समाधान करे और प्रगति को आगे बढ़ाए, यह सुनिश्चित करे कि नीतियाँ और पहल भारत की आबादी की विविध आवश्यकताओं के लिए समावेशी, टिकाऊ और उत्तरदायी हों। एक समग्र दृष्टिकोण अपनाना जो सामाजिक विकास, शासन पारदर्शिता और वैश्विक जुड़ाव के साथ आर्थिक विकास को संतुलित करता है, भारत के भविष्य को आकार देने में महत्वपूर्ण होगा।

अंततः, मोदी की नीतियों और प्रगति का मूल्याँकन भारत जैसे विविध और गतिशील देश में शासन और विकास की जटिलता को रेखांकित करता है। हालाँकि उल्लेखनीय उपलब्धियाँ और सकारात्मक प्रगतियाँ हुई हैं, आगे बढ़ने के रास्ते में चुनौतियों का समाधान करने, समावेशी विकास को बढ़ावा देने और लोकतांत्रिक मूल्यों को बनाए रखने के लिए निरंतर समर्पण की आवश्यकता है। मोदी के नेतृत्व में भारत की यात्रा प्रगति, सफलताओं और अवसरों की बहुमुखी कहानी को दर्शाती है, जो 21वीं सदी के वैश्विक परिदृश्य में देश की भूमिका को आकार देती है।

एनडीए शासन में भारत ने डिजिटल बुनियादी ढाँचे का महत्वपूर्ण विस्तार देखा है, जिससे अधिक कनेक्टिविटी और सूचना तक पहुँच संभव हो सकी है।

—रविशंकर प्रसाद

□

एनडीए के कैबिनेट सदस्यों का प्रदर्शन

रक्षा मंत्री के रूप में राजनाथ सिंह

राजनाथ सिंह ने भारत की रक्षा नीतियों को आकार देने और सशस्त्र बलों के आधुनिकीकरण में महत्वपूर्ण भूमिका निभाई है। अपने कार्यकाल के दौरान उन्होंने रक्षा क्षेत्र में 'मेक इन इंडिया' जैसी नीतियों के माध्यम से भारत की रक्षा क्षमताओं को मजबूत करने पर ध्यान केंद्रित किया है, जिसका उद्देश्य रक्षा उपकरणों के स्वदेशी उत्पादन को बढ़ावा देना है। सिंह ने प्रक्रिया को सुव्यवस्थित करने और पारदर्शिता बढ़ाने के लिए रक्षा खरीद में महत्वपूर्ण सुधारों की भी निगरानी की है। उनके नेतृत्व में उन्नत प्रौद्योगिकियों को प्राप्त करने और परिचालन तत्परता को बढ़ाने पर ध्यान देने के साथ, सैन्य आधुनिकीकरण पर नए सिरे से जोर दिया गया है।

गृह मंत्री के रूप में अमित शाह

अमित शाह ने भारत की आंतरिक सुरक्षा और कानून प्रवर्तन परिदृश्य को आकार देने में महत्वपूर्ण भूमिका निभाई है। उनके कार्यकाल में सीमा पार आतंकवाद, उग्रवाद और कट्टरपंथ से निपटने पर विशेष ध्यान दिया गया है। शाह पुलिस आधुनिकीकरण और उनकी क्षमताओं को बढ़ाने के लिए सुधारों के भी प्रमुख समर्थक रहे हैं। इसके अतिरिक्त वह अवैध आप्रवासन को संबोधित करने के सरकार के प्रयासों में सक्रिय रूप से शामिल रहे हैं और उन्होंने जम्मू और कश्मीर राज्य के पुनर्गठन में महत्वपूर्ण भूमिका निभाई है।

पर्यावरण और श्रम मंत्री के रूप में भूपेन्द्र यादव

पर्यावरण और श्रम मंत्री के रूप में भूपेन्द्र यादव सतत् विकास और पर्यावरण संरक्षण को बढ़ावा देने के उद्देश्य से की गई पहल में शामिल रहे हैं। उन्होंने

पर्यावरण नियमों को मजबूत करने, नवीकरणीय ऊर्जा को बढ़ावा देने और प्रदूषण और जलवायु परिवर्तन से संबंधित मुद्दों को संबोधित करने की दिशा में काम किया है। इसके अतिरिक्त यादव ने कामकाजी परिस्थितियों में सुधार, रोजगार सृजन को बढ़ावा देने और विभिन्न क्षेत्रों में श्रमिकों के कल्याण को बढ़ाने के लिए श्रम सुधारों पर ध्यान केंद्रित किया है।

वित्त मंत्री के रूप में निर्मला सीतारमण

निर्मला सीतारमण विभिन्न चुनौतियों और अवसरों के माध्यम से भारत की अर्थव्यवस्था को चलाने में सबसे आगे रही हैं। उनके कार्यकाल में आर्थिक विकास को बढ़ावा देने, बुनियादी ढाँचे को बढ़ाने और व्यवसायों के लिए अनुकूल माहौल को बढ़ावा देने के उद्देश्य से महत्वपूर्ण नीतिगत सुधार देखे गए हैं। वह राजकोषीय घाटे को दूर करने, वित्तीय समावेशन को बढ़ावा देने और कर प्रणाली को सुव्यवस्थित करने के उपाय तैयार करने और लागू करने में भी शामिल रही हैं। सीतारमण घरेलू विनिर्माण को बढ़ावा देने और आयात पर निर्भरता कम करने के लिए आत्मनिर्भर भारत अभियान (आत्मनिर्भर भारत मिशन) जैसी पहल में सक्रिय रूप से शामिल रही हैं।

विदेश मंत्री के रूप में एस. जयशंकर

एस. जयशंकर वैश्विक मंच पर भारत की विदेश नीति और राजनयिक प्रतिबद्धताओं को आकार देने में एक प्रमुख व्यक्ति रहे हैं। उनके कार्यकाल में भारत की रणनीतिक साझेदारी को मजबूत करने, आर्थिक कूटनीति को बढ़ाने और विभिन्न अंतरराष्ट्रीय मंचों पर भारत के हितों को जोर देने में सक्रिय दृष्टिकोण देखा गया है। जयशंकर ने जटिल भू-राजनीतिक गतिशीलता को सुलझाने, प्रमुख शक्तियों के साथ जुड़ने और अंतरराष्ट्रीय संगठनों में भारत की भूमिका को बढ़ावा देने में महत्वपूर्ण भूमिका निभाई है। उन्होंने व्यापार, सुरक्षा और क्षेत्रीय सहयोग जैसे क्षेत्रों में भारत की विदेश नीति के उद्देश्यों को आगे बढ़ाने पर भी ध्यान केंद्रित किया है।

सड़क परिवहन और राजमार्ग मंत्री के रूप में नितिन गडकरी

नितिन गडकरी भारत के बुनियादी ढाँचे के विकास और परिवहन क्षेत्र के पीछे एक प्रेरक शक्ति रहे हैं। उनके कार्यकाल में निर्माण की गति में तेजी लाने,

कनेक्टिविटी बढ़ाने और टिकाऊ परिवहन समाधानों को बढ़ावा देने पर ध्यान देने के साथ देश के सड़क और राजमार्ग नेटवर्क के विस्तार और आधुनिकीकरण पर जोर दिया गया है। गडकरी भारत के रसद और परिवहन बुनियादी ढाँचे को मजबूत करने के लिए इलेक्ट्रिक वाहनों को बढ़ावा देने और अंतर्देशीय जलमार्गों के विकास जैसी अभिनव पहल के भी समर्थक रहे हैं।

वाणिज्य मंत्री के रूप में पीयूष गोयल

आर्थिक विकास को बढ़ावा देने, निर्यात प्रतिस्पर्धात्मकता बढ़ाने और व्यापार उदारीकरण को बढ़ावा देने पर ध्यान देने के साथ पीयूष गोयल ने भारत की व्यापार और वाणिज्य नीतियों को आकार देने में महत्वपूर्ण भूमिका निभाई है। अपने कार्यकाल के दौरान, गोयल व्यापार समझौतों पर बातचीत करने, व्यापार बाधाओं को दूर करने और वैश्विक व्यापार मंचों में भारत के हितों को बढ़ावा देने में सक्रिय रूप से शामिल रहे हैं। वह व्यापार करने में आसानी में सुधार लाने, नियमों को सुव्यवस्थित करने और वैश्विक आर्थिक खिलाड़ी के रूप में भारत की स्थिति को मजबूत करने के लिए निवेश की सुविधा प्रदान करने के उद्देश्य से की गई पहल में भी सबसे आगे रहे हैं।

रेल मंत्री के रूप में अश्विनी वैष्णव

अश्विनी वैष्णव भारत के रेलवे क्षेत्र के शीर्ष पर रहे हैं, और देश के रेल बुनियादी ढाँचे के आधुनिकीकरण और विस्तार के उद्देश्य से की गई पहलों की देखरेख करते हैं। उनके कार्यकाल में यात्री अनुभव को बढ़ाने, सुरक्षा मानकों में सुधार और रेलवे नेटवर्क को बदलने के लिए प्रौद्योगिकी का लाभ उठाने पर जोर दिया गया है। वैष्णव उच्च गति रेल गलियारों के विकास और रेलवे संचालन में आधुनिक प्रौद्योगिकियों के एकीकरण सहित टिकाऊ और कुशल परिवहन समाधानों को बढ़ावा देने में भी शामिल रहे हैं।

मोदी के नेतृत्व वाली एनडीए सरकार के मंत्रियों ने विभिन्न क्षेत्रों में भारत के शासन और नीति परिदृश्य को आकार देने में महत्वपूर्ण भूमिका निभाई है। रक्षा और आंतरिक सुरक्षा से लेकर वित्त, बुनियादी ढाँचे और अंतरराष्ट्रीय संबंधों तक प्रत्येक मंत्री ने समावेशी विकास, विकास और वैश्विक मंच पर भारत की स्थिति को मजबूत करने के सरकार के व्यापक दृष्टिकोण में योगदान दिया है।

उनके प्रयास भारत को सतत् प्रगति और समृद्धि के पथ पर आगे बढ़ाने के लिए सुधारों को लागू करने, नवाचार को आगे बढ़ाने और जटिल चुनौतियों का समाधान करने पर केंद्रित रहे हैं। यह उनके सामूहिक नेतृत्व और समर्पण के माध्यम से है कि सरकार ने एक मजबूत, अधिक लचीला और आत्मनिर्भर भारत के निर्माण के अपने दृष्टिकोण को साकार करने का प्रयास किया है। ये मंत्री उन नीतियों के निर्माण और कार्यान्वयन में अभिन्न अंग रहे हैं जिनका उद्देश्य आर्थिक विकास को बढ़ावा देना, राष्ट्रीय सुरक्षा को बढ़ाना, सतत् विकास को बढ़ावा देना और वैश्विक समुदाय में भारत की स्थिति को ऊपर उठाना है।

शिक्षा क्षेत्र में एनडीए के व्यापक सुधारों ने सभी के लिए शिक्षा की गुणवत्ता और पहुँच बढ़ाने पर ध्यान केंद्रित किया है।

—धर्मेंद्र प्रधान

□

त्वरित विकास :
तीसरी सबसे बड़ी बनने का भारत का मार्ग

पिछले एक दशक में भारत ने अपने विकास पथ में उल्लेखनीय तेजी का अनुभव किया है। देश के आर्थिक, सामाजिक और तकनीकी परिदृश्य में पर्याप्त परिवर्तन आया है, जिससे यह वैश्विक मंच पर सबसे आगे है। विकास की इस तीव्र गति ने महत्वाकांक्षा और आशावाद की भावना पैदा की है, जिससे एक साहसिक लक्ष्य तैयार हुआ है : निकट भविष्य में दुनिया की तीसरी सबसे बड़ी अर्थव्यवस्था बनना। इस निबंध में हम भारत के त्वरित विकास में योगदान देने वाले कारकों, इसके सामने आने वाली चुनौतियों और इसके महत्वाकांक्षी आर्थिक लक्ष्य को प्राप्त करने की संभावनाओं और निहितार्थों पर प्रकाश डालेंगे।

त्वरित विकास : प्रगति का एक दशक

पिछले दस वर्षों में भारत के आर्थिक और सामाजिक ताने-बाने में महत्वपूर्ण विकास हुआ है। देश ने कई अन्य प्रमुख अर्थव्यवस्थाओं को पछाड़ते हुए लगभग 7% की औसत वार्षिक सकल घरेलू उत्पाद की वृद्धि दर बरकरार रखी है। यह वृद्धि जनसांख्यिकीय लाभांश, तकनीकी प्रगति, नीति सुधार और वैश्विक अर्थव्यवस्था में बढ़ते एकीकरण सहित विभिन्न कारकों पर आधारित है। भारत का उभरता हुआ मध्यम वर्ग, बढ़ती आय और उपभोग पैटर्न की विशेषता, आर्थिक विस्तार और बाजार क्षमता का एक प्रमुख चालक रहा है।

इसके अलावा डिजिटल प्रौद्योगिकियों को व्यापक रूप से अपनाने ने नवाचार और उद्यमशीलता को उत्प्रेरित किया है, एक गतिशील स्टार्टअप पारिस्थितिकी तंत्र को बढ़ावा दिया है और भारत को प्रौद्योगिकी और नवाचार के लिए एक वैश्विक केंद्र के रूप में स्थापित किया है। घरेलू विनिर्माण को बढ़ावा देने के उद्देश्य से 'मेक

इन इंडिया' और डिजिटल सशक्तिकरण पर केंद्रित 'डिजिटल इंडिया' जैसी पहल ने देश को आत्मनिर्भरता और तकनीकी कौशल की ओर प्रेरित किया है। वैश्विक व्यापार और निवेश के साथ भारत की सक्रिय भागीदारी ने इसके आर्थिक अंतर्संबंध को बढ़ाया है, विविधीकरण और लचीलेपन को बढ़ावा दिया है।

सामाजिक आर्थिक प्रगति और समावेशी विकास

भारत का त्वरित विकास केवल आर्थिक क्षेत्रों तक ही सीमित नहीं रहा है बल्कि इसका विस्तार सामाजिक और मानव विकास संकेतकों तक भी हुआ है। देश ने गरीबी उन्मूलन, स्वास्थ्य देखभाल, शिक्षा और लैंगिक सशक्तिकरण में महत्वपूर्ण प्रगति की है। विभिन्न सामाजिक कल्याण योजनाएं और पहल हाशिये पर मौजूद समुदायों तक वित्तीय समावेशन, स्वास्थ्य देखभाल पहुँच और शैक्षिक अवसर प्रदान करने, अधिक समावेशी और न्यायसंगत समाज को बढ़ावा देने में सहायक रही हैं। इसके अलावा, सतत् विकास पहलों ने गति पकड़ी है, पर्यावरणीय चुनौतियों का समाधान किया है और नवीकरणीय ऊर्जा अपनाने को बढ़ावा दिया है।

युवा आबादी और बढ़ती कार्यबल की विशेषता वाले जनसांख्यिकीय लाभांश ने कौशल विकास, रोजगार सृजन और आर्थिक उत्पादकता के लिए अपार अवसर प्रस्तुत किए हैं। लक्षित नीतियों और निवेशों के माध्यम से इस जनसांख्यिकीय लाभांश का उपयोग निरंतर आर्थिक विकास और समृद्धि को बढ़ावा देने की क्षमता रखता है। इसके अतिरिक्त महिलाओं का सशक्तिकरण और कार्यबल में उनकी बढ़ती भागीदारी आर्थिक विकास को बढ़ावा देने और सामाजिक प्रगति को बढ़ावा देने में महत्वपूर्ण है।

चुनौतियाँ और अनिवार्यताएं

उल्लेखनीय प्रगति के बीच भारत बहुमुखी चुनौतियों का सामना कर रहा है जिसके लिए रणनीतिक दूरदर्शिता और ठोस कार्रवाई की आवश्यकता है। लगातार सामाजिक-आर्थिक असमानताएं, क्षेत्रीय असमानताएं और बुनियादी ढाँचे की कमियाँ समावेशी वृद्धि और विकास में बाधाएं पैदा करती हैं। पर्यावरणीय गिरावट, जलवायु परिवर्तन और संसाधन की कमी टिकाऊ और लचीले विकास मार्गों को अपनाने के लिए मजबूर करती है। इन चुनौतियों से निपटने के लिए व्यापक नीति ढाँचे, संस्थागत

सुधार और बुनियादी ढाँचे, शिक्षा, स्वास्थ्य देखभाल और टिकाऊ प्रौद्योगिकियों जैसे महत्वपूर्ण क्षेत्रों में निवेश की आवश्यकता है।

इसके अलावा तकनीकी व्यवधानों और स्वचालन के कारण भारत के रोजगार परिदृश्य में गहरा बदलाव आ रहा है, जिससे कौशल विकास, पुनर्प्रशिक्षण और नवाचार की संस्कृति को बढ़ावा देने पर ठोस ध्यान देने की आवश्यकता है। पर्यावरणीय स्थिरता के साथ आर्थिक विकास को संतुलित करना एक महत्वपूर्ण अनिवार्यता है, जिसके लिए नवीकरणीय ऊर्जा, संरक्षण प्रयासों और जलवायु-लचीले बुनियादी ढाँचे में निवेश की आवश्यकता है। इसके अतिरिक्त सामाजिक समावेशिता सुनिश्चित करने और क्षेत्रीय असमानताओं को कम करने के लिए विशेष रूप से ग्रामीण और वंचित क्षेत्रों में लक्षित हस्तक्षेप की आवश्यकता है।

तीसरी सबसे बड़ी अर्थव्यवस्था बनने की संभावनाएं और रास्ते

त्वरित विकास और उभरती वैश्विक आर्थिक व्यवस्था की पृष्ठभूमि में भारत ने दुनिया की तीसरी सबसे बड़ी अर्थव्यवस्था बनने का महत्वाकांक्षी लक्ष्य निर्धारित किया है। इस लक्ष्य को प्राप्त करने के लिए आर्थिक सुधार, नवाचार, बुनियादी ढाँचे के विकास और वैश्विक जुड़ाव को शामिल करते हुए एक रणनीतिक रोडमैप की आवश्यकता है। इस उद्देश्य की प्राप्ति कई प्रमुख कारकों पर निर्भर है।

सबसे पहले संरचनात्मक सुधारों, मानव पूंजी में निवेश और अनुकूल कारोबारी माहौल को बढ़ावा देकर मजबूत आर्थिक विकास को बनाए रखना अत्यावश्यक है। नौकरशाही प्रक्रियाओं को सुव्यवस्थित करना, व्यापार करने में आसानी बढ़ाना और प्रतिस्पर्धी बाजारों को बढ़ावा देना निवेश को आकर्षित कर सकता है, उद्यमशीलता को प्रोत्साहित कर सकता है और आर्थिक उत्पादकता को बढ़ा सकता है। इसके अतिरिक्त अनुसंधान और विकास प्रोत्साहन, बौद्धिक संपदा संरक्षण और शिक्षा जगत और उद्योग के बीच सहयोग के माध्यम से एक नवाचार पारिस्थितिकी तंत्र को बढ़ावा देने से तकनीकी प्रगति और मूल्य निर्माण हो सकता है।

दूसरे, परिवहन नेटवर्क, डिजिटल कनेक्टिविटी, ऊर्जा प्रणाली और शहरी विकास सहित महत्वपूर्ण बुनियादी ढाँचे में निवेश करना आर्थिक प्रतिस्पर्धात्मकता को बढ़ाने और जीवन की गुणवत्ता बढ़ाने के लिए महत्वपूर्ण है। बुनियादी ढाँचे में निवेश न केवल आर्थिक गतिविधि को प्रोत्साहित करता है बल्कि दीर्घकालिक टिकाऊ

विकास, कनेक्टिविटी और लचीलेपन की नींव भी रखता है।

तीसरा, बाजार पहुँच बढ़ाने, प्रत्यक्ष विदेशी निवेश आकर्षित करने और भारत के तुलनात्मक लाभ का लाभ उठाने के लिए वैश्विक आर्थिक एकीकरण और व्यापार विविधीकरण आवश्यक है। द्विपक्षीय और बहुपक्षीय व्यापार समझौतों को मजबूत करना, व्यापार बाधाओं को कम करना और निर्यात प्रतिस्पर्धात्मकता को बढ़ाना भारत के वैश्विक आर्थिक पदचिह्न को बढ़ा सकता है और नए बाजारों और संसाधनों तक पहुँच को सुविधाजनक बना सकता है।

इसके अलावा मानव पूंजी विकास, जिसमें शिक्षा, स्वास्थ्य देखभाल और कौशल वृद्धि शामिल है, एक उत्पादक और अनुकूलनीय कार्यबल के पोषण के लिए प्राथमिकहै। गुणवत्तापूर्ण शिक्षा और व्यावसायिक प्रशिक्षण व्यक्तियों को तेजी से विकसित हो रहे श्रम बाजार में आगे बढ़ने, रचनात्मकता को बढ़ावा देने और नवाचार को बढ़ावा देने के लिए आवश्यक कौशल के साथ सशक्त बना सकता है।

प्रौद्योगिकी और नवाचार की भूमिका

प्रौद्योगिकी और नवाचार भारत की तीसरी सबसे बड़ी अर्थव्यवस्था बनने की आकांक्षाओं के केंद्र में हैं। डिजिटल परिवर्तन को अपनाना, कृत्रिम बुद्धिमत्ता, ब्लॉकचेन और इंटरनेट ऑफ थिंग्स जैसी उभरती प्रौद्योगिकियों का लाभ उठाना और नवाचार की संस्कृति को बढ़ावा देना सभी क्षेत्रों में उत्पादकता लाभ, दक्षता और प्रतिस्पर्धात्मकता बढ़ा सकता है। इसके अलावा एक जीवंत स्टार्ट अप पारिस्थितिकी तंत्र का पोषण करना और अनुसंधान और विकास के लिए सहायता प्रदान करना उद्यमिता को बढ़ावा दे सकता है और भारत को वैश्विक नवाचार केंद्र के रूप में स्थापित कर सकता है।

पर्यावरणीय स्थिरता और समावेशी विकास

चूँकि भारत अपनी आर्थिक महत्वाकांक्षाओं को आगे बढ़ा रहा है, इसलिए उसे पर्यावरणीय स्थिरता और समावेशी विकास को प्राथमिकता देनी होगी। निम्न-कार्बन, संसाधन-कुशल अर्थव्यवस्था की ओर परिवर्तन, नवीकरणीय ऊर्जा अपनाने को बढ़ावा देना और उद्योगों में टिकाऊ प्रथाओं को एकीकृत करना महत्वपूर्ण अनिवार्यताएं हैं। इसके अलावा समान विकास और सामाजिक एकजुटता सुनिश्चित

करने के लिए सामाजिक समावेशिता को बढ़ावा देना, आय असमानताओं को कम करना और क्षेत्रीय विकास असमानताओं को संबोधित करना आवश्यक है।

वैश्विक नेतृत्व और सहयोग

भारत के तीसरी सबसे बड़ी अर्थव्यवस्था बनने में वैश्विक मंच पर एक बड़ी नेतृत्वकारी भूमिका निभाना शामिल है। सहयोगी साझेदारियों में संलग्न होना, वैश्विक शासन तंत्र में योगदान देना और बहुपक्षवाद का समर्थन करना भारत के प्रभाव को बढ़ा सकता है और अधिक समावेशी और टिकाऊ वैश्विक आर्थिक व्यवस्था को आकार देने में योगदान दे सकता है।

निहितार्थ और अवसर

तीसरी सबसे बड़ी अर्थव्यवस्था बनने के भारत के लक्ष्य की प्राप्ति का देश और वैश्विक समुदाय पर गहरा प्रभाव पड़ता है। एक बड़ा आर्थिक पदचिह्न भारत को वैश्विक आर्थिक और भू-राजनीतिक गतिशीलता को आकार देने में अधिक प्रभावशाली भूमिका निभाने में सक्षम बनाएगा। इसके अतिरिक्त यह गरीबी में कमी, सामाजिक प्रगति और अधिक समृद्ध और लचीले समाज को बढ़ावा देने के लिए उत्प्रेरक के रूप में काम कर सकता है।

भारत की आर्थिक उन्नति अंतरराष्ट्रीय सहयोग, व्यापार और निवेश के लिए व्यापक अवसर प्रस्तुत करती है। अन्य देशों के साथ आर्थिक संबंधों को मजबूत करना, विशेष रूप से उभरते बाजारों में और ज्ञान के आदान-प्रदान और प्रौद्योगिकी हस्तांतरण में संलग्न होने से पारस्परिक समृद्धि को बढ़ावा मिल सकता है और वैश्विक आर्थिक विकास में योगदान मिल सकता है।

भारत का त्वरित विकास पथ और तीसरी सबसे बड़ी अर्थव्यवस्था बनने का महत्वाकांक्षी लक्ष्य देश की उल्लेखनीय क्षमता और आकांक्षाओं को रेखांकित करता है। जनसांख्यिकीय लाभांश, तकनीकी प्रगति, नीति सुधार और वैश्विक एकीकरण के संगम ने भारत को आर्थिक लचीलेपन, नवाचार और सामाजिक प्रगति द्वारा चिह्नित परिवर्तनकारी पथ पर स्थापित किया है।हालाँकि इस महत्वाकांक्षी लक्ष्य को साकार करने के लिए बहुआयामी चुनौतियों का समाधान करने, समावेशी विकास को बढ़ावा देने और सतत् विकास प्रणालियों को अपनाने के लिए निरंतर प्रतिबद्धता की आवश्यकता है।

जैसे-जैसे भारत तीसरी सबसे बड़ी अर्थव्यवस्था बनने की दिशा में आगे बढ़ रहा है, उसे पर्यावरणीय स्थिरता, सामाजिक समावेशिता और क्षेत्रीय विकास के साथ आर्थिक विस्तार को संतुलित करने की अनिवार्यता का ध्यान रखना चाहिए। बुनियादी ढाँचे, मानव पूंजी और नवाचार में रणनीतिक निवेश, प्रगतिशील नीति सुधारों के साथ मिलकर, भारत को अधिक न्यायसंगत और टिकाऊ समाज को बढ़ावा देते हुए अपनी आर्थिक आकांक्षाओं को प्राप्त करने की दिशा में प्रेरित कर सकता है।

इसके अलावा आर्थिक प्रमुखता की ओर भारत की यात्रा के लिए सहयोगी साझेदारी को बढ़ावा देना, वैश्विक नेतृत्व को अपनाना और वैश्विक चुनौतियों से निपटने के सामूहिक प्रयास में योगदान देना आवश्यक है। समावेशी और सतत् विकास को बढ़ावा देकर, भारत प्रगति का प्रतीक और वैश्विक मंच पर सकारात्मक बदलाव के उत्प्रेरक के रूप में उभर सकता है।

तीसरी सबसे बड़ी अर्थव्यवस्था बनने की भारत की कोशिश उसकी परिवर्तनकारी यात्रा और उसकी पूरी क्षमता का दोहन करने की आकांक्षाओं को दर्शाती है। पिछले दशक में देश के त्वरित विकास ने आर्थिक गतिशीलता, तकनीकी कौशल और सामाजिक प्रगति पर आधारित इस महत्वाकांक्षी लक्ष्य के लिए आधार तैयार किया है। हालाँकि इस उद्‌देश्य को प्राप्त करने के लिए चुनौतियों का समाधान करने, नवाचार को अपनाने और समावेशी और सतत् विकास को बढ़ावा देने के लिए दृढ़ प्रतिबद्‌धता की आवश्यकता होती है। तीसरी सबसे बड़ी अर्थव्यवस्था के रूप में भारत का उत्थान न केवल अपने समाज को बदलने का वादा करता है बल्कि एक अधिक समृद्‌ध, न्यायसंगत और परस्पर जुड़े वैश्विक समुदाय को आकार देने में भी योगदान देता है। जैसे-जैसे भारत इस मील के पत्थर की ओर बढ़ रहा है, यह प्रगति और लचीलेपन की भावना को मूर्त रूप देते हुए विश्व मंच पर एक अमिट छाप छोड़ने के लिए तैयार है।

एनडीए की 'स्किल इंडिया' पहल ने लाखों युवाओं को प्रासंगिक कौशल से सुसज्जित किया है, जिससे उनकी रोजगार क्षमता और उद्‌यमशीलता क्षमता में वृद्‌धि हुई है।

—महेंद्र नाथ पांडे

□

प्रदर्शन का मूल्यांकन

कौशल विकास और व्यावसायिक प्रशिक्षण पर एनडीए के फोकस ने भारत के युवाओं को सशक्त बनाया है और उनकी रोजगार क्षमता को बढ़ाया है।

—महेंद्र नाथ पांडे

नरेन्द्र मोदी का नेतृत्व : भारत के प्रधानमंत्रियों का तुलनात्मक विश्लेषण

भारत के प्रधानमंत्री श्री नरेन्द्र मोदी ने अपनी विशिष्ट नेतृत्व शैली और नीतियों के लिए घरेलू और अंतरराष्ट्रीय स्तर पर ध्यान आकर्षित किया है। यह लेख इस बात का व्यापक विश्लेषण प्रदान करता है कि मोदी अपने पूर्ववर्तियों से कैसे भिन्न हैं, राष्ट्रीय और अंतरराष्ट्रीय स्तर पर उनके शासन का प्रभाव और उनके कार्यकाल के दौरान भारत की वैश्विक छवि में सुधार हुआ है।

नरेन्द्र मोदी ने मई 2014 में भारत के प्रधानमंत्री के रूप में पदभार संभाला और अपने साथ एक अद्वितीय नेतृत्व दृष्टिकोण और वृहद् बदलाव की दृष्टि लेकर आए। उनकी नेतृत्व शैली, नीतिगत पहल और अंतरराष्ट्रीय व्यस्तताएं उन्हें पिछले भारतीय प्रधानमंत्रियों से अलग करती हैं। इस लेख का उद्देश्य नरेन्द्र मोदी और उनके पूर्ववर्तियों के बीच मतभेदों, भारत के विकास पर उनके शासन के प्रभाव और उनके कार्यकाल के दौरान भारत की अंतरराष्ट्रीय छवि में आए बदलावों का विश्लेषण करना है।

1. नेतृत्व शैली और शासन

(क) निर्णायक नेतृत्व

श्री नरेन्द्र मोदी अपने निर्णायक नेतृत्व के लिए जाने जाते हैं, जिसका उदाहरण उनकी त्वरित निर्णय लेने और साहसिक नीतिगत पहल है। अपने कुछ पूर्ववर्तियों के विपरीत मोदी की नेतृत्व शैली साहस और मुखरता का प्रतीक है। इसके परिणामस्वरूप कई परिवर्तनकारी नीतिगत उपाय हुए हैं, जैसे कि वस्तु एवं सेवा कर (जीएसटी),

विमुद्रीकरण और 'मेक इन इंडिया' अभियान का कार्यान्वयन, जिसका उद्देश्य देश में विनिर्माण और निवेश को बढ़ावा देना है।

(ख) सुशासन पर जोर

सुशासन और प्रशासनिक सुधारों पर मोदी का जोर उनके कार्यकाल की एक विशिष्ट विशेषता रही है। 'डिजिटल इंडिया' और 'स्किल इंडिया' जैसी पहलों ने शासन को आधुनिक बनाने और भारतीय कार्यबल के कौशल सेट को बढ़ाने की माँग की है। इसके अलावा प्रत्यक्ष लाभ हस्तांतरण योजनाओं और प्रधानमंत्री जन धन योजना की शुरूआत का उद्देश्य कल्याण वितरण प्रणालियों की दक्षता और पारदर्शिता में सुधार करना है।

(ग) व्यक्तिगत ब्रांडिंग और संचार

नरेन्द्र मोदी जनता से जुड़ने के लिए आधुनिक संचार साधनों का लाभ उठाने में अग्रणी रहे हैं। सोशल मीडिया के उनके कुशल उपयोग और सार्वजनिक बोलने के कौशल ने उन्हें एक मजबूत व्यक्तिगत ब्रांड विकसित करने और घरेलू और अंतरराष्ट्रीय स्तर पर नागरिकों के साथ सीधे जुड़ने में सक्षम बनाया है। इसने उन्हें पिछले प्रधानमंत्रियों से अलग कर दिया है और जनता की राय और नीति विमर्शों को आकार देने में महत्वपूर्ण भूमिका निभाई है।

2. राष्ट्रीय विकास पर प्रभाव

(क) आर्थिक सुधार और विकास एजेंडा

मोदी के नेतृत्व में भारत ने आर्थिक सुधारों और विकास पहलों पर नए सिरे से ध्यान केंद्रित किया है। 'मेक इन इंडिया' अभियान, व्यापार करने में आसानी में सुधार के प्रयासों के साथ, विदेशी निवेश को आकर्षित करने और स्वदेशी विनिर्माण को बढ़ावा देने का लक्ष्य रखा गया है। इसके अतिरिक्त स्मार्ट सिटीज और सागरमाला परियोजना जैसी पहलों के माध्यम से बुनियादी ढाँचे के विकास पर जोर देने से शहरी और समुद्री बुनियादी ढाँचे को आधुनिक बनाने की माँग की गई है।

(ख) समाज कल्याण और समावेशी विकास

मोदी सरकार ने स्वच्छ भारत मिशन, जिसका उद्देश्य साफ-सफाई और

स्वच्छता में सुधार करना है, और आयुष्मान भारत स्वास्थ्य बीमा योजना, जिसका उद्देश्य लाखों भारतीयों को सस्ती स्वास्थ्य सेवा प्रदान करना है, जैसी योजनाओं के माध्यम से सामाजिक कल्याण और समावेशी विकास को प्राथमिकता दी है। इन पहलों ने अपने नागरिकों के जीवन की गुणवत्ता में सुधार लाने की सरकार की प्रतिबद्धता को रेखांकित किया है।

(ग) विदेश नीति और सुरक्षा

मोदी सरकार ने विदेश नीति और सुरक्षा मामलों में भी महत्वपूर्ण प्रगति की है। 'नेबरहुड फर्स्ट' और 'एक्ट ईस्ट' नीति जैसी पहलों का उद्देश्य अपने पड़ोसियों के साथ भारत के संबंधों को मजबूत करना और एशिया-प्रशांत क्षेत्र में अपने रणनीतिक प्रभाव को बढ़ाना है। इसके अलावा सशस्त्र बलों के आधुनिकीकरण और स्वदेशी रक्षा उत्पादन को बढ़ावा देने सहित भारत की रक्षा क्षमताओं को बढ़ाने के प्रयास सरकार के एजेंडे के प्रमुख घटक रहे हैं।

3. अंतरराष्ट्रीय व्यस्तताएं और कूटनीति

(क) वैश्विक आउटरीच और राजनयिक पहल

नरेन्द्र मोदी के कार्यकाल में भारत की वैश्विक पहुँच और राजनयिक व्यस्तताओं में उल्लेखनीय वृद्धि देखी गई है। अंतरराष्ट्रीय कूटनीति के प्रति उनके सक्रिय दृष्टिकोण ने संयुक्त राज्य अमेरिका, रूस और जापान सहित प्रमुख शक्तियों के साथ रणनीतिक साझेदारी को बढ़ाया है। 'एक्ट ईस्ट' नीति के परिणामस्वरूप दक्षिण पूर्व एशियाई देशों के साथ संबंध मजबूत हुए हैं, जिससे भारत के व्यापक भू-राजनीतिक प्रभाव में योगदान हुआ है।

(ख) बहुपक्षीय जुड़ाव और वैश्विक नेतृत्व

बहुपक्षीय मंचों और वैश्विक पहलों में मोदी की सक्रिय भागीदारी ने विश्व मंच पर भारत का रुतबा ऊँचा किया है। जलवायु परिवर्तन कार्रवाई के लिए उनकी वकालत, जैसा कि अंतरराष्ट्रीय सौर गठबंधन द्वारा प्रमाणित है, ने भारत को नवीकरणीय ऊर्जा और स्थिरता प्रयासों में अग्रणी के रूप में स्थापित किया है। इसके अतिरिक्त, ब्रिक्स (ब्राजील, रूस, भारत, चीन, दक्षिण अफ्रीका) और जी20 जैसे

मंचों पर भारत की भूमिका ने वैश्विक आर्थिक और राजनीतिक विमर्श को आकार देने में एक प्रमुख खिलाड़ी के रूप में इसके उद्भव को रेखांकित किया है।

(4) भारत की वैश्विक छवि पर प्रभाव

(क) आर्थिक और तकनीकी प्रगति

मोदी के नेतृत्व में आर्थिक और तकनीकी प्रगति ने भारत की वैश्विक छवि में सकारात्मक बदलाव में योगदान दिया है। सबसे तेजी से बढ़ती प्रमुख अर्थव्यवस्थाओं में से एक और नवाचार और प्रौद्योगिकी के केंद्र के रूप में भारत के उद्भव ने अंतरराष्ट्रीय ध्यान और निवेश रुचि आकर्षित की है। 'मेक इन इंडिया' अभियान ने भारत को विनिर्माण और व्यापार के लिए एक आकर्षक गंतव्य के रूप में पेश किया है, जिससे इसकी वैश्विक प्रतिष्ठा में वृद्धि हुई है।

(ख) सॉफ्ट पावर और सांस्कृतिक कूटनीति

भारत की समृद्ध सांस्कृतिक विरासत और सॉफ्ट पावर का लाभ उठाने पर मोदी के जोर ने देश की वैश्विक छवि को बढ़ाने में महत्वपूर्ण भूमिका निभाई है। अंतरराष्ट्रीय योग दिवस जैसी पहल, जिसे मोदी के प्रस्ताव के बाद संयुक्त राष्ट्र द्वारा अपनाया गया, ने भारत के सांस्कृतिक प्रभाव को प्रदर्शित किया है और इसकी वैश्विक पहुँच में योगदान दिया है। इसके अलावा आयुर्वेद और योग जैसी भारतीय पारंपरिक चिकित्सा प्रणालियों को बढ़ावा देने के प्रयासों ने भारत की सॉफ्ट पावर कूटनीति को मजबूत किया है।

(ग) सुरक्षा और आतंकवाद विरोधी सहयोग

मोदी के नेतृत्व में सुरक्षा और आतंकवाद विरोधी सहयोग के प्रति भारत का सक्रिय दृष्टिकोण इसकी वैश्विक विश्वसनीयता को बढ़ाने में सहायक रहा है। आतंकवाद और उग्रवाद से निपटने के लिए अन्य देशों के साथ सहयोगात्मक प्रयासों ने वैश्विक सुरक्षा मामलों में एक जिम्मेदार और सक्रिय खिलाड़ी के रूप में भारत की छवि को मजबूत किया है। इसके अतिरिक्त हिंद महासागर क्षेत्र में समुद्री सुरक्षा और आपदा राहत सहयोग पर सरकार के फोकस ने एक शुद्ध सुरक्षा प्रदाता के रूप में भारत की भूमिका को मजबूत किया है।

भारत के प्रधानमंत्री के रूप में श्री नरेन्द्र मोदी का कार्यकाल एक विशिष्ट नेतृत्व शैली, परिवर्तनकारी नीति पहल और बढ़ी हुई वैश्विक प्रतिबद्धताओं द्वारा चिह्नित किया गया है। उनके निर्णायक नेतृत्व, सुशासन पर जोर और अंतरराष्ट्रीय कूटनीति के प्रति सक्रिय दृष्टिकोण ने उन्हें अपने पूर्ववर्तियों से अलग खड़ा किया है। राष्ट्रीय विकास, भारत की वैश्विक छवि और अंतरराष्ट्रीय मामलों में इसकी भूमिका पर उनके शासन का प्रभाव पर्याप्त रहा है, जिसने भारत को एक गतिशील और प्रभावशाली वैश्विक खिलाड़ी के रूप में पुनर्जीवित करने में योगदान दिया है।

जैसे-जैसे भारत अपनी विकास यात्रा जारी रख रहा है और जटिल भू-राजनीतिक चुनौतियों से निपटने का प्रयास कर रहा है, नरेन्द्र मोदी के नेतृत्व की विरासत निस्संदेह आने वाले वर्षों में देश की प्रगति को आकार देगी।

एनडीए की पहलों ने भारत में व्यापार करने में आसानी बढ़ाई है, निवेश आकर्षित किया है और उद्‌यमशीलता को बढ़ावा दिया है।

—पीयूष गोयल

□

रक्षा, स्वास्थ्य, बिजली, बुनियादी ढाँचे, शिक्षा और खेल : मोदी सरकार की नीतियों का अवलोकन

रक्षा नीतियाँ

प्रधानमंत्री मोदी के नेतृत्व में भारत सरकार ने देश के सशस्त्र बलों को आधुनिक बनाने और अपनी रणनीतिक क्षमताओं को बढ़ाने के उद्देश्य से कई प्रमुख रक्षा नीतियाँ लागू की हैं। सबसे महत्वपूर्ण पहलों में से एक 'मेक इन इंडिया' कार्यक्रम है, जिसका उद्‌देश्य स्वदेशी रक्षा उत्पादन को बढ़ावा देना और आयात पर निर्भरता को कम करना है। यह पहल रक्षा विनिर्माण में आत्मनिर्भरता के सरकार के व्यापक दृष्टिकोण के अनुरूप है, जैसा कि 'आत्मनिर्भर भारत' अभियान में व्यक्त किया गया है।

स्वदेशी विनिर्माण को बढ़ावा देने के अलावा मोदी सरकार ने भारत के रक्षा बुनियादी ढाँचे को मजबूत करने पर ध्यान केंद्रित किया है, जिसमें महत्वपूर्ण सीमा बुनियादी ढाँचे का विकास और देश की सीमाओं पर निगरानी और निगरानी क्षमताओं को बढ़ाना शामिल है। सरकार ने सुरक्षा चुनौतियों के सामने मजबूत रुख बनाए रखते हुए रणनीतिक साझेदारों के साथ रक्षा सहयोग बढ़ाने की माँग करते हुए रक्षा कूटनीति के महत्व पर भी जोर दिया है।

स्वास्थ्य नीतियाँ

स्वास्थ्य सेवा मोदी सरकार के लिए एक प्रमुख फोकस क्षेत्र रहा है, और स्वास्थ्य सेवाओं तक पहुँच में सुधार और सार्वजनिक स्वास्थ्य बुनियादी ढाँचे को मजबूत करने के लिए कई पहल लागू की गई हैं। आयुष्मान भारत योजना का

शुभारंभ, जिसे अकसर 'मोदीकेयर' कहा जाता है, एक प्रमुख स्वास्थ्य नीति के रूप में सामने आती है। इस महत्वाकांक्षी कार्यक्रम का लक्ष्य लाखों कमजोर और कम आय वाले परिवारों को स्वास्थ्य बीमा कवरेज प्रदान करना है, जो उच्च चिकित्सा खर्चों के खिलाफ वित्तीय सुरक्षा प्रदान करता है।

इसके अलावा सरकार ने स्वास्थ्य देखभाल के बुनियादी ढाँचे के विस्तार को प्राथमिकता दी है, जिसमें नए मेडिकल कॉलेजों और अस्पतालों का विकास भी शामिल है, खासकर वंचित क्षेत्रों में। देश भर में साफ-सफाई और स्वच्छता में सुधार के लिए स्वच्छ भारत अभियान (स्वच्छ भारत मिशन) जैसी पहल पर ध्यान केंद्रित करते हुए निवारक स्वास्थ्य देखभाल और कल्याण को बढ़ावा देने के लिए भी प्रयास किए गए हैं।

बिजली और बुनियादी ढाँचा नीतियाँ

बिजली और बुनियादी ढाँचे के क्षेत्र में मोदी सरकार ने ऊर्जा सुरक्षा बढ़ाने, बुनियादी ढाँचे के नेटवर्क का विस्तार करने और सतत् विकास को बढ़ावा देने के उद्देश्य से एक बहुआयामी दृष्टिकोण अपनाया है। 'पावर फॉर ऑल' पहल ने ग्रामीण विद्युतीकरण और नवीकरणीय ऊर्जा स्रोतों को बढ़ावा देने पर जोर देने के साथ देश के सभी हिस्सों में विश्वसनीय बिजली प्रदान करने की चुनौती का समाधान करने की दिशा में कदम बढ़ाए।

बुनियादी ढाँचे के विकास के संदर्भ में सरकार ने भारतमाला और सागरमाला पहल जैसी महत्वाकांक्षी परियोजनाएं शुरू की हैं, जो क्रमश: सड़क और बंदरगाह बुनियादी ढाँचे के विकास पर केंद्रित हैं। इन परियोजनाओं का उद्देश्य कनेक्टिविटी में सुधार करना, व्यापार को सुविधाजनक बनाना और देश के परिवहन और लॉजिस्टिक्स नेटवर्क को बढ़ाकर आर्थिक विकास को बढ़ावा देना है।

शिक्षा और खेल नीतियाँ

मोदी सरकार ने शिक्षा और खेल पर भी महत्वपूर्ण ध्यान दिया है, जिसमें शिक्षा की गुणवत्ता बढ़ाने, कौशल विकास को बढ़ावा देने और खेल और फिटनेस की संस्कृति को बढ़ावा देने पर ध्यान केंद्रित किया गया है। राष्ट्रीय शिक्षा नीति 2020, शिक्षा क्षेत्र में एक ऐतिहासिक सुधार है, जिसका उद्देश्य समग्र शिक्षा, कौशल

विकास और भारतीय भाषाओं और संस्कृति को बढ़ावा देकर देश की शिक्षा प्रणाली को पुनर्जीवित करना है।

खेल के क्षेत्र में सरकार ने खेलो इंडिया कार्यक्रम जैसी पहल शुरू की है, जिसका उद्देश्य जमीनी स्तर पर खेल प्रतिभाओं की पहचान करना और उनका पोषण करना और खेल उत्कृष्टता की संस्कृति को बढ़ावा देना है। भारत को वैश्विक मंच पर एक खेल महाशक्ति के रूप में विकसित करने के उद्देश्य से देश भर में खेल के बुनियादी ढाँचे और सुविधाओं में सुधार के प्रयास भी किए गए हैं।

प्रधानमंत्री नरेन्द्र मोदी के नेतृत्व में सरकार द्वारा अपनाई गई नीतियाँ और पहल रक्षा आधुनिकीकरण, स्वास्थ्य सेवा सुधार, बुनियादी ढाँचे के विकास, शिक्षा और खेल को बढ़ावा देने वाले व्यापक दृष्टिकोण को दर्शाती हैं। आत्मनिर्भरता, समावेशी विकास और नवाचार पर सरकार का जोर इन विविध नीति क्षेत्रों में एक आवर्ती विषय रहा है।

'मेक इन इंडिया' और 'आत्मनिर्भर भारत' पर जोर रक्षा, स्वास्थ्य सेवा और बुनियादी ढाँचे सहित सभी क्षेत्रों में स्वदेशी विनिर्माण क्षमताओं को बढ़ावा देने के लिए सरकार की प्रतिबद्धता को दर्शाता है। घरेलू उत्पादन को बढ़ावा देने और आयात पर निर्भरता कम करके, सरकार का लक्ष्य वैश्विक आर्थिक और भू-राजनीतिक चुनौतियों के सामने भारत की आत्मनिर्भरता और लचीलेपन को मजबूत करना है।

रक्षा क्षेत्र में आधुनिकीकरण और स्वदेशी उत्पादन पर ध्यान भारत की रणनीतिक स्वायत्तता और सैन्य क्षमताओं को बढ़ाने के व्यापक लक्ष्य के अनुरूप है। घरेलू रक्षा विनिर्माण और प्रौद्योगिकी विकास को बढ़ावा देकर सरकार विदेशी आपूर्तिकर्ताओं पर निर्भरता से जुड़ी कमजोरियों को कम करना और देश की रक्षा तैयारियों को मजबूत करना चाहती है।

इसी तरह स्वास्थ्य सेवा क्षेत्र में आयुष्मान भारत योजना की शुरूआत और स्वास्थ्य सेवा बुनियादी ढाँचे के विकास पर व्यापक जोर गुणवत्तापूर्ण स्वास्थ्य सेवाओं तक पहुँच बढ़ाने और आबादी के लिए स्वास्थ्य परिणामों में सुधार करने की सरकार की प्रतिबद्धता को दर्शाता है। विनाशकारी स्वास्थ्य व्यय के खिलाफ वित्तीय सुरक्षा प्रदान करके और स्वास्थ्य देखभाल के बुनियादी ढाँचे में निवेश करके सरकार का लक्ष्य स्वास्थ्य सेवा क्षेत्र में लंबे समय से चली आ रही चुनौतियों का समाधान करना और यह सुनिश्चित करना है कि सभी नागरिकों को आवश्यक चिकित्सा सेवाओं तक पहुँच हो।

बिजली और बुनियादी ढाँचा क्षेत्रों में सरकार की पहल देश की ऊर्जा सुरक्षा बढ़ाने, कनेक्टिविटी का विस्तार करने और सतत् विकास को बढ़ावा देने की दिशा में केंद्रित है। नवीकरणीय ऊर्जा में निवेश करके, बिजली पहुँच का विस्तार करके और परिवहन और रसद बुनियादी ढाँचे का विकास करके सरकार आर्थिक विकास को बढ़ावा देना, रोजगार के अवसर पैदा करना और नागरिकों के लिए जीवन की समग्र गुणवत्ता में सुधार करना चाहती है।

शिक्षा क्षेत्र में राष्ट्रीय शिक्षा नीति 2020 छात्रों के बीच महत्वपूर्ण सोच, रचनात्मकता और नवाचार को बढ़ावा देने पर ध्यान देने के साथ देश की शिक्षा प्रणाली को पुनर्जीवित करने के एक व्यापक प्रयास का प्रतिनिधित्व करती है। सीखने के लिए एक समग्र और बहु-विषयक दृष्टिकोण को बढ़ावा देकर, नीति का उद्देश्य छात्रों को तेजी से जटिल और परस्पर जुड़ी दुनिया में आगे बढ़ने के लिए आवश्यक कौशल और ज्ञान से लैस करना है।

खेल और फिटनेस पर सरकार का ध्यान आबादी के बीच कल्याण और शारीरिक गतिविधि की संस्कृति को बढ़ावा देने के व्यापक प्रयासों के साथ जुड़ा हुआ है। खेल के बुनियादी ढाँचे, प्रतिभा की पहचान और प्रशिक्षण कार्यक्रमों में निवेश करके सरकार का लक्ष्य भारत की खेल क्षमता का दोहन करना और अंतरराष्ट्रीय खेल क्षेत्र में देश की स्थिति को ऊपर उठाना है।

कुल मिलाकर मोदी सरकार की नीतियाँ और पहल शासन के प्रति एक समग्र दृष्टिकोण को दर्शाती हैं, जिसमें रक्षा, स्वास्थ्य सेवा, बुनियादी ढाँचा, शिक्षा और खेल शामिल हैं। आत्मनिर्भरता, नवाचार और समावेशी विकास पर जोर प्रमुख चुनौतियों का समाधान करने और विकास और समृद्धि के लिए देश की क्षमता को खोलने के लिए सरकार की प्रतिबद्धता को रेखांकित करता है।

स्थायी विकास के प्रति एनडीए की प्रतिबद्धता से पर्यावरण संरक्षण और नवीकरणीय ऊर्जा अपनाने में पर्याप्त प्रगति हुई है।

—भूपेंद्र यादव

□

कौशल विकास कार्यक्रम और रोजगार सृजन

प्रधानमंत्री नरेन्द्र मोदी के नेतृत्व में भारत सरकार ने देश की आर्थिक वृद्धि और सामाजिक प्रगति के लिए महत्वपूर्ण स्तंभों के रूप में कौशल विकास और रोजगार सृजन पर महत्वपूर्ण जोर दिया है। तेजी से बढ़ते कार्यबल और बढ़ती युवा आबादी के साथ भारत को आधुनिक, वैश्विक अर्थव्यवस्था की माँगों को पूरा करने के लिए अपने नागरिकों को आवश्यक कौशल से लैस करने की चुनौती का सामना करना पड़ रहा है। इस चुनौती के जवाब में मोदी सरकार ने अपने नागरिकों की रोजगार क्षमता बढ़ाने और उद्‌यमिता को बढ़ावा देने के उद्‌देश्य से कई कौशल विकास कार्यक्रम और पहल लागू की हैं। यह अध्याय मोदी सरकार द्‌वारा किए गए विभिन्न कौशल विकास कार्यक्रमों और रोजगार सृजन प्रयासों पर प्रकाश डालेगा, देश की सामाजिक-आर्थिक चुनौतियों से निपटने में उनके प्रभाव और प्रभावशीलता का आकलन करेगा।

कौशल विकास पहल

मोदी सरकार ने देश के कार्यबल को प्रासंगिक कौशल और ज्ञान से लैस करने के उद्‌देश्य से कई प्रमुख कौशल विकास पहल शुरू की हैं। इस संबंध में सबसे प्रमुख कार्यक्रमों में से एक प्रधानमंत्री कौशल विकास योजना (पीएमकेवीवाइ) है, जिसे 2020 तक 10 मिलियन से अधिक युवाओं को उद्‌योग-प्रासंगिक कौशल प्रशिक्षण प्रदान करने के उद्‌देश्य से 2015 में लॉन्च किया गया था। इसका उद्‌देश्य विनिर्माण, खुदरा, आतिथ्य और स्वास्थ्य सेवा सहित विभिन्न क्षेत्रों में प्रशिक्षण प्रदान करके कुशल कार्यबल की माँग और आपूर्ति को संतुलित करना है। कार्यक्रम माँग-संचालित दृष्टिकोण का अनुसरण करता है, जिसमें उद्‌योग क्षेत्रों द्‌वारा पहचानी

गई विशिष्ट कौशल आवश्यकताओं के आधार पर प्रशिक्षण प्रदान किया जाता है।

एक अन्य प्रमुख पहल कौशल भारत मिशन है, जिसे देश भर में विभिन्न कौशल विकास प्रयासों को एकजुट करने और समन्वित करने के लिए शुरू किया गया था। मिशन का लक्ष्य कौशल विकास पहलों को लागू करने और भारत में कौशल विकास की संस्कृति को बढ़ावा देने के लिए एक व्यापक ढाँचा तैयार करना है। कौशल भारत मिशन के तहत सरकार ने राष्ट्रीय कौशल विकास निगम (एनएसडीसी) के साथ-साथ सेक्टर कौशल परिषदों की स्थापना की है जो विशिष्ट उद्योग क्षेत्रों पर ध्यान केंद्रित करते हैं ताकि यह सुनिश्चित किया जा सके कि प्रशिक्षण कार्यक्रम उद्योग की जरूरतों के अनुरूप हों।

इसके अलावा सरकार ने रोजगार के अवसर पैदा करने के साधन के रूप में उद्यमिता विकास के महत्व पर भी जोर दिया है। 2016 में शुरू की गई स्टैंड-अप इंडिया योजना का लक्ष्य कम से कम एक अनुसूचित जाति (एससी) या अनुसूचित जनजाति (एसटी) उधारकर्ता और प्रति बैंक शाखा में कम से कम एक महिला उधारकर्ता को 10 लाख से 1 करोड़ रुपये के बीच बैंक ऋण की सुविधा प्रदान करना है। विनिर्माण, सेवा या व्यापारिक क्षेत्रों में ग्रीनफील्ड उद्यम स्थापित करना है। यह पहल समाज के वंचित वर्गों के बीच उद्यमिता को बढ़ावा देने और आर्थिक सशक्तिकरण को बढ़ावा देने के लिए बनाई गई है।

कौशल विकास कार्यक्रमों का प्रभाव

मोदी सरकार द्वारा शुरू किए गए कौशल विकास कार्यक्रमों का भारत के कार्यबल की रोजगार क्षमता पर महत्वपूर्ण प्रभाव पड़ा है। आधिकारिक आंकड़ों के अनुसार पारंपरिक और उभरते दोनों क्षेत्रों पर ध्यान देने के साथ 2021 तक 8 मिलियन से अधिक उम्मीदवारों को पीएमकेवीवाई योजना के तहत प्रशिक्षित किया गया था। उद्योग-प्रासंगिक प्रशिक्षण पर कार्यक्रम के जोर से विभिन्न क्षेत्रों में प्रशिक्षित उम्मीदवारों की नियुक्ति में पर्याप्त वृद्धि हुई है, जिससे बेरोजगारी दर में कमी लाने में योगदान मिला है।

इसके अतिरिक्त कौशल भारत मिशन ने देश भर में कौशल विकास प्रयासों को सुव्यवस्थित और मानकीकृत करने में महत्वपूर्ण भूमिका निभाई है। सेक्टर कौशल परिषदों की स्थापना करके और उद्योग सहभागिता को बढ़ावा देकर, मिशन ने

कौशल प्रशिक्षण कार्यक्रमों के विकास की सुविधा प्रदान की है जो विभिन्न उद्योगों की विशिष्ट आवश्यकताओं के अनुरूप हैं। परिणामस्वरूप, कौशल प्रशिक्षण की गुणवत्ता और प्रासंगिकता में सुधार हुआ है, जिससे कार्यबल के पास मौजूद कौशल और नियोक्ताओं की आवश्यकताओं के बीच बेहतर मेल हुआ है।

स्टैंड-अप इंडिया योजना ने समाज के वंचित वर्गों के बीच उद्यमिता को बढ़ावा देने में भी महत्वपूर्ण प्रगति की है। वित्तीय सहायता और प्रोत्साहन प्रदान करके इस योजना ने वंचित पृष्ठभूमि के इच्छुक उद्यमियों को अपना उद्यम स्थापित करने में सक्षम बनाया है, जिससे जमीनी स्तर पर रोजगार सृजन और आर्थिक विकास में योगदान मिला है।

भविष्य की दिशाएं और अवसर

कौशल विकास और रोजगार सृजन में हासिल की गई प्रगति को आगे बढ़ाने के लिए मोदी सरकार इन पहलों को और मजबूत करने के लिए कई अवसरों और रणनीतियों का पता लगा सकती है। डिजिटल प्रौद्योगिकियों और ई-लर्निंग प्लेटफार्मों को अपनाने से कौशल विकास कार्यक्रमों की पहुँच और मापनीयता बढ़ सकती है, खासकर दूरदराज और कम सेवा वाले क्षेत्रों में। ऑनलाइन प्लेटफॉर्म का लाभ उठाकर सरकार उच्च गुणवत्ता वाले कौशल प्रशिक्षण संसाधनों तक पहुँच प्रदान कर सकती है और व्यक्तियों को अपनी गति से नए कौशल हासिल करने में सक्षम बना सकती है।

इसके अतिरिक्त उद्योग हितधारकों और प्रशिक्षण प्रदाताओं के बीच अधिक सहयोग को बढ़ावा देने से यह सुनिश्चित हो सकता है कि कौशल विकास पहल उद्योग की आवश्यकताओं के साथ निकटता से जुड़ी रहें। उद्योग भागीदारी पाठ्यक्रम के डिजाइन की सुविधा प्रदान कर सकती है जो वर्तमान और भविष्य की कौशल आवश्यकताओं को प्रतिबिंबित करती है, साथ ही प्रशिक्षुओं के लिए व्यावहारिक प्रदर्शन और इंटर्नशिप को भी सक्षम बनाती है, जिससे उनकी रोजगार क्षमता में वृद्धि होती है।

इसके अलावा तकनीकी व्यवधानों और उद्योग परिवर्तन से उत्पन्न चुनौतियों का समाधान करने के लिए पुन: कौशल और कौशल बढ़ाने की पहल पर ध्यान केंद्रित करने की आवश्यकता है। स्वचालन और डिजिटलीकरण के साथ काम

की प्रकृति को नया आकार देने के साथ, पुनः कौशल कार्यक्रम मौजूदा श्रमिकों को बदलती नौकरी भूमिकाओं और उभरती कौशल आवश्यकताओं के अनुकूल बनाने में मदद कर सकते हैं, जिससे तकनीकी विस्थापन के प्रभाव को कम किया जा सकता है।

मोदी सरकार के तहत कार्यान्वित कौशल विकास कार्यक्रमों और रोजगार सृजन पहलों ने भारत के कार्यबल की रोजगार क्षमता बढ़ाने और उद्यमशीलता को बढ़ावा देने में महत्वपूर्ण भूमिका निभाई है। पीएमकेवीवाई स्किल इंडिया मिशन और स्टैंड-अप इंडिया जैसी प्रमुख योजनाओं के माध्यम से सरकार ने कुशल जनशक्ति और रोजगार सृजन की महत्वपूर्ण आवश्यकता को पूरा करने की माँग की है। हालाँकि इन पहलों के सकारात्मक परिणाम मिले हैं, फिर भी ऐसे क्षेत्र हैं जिन पर और अधिक ध्यान देने की आवश्यकता है, जिसमें उद्योग की जरूरतों के साथ कौशल प्रशिक्षण का संरेखण, गुणवत्ता का मानकीकरण और इच्छुक उद्यमियों के लिए समर्थन शामिल है।

आगे देखते हुए सरकार के लिए यह जरूरी है कि वह कौशल विकास और रोजगार सृजन पर अपना ध्यान केंद्रित रखे, साथ ही तकनीकी व्यवधानों और बदलते नौकरी परिदृश्यों से उत्पन्न चुनौतियों का भी समाधान करे। डिजिटल समाधानों को अपनाकर, उद्योग सहयोग को मजबूत करके और पुनः कौशल को प्राथमिकता देकर, सरकार तेजी से बदलती अर्थव्यवस्था में आगे बढ़ने के लिए आवश्यक कौशल और अवसरों के साथ अपने नागरिकों को और सशक्त बना सकती है। इसके अतिरिक्त विशेष रूप से समाज के वंचित वर्गों के बीच नवाचार और उद्यमिता की संस्कृति को बढ़ावा देना, जमीनी स्तर पर समावेशी आर्थिक विकास और रोजगार सृजन में योगदान दे सकता है।

मोदी सरकार द्वारा किए गए कौशल विकास कार्यक्रमों और रोजगार सृजन के प्रयासों ने कौशल की कमी, बेरोजगारी और आर्थिक सशक्तिकरण की बहुमुखी चुनौतियों के समाधान के लिए एक मजबूत नींव रखी है। हालाँकि ऐसे क्षेत्र हैं जिन पर निरंतर ध्यान और सुधार की आवश्यकता है, कौशल विकास और उद्यमिता के लिए सरकार की प्रतिबद्धता ने पहले ही लाखों भारतीयों के जीवन पर एक ठोस प्रभाव डाला है। इन पहलों को आगे बढ़ाकर और नए अवसरों को अपनाकर, सरकार अपने नागरिकों को तेजी से बदलते आर्थिक परिदृश्य में आगे बढ़ने के

लिए सशक्त बना सकती है, जो अंतत: देश के समग्र विकास और समृद्धि में योगदान कर सकती है।

> *कराधान प्रणाली में एनडीए के व्यापक सुधारों ने प्रक्रियाओं को सरल बनाया है और अनुपालन में सुधार किया है, जिससे अधिक व्यापार-अनुकूल वातावरण को बढ़ावा मिला है।*
>
> *—निर्मला सीतारमण*

□

विदेश नीति पहल और द्विपक्षीय संबंध

भारत में नरेन्द्र मोदी शासन के दौरान भारत ने एक सक्रिय और गतिशील विदेश नीति अपनाई है, जिसका लक्ष्य अपनी अंतरराष्ट्रीय स्थिति को मजबूत करना और कई देशों के साथ द्विपक्षीय संबंधों को बढ़ावा देना है। पिछले 10 वर्षों के दौरान भारत की कुछ प्रमुख विदेश नीति पहल और द्विपक्षीय संबंध इस प्रकार हैं :

- ***'पड़ोस प्रथम' नीति :*** भारत ने 'पड़ोसी प्रथम' नीति के माध्यम से पड़ोसी देशों के साथ अपने संबंधों को प्राथमिकता दी है। आर्थिक सहयोग, बुनियादी ढाँचे के विकास और क्षेत्रीय कनेक्टिविटी सहित विभिन्न पहलों के माध्यम से बांग्लादेश, नेपाल, भूटान और श्रीलंका जैसे देशों के साथ संबंध बढ़ाने के प्रयास किए गए हैं।
- ***एक्ट ईस्ट नीति :*** भारत ने एक्ट ईस्ट पॉलिसी के तहत दक्षिण पूर्व एशियाई देशों के साथ अपनी सहभागिता काफी बढ़ा दी है। इसमें आर्थिक संबंधों का विस्तार करना, रक्षा सहयोग बढ़ाना और वियतनाम, इंडोनेशिया और सिंगापुर जैसे देशों के साथ लोगों से लोगों के बीच संपर्क बढ़ाना शामिल है।
- ***रणनीतिक साझेदारी :*** भारत ने संयुक्त राज्य अमेरिका, रूस, जापान और फ्रांस जैसे देशों के साथ रणनीतिक साझेदारी मजबूत की है। इन साझेदारियों में रक्षा सहयोग, आर्थिक सहयोग और क्षेत्रीय और वैश्विक मुद्दों पर समन्वय शामिल है।
- ***अफ्रीका के साथ बढ़ाया जुड़ाव :*** भारत ने भारत-अफ्रीका फोरम शिखर सम्मेलन और पैन-अफ्रीकी ई-नेटवर्क परियोजना जैसी पहलों के माध्यम से अफ्रीकी देशों के साथ अपनी भागीदारी बढ़ा दी है, जिसका उद्देश्य अफ्रीकी देशों को टेली-शिक्षा और टेलीमेडिसिन सेवाएं प्रदान करना है।
- ***मध्य पूर्वी देशों के साथ संबंधों को मजबूत बनाना :*** भारत ने मध्य पूर्व

के देशों के साथ विशेष रूप से ऊर्जा सुरक्षा, व्यापार और निवेश के क्षेत्रों में संबंध मजबूत करने पर ध्यान केंद्रित किया है। इन रिश्तों को मजबूत करने के लिए प्रधानमंत्री मोदी ने सऊदी अरब, संयुक्त अरब अमीरात और इजराइल जैसे देशों का दौरा किया है।

- ***चीन के साथ संबंध संतुलित करना :*** भारत ने चीन के साथ अपने संबंधों में एक संतुलित दृष्टिकोण बनाए रखने की कोशिश की है, सीमा विवादों और सुरक्षा चिंताओं को संबोधित करने के साथ-साथ कुछ मोर्चों पर बातचीत और सहयोग भी किया है।
- ***आर्थिक कूटनीति पर जोर :*** मोदी सरकार ने विदेशी निवेश को आकर्षित करने, व्यापार को बढ़ावा देने और दुनिया भर के देशों के साथ आर्थिक सहयोग बढ़ाने के लिए आर्थिक कूटनीति पर जोर दिया है।
- ***वैक्सीन कूटनीति :*** कोविड-19 महामारी के दौरान भारत ने वैश्विक सार्वजनिक स्वास्थ्य और एकजुटता के प्रति अपनी प्रतिबद्धता को प्रदर्शित करते हुए विभिन्न देशों को कोविड-19 टीकों की आपूर्ति करने के लिए 'वैक्सीन मैत्री' पहल शुरू की।
- ***यूरोपीय संघ के साथ जुड़ाव :*** भारत ने व्यापार, निवेश, प्रौद्योगिकी और जलवायु परिवर्तन पर सहयोग को गहरा करने के लक्ष्य के साथ यूरोपीय संघ के साथ अपने संबंधों को बढ़ाने की माँग की है। यूरोपीय संघ के साथ एक व्यापक मुक्त व्यापार समझौते पर बातचीत करने के प्रयास किए गए हैं।
- ***जापान के साथ संबंधों को मजबूत बनाना :*** भारत ने जापान के साथ अपनी रणनीतिक और आर्थिक साझेदारी को गहरा किया है, जिससे बुनियादी ढाँचे के विकास, रक्षा और उच्च-प्रौद्योगिकी पहल जैसे क्षेत्रों में सहयोग बढ़ा है।
- ***इंडो-पैसिफिक जुड़ाव :*** भारत स्वतंत्र, खुले और समावेशी इंडो-पैसिफिक को बढ़ावा देने के लिए समान विचारधारा वाले देशों के साथ काम करते हुए इंडो-पैसिफिक क्षेत्र में सक्रिय रूप से लगा हुआ है। इसमें क्षेत्र में समुद्री सुरक्षा, कनेक्टिविटी और आर्थिक सहयोग बढ़ाने की पहल शामिल है।

- ***सुरक्षा एवं रक्षा सहयोग :*** भारत ने संयुक्त राज्य अमेरिका, रूस, इजराइल और फ्रांस सहित विभिन्न देशों के साथ अपने सुरक्षा और रक्षा सहयोग का विस्तार किया है। इस सहयोग में संयुक्त सैन्य अभ्यास, रक्षा प्रौद्योगिकी हस्तांतरण और उन्नत रक्षा उपकरणों की खरीद शामिल है।
- ***बहुपक्षीय कूटनीति :*** भारत ने संयुक्त राष्ट्र, जी20, ब्रिक्स और एससीओ (शंघाई सहयोग संगठन) सहित बहुपक्षीय मंचों और पहलों में सक्रिय रूप से भाग लिया है, जो वैश्विक शासन में सुधारों की वकालत कर रहा है और जलवायु परिवर्तन, आतंकवाद और सतत् विकास जैसी वैश्विक चुनौतियों का समाधान कर रहा है।
- ***डिजिटल डिप्लोमेसी पर फोकस :*** मोदी सरकार ने वैश्विक समुदाय के साथ जुड़ने, भारत की सांस्कृतिक विरासत को बढ़ावा देने और देश की सॉफ्ट पावर को विश्व मंच पर पेश करने के लिए डिजिटल प्लेटफॉर्म और सोशल मीडिया का लाभ उठाया है।
- ***जलवायु कूटनीति :*** भारत ने जलवायु कूटनीति पर सक्रिय रुख अपनाया है, वैश्विक जलवायु कार्रवाई की वकालत की है और पेरिस समझौते सहित अंतरराष्ट्रीय जलवायु वार्ता में महत्वपूर्ण भूमिका निभाई है।
- ***दक्षिण पूर्व एशिया के साथ संबंधों को मजबूत बनाना :*** भारत ने सिंगापुर, मलेशिया, थाईलैंड और फिलीपींस जैसे देशों के साथ आर्थिक और रणनीतिक साझेदारी बढ़ाने पर ध्यान केंद्रित करते हुए 'एक्ट ईस्ट' नीति के माध्यम से दक्षिण पूर्व एशियाई देशों के साथ अपने संबंधों को मजबूत करने की माँग की है।
- ***प्रवासी आउटरीच पर जोर :*** मोदी सरकार ने दुनिया भर के देशों के साथ सांस्कृतिक, आर्थिक और रणनीतिक संबंधों को मजबूत करने के लिए भारतीय प्रवासियों के साथ जुड़ने और उनके नेटवर्क का लाभ उठाने पर महत्वपूर्ण जोर दिया है।
- ***कनेक्टिविटी पहल :*** भारत ने अंतरराष्ट्रीय उत्तर-दक्षिण परिवहन गलियारा (आईएनएसटीसी), ईरान में चाबहार बंदरगाह परियोजना और भारत-म्यांमार-थाईलैंड त्रिपक्षीय राजमार्ग जैसी पहलों के माध्यम से पड़ोसी और साझेदार देशों के साथ कनेक्टिविटी बढ़ाने पर ध्यान केंद्रित किया है।

- ***आतंकवाद विरोधी सहयोग :*** भारत ने द्विपक्षीय और बहुपक्षीय मंचों के माध्यम से आतंकवाद से निपटने पर अंतरराष्ट्रीय सहयोग को मजबूत करने की माँग की है। इसमें वैश्विक आतंकवाद से निपटने में खुफिया जानकारी साझा करने, क्षमता निर्माण और समन्वय बढ़ाने के प्रयास शामिल हैं।
- ***अंतरिक्ष कूटनीति :*** भारत की अंतरिक्ष एजेंसी, इसरो, विभिन्न देशों के लिए उपग्रह लॉन्च करके और अंतरिक्ष अनुसंधान और अन्वेषण पहल पर सहयोग करके, भारत की सॉफ्ट पावर और तकनीकी क्षमताओं में योगदान देकर अंतरिक्ष कूटनीति में लगी हुई है।
- ***सांस्कृतिक कूटनीति :*** भारत ने अधिक समझ और सहयोग को बढ़ावा देने के लिए अंतरराष्ट्रीय योग दिवस, सांस्कृतिक उत्सवों और आदान-प्रदान जैसी पहलों के माध्यम से दुनिया भर के देशों के साथ जुड़ने के लिए अपनी सांस्कृतिक विरासत और नरम शक्ति का लाभ उठाया है।
- ***मानवीय सहायता और आपदा राहत :*** भारत ने प्राकृतिक आपदाओं और संकटों से प्रभावित देशों को मानवीय सहायता और आपदा राहत प्रदान की है, प्रभावित देशों के लिए एकजुटता और समर्थन का प्रदर्शन किया है।
- ***आर्थिक सुधार और व्यापार सहभागिता :*** भारत ने विदेशी निवेश को आकर्षित करने और दुनिया भर के देशों के साथ व्यापार संबंधों को बढ़ाने के लिए आर्थिक सुधारों को आगे बढ़ाया है, जिसमें व्यापार नियमों को सरल बनाने और व्यापार करने में आसानी में सुधार के प्रयास शामिल हैं।
- ***स्वास्थ्य कूटनीति :*** कोविड-19 महामारी के जवाब में, भारत चिकित्सा आपूर्ति प्रदान करके, विशेषज्ञता साझा करके और वैश्विक स्वास्थ्य संकट से निपटने के लिए अन्य देशों के साथ सहयोग करके स्वास्थ्य कूटनीति में लगा हुआ है।
- ***मध्य एशियाई गणराज्यों के साथ संबंधों को मजबूत बनाना :*** भारत ने क्षेत्र में अपने पदचिह्न का विस्तार करने के लिए, विशेष रूप से ऊर्जा सहयोग, कनेक्टिविटी और व्यापार के क्षेत्रों में मध्य एशियाई गणराज्यों के साथ अपनी भागीदारी बढ़ाने पर ध्यान केंद्रित किया है।
- ***समुद्री सुरक्षा सहयोग :*** भारत ने समुद्री सुरक्षा सहयोग में अपनी भागीदारी को गहरा किया है, जिसमें समुद्री स्थिरता और सुरक्षा सुनिश्चित करने के

लिए हिंद महासागर क्षेत्र के देशों के साथ संयुक्त गश्त, क्षमता निर्माण और सूचना साझा करना शामिल है।

ये पहलें अपने रणनीतिक हितों को आगे बढ़ाने और वैश्विक स्थिरता और विकास में योगदान देने के लिए आर्थिक सहयोग, सुरक्षा, कूटनीति और क्षेत्रीय कनेक्टिविटी जैसे व्यापक क्षेत्रों पर ध्यान केंद्रित करते हुए एक व्यापक और सक्रिय विदेश नीति एजेंडा को आगे बढ़ाने के भारत के प्रयासों को रेखांकित करती हैं।

एनडीए शासन में भारत ने स्मार्ट शहरों के विकास, टिकाऊ शहरीकरण और कुशल संसाधन प्रबंधन को बढ़ावा देने में पर्याप्त प्रगति की है।

—हरदीप सिंह पुरी

□

नरेन्द्र मोदी से भारतीयों की उम्मीदें

आर्थिक वृद्धि और विकास

- रोजगार सृजन बढ़ाएं और बेरोजगारी दर कम करें।
- विनिर्माण और बुनियादी ढाँचे के विकास को बढ़ावा देने के लिए नीतियाँ लागू करें।
- मुद्रास्फीति से संबंधित मुद्दों का समाधान करें और अर्थव्यवस्था को स्थिर करें।
- व्यवसाय करने में आसानी रैंकिंग में सुधार करें और अधिक विदेशी निवेश आकर्षित करें।

कृषि

- किसानों की आय और उत्पादकता में सुधार के लिए कृषि सुधार लागू करें।
- पीएम-किसान जैसी योजनाओं का सफल कार्यान्वयन सुनिश्चित करें और टिकाऊ कृषि पद्धतियों को बढ़ावा दें।
- किसानों के लिए फसल बीमा, सिंचाई और बाजार पहुँच से संबंधित चुनौतियों का समाधान करना।

स्वास्थ्य देखभाल

- विशेषकर ग्रामीण क्षेत्रों में स्वास्थ्य सेवा के बुनियादी ढाँचे को मजबूत करें।
- किफायती स्वास्थ्य देखभाल और दवाओं तक पहुँच में सुधार करें।
- सार्वजनिक स्वास्थ्य जागरूकता और रोग निवारण कार्यक्रमों को बढ़ाएं।

शिक्षा

- शिक्षा की गुणवत्ता में सुधार, स्कूलों और उच्च शिक्षा तक पहुँच बढ़ाने पर ध्यान दें।
- रोजगार क्षमता बढ़ाने के लिए कौशल विकास और व्यावसायिक प्रशिक्षण पर जोर दें।
- शैक्षणिक संस्थानों में नवाचार और अनुसंधान को प्रोत्साहित करें।

आधारभूत संरचना

- सड़कों, राजमार्गों और सार्वजनिक परिवहन प्रणालियों के विकास में तेजी लाना।
- सतत् शहरी विकास और स्मार्ट सिटी पहल पर ध्यान दें।
- स्वच्छ जल और स्वच्छता सुविधाओं तक पहुँच में सुधार करें।

ऊर्जा

- समग्र ऊर्जा मिश्रण में नवीकरणीय ऊर्जा स्रोतों की हिस्सेदारी बढ़ाएं।
- बिजली उत्पादन और वितरण बुनियादी ढाँचे को बढ़ाएं।
- ऊर्जा दक्षता और संरक्षण उपायों को बढ़ावा देना।

पर्यावरण और जलवायु परिवर्तन

- नीतिगत पहलों और प्रवर्तन के माध्यम से वायु और जल प्रदूषण का समाधान करना।
- पुनर्वनीकरण और प्राकृतिक संसाधनों के संरक्षण को बढ़ावा देना।
- जलवायु परिवर्तन के प्रभाव को कम करने के लिए सक्रिय उपाय करें।

राष्ट्रीय सुरक्षा

- सीमा सुरक्षा और रक्षा क्षमताओं को मजबूत करें।
- आतंकवाद और विद्रोही गतिविधियों का प्रभावी ढंग से मुकाबला करें।
- सशस्त्र बलों का आधुनिकीकरण करें और स्वदेशी रक्षा उत्पादन को बढ़ाएं।

विदेश नीति

- प्रमुख देशों और अंतरराष्ट्रीय संगठनों के साथ रणनीतिक साझेदारी को मजबूत करना।
- वैश्विक मंच विशेषकर व्यापार और कूटनीति में भारत के हितों को बढ़ावा देना।
- क्षेत्रीय सुरक्षा चुनौतियों का समाधान करें और शांति एवं स्थिरता को बढ़ावा दें।

प्रौद्योगिकी और नवाचार

- स्टार्टअप और नवाचार के लिए अनुकूल वातावरण को बढ़ावा देना।
- डिजिटल साक्षरता को बढ़ावा देना और वंचित क्षेत्रों तक इंटरनेट पहुँच का विस्तार करना।
- तकनीकी प्रगति को आगे बढ़ाने के लिए अनुसंधान और विकास में निवेश करें।

महिला सशक्तिकरण

- लैंगिक समानता को बढ़ावा देने और लिंग आधारित हिंसा जैसे मुद्दों का समाधान करने के लिए नीतियाँ लागू करें।
- कार्यबल और नेतृत्वकारी भूमिकाओं में महिलाओं की भागीदारी बढ़ाएं।
- महिलाओं और लड़कियों के लिए शिक्षा और स्वास्थ्य देखभाल तक पहुँच में सुधार करना।

भ्रष्टाचार और शासन

- भ्रष्टाचार विरोधी उपायों को लागू करें और सरकारी पारदर्शिता में सुधार करें।
- जवाबदेही सुनिश्चित करने के लिए संस्थानों और नियामक ढाँचे को मजबूत करें।
- नौकरशाही प्रक्रियाओं को सरल बनाएं और लालफीताशाही को कम करें।

ग्रामीण विकास

- सड़क, बिजली और कनेक्टिविटी सहित ग्रामीण बुनियादी ढाँचे के विकास पर ध्यान दें।
- कौशल विकास और उद्यमिता के माध्यम से ग्रामीण क्षेत्रों में आजीविका के अवसरों को बढ़ावा देना।
- ग्रामीण समुदायों के लिए सामाजिक कल्याण योजनाओं और वित्तीय समावेशन तक पहुँच बढ़ाना।

गरीबी उन्मूलन

- लोगों को गरीबी से बाहर निकालने और सामाजिक सुरक्षा चक्र प्रदान करने के लिए कार्यक्रम लागू करें।
- शिक्षा, स्वास्थ्य देखभाल और रोजगार के अवसरों तक पहुँच सहित गरीबी के मूल कारणों का समाधान करें।
- लक्षित हस्तक्षेपों के माध्यम से हाशिए पर रहने वाले समुदायों को सशक्त बनाना।

डिजिटल कनेक्टिविटी

- पूरे देश में हाई-स्पीड इंटरनेट और डिजिटल सेवाओं तक पहुँच का विस्तार करें।
- विशेष रूप से ग्रामीण और दूरदराज के क्षेत्रों में डिजिटल साक्षरता और डिजिटल समावेशन को बढ़ावा देना।
- डिजिटल भुगतान और ई-गवर्नेंस सेवाओं को अपनाने को प्रोत्साहित करें।

सामाजिक न्याय और समावेशन

- अनुसूचित जाति, अनुसूचित जनजाति और अन्य पिछड़े वर्गों सहित हाशिए पर रहने वाले समुदायों के अधिकारों को कायम रखें।
- समान अवसर और भेदभाव से सुरक्षा सुनिश्चित करें।
- सामाजिक समावेशन को बढ़ावा देने के लिए सकारात्मक कार्रवाई नीतियों को मजबूत करें।

आपदा प्रबंधन

- प्राकृतिक आपदाओं और आपात स्थितियों के लिए तैयारी और प्रतिक्रिया तंत्र बढ़ाएं।
- आपदाओं के प्रभाव को कम करने के लिए प्रारंभिक चेतावनी प्रणालियों और बुनियादी ढाँचे में निवेश करें।
- राहत एवं पुनर्वास प्रयासों का प्रभावी ढंग से समन्वय करें।

पर्यटन

- भारत की समृद्ध सांस्कृतिक विरासत और प्राकृतिक सुंदरता को उजागर करते हुए इसे एक पर्यटन स्थल के रूप में विकसित करना और बढ़ावा देना।
- आगंतुकों के अनुभव को बढ़ाने के लिए पर्यटक बुनियादी ढाँचे और सुविधाओं में सुधार करें।
- ऐतिहासिक स्थलों और प्राकृतिक स्थलों का संरक्षण और टिकाऊ प्रबंधन सुनिश्चित करें।

सांस्कृतिक संरक्षण

- भारत की विविध सांस्कृतिक विरासत, भाषाओं और परंपराओं की सुरक्षा और संवर्धन करें।
- संरक्षण और संरक्षण के माध्यम से कला, साहित्य और पारंपरिक शिल्प का समर्थन करें।
- राष्ट्रीय एकता और गौरव को बढ़ावा देने के लिए सांस्कृतिक आदान-प्रदान और संवाद को प्रोत्साहित करें।

मीडिया और सूचना

- प्रेस की स्वतंत्रता को कायम रखें और नैतिक एवं जिम्मेदार पत्रकारिता सुनिश्चित करें।
- मीडिया साक्षरता को बढ़ावा दें और गलत सूचना और फर्जी खबरों से निपटें।
- विविध और स्वतंत्र मीडिया आवाजों के लिए अनुकूल वातावरण बनाएं।

खेल और एथलेटिक्स

- प्रतिभा को निखारने के लिए खेल के बुनियादी ढाँचे और प्रशिक्षण सुविधाओं में निवेश करें।
- जमीनी स्तर पर खेलों में भागीदारी को प्रोत्साहित करें और फिटनेस और कल्याण की संस्कृति को बढ़ावा दें।
- राष्ट्रीय और अंतरराष्ट्रीय स्तर पर उत्कृष्टता प्राप्त करने के लिए एथलीटों और खेल संगठनों का समर्थन करें।

बुजुर्गों की देखभाल और कल्याण

- सामाजिक सुरक्षा उपायों और स्वास्थ्य देखभाल सहायता के माध्यम से बुजुर्ग आबादी की जरूरतों को पूरा करें।
- समाज में अंतरपीढ़ीगत सद्भाव और बुजुर्गों के प्रति सम्मान को बढ़ावा देना।
- सक्रिय और स्वस्थ उम्र बढ़ने के अवसर बनाएं।

युवा विकास

- शिक्षा, कौशल विकास और रोजगार के अवसरों के माध्यम से युवाओं को शामिल करें और सशक्त बनाएं।
- शासन और निर्णय लेने की प्रक्रियाओं में युवाओं की भागीदारी को प्रोत्साहित करें।
- युवाओं में नवाचार और उद्‌यमिता की संस्कृति को बढ़ावा देना।

कानूनी सुधार और न्यायपालिका

- समय पर और निष्पक्ष न्याय सुनिश्चित करने के लिए न्यायिक प्रणाली को मजबूत करें।
- अनुबंध प्रवर्तन और विवाद समाधान में सुधार के लिए कानूनी सुधारों को संबोधित करें।
- कानून का शासन कायम रखें और नागरिकों के अधिकारों की रक्षा करें।

विकलांगता अधिकार और पहुँच

- जीवन के सभी पहलुओं में विकलांग लोगों के लिए समान अवसर और पहुँच सुनिश्चित करें।
- समावेशिता को बढ़ावा देने और भागीदारी में आने वाली बाधाओं को दूर करने के लिए नीतियाँ लागू करें।
- विकलांग लोगों के लिए स्वास्थ्य देखभाल, शिक्षा और रोजगार तक पहुँच में सुधार करना।
- विकलांग व्यक्तियों की जरूरतों को पूरा करने वाले बुनियादी ढाँचे और सेवाओं का विकास करें।

उपभोक्ता संरक्षण

- अनुचित व्यापार प्रथाओं के विरुद्ध उपभोक्ता अधिकारों और सुरक्षा को मजबूत करना।
- उत्पाद सुरक्षा और गुणवत्ता मानकों को सुनिश्चित करने के लिए उपाय लागू करें।
- उपभोक्ता शिकायतों और शिकायतों के निवारण के लिए तंत्र स्थापित करें।

विज्ञान और अनुसंधान

- विभिन्न विषयों में वैज्ञानिक अनुसंधान और विकास में निवेश करें।
- नवाचार के लिए शिक्षा जगत, उद्योग और सरकार के बीच सहयोग को बढ़ावा देना।
- वैज्ञानिक शिक्षा का समर्थन करें और जिज्ञासा एवं पूछताछ की संस्कृति का पोषण करें।

परिवहन

- भीड़भाड़ को कम करने और प्रदूषण को कम करने के लिए सार्वजनिक परिवहन प्रणालियों का आधुनिकीकरण और विस्तार करें।
- दुर्घटनाओं और मौतों को कम करने के लिए सड़क सुरक्षा और बुनियादी ढाँचे में सुधार करें।

- इलेक्ट्रिक वाहनों और सार्वजनिक परिवहन जैसे परिवहन के टिकाऊ और कुशल तरीकों को बढ़ावा देना।

आवास और शहरी विकास

- शहरी क्षेत्रों में किफायती आवास की कमी को दूर करना और टिकाऊ शहरी नियोजन को बढ़ावा देना।
- निवासियों के लिए रहने की स्थिति में सुधार करने के लिए मलिन बस्तियों और अनौपचारिक बस्तियों का उन्नयन करें।
- जीवन की बेहतर गुणवत्ता के लिए स्मार्ट शहर और शहरी बुनियादी ढाँचे का विकास करें।

जल संसाधन

- संरक्षण, जल प्रबंधन और जल संसाधनों के कुशल उपयोग के माध्यम से जल की कमी को दूर करना।
- सभी समुदायों, विशेषकर ग्रामीण क्षेत्रों में स्वच्छ पेयजल की पहुँच सुनिश्चित करें।
- प्रभावी जल संसाधन प्रबंधन के माध्यम से बाढ़ और सूखे के प्रभाव को कम करना।

मानव अधिकार

- कमजोर और हाशिए पर रहने वाले समूहों सहित सभी नागरिकों के मौलिक अधिकारों को बनाए रखें और उनकी रक्षा करें।
- भेदभाव का मुकाबला करें और सभी व्यक्तियों के लिए सामाजिक न्याय को बढ़ावा दें।
- मानवाधिकारों को आगे बढ़ाने के लिए नागरिक समाज और अंतरराष्ट्रीय संगठनों के साथ जुड़ें।

सार्वजनिक निजी साझेदारी

- बुनियादी ढाँचे के विकास और सेवा वितरण के लिए सार्वजनिक और निजी

क्षेत्रों के बीच सहयोग को बढ़ावा देना।

- स्वास्थ्य देखभाल, शिक्षा और प्रौद्योगिकी जैसे क्षेत्रों में निजी निवेश को प्रोत्साहित करें।
- सार्वजनिक-निजी भागीदारी में पारदर्शिता और जवाबदेही सुनिश्चित करें।

सतत् विकास

- पर्यावरण संरक्षण और सामाजिक समानता के साथ आर्थिक विकास को संतुलित करने के लिए नीतियाँ लागू करें।
- उद्योग, कृषि और शहरी विकास में टिकाऊ और पर्यावरण-अनुकूल तौर-तरीकों को बढ़ावा देना।
- विकास लक्ष्यों को संयुक्त राष्ट्र के सतत् विकास लक्ष्यों (एसडीजी) के साथ संरेखित करें।

खाद्य सुरक्षा

- सभी नागरिकों के लिए पर्याप्त खाद्य उत्पादन, वितरण और पहुँच सुनिश्चित करें।
- बेहतर भंडारण और वितरण प्रणालियों के माध्यम से भोजन की बर्बादी और फसल कटाई के बाद के नुकसान को कम करें।
- कुपोषण को दूर करें और सभी आयु समूहों में स्वस्थ खान-पान की आदतों को बढ़ावा दें।

बाल कल्याण

- बच्चों के अधिकारों की रक्षा करें और उनकी सुरक्षा और कल्याण सुनिश्चित करें।
- बच्चों के लिए शिक्षा, स्वास्थ्य देखभाल और पोषण तक पहुँच में सुधार करें।
- बाल संरक्षण कानूनों को लागू करके बाल श्रम और शोषण को रोकें।
-

बौद्धिक संपदा अधिकार

- बौद्धिक संपदा की रक्षा, नवाचार को बढ़ावा देने और रचनात्मकता को प्रोत्साहित करने के लिए कानूनी ढाँचे को मजबूत करें।
- बौद्धिक संपदा कानूनों के प्रभावी प्रवर्तन के माध्यम से रचनाकारों, अन्वेषकों और नवप्रवर्तकों के अधिकारों की रक्षा करें।
- बौद्धिक संपदा अधिकारों और आर्थिक विकास को बढ़ावा देने में उनके महत्व के बारे में जागरूकता को बढ़ावा देना।

साइबर सुरक्षा

- महत्वपूर्ण बुनियादी ढाँचे, व्यवसायों और व्यक्तियों को साइबर खतरों और हमलों से बचाने के लिए साइबर सुरक्षा उपायों को मजबूत करें।
- डिजिटल संपत्तियों और गोपनीयता की सुरक्षा के लिए राष्ट्रीय साइबर सुरक्षा रणनीतियों का विकास और कार्यान्वयन करें।
- सभी नागरिकों के लिए डिजिटल सुरक्षा बढ़ाने के लिए साइबर सुरक्षा जागरूकता और शिक्षा को बढ़ावा देना।

कृत्रिम बुद्धिमत्ता और प्रौद्योगिकी नैतिकता

- कृत्रिम बुद्धिमत्ता (एआई) और उभरती प्रौद्योगिकियों के जिम्मेदार और नैतिक उपयोग के लिए एक रूपरेखा विकसित करें।
- एआई सिस्टम और एल्गोरिदम में गोपनीयता, पूर्वाग्रह और जवाबदेही से संबंधित चिंताओं का समाधान करें।
- यह सुनिश्चित करते हुए कि इससे समग्र रूप से समाज को लाभ हो, एआई में अनुसंधान और नवाचार को बढ़ावा दें।

औषधि विनियमन और स्वास्थ्य देखभाल पहुँच

- फार्मास्युटिकल उत्पादों की सुरक्षा, गुणवत्ता और सामर्थ्य सुनिश्चित करने के लिए दवा विनियमन को मजबूत करें।
- आवश्यक दवाओं और स्वास्थ्य सेवाओं तक पहुँच में सुधार करें, विशेषकर वंचित क्षेत्रों में।

- प्रचलित बीमारियों और सार्वजनिक स्वास्थ्य चुनौतियों से निपटने के लिए स्वास्थ्य देखभाल में अनुसंधान और विकास को बढ़ावा देना।

पर्यटन और आतिथ्य

- पर्यटन स्थलों के बुनियादी ढाँचे के विकास और प्रचार के माध्यम से पर्यटन और आतिथ्य उद्योग को बढ़ावा देना।
- अधिक घरेलू और अंतरराष्ट्रीय पर्यटकों को आकर्षित करने के लिए पर्यटक सुरक्षा, अनुभव और आतिथ्य मानकों में सुधार करें।
- सांस्कृतिक विरासत स्थलों का संरक्षण और संवर्धन करें और स्थायी पर्यटन प्रथाओं को प्रोत्साहित करें।

अंतरिक्ष अन्वेषण और अनुसंधान

- वैज्ञानिक ज्ञान और राष्ट्रीय क्षमताओं को आगे बढ़ाने के लिए अंतरिक्ष अन्वेषण, अनुसंधान और उपग्रह प्रौद्योगिकी में निवेश करें।
- अंतरिक्ष मिशन और अनुसंधान के लिए वैश्विक अंतरिक्ष एजेंसियों और निजी क्षेत्र के भागीदारों के साथ सहयोग को बढ़ावा देना।
- संचार, मौसम पूवार्नुमान, आपदा प्रबंधन और राष्ट्रीय सुरक्षा में अनुप्रयोगों के लिए अंतरिक्ष प्रौद्योगिकी का उपयोग करें।

सार्वजनिक स्वास्थ्य तैयारी

- महामारी और स्वास्थ्य आपात स्थितियों से प्रभावी ढंग से निपटने के लिए सार्वजनिक स्वास्थ्य प्रणालियों और तैयारियों को मजबूत करें।
- प्रकोप को रोकने और नियंत्रित करने के लिए रोग निगरानी, शीघ्र पता लगाने और त्वरित प्रतिक्रिया तंत्र में सुधार करें।
- सार्वजनिक स्वास्थ्य संकट के दौरान पर्याप्त चिकित्सा देखभाल प्रदान करने के लिए स्वास्थ्य देखभाल के बुनियादी ढाँचे और क्षमता को बढ़ाना।

वित्तीय समावेशन और बैंकिंग सुधार

- विशेषकर ग्रामीण और वंचित क्षेत्रों में बैंकिंग और वित्तीय सेवाओं तक

पहुँच बढ़ाकर वित्तीय समावेशन को बढ़ावा देना।

- वित्तीय क्षेत्र की स्थिरता, पारदर्शिता और दक्षता सुनिश्चित करने के लिए बैंकिंग सुधार लागू करें।
- औपचारिक अर्थव्यवस्था में अधिक भागीदारी को सक्षम करने के लिए डिजिटल वित्तीय सेवाओं और साक्षरता को प्रोत्साहित करें।

नागरिक सहभागिता और शासन पारदर्शिता

- पारदर्शिता और जवाबदेही के माध्यम से शासन प्रक्रियाओं में अधिक से अधिक नागरिक सहभागिता और भागीदारी को बढ़ावा देना।
- खुली सरकारी पहल, नागरिक प्रतिक्रिया तंत्र और सहभागी निर्णय लेने को बढ़ावा देना।
- स्थानीय शासन को मजबूत करें और समुदायों को अपनी विकास आवश्यकताओं को पूरा करने के लिए सशक्त बनाएं।

अंतरराज्यीय संबंध और संघवाद

- केंद्र सरकार और राज्य सरकारों के बीच साझेदारी को मजबूत करके सहकारी संघवाद को बढ़ावा देना।
- क्षेत्रीय असमानताओं को दूर करना और राज्यों और केंद्र शासित प्रदेशों में संतुलित विकास को बढ़ावा देना।
- केंद्र और राज्य सरकारों के बीच आपसी हित के मामलों में प्रभावी समन्वय और सहयोग सुनिश्चित करना।

औद्योगिक और व्यापार नीति

- वैश्विक बाजार में विनिर्माण, नवाचार और प्रतिस्पर्धात्मकता को बढ़ावा देने वाली औद्योगिक नीतियाँ बनाना और लागू करना।
- निर्यात प्रतिस्पर्धात्मकता बढ़ाने और अंतरराष्ट्रीय बाजारों तक पहुँच को सुविधाजनक बनाने के लिए व्यापार नीतियों को सुव्यवस्थित करें।
- घरेलू उद्योगों और रोजगार सृजन को बढ़ावा देने के लिए प्रत्यक्ष विदेशी निवेश और प्रौद्योगिकी हस्तांतरण को प्रोत्साहित करें।

विरासत का संरक्षण

- भारत के सांस्कृतिक और प्राकृतिक विरासत स्थलों, स्मारकों और कलाकृतियों की सुरक्षा और संरक्षण करें।
- स्थायी पर्यटन, सामुदायिक भागीदारी और जिम्मेदार प्रबंधन प्रथाओं के माध्यम से विरासत संरक्षण को बढ़ावा देना।
- भावी पीढ़ियों के लिए देश की विरासत को सुरक्षित रखने के लिए ऐतिहासिक संरचनाओं और स्थलों की बहाली और रखरखाव सुनिश्चित करें।
- भारत की समृद्ध ऐतिहासिक विरासत के बारे में जागरूकता और सराहना बढ़ाने के लिए सांस्कृतिक और विरासत शिक्षा का समर्थन करें।

मीडिया और मनोरंजन उद्योग

- मीडिया और मनोरंजन क्षेत्र में रचनात्मकता, नवीनता और कलात्मक अभिव्यक्ति के लिए अनुकूल वातावरण को बढ़ावा देना।
- सामग्री विनियमन, चोरी और बौद्धिक संपदा अधिकार संरक्षण जैसी उद्योग-विशिष्ट चुनौतियों का समाधान करें।
- आर्थिक और सांस्कृतिक विकास में महत्वपूर्ण योगदानकर्ता के रूप में मीडिया और मनोरंजन उद्योग के विकास को बढ़ावा देना।

सामाजिक उद्यमिता और नवाचार

- स्थायी व्यवसाय मॉडल के माध्यम से सामाजिक और पर्यावरणीय चुनौतियों का समाधान करने के लिए सामाजिक उद्यमिता और नवाचार का समर्थन करें।
- एक ऐसे पारिस्थितिकी तंत्र को बढ़ावा दें जो सामाजिक उद्यमों को फलने-फूलने और सकारात्मक सामाजिक प्रभाव पैदा करने में सक्षम बनाए।
- इच्छुक सामाजिक उद्यमियों और नवप्रवर्तकों के लिए फंडिंग, मेंटरशिप और संसाधनों तक पहुँच प्रदान करें।
- मनोवैज्ञानिक कल्याण और मानसिक स्वास्थ्य
- मानसिक स्वास्थ्य जागरूकता को बढ़ावा देना और मनोवैज्ञानिक कल्याण के इर्द-गिर्द होने वाली चर्चाओं को बदनाम करना।

- व्यक्तियों और समुदायों के लिए परामर्श, चिकित्सा और सहायता प्रणालियों सहित मानसिक स्वास्थ्य सेवाओं को बढ़ाएं।
- मानसिक स्वास्थ्य विकारों की व्यापकता को संबोधित करें और मानसिक कल्याण के लिए समग्र दृष्टिकोण को बढ़ावा दें।

एनडीए की पहलों ने भारत में व्यापार करने में आसानी को बढ़ाया है, निवेश आकर्षित किया है और उद्‌यमिता को बढ़ावा दिया है, जिससे आर्थिक विकास हुआ है।

—पीयूष गोयल

□

मोदी है तो मुमकिन है

'मोदी है तो मुमकिन है' भारत में एक लोकप्रिय नारा है जिसका अनुवाद है 'मोदी के साथ, यह संभव है।' इस वाक्यांश ने विशेष रूप से भारत के प्रधानमंत्री के रूप में नरेन्द्र मोदी के कार्यकाल के दौरान महत्वपूर्ण लोकप्रियता हासिल की है। यह इस विश्वास का प्रतीक है कि मोदी के नेतृत्व में सकारात्मक परिवर्तन और प्रगति संभव है। इस कथन को स्पष्ट करने के लिए भारतीय राजनीति, नरेन्द्र मोदी के नेतृत्व और भारत के व्यापक सामाजिक-आर्थिक परिदृश्य के संदर्भ में गहराई से जाना आवश्यक है।

भारतीय राजनीति में एक प्रमुख व्यक्ति नरेन्द्र मोदी के नेतृत्व में वर्ष 2014 में भारतीय जनता पार्टी (भाजपा) को ऐतिहासिक जीत मिली और मोदी भारत के प्रधानमंत्री बने। उनकी नेतृत्व शैली, विकास के प्रति दृष्टिकोण और वृहद् परिवर्तन के वादों ने कई भारतीयों की कल्पना पर कब्जा कर लिया। 'मोदी है तो मुमकिन है' भारतीय जनता के एक महत्वपूर्ण हिस्से की आकांक्षाओं और आशाओं को समाहित करता है जो मोदी को एक गतिशील नेता के रूप में देखते हैं जो देश को प्रगति और समृद्धि की ओर ले जाने में सक्षम है।

यह नारा मोदी के नेतृत्व में परिवर्तन की क्षमता में आशावाद और विश्वास की गहरी भावना को दर्शाता है। यह इस विचार को व्यक्त करता है कि मोदी जैसे मजबूत और निर्णायक नेता के नेतृत्व में प्रतीत होने वाली दुर्गम चुनौतियों को दूर किया जा सकता है और महत्वाकांक्षी लक्ष्यों को साकार किया जा सकता है। यह मुहावरा इस भावना का पर्याय बन गया है कि मोदी के नेतृत्व में असंभव भी संभव हो सकता है और भारत सफलता और विकास की नई ऊंचाइयों तक पहुँच सकता है।

नारे की व्यापक लोकप्रियता में योगदान देने वाले प्रमुख कारकों में से एक नरेन्द्र मोदी की करिश्माई और मुखर नेतृत्व शैली है। भारतीय राज्य गुजरात के मुख्यमंत्री

और बाद में प्रधानमंत्री के रूप में अपने पूरे कार्यकाल के दौरान मोदी ने एक निर्णायक और कार्य-उन्मुख नेता की छवि पेश की है। जनता के साथ संवाद करने की उनकी क्षमता, विकास और आर्थिक विकास पर उनका जोर और राष्ट्रीय सुरक्षा पर उनका ध्यान कई भारतीयों को पसंद आया है।

'मोदी है तो मुमकिन है' का नारा भारत में सामने आए व्यापक सामाजिक-राजनीतिक और आर्थिक परिवर्तनों को भी दर्शाता है। हाल के वर्षों में भारत ने आर्थिक सुधारों, बुनियादी ढाँचे के विकास और व्यापार करने में आसानी में सुधार लाने के उद्देश्य से पहल की दिशा में महत्वपूर्ण प्रगति देखी है। मोदी के नेतृत्व में, 'मेक इन इंडिया,' 'डिजिटल इंडिया,' और 'स्किल इंडिया' जैसी पहलों पर ध्यान केंद्रित किया गया है, जिनका उद्देश्य आर्थिक विकास, नवाचार और रोजगार सृजन को बढ़ावा देना है।

इसके अलावा यह नारा एक युवा और गतिशील भारत की आकांक्षाओं को समाहित करता है जो पिछड़ेपन और अक्षमता की बेड़ियों से मुक्त होना चाहता है। यह एक अधिक मुखर और आत्मविश्वासी भारत की चाहत को दर्शाता है जो वैश्विक मंच पर प्रतिस्पर्धा कर सके और एक प्रमुख आर्थिक और भू-राजनीतिक शक्ति के रूप में अपनी क्षमता का एहसास कर सके। 'मोदी है तो मुमकिन है' की कहानी एक पुनर्जीवित भारत की दृष्टि से मेल खाती है जो साहसिक सुधारों को आगे बढ़ाने और चुनौतियों का डटकर सामना करने से नहीं डरता।

नारे को लेकर आलोचनाओं के बावजूद यह भारतीय आबादी के एक महत्वपूर्ण हिस्से की आकांक्षाओं और विश्वासों का एक शक्तिशाली और स्थायी प्रतीक बना हुआ है। यह परिवर्तन, प्रगति और बेहतर भविष्य की उत्कट इच्छा को दर्शाता है और यह इन आकांक्षाओं को साकार करने के उत्प्रेरक के रूप में नरेन्द्र मोदी के नेतृत्व में गहरी आस्था को दर्शाता है। नारे की गूँज सामाजिक-राजनीतिक माहौल और तेजी से विकसित हो रहे भारत की सामूहिक आकांक्षाओं के साथ गहराई से जुड़ी हुई है।

आर्थिक दृष्टिकोण से 'मोदी है तो मुमकिन है' का नारा मजबूत आर्थिक विकास, रोजगार सृजन और औद्योगिक विकास की आकांक्षाओं से मेल खाता है। मोदी सरकार ने नियमों को सुव्यवस्थित करने, विदेशी निवेश को आकर्षित करने और उद्यमशीलता को बढ़ावा देने के उद्देश्य से कई आर्थिक सुधारों को आगे बढ़ाया है। वस्तु एवं सेवा कर (जीएसटी) और दिवाला एवं दिवालियापन संहिता (आईबीसी)

जैसी पहलों ने भारत के आर्थिक ढाँचे को आधुनिक बनाने और व्यापार और निवेश के लिए अधिक अनुकूल माहौल बनाने की माँग की है।

इसके अलावा सड़कों, राजमार्गों, रेलवे और शहरी बुनियादी ढाँचे के निर्माण सहित बुनियादी ढाँचे के विकास पर सरकार का ध्यान 'मोदी है तो मुमकिन है' की कहानी के अनुरूप है। बड़े पैमाने पर बुनियादी ढाँचा परियोजनाओं पर जोर इस विश्वास को दर्शाता है कि मोदी के नेतृत्व में, कनेक्टिविटी, दक्षता और समग्र आर्थिक उत्पादकता को बढ़ाने के लिए महत्वाकांक्षी उपक्रमों की योजना बनाई और क्रियान्वित की जा सकती है।

विदेश नीति और भू-राजनीति के क्षेत्र में, 'मोदी है तो मुमकिन है' का नारा वैश्विक मंच पर भारत के लिए अधिक मुखर और प्रभावशाली भूमिका की आकांक्षाओं को दर्शाता है। मोदी सरकार ने विभिन्न देशों के साथ भारत के राजनयिक संबंधों को मजबूत करने, अपनी रणनीतिक साझेदारी का विस्तार करने और अंतरराष्ट्रीय मंचों पर अपने हितों का दावा करने की कोशिश की है। यह दृढ़ता 'एक्ट ईस्ट पॉलिसी' जैसी पहलों में परिलक्षित होती है, जिसका उद्देश्य दक्षिण पूर्व एशिया के साथ भारत की भागीदारी को गहरा करना और हिंद महासागर क्षेत्र के देशों तक पहुँच बनाना है।

इसके अलावा, यह नारा भारत की रक्षा क्षमताओं को आधुनिक बनाने और विस्तारित करने के सरकार के प्रयासों से मेल खाता है, जिसमें रक्षा के लिए 'मेक इन इंडिया' जैसी पहल के माध्यम से स्वदेशी रक्षा विनिर्माण को बढ़ावा देना भी शामिल है। राष्ट्रीय सुरक्षा, रक्षा आधुनिकीकरण और रणनीतिक स्वायत्तता पर ध्यान एक मजबूत और सक्षम भारत की कहानी के अनुरूप है जो अपने हितों की रक्षा कर सकता है और क्षेत्रीय और वैश्विक स्थिरता में योगदान दे सकता है।

एनडीए के 'स्वच्छ गंगा' मिशन ने गंगा नदी के पारिस्थितिक स्वास्थ्य को बहाल करने, लाखों लोगों को लाभान्वित करने और एक महत्वपूर्ण प्राकृतिक संसाधन को संरक्षित करने में महत्वपूर्ण प्रगति की है।

—गजेंद्र सिंह शेखावत

□

अंतिम विचार

एनडीए की नीतियों ने आर्थिक सुधारों की गति को तेज कर दिया है, जिसके परिणामस्वरूप निरंतर वृद्धि और विकास हुआ है।

—निर्मला सीतारमण

भारत के भावी विकास पथ पर एक नजर

समृद्ध इतिहास और विविध संस्कृति वाला देश भारत पिछले कुछ दशकों से विकास की उल्लेखनीय यात्रा पर है। जैसा कि हम आगे देखते हैं, भारत के विकास पथ में अपार संभावनाएं हैं। तेजी से बढ़ती अर्थव्यवस्था, बढ़ती जनसंख्या और एक गतिशील और जीवंत समाज के साथ, भारत वैश्विक मंच पर एक महत्वपूर्ण भूमिका निभाने के लिए तैयार है। इस निबंध में हम इस उभरती हुई शक्ति के भविष्य के बारे में जानकारी हासिल करने के लिए आर्थिक विकास, सामाजिक प्रगति, तकनीकी नवाचार और पर्यावरणीय स्थिरता सहित भारत के विकास पथ के विभिन्न आयामों का पता लगाएंगे।

आर्थिक विकास और औद्योगिक विकास

भारत की आर्थिक वृद्धि उसके विकास पथ का केंद्र बिंदु रही है। पिछले कुछ वर्षों में देश ने विनिर्माण, सेवाओं और कृषि सहित विभिन्न क्षेत्रों में महत्वपूर्ण प्रगति देखी है। आगे देखते हुए भारत को जनसांख्यिकीय लाभांश, शहरीकरण और तकनीकी प्रगति जैसे कारकों से प्रेरित होकर अपनी विकास गति जारी रखने की उम्मीद है। 'मेक इन इंडिया' और बुनियादी ढाँचा विकास परियोजनाओं जैसी पहलों पर सरकार का ध्यान औद्योगिक विकास को आगे बढ़ाएगा जिससे रोजगार सृजन होगा और उत्पादकता में वृद्धि होगी।

इसके अलावा भारत के बढ़ते स्टार्टअप पारिस्थितिकी तंत्र और नवाचार और उद्यमिता के केंद्र के रूप में इसके उभरने से आर्थिक विकास को बढ़ावा मिलने की संभावना है। देश का युवा और गतिशील कार्यबल, बढ़ते उपभोक्ता बाजार के साथ मिलकर, निवेश और विस्तार के लिए पर्याप्त अवसर प्रस्तुत करता है। जैसे-जैसे भारत वैश्विक अर्थव्यवस्था के साथ जुड़ना जारी रखता है, यह वैश्विक आपूर्ति

शृंखला में एक प्रमुख खिलाड़ी बनने की ओर अग्रसर है, जिससे इसके आर्थिक विकास और प्रतिस्पर्धात्मकता में योगदान मिलेगा।

सामाजिक प्रगति और समावेशी विकास

हालाँकि आर्थिक विकास महत्वपूर्ण है, लेकिन भारत के लिए एक स्थायी और न्यायसंगत भविष्य सुनिश्चित करने के लिए इसे सामाजिक प्रगति और समावेशी विकास द्वारा पूरक किया जाना चाहिए। देश ने स्वास्थ्य सेवा, शिक्षा और गरीबी उन्मूलन जैसे क्षेत्रों में प्रगति की है, लेकिन चुनौतियाँ बरकरार हैं। आगे देखते हुए भारत के विकास पथ में समावेशी नीतियों को प्राथमिकता दी जानी चाहिए जो हाशिए पर रहने वाले समुदायों की जरूरतों को पूरा करती हैं, शहरी-ग्रामीण विभाजन को पाटती हैं और लैंगिक समानता को बढ़ावा देती हैं।

भारत के भविष्य को आकार देने में शिक्षा महत्वपूर्ण भूमिका निभाएगी क्योंकि नवाचार और सतत् विकास के लिए एक शिक्षित कार्यबल आवश्यक है। गुणवत्तापूर्ण शिक्षा, व्यावसायिक प्रशिक्षण और कौशल विकास कार्यक्रमों में निवेश भविष्य की नौकरियों के लिए कार्यबल को तैयार करने में सहायक होगा। इसके अतिरिक्त किफायती और गुणवत्तापूर्ण स्वास्थ्य सेवाओं तक पहुँच में सुधार लाने के उद्देश्य से स्वास्थ्य देखभाल सुधार भारत की आबादी की भलाई को बढ़ाने में योगदान देंगे।

इसके समानांतर गरीबी, भुखमरी और सामाजिक असमानता को दूर करने के प्रयास भारत के विकास पथ के केंद्र में होंगे। राष्ट्रीय ग्रामीण रोजगार गारंटी अधिनियम (नरेगा) और राष्ट्रीय खाद्य सुरक्षा अधिनियम जैसी योजनाओं ने सामाजिक कल्याण के लिए आधार तैयार किया है, लेकिन यह सुनिश्चित करने के लिए निरंतर प्रयासों की आवश्यकता है कि विकास का लाभ समाज के सभी वर्गों तक पहुँचे। इसके अलावा आर्थिक अवसरों और सामाजिक समर्थन के माध्यम से महिलाओं को सशक्त बनाना भारत के समावेशी विकास एजेंडे के लिए महत्वपूर्ण होगा।

तकनीकी नवाचार और डिजिटल परिवर्तन

तकनीकी प्रगति की तीव्र गति भारत के विकास पथ के लिए अवसर और चुनौतियाँ दोनों प्रस्तुत करती है। जैसे-जैसे दुनिया डिजिटल युग की ओर बढ़ रही है, भारत में समावेशी विकास और सतत् विकास के लिए प्रौद्योगिकी का उपयोग करने

की क्षमता है। सरकार की डिजिटल इंडिया पहल ने मोबाइल प्रौद्योगिकी को व्यापक रूप से अपनाने के साथ देश में डिजिटल क्रांति की नींव रखी है।

आगे देखते हुए भारत कृत्रिम बुद्धिमत्ता, मशीन लर्निंग और इंटरनेट ऑफ थिंग्स (IoT) जैसे क्षेत्रों में और प्रगति देखने के लिए तैयार है। इन प्रगतियों में स्वास्थ्य सेवा, कृषि, विनिर्माण और ई-गवर्नेंस सहित विभिन्न क्षेत्रों में दक्षता और नवाचार को बढ़ावा देने की क्षमता है। इसके अतिरिक्त फिनटेक स्टार्टअप्स के उदय और डिजिटल भुगतान प्रणालियों के विस्तार में वित्तीय परिदृश्य को बदलने, वित्तीय समावेशन को बढ़ावा देने और देश भर में व्यक्तियों और व्यवसायों को सशक्त बनाने की क्षमता है।

इसके अलावा प्रौद्योगिकी और शासन का अभिसरण, जिसे अकसर GovTech कहा जाता है, सार्वजनिक सेवाओं की डिलीवरी को बढ़ा सकता है और प्रशासनिक दक्षता में सुधार कर सकता है। आधार बायोमेट्रिक पहचान प्रणाली और सरकारी सेवाओं के डिजिटलीकरण जैसी ई-गवर्नेंस पहल ने पहले ही प्रक्रियाओं को सुव्यवस्थित करने और नौकरशाही को कम करने की क्षमता का प्रदर्शन किया है। आगे देखते हुए शासन में उभरती प्रौद्योगिकियों के एकीकरण से अधिक पारदर्शिता, जवाबदेही और नागरिक जुड़ाव हो सकता है, जिससे भारत के लोकतंत्र की नींव मजबूत होगी।

पर्यावरणीय स्थिरता और जलवायु कार्रवाई

जैसे-जैसे भारत का विकास पथ सामने आ रहा है, पर्यावरणीय स्थिरता और जलवायु कार्रवाई की अनिवार्यता को कम करके नहीं आंका जा सकता। देश को वायु और जल प्रदूषण, वनों की कटाई और जलवायु परिवर्तन के प्रभाव सहित महत्वपूर्ण पर्यावरणीय चुनौतियों का सामना करना पड़ता है। एक स्थायी भविष्य सुनिश्चित करने के लिए भारत को अपने आर्थिक विकास को पर्यावरण संरक्षण और जलवायु लचीलेपन के साथ संतुलित करना होगा।

हाल के वर्षों में भारत सरकार ने पर्यावरण संबंधी चिंताओं को दूर करने के लिए कदम उठाए हैं, जैसे साफ-सफाई और स्वच्छता को बढ़ावा देने के लिए राष्ट्रीय स्वच्छ वायु कार्यक्रम और स्वच्छ भारत मिशन शुरू करना। इसके अतिरिक्त भारत ने अपने ऊर्जा मिश्रण में गैर-जीवाश्म ईंधन-आधारित बिजली की हिस्सेदारी बढ़ाने का

लक्ष्य रखते हुए नवीकरणीय ऊर्जा के लिए पर्याप्त प्रतिबद्धताएं की हैं। ऊर्जा दक्षता को बढ़ावा देने के प्रयासों के साथ-साथ सौर और पवन ऊर्जा बुनियादी ढाँचे का विस्तार, कम कार्बन अर्थव्यवस्था की ओर भारत के बढ़ने में योगदान देगा।

आगे देखते हुए भारत के विकास पथ को टिकाऊ बुनियादी ढाँचे, हरित प्रौद्योगिकियों और पारिस्थितिकी तंत्र संरक्षण में आगे के निवेश से लाभ होगा। चक्रीय अर्थव्यवस्था सिद्धांतों को अपनाने और टिकाऊ शहरी नियोजन को बढ़ावा देने से तेजी से शहरीकरण और औद्योगीकरण के पर्यावरणीय प्रभाव को कम किया जा सकता है। इसके अलावा पर्यावरण संरक्षण पर जागरूकता और शिक्षा को बढ़ावा देना एक ऐसे समाज को आकार देने में महत्वपूर्ण होगा जो अपने प्राकृतिक संसाधनों को महत्व देता है और उनकी रक्षा करता है।

वैश्विक जुड़ाव और भू-राजनीतिक गतिशीलता

भारत का विकास पथ उसके वैश्विक जुड़ाव और भू-राजनीतिक गतिशीलता से जटिल रूप से जुड़ा हुआ है। जैसे-जैसे दुनिया भू-राजनीतिक बदलावों और तकनीकी व्यवधानों से प्रेरित होकर तेजी से बदलावों से गुजर रही है, वैश्विक मंच पर भारत की भूमिका विकसित होने की ओर अग्रसर है। देश की रणनीतिक स्थिति, जनसांख्यिकीय लाभांश और बढ़ता आर्थिक प्रभाव इसे अंतरराष्ट्रीय संबंधों और वैश्विक व्यापार के भविष्य को आकार देने में एक प्रमुख खिलाड़ी के रूप में स्थापित करता है।

दुनिया भर के देशों के साथ भारत की कूटनीतिक पहुँच और साझेदारी ने इसके प्रभाव का विस्तार किया है और अंतरराष्ट्रीय मंचों पर इसकी स्थिति को बढ़ाया है। जी20, ब्रिक्स और अंतरराष्ट्रीय सौर गठबंधन जैसे संगठनों के सदस्य के रूप में, भारत ने सतत् विकास से लेकर जलवायु परिवर्तन शमन तक के मुद्दों पर वैश्विक बातचीत में सक्रिय रूप से योगदान दिया है। इसके अलावा दक्षिण एशियाई क्षेत्रीय सहयोग संगठन (सार्क) और बंगाल की खाड़ी बहु-क्षेत्रीय तकनीकी और आर्थिक सहयोग पहल (बिम्सटेक) जैसे क्षेत्रीय समूहों में भारत की भागीदारी क्षेत्रीय एकीकरण और सहयोग के प्रति इसकी प्रतिबद्धता को रेखांकित करती है।

वैश्विक साझेदारों के साथ भारत की सहभागिता इसके विकास पथ को आकार देने में महत्वपूर्ण भूमिका निभाएगी। आर्थिक संबंधों को मजबूत करना, सांस्कृतिक आदान-प्रदान को बढ़ावा देना और साइबर सुरक्षा और महामारी जैसी

अंतरराष्ट्रीय चुनौतियों का समाधान करना भारत की वैश्विक पहुँच का केंद्र होगा। इसके अलावा जैसे-जैसे भूराजनीतिक गतिशीलता विकसित होती रहेगी, भारत की रणनीतिक साझेदारी और गठबंधन उभरती विश्व व्यवस्था में इसकी स्थिति को प्रभावित करेंगे।

चुनौतियाँ और अवसर

भारत के विकास के आशाजनक प्रक्षेप पथ के बावजूद देश को असंख्य चुनौतियों का सामना करना पड़ रहा है, जिन पर निरंतर ध्यान देने और नवीन समाधानों की आवश्यकता है। आय असमानता और सामाजिक असमानताओं को संबोधित करने से लेकर शहरीकरण और पर्यावरणीय गिरावट के प्रबंधन तक, भारत के नीति निमार्ताओं और बड़े पैमाने पर समाज को टिकाऊ और समावेशी विकास सुनिश्चित करने के लिए जटिल मुद्दों पर ध्यान देने की आवश्यकता होगी।

सबसे प्रमुख चुनौतियों में से एक शहरीकरण की तीव्र गति और बुनियादी ढाँचे, आवास और सामाजिक सेवाओं पर संबंधित दबाव है। शहरों में रहने की क्षमता और स्थिरता को बनाए रखते हुए शहरी विकास का प्रबंधन करना भारत के भविष्य के लिए महत्वपूर्ण होगा। इसके अतिरिक्त, बढ़ती आबादी के लिए खाद्य और जल सुरक्षा सुनिश्चित करना, विशेष रूप से जलवायु परिवर्तन की स्थिति में एक गंभीर चुनौती बनी हुई है जिस पर ध्यान देने की आवश्यकता है।

एक और महत्वपूर्ण चुनौती कौशल अंतर को दूर करने और भारत के कार्यबल की रोजगार क्षमता को बढ़ाने की आवश्यकता है। जैसे-जैसे डिजिटल युग में काम की प्रकृति विकसित हो रही है, डेटा एनालिटिक्स, कृत्रिम बुद्धिमत्ता और डिजिटल साक्षरता जैसे क्षेत्रों में कौशल की माँग बढ़ रही है। शिक्षा और प्रशिक्षण कार्यक्रमों के माध्यम से कौशल अंतर को पाटना भारत के कार्यबल को सशक्त बनाने और नवाचार और उत्पादकता को बढ़ावा देने के लिए आवश्यक होगा।

इसके अलावा तेजी से बदलते समाज में सामाजिक एकजुटता और सांस्कृतिक विविधता की जटिलताओं से निपटना चुनौतियाँ और अवसर दोनों प्रस्तुत करता है। भारत का बहुलवादी समाज शक्ति का एक स्रोत है, लेकिन इसमें विविध समुदायों में समावेशिता और सद्भाव सुनिश्चित करने के लिए एक ठोस प्रयास की भी आवश्यकता है। एक सामंजस्यपूर्ण और लचीले समाज को बढ़ावा देने के लिए

सामाजिक एकजुटता, सहिष्णुता और व्यक्तिगत अधिकारों के प्रति सम्मान को बढ़ावा देना महत्वपूर्ण होगा।

इन चुनौतियों के बीच भारत का विकास पथ महत्वपूर्ण अवसरों से भी चिह्नित है। बड़ी और युवा आबादी के साथ देश का जनसांख्यिकीय लाभांश, आर्थिक विकास और नवाचार को आगे बढ़ाने के लिए संभावित जनसांख्यिकीय लाभ प्रस्तुत करता है। शिक्षा, कौशल विकास और रोजगार के अवसरों के माध्यम से इस जनसांख्यिकीय लाभांश की क्षमता का उपयोग आने वाले वर्षों में भारत के विकास को बढ़ावा दे सकता है।

इसके अलावा सतत् विकास पहल, तकनीकी नवाचार और वैश्विक साझेदारी की बढ़ती गति भारत को स्वच्छ ऊर्जा, डिजिटल प्रशासन और समावेशी विकास जैसे क्षेत्रों में अग्रणी बनने के अवसर प्रदान करती है। इन अवसरों को अपनाकर भारत वैश्विक चुनौतियों से निपटने और संयुक्त राष्ट्र के सतत् विकास लक्ष्यों की प्राप्ति में योगदान देने में खुद को अग्रणी के रूप में स्थापित कर सकता है।

नीतिगत अनिवार्यताएं और भविष्य के लिए दृष्टिकोण

भारत के विकास पथ की पूर्ण क्षमता को समझने के लिए एक स्पष्ट दृष्टि और रणनीतिक नीतिगत अनिवार्यताओं की आवश्यकता है जो आगे आने वाली बहुमुखी चुनौतियों और अवसरों का समाधान करें। निम्नलिखित प्रमुख नीतिगत अनिवार्यताएं हैं जो आने वाले वर्षों में भारत के विकास पथ को आकार दे सकती हैं :

- ***समावेशी और सतत् विकास :*** समावेशी और सतत् विकास को बढ़ावा देने, आय असमानताओं को दूर करने और सामाजिक कल्याण को बढ़ाने के उद्देश्य से नीतियाँ आवश्यक होंगी। इसमें स्वास्थ्य देखभाल, शिक्षा और सामाजिक सुरक्षा चक्र में निवेश के साथ-साथ सभी क्षेत्रों में पर्यावरणीय रूप से टिकाऊ प्रथाओं को बढ़ावा देने के उपाय शामिल हैं।

- ***नवाचार और उद्यमिता :*** एक ऐसा पारिस्थितिकी तंत्र बनाना जो नवाचार को बढ़ावा दे, उद्यमिता को बढ़ावा दे और स्टार्टअप का समर्थन करे, आर्थिक गतिशीलता और रोजगार सृजन के लिए महत्वपूर्ण होगा। इसमें वित्त तक पहुँच को सुविधाजनक बनाने, अनुसंधान और विकास को बढ़ावा देने और डिजिटल बुनियादी ढाँचे का निर्माण करने की पहल शामिल है।

- ***बुनियादी ढाँचे का विकास :*** आर्थिक उत्पादकता, शहरी विकास और क्षेत्रीय एकीकरण को सक्षम करने के लिए परिवहन, ऊर्जा और डिजिटल कनेक्टिविटी सहित बुनियादी ढाँचे में निरंतर निवेश आवश्यक है। हरित बुनियादी ढाँचे और स्मार्ट सिटी अवधारणाओं को अपनाने से स्थिरता और आवास योग्यता में वृद्धि हो सकती है।

- ***पर्यावरण संरक्षण और जलवायु कार्रवाई :*** पर्यावरणीय नियमों को मजबूत करना, नवीकरणीय ऊर्जा परिनियोजन को बढ़ावा देना और जलवायु-लचीले बुनियादी ढाँचे में निवेश करना जलवायु परिवर्तन के प्रभाव को कम करने और अपने प्राकृतिक संसाधनों की रक्षा करने के भारत के प्रयासों के केंद्र में होगा।

- ***मानव पूंजी विकास :*** कार्यबल को भविष्य की नौकरियों के लिए आवश्यक क्षमताओं से लैस करने के लिए शिक्षा, व्यावसायिक प्रशिक्षण और कौशल विकास को प्राथमिकता देना। इसके अतिरिक्त विज्ञान और प्रौद्योगिकी में अनुसंधान और विकास को बढ़ावा देने से भारत की नवाचार क्षमता को बढ़ावा मिल सकता है।

- ***वैश्विक जुड़ाव और कूटनीति :*** विश्व मंच पर भारत के हितों और प्रभाव को आगे बढ़ाने के लिए अंतरराष्ट्रीय साझेदारियों को मजबूत करना, वैश्विक पहलों में भाग लेना और बहुपक्षवाद को कायम रखना महत्वपूर्ण होगा। इसमें व्यापार, निवेश और सांस्कृतिक आदान-प्रदान को बढ़ावा देने के लिए राजनयिक संबंधों का लाभ उठाने के साथ-साथ सार्वजनिक स्वास्थ्य, जलवायु परिवर्तन और सुरक्षा जैसी वैश्विक चुनौतियों पर सहयोग करना शामिल है।

- ***सुशासन और प्रशासनिक सुधार :*** डिजिटल शासन को अपनाने, नौकरशाही प्रक्रियाओं को सुव्यवस्थित करने और सार्वजनिक प्रशासन में पारदर्शिता और जवाबदेही बढ़ाने से सरकारी संस्थानों में दक्षता और विश्वास को बढ़ावा मिल सकता है। स्थानीय शासन और भागीदारीपूर्ण निर्णय लेने को सशक्त बनाना लोकतांत्रिक संस्थानों को मजबूत कर सकता है।

- ***सामाजिक समावेशन और सांस्कृतिक विविधता :*** व्यक्तिगत अधिकारों की रक्षा करने वाली, भेदभाव को दूर करने वाली और हाशिए पर रहने वाले समुदायों को सशक्त बनाने वाली नीतियों के माध्यम से सामाजिक एकजुटता, सहिष्णुता और विविधता के प्रति सम्मान को बढ़ावा देना। शहरी-ग्रामीण विभाजन को पाटने और लैंगिक समानता को बढ़ावा देने वाली पहलों में निवेश करने से अधिक सामंजस्यपूर्ण और न्यायसंगत समाज में योगदान मिलेगा।

- ***लचीलापन और आपदा तैयारी :*** प्राकृतिक आपदाओं और जलवायु संबंधी जोखिमों के प्रभाव को कम करने के लिए आपदा प्रबंधन क्षमताओं को मजबूत करना, लचीले बुनियादी ढाँचे में निवेश करना और प्रारंभिक चेतावनी प्रणाली लागू करना।
- ***प्रौद्योगिकी का नैतिक उपयोग और डेटा गोपनीयता :*** उभरती प्रौद्योगिकियों के नैतिक उपयोग को सुनिश्चित करने, डेटा गोपनीयता की रक्षा करने और डिजिटल अधिकारों की सुरक्षा के लिए नियम और मानक तैयार करना। डिजिटल प्रणालियों में विश्वास कायम करने के लिए तकनीकी प्रगति को नैतिक विचारों के साथ संतुलित करना आवश्यक है।

भारत के विकास पथ में अपार संभावनाएं हैं जो इसके आर्थिक विकास, सामाजिक प्रगति, तकनीकी नवाचार और वैश्विक जुड़ाव पर आधारित है। भारत के भविष्य को आकार देने के लिए सतत् और समावेशी विकास को अपनाना, जटिल चुनौतियों का समाधान करना और अवसरों का लाभ उठाना महत्वपूर्ण होगा। समावेशी विकास, नवाचार, पर्यावरणीय स्थिरता और वैश्विक सहयोग को प्राथमिकता देने वाली रणनीतिक नीतिगत अनिवार्यताओं को अपनाकर, भारत एक गतिशील और लचीला वैश्विक शक्ति बनने की दिशा में एक रास्ता तय कर सकता है। जैसे-जैसे भारत अपनी विकास यात्रा जारी रख रहा है, सरकार, निजी क्षेत्र, नागरिक समाज और नागरिकों के सामूहिक प्रयास आने वाली पीढ़ियों के लिए समृद्ध, न्यायसंगत और टिकाऊ भारत के दृष्टिकोण को साकार करने में सहायक होंगे।

> ***बुनियादी ढाँचे के विकास पर एनडीए के फोकस के परिणामस्वरूप महत्वपूर्ण परिवहन नेटवर्क का निर्माण और आधुनिकीकरण हुआ है, जिससे माल और लोगों की कुशल आवाजाही की सुविधा मिली है।***
>
> ***—नितिन गडकरी***

□

लेखक का समापन नोट

जैसे ही मैं भारत में एनडीए सरकार के दृष्टिकोण और उपलब्धियों को लिपिबद्ध करने की यात्रा पर विचार करता हूँ, मैं इसके नेतृत्व में देश भर में हुए वृहद् बदलावों के लिए गहरी सराहना की भावना से भर जाता हूँ। ***'भविष्य का निर्माण'*** प्रेम का श्रम रहा है, जिसका उद्देश्य सरकार के दृष्टिकोण, उसकी नीतिगत पहलों और लाखों भारतीयों के जीवन पर पड़ने वाले वास्तविक प्रभाव को समझना है। इसके बाद के पृष्ठों में मैंने एनडीए सरकार के शासन दर्शन, इसके द्वारा संबोधित चुनौतियों और देश के लिए एक उज्ज्वल और अधिक समृद्ध भविष्य को आकार देने में की गई प्रगति का एक व्यापक विवरण प्रदान करने का प्रयास किया है।

2014 में एनडीए सरकार का सत्ता में आना भारत के राजनीतिक परिदृश्य में एक महत्वपूर्ण क्षण था। शानदार चुनावी जनादेश के साथ, इसने बुनियादी ढाँचे और अर्थव्यवस्था से लेकर सामाजिक कल्याण और विदेश नीति तक विभिन्न क्षेत्रों में परिवर्तनकारी बदलाव लाने की यात्रा शुरू की। इस प्रयास के केंद्र में एक नए भारत के निर्माण की दृष्टि है, जो समावेशी, गतिशील और विश्व स्तर पर प्रतिस्पर्धी हो। आगामी वर्षों में सरकार की नीतियों और पहलों ने इस दृष्टिकोण को साकार करने के लिए आधार तैयार करने का प्रयास किया है और ऐसा करते हुए इसने राष्ट्र के ताने-बाने पर एक अमिट छाप छोड़ी है।

एनडीए सरकार के दृष्टिकोण की परिभाषित विशेषताओं में से एक बुनियादी ढाँचे के विकास पर जोर देना है। यह स्वीकार करते हुए कि मजबूत बुनियादी ढाँचा आर्थिक वृद्धि और विकास की रीढ़ है, सरकार ने 'स्मार्ट सिटीज मिशन,' 'सागरमाला प्रोजेक्ट,' और 'भारतमाला परियोजना' जैसी महत्वाकांक्षी पहल शुरू की। इन पहलों ने न केवल देश के बुनियादी ढाँचे को मजबूत किया है, बल्कि

रोजगार सृजन और आर्थिक विस्तार के लिए उत्प्रेरक के रूप में भी काम किया है, जिससे व्यवसायों के फलने-फूलने के लिए अनुकूल माहौल तैयार हुआ है।

इसके अलावा एनडीए सरकार की आर्थिक नीतियाँ नवाचार और उद्यमशीलता के माहौल को बढ़ावा देने के लिए तैयार की गई हैं। 'मेक इन इंडिया,' 'स्टार्टअप इंडिया,' और 'डिजिटल इंडिया' जैसी पहल नवाचार और तकनीकी उन्नति की संस्कृति को बढ़ावा देने में सहायक रही हैं। व्यवसाय करने में आसानी को बढ़ावा देकर, कौशल विकास को बढ़ावा देकर और डिजिटल प्रौद्योगिकियों की सहायता से सरकार ने भारत को निवेश और नवाचार के लिए एक वैश्विक केंद्र के रूप में स्थापित करने की कोशिश की है, जिससे इसकी बढ़ती युवा आबादी की छिपी क्षमता का पता चल सके।

सामाजिक कल्याण के क्षेत्र में एनडीए सरकार ने हाशिये पर पड़े लोगों के उत्थान और सामाजिक समावेशिता को बढ़ावा देने के उद्देश्य से कई ऐतिहासिक पहल की हैं। 'प्रधानमंत्री जन धन योजना,' 'प्रधानमंत्री उज्ज्वला योजना,' और 'स्वच्छ भारत अभियान' वंचितों के जीवन को बेहतर बनाने के लिए सरकार की प्रतिबद्धता के प्रतीक हैं। वित्तीय समावेशन का विस्तार करके, खाना पकाने के लिए स्वच्छ ईंधन तक पहुँच प्रदान करके और साफ-सफाई तथा स्वच्छता को बढ़ावा देकर इन पहलों ने लाखों भारतीयों, विशेषकर ग्रामीण क्षेत्रों में रहने वाले लोगों के जीवन की गुणवत्ता पर गहरा प्रभाव डाला है।

एक अन्य क्षेत्र जहाँ एनडीए सरकार ने महत्वपूर्ण प्रगति की है वह विदेश नीति का क्षेत्र है। कुशल कूटनीति और रणनीतिक जुड़ाव के माध्यम से सरकार ने वैश्विक मंच पर भारत का मान बढ़ाया है। 'एक्ट ईस्ट पॉलिसी,' 'नेबरहुड फर्स्ट पॉलिसी' और बहुपक्षीय मंचों पर सक्रिय भागीदारी जैसी पहलों ने अपने पड़ोसियों के साथ सामंजस्यपूर्ण संबंधों को बढ़ावा देने और अंतरराष्ट्रीय क्षेत्र में अपने पदचिह्न का विस्तार करने की भारत की प्रतिबद्धता को रेखांकित किया है। इसके अतिरिक्त, जलवायु परिवर्तन, नवीकरणीय ऊर्जा और वैश्विक सुरक्षा जैसे मुद्दों पर सरकार के सक्रिय रुख ने भारत को एक जिम्मेदार और सक्रिय वैश्विक हितधारक के रूप में स्थापित किया है, जिससे महत्वपूर्ण वैश्विक मुद्दों पर उसकी आवाज बढ़ गई है।

जैसे ही मैं एनडीए सरकार के दृष्टिकोण और उपलब्धियों पर इस कथा को समाप्त करता हूँ, यह स्वीकार करना अनिवार्य है कि परिवर्तन की यात्रा एक सतत्

यात्रा है, जो विजय और चुनौतियों दोनों से चिह्नित है। हालाँकि सरकार ने विभिन्न क्षेत्रों में महत्वपूर्ण प्रगति की है, फिर भी ऐसे क्षेत्र हैं जिन पर निरंतर ध्यान देने और ठोस प्रयासों की आवश्यकता है। जैसा कि राष्ट्र आगे देख रहा है, यह सरकार पर निर्भर है कि वह अपनी उपलब्धियों को आगे बढ़ाए और अटूट संकल्प और दूरदर्शिता के साथ शासन की जटिलताओं को दूर करे।

आने वाले वर्षों में, एनडीए सरकार को समावेशी विकास को बढ़ावा देने, तकनीकी नवाचार का लाभ उठाने और गतिशील और आकांक्षी आबादी की बढ़ती जरूरतों को पूरा करने की अपनी प्रतिबद्धता पर दृढ़ रहना चाहिए। इसे सतत् विकास, पर्यावरण संरक्षण और सामाजिक सशक्तिकरण को प्राथमिकता देना जारी रखना चाहिए, जिससे यह सुनिश्चित हो सके कि प्रगति का लाभ समाज के सभी वर्गों में समान रूप से वितरित हो।

इसके अलावा जैसा कि भारत एक वैश्विक शक्ति के रूप में अपनी भूमिका मानता है, सरकार को अंतरराष्ट्रीय समुदाय के साथ सक्रिय रूप से जुड़ना जारी रखना चाहिए, शांति और सहयोग के सिद्धांतों को कायम रखना चाहिए और वैश्विक प्रगति का समर्थन करना चाहिए। रणनीतिक साझेदारियों को बढ़ावा देकर अपनी नरम शक्ति का लाभ उठाकर और वैश्विक शासन में योगदान देकर, भारत आशा की किरण और विश्व मंच पर सकारात्मक बदलाव के उत्प्रेरक के रूप में उभर सकता है।

"भविष्य का निमार्ण : एनडीए सरकार का दृष्टिकोण और उपलब्धियाँ" यह एनडीए सरकार द्वारा शुरू की गई परिवर्तनकारी यात्रा और भारत के प्रक्षेप पथ पर इसके अमिट प्रभाव का एक प्रमाण है। यह एक जीवंत और विविध राष्ट्र की आकांक्षाओं को साकार करने के लिए लचीलेपन, नवीनता और अटूट प्रतिबद्धता की कहानी है। जैसे-जैसे भारत की प्रगति की कहानी सामने आ रही है, आइए हम इस तथ्य से अवगत रहें कि भविष्य अनंत संभावनाओं का एक कैनवास है, जो इसके लोगों और इसके नेतृत्व के सामूहिक प्रयासों से आकार लेने की प्रतीक्षा कर रहा है।

जैसे ही मैं इस कथा को अलविदा कहता हूँ, मैं उन सभी लोगों के प्रति हार्दिक आभार व्यक्त करता हूँ जो इस अविश्वसनीय यात्रा का हिस्सा रहे हैं - नीति निमार्ता, प्रशासक, परिवर्तन-निमार्ता और सबसे महत्वपूर्ण, भारत के नागरिक। यह

आपकी अदम्य भावना, आपका लचीलापन और बेहतर कल में आपका अटूट विश्वास है जो भारत की प्रगति की आधारशिला है। भविष्य समृद्धि, सद्भाव और असीमित अवसर के रंगों से सुशोभित हो और पुनरुत्थानशील भारत का दृष्टिकोण आने वाली पीढ़ियों को प्रेरित करता रहे।

हार्दिक सम्मान के साथ

—डॉ. टीसी राव

उद्यमिता और नवाचार को बढ़ावा देने के एनडीए के प्रयासों ने भारत में स्टार्टअप के लिए एक समृद्ध पारिस्थितिकी तंत्र बनाया है।

—रमेश पोखरियाल

□

संदर्भ पुस्तकें

1. गुरूचरण दास द्वारा लिखित *“इंडिया अनबाऊंड”*
2. अमर्त्या सेन द्वारा लिखित *“द आउगुमेंटेटिव इंडियन”*
3. रामचंद्र गुहा द्वारा लिखित *“इंडिया आफ्टर गांधी”*
4. गुरचरण दास द्वारा लिखित *“द डिफिकल्टी ऑफ बींग गुड : ऑन द सबटल आर्ट ऑफ धर्म”*
5. तिरथंकर रॉय द्वारा लिखित *“इकोनोमिक हिस्ट्री ऑफ इंडिया”*
6. विजय जोशी द्वारा लिखित *“इंडिया लोंग रोड : द सर्च फॉर प्रोसपेरिटी”*
7. अरविंद पनगढिया द्वारा लिखित *“इंडिया : द इमर्जिंग जायंट”*
8. पैट्रिक फ्रैंच द्वारा लिखित *“इंडिया : ए पोरट्रेट”*
9. उमा कपिला द्वारा लिखित *“द इंडियन इकोनोमी सिन्स इंडिपेंडेंस”*
10. सुनील खिलनानी द्वारा लिखित *“द आइडिया ऑफ इंडिया”*
11. जॉन के द्वारा लिखित *“इंडिया : ए हिस्ट्री”*
12. जीन ड्रेज और अमर्त्या सेन द्वारा लिखित *“इंडिया : डेवलेपमेंट और पार्टिसिपेशन”*
13. शशि थरूर द्वारा लिखित *“द एलिफेंट, द टाइगर और द सैल फोन : रिफलैक्शंस ऑन इंडिया इन द 21 सेंचुरी”*
14. राकेश मोहन द्वारा लिखित *“ इंडिया ट्रांसफोर्मड : 25 इयर्स ऑफ इकोनोमिक रिफोर्म्स”*
15. शशि थरूर द्वारा लिखित *“इंडिया : द फ्यूचर इज नाऊ”*
16. संजोय चक्रवोर्ती द्वारा लिखित *“इंडिया : ए बिलियन एसपिरेशंस”*
17. जगदीश भगवती द्वारा लिखित *“इंडियास ट्राइट विद डेस्टनी : डिबंकिंग मिथ्स दैट अंडरमाइन प्रोगरैस एंड एडरेसिंग न्यू चैलेजेज”*

18. कौशिक बासु द्वारा लिखित *"इंडिया : द इमर्जिंग इकोनोमी"*
19. जसवंत सिंह द्वारा लिखित *"इंडिया एट रिस्क : मिसएडवैंचर्स इन डेमोक्रेसी, इकोनोमी एंड सोसायटी"*
20. संजीव सान्याल द्वारा लिखित *"द इंडियन रिनैसेंस : इंडियाज राईज आफ्टर ए थाउसेंड इयर्स ऑफ डिक्लाइंन"*
21. अरविंद सुब्रमंयन द्वारा लिखित *"इंडियाज टर्न : अंडरस्टैंडिंग द इकोनोमिक ट्रांसफोर्मेशन"*
22. बिमल जालान द्वारा लिखित *"द इंडियन इकोनोमी : प्रोबलम्स एंड प्रोसपेक्ट्स"*
23. बिमल प्रसाद द्वारा लिखित *"इंडिया : द फ्यूचर ऑफ ए सुपरपावर"*
24. टी.सी.ए. अनंत द्वारा लिखित *"द इंडियन इकोनोमी : मेजर डिबेट्स सिन्स इंडिपेंडेंस"*
25. प्रणब बर्धन और क्रिस्टोफर ए. सिम्स द्वारा लिखित *"इंडिया : मैक्रोइकोनोमिक्स एंड पॉलिटिकल इकोनोमी, 1964-1991"*
26. इशर जज अहलुवालिया और आई.एम.डी. लिटल द्वारा एडिटेड *"इंडियाज इकोनोमिक रिफॉर्म्स एंड डेवलेपमेंट : एस्सेज फॉर मनमोहन सिंह"*
27. जगदीश भगवती और पदमा देसाई द्वारा लिखित *"इंडियाज इकोनोमिक ट्रांजिशन : द पॉलिटिक्स ऑफ रिफॉर्म्स"*
28. डियाना एल. एक द्वारा लिखित *"इंडिया : ए सैकरेड जियोग्राफी"*
29. डोमिनिक लैपियर द्वारा लिखित *"इंडिया : ए सैकरेड यूनिटी"*
30. सुधीर कक्कड़ द्वारा लिखित *"इंडिया : ए सैकरेड वॉयस"*
31. पैट्रिक फ्रेंच द्वारा लिखित *"इंडिया : ए पोर्ट्रेट"*
32. जॉन की द्वारा लिखित *"इंडिया : ए हिस्ट्री"*
33. वी.एस. नायपॉल द्वारा लिखित *"इंडिया : ए वाउंडेड सिविलाइजेशन"*
34. वी.एस. नायपॉल द्वारा लिखित *"इंडिया : ए मिलियन म्यूनस नाऊ"*
35. जवाहरलाल द्वारा लिखित *"इंडिया : इन सर्च ऑफ द ट्रूथ: एन इंटीमेट हिस्ट्री"*
36. शशि थरूर द्वारा लिखित *"इंडिया : फ्रॉम मिडनाईट टू द मिलेनियम एंड बियोंड"*

37. डाइटमर रॉथरमुंड द्वारा लिखित *"इंडिया : द राईज ऑफ एन एसियन जायंट"*

38. स्टीफन पी. कोह्न द्वारा लिखित *"इंडिया : द इमर्जिंग पावर"*

39. सुमित गांगुली द्वारा लिखित *"इंडिया : इमर्जिंग पावर"*

40. सुशील थरूर द्वारा लिखित *"इंडिया : द इमर्जिंग एनर्जी प्लेयर"*

□□□